U0126076

吳汝鈞 著

# 佛學研究方法論

《上册》

臺灣學生書局 印行

# 三版序

吳汝鈞

日前接到臺灣學生書局的通知，說這本《佛學研究方法論》要再版，問我有沒有地方要改動和補充，我因而想起很久之前讀到一篇有關這本拙著的書評。其中有如下說法：

以辭書來看文獻學的處理範圍與功用，其實並不能完全窺見文獻學處理問題的層次，在示例的選擇上應該有更好的論文，可展現作者在方法提示時所交代的文獻學處理問題的過程。（薛淑麗著〈評介吳汝鈞《佛學研究方法論》〉，蔡耀明執行主編、陳舒婷助理編輯：《現代佛教學會通訊》第十二期，二〇〇二年三月，頁九二。）

這是說，我在該拙著中第二部份〈研究法之運用示例〉中以中村元等著的多本佛學辭典中詮釋「愛」的意義部份來例示文獻學方法在現代佛學研究中的作用的不周延之處，應該用更好的、更周延的論文來作例示。這個提議很好，在處理有關問題時，我的確有些大意。在這裡，我除了對薛淑麗表示謝意外，也趁著這個增訂三版的機會，在例示文獻學方法的運用方面，補上另一篇文字，那便是拙著《唯識現象學二：安慧》（臺北：臺灣學生書局，二〇〇二）中對安慧（Sthiramati）解讀世親（Vasubandhu）的《唯識三十頌》（*Triṃśikā-vijñaptimātratā-siddhi, Triṃśikāvijñaptikārikā*）而寫成的《唯識三十論釋》（*Triṃśikāvijñaptibhāṣya*）的對第一頌的文獻學式的處理（頁一—三八），並定這篇文字的名稱為〈安慧對識轉變的文獻學的詮釋〉。基本上我是依安慧的《唯識三十論釋》的梵文本來寫，又參考了大量國際佛學界特別是日本佛學界在這方面的研究成果而成。識轉變（vijñāna-pariṇāma）是世親唯識學的重要觀念；對於這觀念的詮釋有兩個傳統：宗安慧的藏傳佛學與宗護法（Dharmapāla）的漢傳佛學。在我的該篇文字中，文獻學的詮釋是主脈，哲學分析則是輔脈。

另外，在最近幾年，我把在學問上的關心的重點，由佛學轉移到歐陸的現象學（Phänomenologie）與詮釋學（Hermeneutik）方面去。前者以胡塞爾（E. Husserl）的哲學為主，後者則以葛達瑪（H.-G. Gadamer）的哲學為主。分別寫有專書與專文。我並且把這現象學和詮釋學的方法，應用到佛教觀念、理論的處理方面，感到很有幫助、啟發性。我所處理的問題，主要是唯識學（Vijñāna-vāda）和天台學方面的，我相信同樣的方法，可以應用到佛教的其他範域方面。

實際上，西方學者悅家丹（Dan Lusthaus）在為天普大學（Temple University）寫的博士論文中，便把唯識學與現象學拉在一起說。至於以詮釋學來解讀佛學，目前還不多見。在這次拙著《佛學研究方法論》的增訂三版中，我把自己在這兩方面的具代表性的研究成果，酌量補入拙著中，並擬好題目。闡述現象學研究法的論文為〈胡塞爾的現象學方法〉，研究法的運用示例的論文為〈唯識學阿賴耶識要義及其現象學解讀〉；闡述詮釋學研究法的論文為〈葛達瑪的詮釋學方法：以對天台佛學的詮釋為例證〉，這種研究法的運用示例的論文為〈天台智顗的佛性具足諸法說的詮釋學解讀：就存有論與救贖論方面看〉。這些有關論文分別取自拙著《胡塞爾現象學解析》（臺北：臺灣商務印書館，二〇〇一）、《唯識現象學一：世親與護法》（臺北：臺灣學生書局，二〇〇二）和《法華玄義的哲學與綱領》（臺北：文津出版社，二〇〇二）。其中，取自《胡塞爾現象學解析》及《法華玄義的哲學與綱領》二書的論文有極大幅度的增刪。

要說明的是，我最初撰寫這部《佛學研究方法論》時，是本著國際視野來做的，因此所選取的研究法的運用示例，基本上都是外國學者所寫的，包括日文、英文、德文的論文，然後自己譯成中文。其中只有一個例外，那便是在考據學方法名下的〈楞伽宗考〉，那是胡適自己用中文寫的。當時我的想法是，胡適的這篇作品，很有代表性，他自己便是史學研究出身的，而所考證的題材，是禪宗史上一個重要公案，我找不到更好的選擇，因此便用上了。在這次增訂三版中，我所選取的研究法的運用示例論文，卻都是自己寫的。此中理由，謹一述如下：一、我不再堅持這些示例論文非要是外人寫不可，只要適合便成。二、我自己在國際佛學研究界已薄有名望，自己寫的東西也薄有國際性。三、有些示例論文，如以詮釋學來解讀佛教義理的，目前還找不到外人的作品，只有自己做過，故沒有其他選擇了。四、即使找到外人的作品，我已沒有精力與時間來翻譯了。同時，對於這些外人的作品，自己並不見得完全滿意。

為了方便原書出版者臺灣學生書局的作業起見，我把這次增訂三版所加入的論文，全部放在全書的最後部份，即〈附錄〉的後面，以〈補遺〉標示。讀者可以把這些論文，分別放還於全書的適當位置，然後依序閱讀。例如，把〈安慧對識轉變的文獻學的詮釋〉放在研究法之運用示例部份中例示文獻學方法的中村元等原著〈佛教「愛」之釋義〉之後；把〈胡塞爾的現象學方法〉、〈唯識學阿賴耶識要義及其現象學解讀〉與〈葛達瑪的詮釋學方法：以對天台佛學的詮釋為例證〉、〈天台智顗的佛性具足諸法說的詮釋學解讀：就存有論與救贖論方面看〉這四篇論文依序放在原書論哲學方法中的符號邏輯研究法標題下的〈佛學研究中的符號邏輯研究法〉、R. H. Robinson 原著〈龍樹系統中的一些邏輯面相〉之後，便成。這兩對（每對包含研究法與例示該研究法的論文）四篇論文自應分別被安插在符號邏輯研究法之後的現象學研究法與詮釋學研究法的標題下。至於全書目錄方面，自然是依序增加這些資料。我希望這種權宜的安排，不會為讀者帶來太大的困擾。

由於這部拙著有一部份內容是資料性的，特別是〈書目〉和〈書目補編〉，本來自應依著時序的進展、推移而有所增補。特別是在最近一、二十年之間，舊的佛學研究成果不斷被修改與補充，新的佛學研究成果也不斷以著書形式被推出來，佛教的文獻和義理，都以較早期更具多元性、更多面相而被整理和解讀。要增補的地方實在太多，這種情況，在書目方面非常顯著。但由於個人的精力與時間有限，書目方面的補充，便只能擱置下來。

現代意義的佛學文獻學研究肇始自歐陸，其中先後在各地出現了多個研究中心，例如牛津、丹麥、巴黎、維也納和羅馬。其後日本的南條文雄受學於牛津的穆勒（M. Müller），把這種研究法帶回日本，因此，日本亦先後在各地成立了多個研究中心：東京、京都、九州、仙臺。最近一、二十年間，臺灣佛學界明顯地有承襲了這歐陸與日本的佛學研究特別是文獻學研究的傾向，現在已有少數（雖然是極少數）學者能夠不假手漢譯文獻，而直接處理梵文、巴利文和藏文的原典和翻譯文獻，進行佛學研究，包含文獻學的研究。大陸方面的現代意義的佛學研究，特別是文獻學的研究，目前似乎還未起步，充其量也只能說是在開始階段。看來海峽兩岸的佛學研究，還有很長的路要走。特別讓人感到驚異的是，大陸學者談到佛教知識論，由於資訊的缺乏、參考資料的不足、語文的限制，和學養的貧乏，還是拿《方便心論》和玄奘譯的陳那（Dignāga）的《因明正理門論》和商羯羅天主的《因明入正理論》來進行研究。他們認為這方面已盡於陳那。其實陳那還只是開始哩，陳那之後還有法稱（Dharmakīrti）、帝釋慧（Devendrabuddhi）、智作護（Prajñākaragupta）、法上（Dharmottara）、寂護（Śāntirakṣita）、蓮華戒（Kamalaśīla）、智勝友（Jñānaśrīmitra）、寶稱（Ratnākīrti）、寶作寂（Ratnākaraśānti）等一大堆。有些學者還拿不大相干的般若智（prajñā）來論佛教知識論。

我自己在上世紀七十年代初、中期和八十年代初期，便離開香港，先後到日本、德國與北美洲作佛學研究之旅，主要留意這幾個地方的佛學研究。除了文獻學研究外，也留意他們對佛學的哲學分析研究和宗教學研究。最後我把焦點集中在研究的方法上，對這些不同的方法進行反思，看它們的運用、效果、優點與限制，這樣便形成自己的對佛學研究的方法論（methodology）。我對自己的佛學研究法最後敲定為文獻學（philology. textual studies）與哲學分析（philosophical analysis）合起來的雙軌研究法。

在上世紀七〇年代末期與八〇年代初期之間，我正式提出這佛學研究的雙軌並進方法，展示於拙著《佛學研究方法論》（臺北：臺灣學生書局，一九八三）中。那個時候臺灣的佛學研究基本上仍是受到印順法師的影響，順著「以佛法研究佛法」的方式進行。這種方法無可非議，我們研究佛教、佛法，當然是奠基於佛法本身，難道應以儒學來研究佛法麼？但細看起來，這種研究法又好像甚麼也沒說，反而變得無從捉摸。一九七八年末我從德國回來，初訪佛光山，先在它的臺北別院作客，後來到南部大樹鄉參訪，曾經和星雲法師作過細談，也先後在這兩個地方作過兩次頗長的演講（每次都是三小時），都是環繞佛學研究的方法問題來展開自己的論點。其中一次印象特別深刻。一位善信提出一個問題：你們講那麼複雜的佛學研究方法，講文獻學，又講哲學分析，不會影響在佛法方面的修行麼？她所說的影響是負面意味，是妨礙的意思。我說不會，而且還有幫助。佛教研究法的作用，是讓我們較精確和有效地瞭解佛教的義理，把握佛陀和歷代諸師所提出的正法，更正確地引導我們在生活中的修行，怎麼會反而成為妨礙呢？只有懶人才會排斥佛學研究法，特別是文獻學研究法。

這部拙著初版於一九八三年，到現在已經超過二十年了。最初的幾年很少人留意，最近幾年則頗有些行內、外朋友的注意，也提出評論。這讓我內心很欣喜，覺得自己在搞佛學研究和研究法方面不那麼寂寞了。遺憾的是，同類的專書還不多見，不管是在臺灣、日本、歐美以至印度。同時，由於我自己在學術研究上轉了向，轉到現象學體系的開拓方面去，拙著《純粹力動現象學》便是一個開始，今後不會有很多時候和精力再從事佛學研究與探討佛學研究方法了。我只有寄望於來者。

實話實說，我自己對於這部二十多年前的處女作《佛學研究方法論》，有很多不滿意之處。光是資訊方面已是一個問題。佛學研究是一種跨國的研究，不單東亞、南亞方面的學者從事於其中，西方學者，不管是宗教方面抑是哲學方面的，都對它作過或多或少的貢獻。該書所報導的國際佛學研究的資訊，很多方面已過了時，很多名學者已作古，如日本方面的維也納學派的梶山雄一、京都學派的武內義範、唯識學者上田義文、中觀學者江島惠教、印度學以至東方學者中村元、印度方面的中觀學者彭迪耶（R. P. Pandeya）、佛教邏輯與知識論學者默迪羅（B. K. Matilal）、西方方面的漢堡學派的邊爾（O. Benl）、中觀學者史培隆格（M. Sprung）、史提倫格（F. J. Streng）、文獻學宗匠狄雍（J. W. de Jong）等。臺灣的國寶級學僧印順亦以一百嵩壽圓寂，日本的阿部正雄和加藉華人學者冉雲華都垂垂老矣。很多富有現代意義的題材，如佛教社會學、佛教生態學、佛教醫學、禪與宗教精神治療、佛教與精神分析（精神分析包括弗洛伊德 S. Freud 的精神分析與榮格 C. Jung 的深層心理學）、佛教與女性主義等等，原書都未有涉及。對於這些題材，佛教界（國際佛教界）已很有一些研究，而且成果不錯，例如佛教社會學、佛教生態學、禪與宗教治療等方面。我希望自己的這本拙作在下一次進行增訂版之前，已經有另外一本同性質的但更為周延的著作面世，那我這本拙作便可有拋磚引玉的效果了。

最後，我留意到日本佛學研究界方面出版了一本論佛學研究方法論的書：《佛教をいかに学ぶか：佛教研究の方法論的反省》，由於這類文獻在日本佛學界非常罕見，我國學者知道它的也不多，因此特別就這本書寫了一篇〈日本學者的佛學研究方法論〉，放在全書之後，希望讀者留意。

# 增訂版序

《佛學研究方法論》一書在一九八三年出版，總結了我在日本和德國留學時所認識到的現代佛學研究的方法與成果。這本書雖在一九八三年出版，但在一九八〇年已有定稿了，其後我繼續進修，又在八三到八六年間到加拿大去，繼續研究，對現代的佛學研究有更多的認識。這個時期之後，我陸續寫了些有關現代佛學研究在方法學上的表現的文字。現在趁學生書局爲這本書印行第三版的機會，把這些文字補充進去，又在原書中改動了一些文字，以增訂版的方式印行。

《佛學研究方法論》原書分兩部份：資料與理論與研究法之運用示例。這次加入的文字，主要是補充資料與理論方面的，其中有一篇〈佛學研究中的符號邏輯研究法〉，是補原書討論現代佛學研究法的不足的。同時又附上一篇翻譯文字：〈龍樹系統中的一些邏輯面相〉，作爲符號邏輯研究法的運用示例。這篇翻譯譯自下列文字：

R. H. Robinson, "Some Logical Aspects of Nāgārjuna's System." *Philosophy East and West*, 6:4 (1957), pp. 291–308.

這篇譯文，是由馮禮平先生先譯，然後由我對照原文，校改了多次，乃成定稿。

特別值得一提的是，增訂版收入兩篇博士論文的綱要（proposal），其一是以中文來寫，另一則以英文來寫。以中文來寫的是有關華嚴的研究，以英文來寫的是有關天台的研究。綱要是很重要的，它表示一個結構，一個構造，是整篇論文的骨幹。不單博士論文需要有好的綱要，即使是一般的學術論文，也要有好的綱要。在綱要中，論文要討論的問題、論證、討論的方法以至運用的資料等，都要列明，不能含糊。希望這兩篇東西，對有心寫好佛學研究論文的讀者，有一些參考作用。

其他增補的文字有：〈對現代佛學研究之評論〉、〈日本的佛學研究的新發展〉、〈從現代佛學研究的學術性問題說起〉、〈淺論日本及西方的佛學辭典〉、〈佛學辭典的編纂〉。此外還有一個〈現代佛學研究書目補編〉，那是補原書的〈現代佛學研究書目〉的不足的。

吳汝鈞

一九九四年十月

# 《佛學研究方法論》序

冉雲華序
岑溢成譯

中國的佛學歷史悠久，成就輝煌；環視天下，在這方面差堪比擬的國家實在少之又少。可是，回顧我國最近一兩個世紀的佛學著作，成績就大不如前了；不論在數量上和貢獻上，較諸其他國家，尤其是毗鄰的日本，眞不啻有天壤之別。語言訓練之缺乏，外國書籍之不流通，對政治思想之偏重、社會之動盪、民生之困乏、戰火之連綿，對中國人的（學術）生活產生了深廣的影響。學術著作之稀少，就是這種處境帶來的後果之一。

在現代學者心目中，方法論是一切科學的研究之管鍵。但我國對佛學研究之方法論，却談不上有任何重大的貢獻。自呂澂的《佛敎研究法》在一九二六年出版以來，這方面的努力便難得一見了。報導固然不同於研究，可是方法論已不復是一門無關重要、毫不相干的學科了。我無意把方法論吹捧成萬應良藥，更無意把方法論譏貶爲一無用處。在研究過程中，方法論對年輕學者的思維尤其重要，它在提供系列問題方面有很大的幫助。它更促使學者在資料之脈絡中思考和勘察這些問題。這些問題一旦從資料得到實質支持，則新知可期。否則，進行研究的學者就必須重新檢討他的設想或資料了。無論是那一種情況，方法論均能激發學術性思維。作爲一種處理程序，方法論可以限定考察某一課題所用的邏輯和方式，由此確定問題的意義和結構，有時甚至由此達致問題的解決。

我國青年學人如果決意增廣自己的（佛學）知識，加強他們對佛學研究的貢獻，唯一有效而且快捷的途徑就是方法論的進路。循着這條進路，我們就能從一個正確的起點出發，朝着一個正確的方向推進，這才不致有浪費光陰之虞。基於這樣的想法，我覺得吳敎授這部新作，對佛學研究將有重大的震激作用。

跟我國學者有關這個課題的已刊行著作相比較，本書有許多優點。首先，吳敎授這部書規模宏闊，內容豐富。書中第一部份屬於概論，內容主要是當今世界佛學研究範域之概覽。以此概覽作爲背景，讀者即能認識到佛學研究的既有工作和成績。這也顯示出這部書之架構是在堅實的基礎和批判性的分析之上樹立起來。通過這些概覽和分析，作者反映出種種佛學研究方法的進路。作者更依照方法的差異，將當今的佛學研究分成若干類別，由此讀者可以大致得悉當世一些特出的研究中心在這方面的重大進展。本書所鋪陳的著作和方法論，淸淸楚楚地證實了自呂澂之著作出版以後，在不同的學問部門中，在不同的研究中心裏，佛學研究均有長足的進步。與呂澂的著作相比，本書所蒐羅的有關資料，顯然是較爲全面。而本書的分類也很謹愼，討論亦很細膩。

本書的第二個優點就是分析極有深度，這表現了一種創造性的努力。我們再以呂澂的著作爲例。此書將佛學研究分成四個副標題：三藏的結集（藏經）、佛陀的生平（佛傳）、佛學史（教史）和各宗義理的研究（教理）。用術語來說，它們分別代表文獻的、歷史的和哲學的佛學研究。這種研究的規格很明朗，很有學術味。可是作者在書中却全心全意介紹他所見及的有關書籍；相對之下，關於方法論本身的討論却少得不成比例。還有一個很好的例子可以展示出此書在這方面的局限，那就是：在論述哲學性研究的大約八頁半的篇幅裏，只有不足一頁是用作討論哲學研究方法的。假如我們追問甚麼是佛教哲學的研究？呂著只會給我們指出：到他那個時候爲止，佛理之硏究「通用訓詁及達意之二法」。所謂訓詁法指典籍的比較和語文的訂正；達意法則指通過一特定時代的一般哲學史來批判地硏究一人或一家之基本哲學。對於佛敎哲學之要理，呂澂綜合爲四個詞語：染、淨、因、果。這些無疑是佛敎哲學的主要問題，可是它們却肯定地不像呂澂的綜述所舖陳的那麼簡單。

懷着這樣的心理背景，我們就會覺察到吳教授的新著較呂書詳盡和明晰許多。就佛理而言，本書包羅了對佛敎眞諦的歷史的、哲學的、認識論的、比較宗敎的和修行方法的硏究。在每個副標題下面，作者都一一介紹有關方面的主要著作，權威學者所使用的方法和他們所達致的結論。這種進路有它的優點，也有它的限制。其中一個優點是讀者可以通過具體的實例來學習方法論。那麼，方法便不是空泛的、無意義的理論。這個優點對我國的讀者尤其重要，因爲中國哲學總愛透過具體的例證來理解抽象的眞理，透過特殊來理解普遍。然而，這學科的概念却每每不大明確，有時甚至沒有給予系統性加以界定，這是此種進路的限制之一。

由於我用了相當的篇幅來比較呂澂的著作和本書，可能會令人產生一個錯誤的印象，以爲我在貶抑呂著以顯揚本書。我是絕無此意的。呂敎授是我國佛學硏究少數幾位先驅人物之一；在這個範域裏，他曾經有過鉅大的貢獻，許多學者在不同的方面多多少少都受過他的影響。在早期的學術生涯中，初入佛學之門時，我閱讀呂敎授此書，實在得益不淺；後輩學人，多有同感。因此，我所以將兩書加以比較，不過想表現出這門學科的進展而已。呂書的局限並非呂敎授的過失。在過往的五十年裏，佛學硏究本身有了長足的進步。在範圍上，在程度上，方法論及其成果都已跨越呂書出版時的二十年代。

批判的精神，是知識進步的條件。我寫作這篇序言時，正抱着這樣的精神。我對本書的讚賞，並不意味我完全同意作者所說的一切。我認為作者之將佛學研究劃為一門學科，仍需有進一步的清楚交待和學理上的證成。而方法論的論證，也有改善之餘地。撇開這些看法上的差異，我仍認為吳教授這本書是很有價值，而且適合時宜，讀者們，尤其是我國年輕一輩的學人，將可從本書得到益處，因為書中鋪列了這門學科的一些尖銳問題。此外，他們還可以從本書認識到新近的研究成果，並可學習如何去分析這些作品。

通過本書，讀者將會發覺佛學研究就像其他的學科一樣，在近數十年間經歷了鉅大的變化。因為這種持久不懈的努力，這門學科才能發展下去。在變化和發展的過程中，新問題和新方法發現了，新學術和新研究完成了，而新知識也積聚了。就當代學術而言，歐洲的佛學專家的貢獻最重要，他們對學術界的影響也極鉅大。

在許多歐洲的研究中心裏，佛學研究雖然原是東方研究的一個分支，這並不等於這門學科就能從其他學科中割離出來。在上古和中古西方宗教的研究中，方法和思考得到了發展，而哲學也在有意無意間注入了佛學研究之中。在這個知識背景上面，我們就可追問佛學研究目下的趨勢如何。佛學研究可說是逐漸接近宗教研究。過去，宗教研究大多在基督教的聖經學院或神學院中進行；在那些機構裡，基督教以外的宗教研究，不易有容身之所。然而，二次世界大戰之後，局面就大不相同了。在沒有宗教背景的學術機構中，例如北美以至西歐的大學和學院裏，宗教研究日趨蓬勃，而佛學研究更成為宗教研究的主要部份。從許多方面來看，這種新方向是可喜的發展，因為佛教畢竟是一種宗教，它與其他宗教所面對的，有不少是共同的問題。即使佛教與其他傳統之間並無平行的或歷史的關聯，比較性的探討依然常給佛學研究帶來重大的成果。總之，宗教與宗教之間固然有許多差別，可是它們總有不少相通的地方。

宗敎學術的研究通常將學科的進路分成幾類，如：宗敎哲學、文獻學、宗敎史、宗敎心理學等。這樣的分類大致上可以應用於大部份的宗敎上面，佛敎也不例外。換言之，我們很容易就能將佛學研究的種種作品劃入這些類別之中。事實上，這些方法只是從存在已久的傳統學問中發展出來的科學的成果。除此之外，社會科學對宗敎研究也有新的增益。宗敎社會學和宗敎人類學就是這些新發展的最佳例證。人們也許會認爲這些新興的社會科學與佛敎這樣古老的傳統並不相干。但是，從社會科學的角度去研究佛敎——尤其是亞洲的南傳佛敎——的結果，處處證明這些進路對我們認識和理解佛敎，都有新的啓發。傳統的和科學的研究經驗之結合，豐富了我們的知識，加深了我們的理解，促進了我們的研究技巧。佛學研究的科學的發展，雖然已超出本書的範圍和目的，但是這個方向的發展肯定會在全體宗敎研究中，特別是佛學研究裏，佔有基要的地位。從事佛學研究的學者們討論到佛學研究的方法論時，實在不容忽視這些重要的新發展。幾年以後，當有更多同類的作品出版，以及本書增訂再版的時候，希望佛學之科學研究的成績會成爲書中的一部份。

# 自序

## 一、

我因生命問題而涉足佛學。不過，我與佛學發生了關係，基本上還是在學院中進行的。這是十多年以來的事了。初期的進路，完全是哲學的理論的；即是說，我把佛學當作一種哲學理論來處理，把它和西方哲學、中國哲學和印度哲學放在一起，作比較的研究。這種做法，可見于拙作〈唯識哲學〉一文中。這是闡述和批判以護法為代表的唯識宗哲學的作品，批判的焦點，在它的「轉識成智」的成佛理論。

寫完這文後，便沒有繼續鑽研唯識學了。我的感覺是，作為一種解脫的哲學看，唯識的理論（不限于是護法），根本站不住；它以無漏種子來說覺悟的基礎，以因果律來限定衆生的本質，是一條死路。這是如是的唯識系統的必然結果。要轉出生路，便涉及對整個系統以至于整個思想方向的改造。多研究幾部論典，在支節上做一些修補的工作，根本無濟于事。

我在學院中的學習，基本方面，是在勞思光、唐君毅、牟宗三諸先生的指導下進行的。他們都是當代中國卓越的思想家，具有哲學慧識與思辯能力。我自覺很榮幸，能忝列門牆，蒙受他們很多的好處。

我選定了佛學，作為自己的終身學問。同時，自己又強烈感覺到，以我國目前的現實條件來研究佛學，是很脆弱的；這主要是就缺乏文獻學的基本訓練言。從本質方面說，佛學是宗教與哲學結合起來的學問，它自然不是文獻學；但由于特殊的歷史與地理的因素，使它的發展，外在地與文獻學有特別密切的關聯。關于這點，我曾詳論于〈佛學研究與方法論〉一文中。一言以蔽之，漢譯的佛學資料，相當有限，要從學術方面全面理解佛教，必須深入梵文巴利文原典、西藏文翻譯，再輔以現代學者（特別是日本及歐美方面）所作的研究成果，才能竟其功。這基本上都是文獻學的問題，是現代佛學研究的工作中心。我有見及此，便毅然跑到日本去，接受文獻學的基本訓練。

在日本的兩三年中，我學習得很起勁，多方面接觸現代佛學研究的面相，和日本學者的質實的學問風格。我在京都大學隨小林信彥習梵文，閱讀印度古代聖典，隨梶山雄一習中觀學和隨服部正明習陳那；後二者都是維也納學派的學者。另外，我又游于阿部正雄之門，接觸到京都學派的佛學研究作風。

日本的學習，使我受益很大，最低限度，我嘗到所謂現代學術的味道，和體會到文獻學在現代佛學研究中的重要性。我國的學問傳統，特別是在佛學的講習方面，便極爲缺乏這種養分。

其後我又到歐洲去，在德國進修，接觸西方的佛學研究風氣，又留意起宗教哲學的問題來。在我所遇到的學者中，有維也納學派的舒密特侯遜（L. Schmithausen）和文獻學家邊爾（O.Benl）。我與後者有更頻繁的往來，我們每星期都聚會一次，一起研讀公案禪。平心而論，在知識方面，我從邊爾教授處並沒有實際的收益，但通過他，使我對歐洲學者的文獻學式的研究作風，留下鮮明的印象。記得在和他討論時，每想到新的意念，他都馬上錄下，放在他的資料卡片櫃中，以備作參考。這種勤奮用功的態度，使人敬佩。

回來後，我一方面安頓下來，另外，對于今後在學問的途程中所走的路向，也漸漸明朗。據我的淺見，從學術思想方面看我國佛教的發展，或學術研究，必須走哲學與文獻學雙軌並進的道路。哲學是文獻學的內涵，文獻學是哲學的方便；兩者必須同時具足，抑只有在這兩方面，才能在佛學研究中有突破的表現。這個意思，我在〈佛學研究與方法論〉一文中，有頗詳盡的表示。

但文獻學總是外在的學問，哲學也只止于思想，這都是「文字勝相」，不是究極的學問，不能了脫生死。生命問題，畢竟不能從這裏面找到徹底的出路。儘管如此，在一定程度下，學術研究自有它自身的價值。我自己便是在這樣的考慮下，提出哲學與文獻學雙軌並進的佛學研究的方向。

這本書便是幾年來我在外國學習的結果。全書分兩部份。第一部份關于現代佛學研究的資料與理論，而以理論方面尤爲重要，這卽是所謂研究的方法論。在這部份中，我對日本與歐美方面的現代佛學研究成果，以方法論爲線索，作了一個初步的省察：評論其研究方法的特點、作用、優點與限制。我把這些研究方法，歸納爲文獻學的、考據學的、思想史的、哲學的、白描的方法，和維也納學派研究因明學的方法，與京都學派的宗教哲學方法。從學術的角度言，我比較肯定維也納學派的作風，那便是文獻學與哲學雙軌並重的方向。這些意思，都較詳盡地表現于〈佛學研究與方法論〉一文中；故這篇文字是我對現代佛學研究的想法的總的表示，是全書的骨幹。

第二部份是研究方法之運用示例。在這部份中，我選取了若干佛學研究的論文，包括日文、德文和英文方面的，都譯爲中語。這些論文都是有代表性的，都是分別用上面所列舉的研究方法寫成的。透過這些作品，我們可以大略窺見作者如何運用某一方法，去做他的研究，這是具體地了解現代佛學研究的成果的有效方式。這些文字都是翻譯，唯有胡適的〈楞伽宗考〉是例外。這篇文字原來是用中語寫成，不必翻譯。另外，胡適以考據學方法來研究禪宗史，成果相當可觀；這篇文字，很能表示這種研究方法的運用情況，故我們便就地取材，選取了它作爲考據學方法之運用示例，不再翻譯其他文字了。

後面附錄一篇〈論我國佛學研究的現代化問題〉，討論到一些具體的做法，也談到我自己的理想，這與第一、二兩部份的內容，不無關係，故收入在附錄中。

二、

本書所收入的各篇文字，著譯時間都不一致，也多在一些刋物發表過了。有些譯作，曾得到原作者的幫助，才能完成；也有些得到原作者的書面同意翻譯。以下謹在這些方面交待一下，並附帶對原作者略作介紹。

〈日本及歐美之佛學研究點滴〉一文，寫于一九七六年夏天，其後發表于《佛光學報》第二期，經修補後，又在《內明》雜誌轉載。這次收入在本書中，我又作了一些修補。

〈德國之佛學研究〉是我在歐洲進修時在餘暇寫成的；其後發表于《內明》。其中有關德國之禪學研究部份，又曾在《佛光學報》第三期登載過。

〈佛學研究與方法論〉是本書最重要的文字，我對佛學研究的看法，包括觀念與理論，都在這篇文字中表示出來。這篇東西，開始撰寫于一九七八年六月，當時我還在西德；回香港後又繼續撰寫，至一九七九年一月完成。其後發表于《佛光學報》及《內明》；其中論京都學派的部份，又曾在香港的基督教雜誌《景風》發表過。在收入本書前，又略作改動。

〈現代佛學研究書目〉收入出版成書的佛學研究用書多種，分門別類安排出來，包括以中文、日文、英文三種現代語文寫成者。透過這個書目，我們大體可以看到現代學者研究佛學的廣度與專精度。日本學者在這方面所做出的努力，可見一斑；相反地，我國學者的表現，便相當貧乏。

〈佛教『愛』之釋義〉，大部份曾在《內明》發表過。該文字譯自幾本具有學術水平的佛學辭典，由此可以窺見現代文獻學方法之運用。由于原文來自幾本佛學辭典，故原作者亦有多人：中村元是日本當代傑出的印度學及佛教學學者，又精于比較思想的研究，他的作品，時常顯出濃厚的文獻學風格。中村氏任東京大學教授多年，目前已退休，任東方學院院長。宇井伯壽是日本的文獻學大師，專長于印度哲學與佛學的研究，他爲學的規模與魄力，東西方學者恐怕都難出其右。宇井氏原是高楠順次郎的高足，在東京大學主講座，已故。橫超慧日是中國佛教史專家，舟橋一哉則是原始佛教專家，兩人都曾在大谷大學任教。

胡適的〈楞伽宗考〉，由柳田聖山所編的《胡適禪學案》（正中書局）中選取出來。在收入本書前，我曾作了些校對的工夫，加上一些必要符號。原文則悉維持原狀。作者胡適，是我國著名的史學家，在運用考據學方法與新資料來研究佛教史特別是禪宗史方面，很有貢獻。其他我想不必介紹了。

〈初期的中國佛教〉一文，譯自柳田聖山所撰〈禪思想之成立〉中第三、四、五諸章（柳田氏的原文載于同氏與梅原猛合撰的《無之探求——中國禪》（角川書店）一書中，爲該書的主體部份），是一篇思想史的文字。譯文曾發表于《內明》，在收入本書前，我又把它全部改譯一遍，並分別把第三、四、五章改爲第一、二、三章，以顯示爲獨立的文字。原文的翻譯，曾得到柳田氏的書面同意。柳田氏爲日本當代禪佛教思想史家，曾任花園大學教授及禪文化研究所所員，現任京都大學人文科學研究所教授；他的代表作是《初期禪宗史書之研究》。

〈龍樹之邏輯〉譯自梶山雄一所撰〈瞑想與哲學〉一長文（該文載于梶山雄一與上山春平合撰的《空之論理——中觀》（角川書店）一書中，爲該書的主體部份），相應于原文第二章第二節。譯文曾刊載于《內明》雜誌。又我曾譯了梶山氏整篇的〈瞑想與哲學〉，以單行本的形式，交由佛光出版社出版。故這篇譯文，亦可說是自該單行本中取出者。不過，在把這篇譯文收入在本書前，我曾把它全面改譯。這篇文字基本上是用哲學方法寫成，以西方的傳統邏輯作爲工具，來全面處理龍樹的思想方法，最後導出龍樹的邏輯不是現象的邏輯，而是實相的邏輯的總的意思。

梶山雄一爲後期印度論理學研究專家，特別以研究脫作護（Mokṣākaragupta）的哲學而冠絕一時，他曾受日本學士院賞，曾任京都大學哲學部佛教學科講座教授。目前任教于佛教大學。按梶山氏早年畢業于京都大學，其後遊學印度與英國，又在維也納受學于法勞凡爾納（E. Frauwallner），深受維也納學派學風的影響。

〈陳那之認識論〉一文，是用維也納學派的方法來寫的典型作品，強調文獻學與哲學兩者的重要性。原文題爲〈中期大乘佛教之認識論〉，服部正明作，載于《講座佛教思想：認識論、論理學》（理想社）一書中。由于原文內容主要是着力于闡述陳那的知識理論，故譯後逕改其名爲〈陳那之認識論〉。原文由三部份構成，譯文則擴充爲十四節，每節又加上小標題，此純爲理解上方便計者。譯文的翻譯，曾蒙原作者的指導及書面允許；譯就後曾于《鵝湖》發表，這次收入本書前，我又將之充量修改過，發表于《內明》。

服部正明是傑出的維也納學派的學者，熟悉西方哲學的思路，曾任京都大學印度哲學史講座教授。目前任教于大阪學院大學。服部氏年輕時曾留學印度，其研究興趣在印度哲學，于陳那之認識論，特具心得。

〈從『有』『無』問題看東西哲學的異向〉譯自阿部正雄（Abe Masao）的〈非存有與無——東西方思想在否定方面的形而上的格局〉（Non-being and Mu: the Metaphysical Nature of Negativity in the East and the West, Rel. Stud. II）一文，原文爲英語。譯文曾發表于《內明》；在收入本書中前，我曾修改過譯文，加上分節的名目，以方便讀者理解內容，同時，爲清楚表達起見，我又把原文題目改爲〈從『有』『無』問題看東西哲學的異向〉。〈禪與西方思想〉，亦是阿部正雄原作；日文原文載于《講座禪：禪之立場》（筑摩書房）一書中。譯文曾在《哲學與文化》月刊發表過。在收入于本書中前，我曾修改過譯文，並加上分節的名目，俾便於理解，發表于《內明》。這篇文字的翻譯，也得到原作者的書面同意。原文又另有英譯本，譯者爲 David A. Dilworth，譯文載于 International Philosophical Quarterly, X 中；我在翻譯原文時，也曾參考過英譯。

這兩篇文字，題材雖然不同，但都以同一的比較哲學比較宗教的方法寫成，這便是所謂京都學派的方法。原作者阿部正雄，是京都學派目前的重要成員，在有關宗教遇合問題的探討方面，表現相當活躍，被認爲是當代日本向西方闡釋東方思路的理想人選。阿部早年曾留學美國，曾任奈良教育大學哲學教授。目前已退休，常到歐美講學，宣揚京都學派的要旨。

〈如何閱讀禪籍〉一文，譯自《講座禪：禪之古典——中國》（筑摩書房）一書中芳賀洞然的文字。譯文曾發表于《內明》，在收入于本書中前，我也曾作過些微的修改，並加上分節的名目。原作者芳賀洞然，本來專習日本中世史，其後參禪。曾任大東文化大學教授，及人間禪教團師傅。

〈雲門禪〉節譯自柴山全慶題爲〈雲門〉一文，原文載于《講座禪：禪之歷史——中國》（筑摩書房）一書中。譯文曾發表于《景風》雜誌。原作者故柴山全慶氏，爲日本著名禪僧，前爲臨濟宗南禪寺派管長，曾任禪門高等學院、花園大學、大谷大學教授，又數次巡迴赴歐美講學，爲與外國接觸最頻密之日本僧人。

按佛教特別是禪的實踐修行，本來不是學術研究，而是一種直截的接觸宗教的方式。不過，它既然是外于學術研究的另一通往眞理之路，我們也不妨了解一下，故也在本書中另置一欄，題爲實踐修行法，以示實踐與學術的不同，上面兩篇文字，都出自在禪中實參實證的人士手筆，是他們身歷其境的經驗之談。

〈南宗禪〉是一篇白描的文字，譯文曾獲原作者杜默林（H. Dumoulin）的書面允許，發表于《佛光學報》第三期。有關該文的翻譯及其他詳情，請參閱我在該譯文前頭所附的「譯者按語」。原作者杜默林是德國的宗教哲學家，對東方的宗教，特別是禪佛教，有很廣博的研究。杜默林現居于東京，曾在愛智大學主持遠東宗教研究所。

附錄中的〈論我國佛學研究的現代化問題〉，曾發表于《內明》，其後又轉載于《覺世》雜誌。

## 三、

以上是本書所收的文字。這裏我想再三強調一點，我們的重點並不在于報導哪一方面的資料，或翻譯哪一篇文字；而是要在觀念與理論方面，把現代佛學研究的整個輪廓及其方法論，系統地整理和介紹出來，俾對我國佛教界在建立自身的學術研究風氣，在方向與方法上，或有參考的價值。我國一向缺乏學術研究的傳統，而我們的佛教界，一向更是不重視客觀的理性的研究，不講方法論，不重視文獻學，而多以信仰爲主。這實是我國佛教在學術思想方面衰落的原因。要振興我國佛教，要回復玄奘智顗法藏他們的黃金時代，便得認眞正視學術研究與思想開拓的問題，要重視文獻學與哲學，要走這兩者雙軌並進之路。關于這點，我們在本書第一部份已有充量的討論，這正是本書所要提倡的。

本書對現代佛學研究在方法方面的區分，是就我自己的所觸所涉而作成的；這個所觸所涉的範圍，有限得很，不夠全面。而區分的方式，基本上也出于自己不成熟的見解；是否客觀，正確，還待請敎高明。所選譯的研究方法的運用示例的文字，是否的當，恐怕也有可商榷之處。總之，本書的缺點必定很多，我誠心期待着讀者的指正。

最後，我要向上面提出過名字的人士表示謝意；沒有他們，這本書便不可能出現。我還要特別提到爲本書作序的冉雲華敎授。冉敎授是曾留學印度的資深佛敎學者，曾主持加拿大 McMaster 大學的宗敎系。退休後在臺灣中華佛學研究所和法光佛學研究所授課。這次賜序的盛意，使我感激不已。友人岑溢成先生把冉序譯爲流暢的中語，亦一併致意。

# 佛學研究方法論三版　目錄

## 上冊

## 第二部份　研究法之運用示例

## 考據學方法：



## 思想史方法：

## 哲學方法：

# 下冊

## 實踐修行法：㈠

# 第一部份　資料與理論

# 日本及歐美之佛學研究點滴

本文題爲〈日本及歐美之佛學研究點滴〉，其旨在報導一下在這方面的資料。這裏值得留意的是點滴兩字。這是零碎不完備的意思，卽是，本文所介紹的，大抵都是零碎不全的東西。之所以如此，原因自有許多。主要是筆者在這方面的所知，十分有限，故只能就所知而作部分的介紹。另外是手頭資料不全及時間的限制，這些自然是可以克服的。但筆者無意在這方面作全面性的系統研究，只想盡一點報導之責而已。若能通過它而使對佛學研究感興趣的讀者多開一些眼界，筆者便很滿足了。

這種報導式的資料，無論在日本或歐美，都不多見。這可能由于佛學研究在日本比較集中，合作機會多，一般的日本讀者容易獲得這方面的資料。故日本人自己很少寫這方面的報導。歐美人士則因限于語文的障隔，很難獲得在這方面的全面資料。一個歐美的佛教學者，要花上很多年時間來通曉梵、藏、巴利、漢這些佛學的原典語文，而日本方面的研究，自然是用日文表達的，研究面廣，內容又複雜，歐美學者自然難有餘力兼顧了。故亦少報導這方面的研究狀況。

關于歐美方面的佛學研究的介紹文章，就筆者所熟悉的，有杜容（J. W. De Jong）的〈歐美佛學研究簡史〉（A Brief History of Bubdhist Studies in Europe and America），載于日本出版的佛學期刊《東方佛教》（<u>The Eastern Buddhist</u>, New series, Vol VII, 1

& 2）之中。杜容是佛教學者，曾在南澳洲國立大學（Australian National University）主持一個佛學研究的課程。他算是內行人物，能扼要報導，但可惜其重點全放在語文與目錄學的文獻學方面，于義理少觸及。按此文近已有日本佛教學者平川彰氏譯爲日文，以專書出版。霍韜晦先生又有中譯，分期刊于《內明》雜誌。其後也以專書出版。

另外有一專書是介紹西方的佛教學者及其貢獻的，題爲《西方學者對佛教的貢獻》（The Western Contribution to Buddhism），印度 Motilal Banarsidass 出版，作者是派利斯（William Peiris）。此書以人物爲重點，分別介紹英、德、法、丹、荷、意、瑞典、俄、美各國的佛教學者的貢獻。可惜作者不是內行人物，而是大衆傳播方面的人物，只是對錫蘭方面傳的以巴利經典爲主的小乘教比較熟悉而已。故所載多是這方面的資料，不免遺大納小，（按大指大乘，小指小乘。）又作者似乎對哲學缺乏興趣，亦了無所知，純以報導方式來介紹，致有些在義理上具有劃時代意義的研究被忽略，而那些學人的日常生活的零碎事故却被採入。這雖是一專書，筆者認爲其價值遠不如上面述的杜容氏的論文。

日本方面，日人渡邊海旭寫過一專書《歐美之佛教》，敍述歐美之佛教研究。渡邊氏是一功力深厚的文獻學家，他曾與近代日本佛教文獻學大師高楠順次郎共編《大正新修大藏經》。可惜此書寫于七八十年前，資料十分陳舊，很多近數十年的新發現與新研究皆未收錄。另外又有日人井之口泰淳寫了一專文〈佛教之研究文獻在歐美〉，載于龍谷大學佛教學會編集的《佛教學研究法》一書中。此文如其題所示，主要是列舉書目，缺乏足夠解釋，輕重亦無別，價值亦不如杜容氏者。

另外，有一本題爲《東西佛教學者傳》的書，日人鷹谷俊之著。這是一簡單的傳記書，不能算是專書，但由此亦可窺見東西學者在佛教研究方面的概況。

## 一、關於佛學與佛教學

首先面臨的問題是名稱方面的。所謂佛學，是中國人一向通用的名詞，日本方面則喜歡用佛教學，英語的相應字是 Buddhist Studies 或 Buddhology。到底佛學指甚麼呢？內容實在複雜得很。可以顧名思義來了解，卽是關于佛的學問。它可以指哲學、宗教、語文（記載佛典佛論所用的語文）、一般的故事和文獻方面的知識、戒律，等等，數之難盡。日本龍谷大學佛教學研究室所編的《佛教學關係雜誌論文分類目錄》，便把這些論文分類爲研究方法論、文獻（言語）、史料、地誌、教理思想、教團、各教派、印度學、海外佛教、比較思想、佛教文學、佛教藝術、佛教禮儀、佛教與現代文化等等。可見佛學一詞所含的複雜。不過，就中國人的用法，通常以佛學指通說的義理方面，卽哲學方面，卽 Buddhism 或 Buddhist Philosophy。說佛學起碼有重視哲學方面的意思。西方人則不同，當說 Buddhism 或 Buddhist Studies 時，往往主要是指研究某一與佛學有重要關係的語文，或在文獻方面研究某一經或論而言。哲學的意思是比較淡的。倘若指哲學方面的意思，則多數直說其具體內容，如佛學的邏輯、知識論一類。日本人則一直取西方的意思，（指就開始對佛教學作研究言，）近年則似乎有兼取哲學方面的意思的傾向。由各方對同一詞而强調不同的意思，可以看出各方做學問的歸趨——重義理，或重文獻。這我們在後面會詳細述及。

## 二、佛教學與印度學

在日本很有這樣一種傾向，便是喜歡把佛教學與印度學（Indian Studies, Indology）拉在一起。所謂印度學即是有關印度方面的研究。語文、文學、哲學、宗教、藝術、歷史等皆在內，一如所謂漢學（Chinese Studies, Sinology）之所含。不過在日本的這兩者的結合，通常是以梵語爲牽線，聯繫着哲學、宗教，與文學。日本有印度學佛教學會，會員衆多，每年出版《印度學佛教學研究》（印佛研）的年刊，一般來說，研究範圍專精廣博兼具，學術水準亦高。京都大學在這方面表現得更爲明顯。印度哲學史、佛教學和梵語學三系關係特別密切，三系學生共用同一個研究室，三系的教授，常常是同一研究生的指導教授。佛教學系的重心，全放在印度佛學方面，學生亦只習印度佛學，而旁及西藏佛學。習印度佛學主要是操演梵文。印度哲學史系方面亦以梵文爲主。梵語學系當然主要是習梵文。結果梵文成爲三系課程的焦點。

這種現象在美國亦是有的，例如威斯康辛大學（University of Wisconsin）的佛學研究即屬南亞洲研究（South Asian Studies）系。按南亞洲主要是就印度、西藏、錫蘭言。佛學研究的教授，通常都比較重視印度方面的根源，中國及日本方面便相對地被忽略了。在澳洲的澳洲國立大學，佛學研究與梵語連在一起，而成梵文與佛學研究（Sanskrit and Buddhist Studies）系。不過這似乎仍不如日本顯著。

這種關係本來就研究的興趣言，是很平常的。不過筆者認爲，日本方面的這種表現，背後有一個把佛學回歸到印度的意圖。這是配合着盡量去除中國文化對日本的影響的一種做法。日本的佛學，不論就思想與學術研究言，一直都是以中國佛學爲主的。把焦點從中國移到印度去，這自可減除中國文化的影響。甚至在一些小事件中亦可看出這一意圖。例如把中國名的佛陀，不稱佛陀，而改以自己的片假名來譯梵音 Buddha；龍樹亦不再稱龍樹，而改以片假名來譯梵音 Nāgārjuna 。無著、世親、陳那、法稱等亦然。甚而西藏，亦不用西藏，而改以片假名來譯英語的 Tibet 。西藏本來是中國的地方，日本學者以前都用這個漢名，現竟取英語，其用意恐不友善。

另外一種做法是強調西藏譯的佛教經論的重要性。梵語原典最重要，自不在話下；漢藏兩種譯本中，則通過對藏譯的重視來相對地貶低漢譯。雖然，由于藏文在文法方面與梵文接近，故易于逐字直譯，其效果是較漢譯更忠實于原文。一般情況是如此，但總不能一概而論。日本人揚藏抑漢，非常明顯。

## 三、佛學研究的方法

這是研究的方法論，由此亦可見出研究的方向或歸趨。關於佛學研究，其方法大體可歸爲兩種，其一是哲學的，另一是文獻學的。哲學的又可細分爲兩種，一是以哲學家的姿態來研究，即是自家在哲學方面已有一種確定的看法，而卽本着這看法來了解佛學。西方的存在主義者雅斯培（K. Jaspers）的了解佛學是這一種，日本的西田幾多郎是這一種，中國的熊十力更是這一種。這種方法並不需要原典的語文，亦不是要對某一問題作很專門的研究；而只本着哲學家一己的睿知（philosophical insight），就大處對佛學加以論衡，或將佛學的一些觀念，在某程度下吸收到自己的哲學體系中。日本的宗教哲學者阿部正雄氏寫〈禪與西方思想〉，舉亞里斯多德的「有」（Being）、康德的「理」（Sollen）、龍樹的「空」（Śūnyatā），爲人類在思想上提出解決事與理、特殊與普遍的矛盾相峙的三個根源的範疇，而一歸于禪的「無」的絕對主體道。這種研究，可算是純哲學的，不過仍是一種相當客觀的比較哲學的方法，沒有大師的主觀色彩。

不過我們在這裏主要介紹的，不是用這種方法來研究佛學的成果，而是用細分的第二種。這卽是把論典中某些比較專門的哲學問題，例如邏輯或知識論，提出討論，往往把西方哲學相當于這方面的理論，作爲一種衡準或參考，拿來幫助了解佛學中的問題，作一個比較的研究。在作這種工作時，往往又會先把那些原來的資料，譯成現代語文。故這方法需要哲學理論和原典語文知識。

我們說，上一種是思想性的，這一種則是學術性的。西方的佛學研究，主要以後一種成就較大，也比較能獨立發展，近年更成爲一種學術風氣。思想性的研究比較泛，上擧的雅斯培是其中著名的一位。他曾寫《佛陀與龍樹》（Buddha und Nāgārjuna），日人峰島旭雄氏曾譯爲日語。學術性研究的奠立，似乎以俄國印度學學者落爾巴特斯基（Th.Stcherbatsky）爲始。他的《佛家邏輯》（Buddhist Logic），是開這風氣的劃時代巨製。這書出版于本世紀三十年代，上册是在比較的角度下，以西方的邏輯與知識論理論作參考，敍述佛家唯識系陳那法稱的那一套邏輯。（佛家邏輯的內容實相當于西方哲學的邏輯與知識論，而非單純的邏輯，落爾巴特斯基自身亦曾稱佛家的這一系統爲知識論的邏輯 epistemological logic.）下册則主要是法稱（Dharmakīrti）的《正理一滴》（Nyāyabindu）及其信徒法上（Dharmottara）的注釋的英譯。落爾巴特斯基的這一方向，其後卽爲以法勞凡爾納（Erich Frauwallner）爲代表的德奧一系印度學學者所繼承，在維也納形成一個佛教以至印度論理的研究中心。

日本方面的佛學研究，主要是跟歐洲的，文獻學是如此，哲學亦大抵是如此。不過在哲學方面，其所及的面比較寬廣，不像西方學者研究得那樣狹窄。大抵可以這樣說，東京與京都代表着兩個不同作風的中心，都可算是有哲學色彩的研究。東京大學自木村泰賢與宇井伯壽以來，似乎在佛學、印度哲學與梵文的領域內，走綜合之路，中間經宮本正尊而至近年退休的中村元，都是這一形態。中村元譽滿歐美及印度學界，更有網羅一切的氣勢。他精于印度學，又寫世界思想史，論東西文化交流，以中國、印度、西藏、日本四支來論東方思想。東大後起之秀玉城康四郎專研天台學與日本哲學，又好談論比較思想問題。京都方面，京都大學的西田幾多郎、田邊元、久松眞一、西谷啓治，和大谷大學的鈴木大拙，都是哲學家或禪學家，其佛學研究，思想分量很重。京大多年前退休的長尾雅人，已是專家學者的姿態。近年的教授如梶山雄一與服部正明，加上名古屋大學的北川秀則與九州大學的戶崎宏正，都是較年青而具有潛力的學者，却都是佛教論理學專家，走茨爾巴特斯基、法勞凡爾納一路，而且比他們走得更窄。服部氏便以茨爾巴特斯基對法稱的理解是「過甚其辭」（over-interpretation）。這些學者雖都有邏輯的基礎，但似乎更強調語文方面的重要性。

另外一種方法是文獻學的。這以語文爲主，嚴格言難有方法可言。以佛學的原典語文爲焦點，而旁通其他。而其中以原始語言的梵語、巴利語尤被重視。用梵語、巴利語來寫的資料，由于在印度保存得不好，故多有失佚。因而把這些資料找回來，而加以校訂整理出版，乃成爲文獻學方面極爲重要的事。法國的佛教文獻學者李維（Sylvain Lévi）氏便因此而聞名于文獻學界。這裏我們姑介紹一些西方及日本的文獻學家，以見其研究的方法與方向。

西方的梵文研究，本來在很多大學中都有這一課程，但開始系統地以比較語言學的科學的研究方法來奠定其研究基礎，而開一風氣的，要算英籍德人梅拉（Max Müller）。他是一傑出的印度學學者與語言學家，又是哲學鬼才，曾英譯康德的《純粹理性批判》。他於上世紀七十年代在牛津大學領導一個印度學的研究中心。其最具影響力的貢獻是刋行《吠陀》全集六卷，又編集《東方古代聖典》（The Sacred Books of The East）全集五十一卷。這全集大抵以印度經典爲主。

稍先于梅拉的有法國學者布奴夫（Eugène Burnouf），他是印歐比較語言學權威。他曾有《法華經》的法譯（Le Lotus de la Bonne Loi），這是以嚴密的語言學來翻譯梵語佛典的開始。梅拉之後有李維，他是法國學者，精于梵、藏、漢佛教文獻的比較研究。他曾到過尼泊爾探險，搜得大量原始經典，加以整理出版。其重大發現是世親的《唯識三十頌》的梵文寫本及安慧（Sthiramati）的注釋。特別是後者，是漢譯所無的，只有西藏譯本。中國和日本方面，了解唯識宗一向通過玄奘的譯本，玄奘宗護法（Dharmapāla），故亦大抵只能就護法來了解。安慧的說法，與護法有很多不同處。其異點包含着其後唯識學派分爲無相唯識（無形象唯識派 Anākāravāda-, Alikākāravāda-yogācārin）與有相唯識（有形象唯識派 Sākāravāda-, Satyākāravāda-yogācārin）的分歧。安慧是前一系統，護法是後一系統。雖然這不同亦只限于同一系統內的差異，但有了這些發現，便更能深入唯識宗的眞相。另外一個傑出的大乘佛教學者是比利時血統的蒲桑（Louis de la Vallée Poussin）。他的巨大成就表現于把世親的《阿毗達磨俱舍論》和玄奘的《成唯識論》翻譯爲法文，前者的翻譯更開歐洲方面研究說一切有部的新紀元。

巴利語經典方面，亦順着語文的研究和翻譯這一路向，其風氣或許比梵語經典方面更盛，那是由于巴利經典學會（Pāli Text Society）的成立之故。按這學會于一八八一年在倫敦成立，其創辦人是英國巴利佛教學者戴維斯（Rhys Davids），他徵募了很多東西方卓越的佛教學者來一齊合作。這學會的重大成就是編印《巴利英語辭典》（Pāli English Dictionary），和翻譯小乘經典。戴維斯的後繼人，如其夫人及史德（W. F. Stede），都是著名的巴利語佛教學者。

美國方面的佛學研究比較遲。眞正的研究恐怕要由一八九一年《哈佛東方叢書》（Harvard Oriental Series）的創立開始。蘭曼(C. R. Lanman)是這個組織的創辦人之一。他是一個佛教學者，但他對梵文與印度學的研究貢獻，却在佛教學之上。他在哈佛大學亦搞一個梵文與印度學研究中心，其後往印度，搜得大批梵文寫稿，加以整理、翻譯和出版。他自己曾編寫一梵文讀本稱爲Sanskrit Reader，極精細地分析梵文的語句構造，初學梵文的幾乎都不能缺少它。他的老師是梵文大師維特尼(W.D.Whitney)，雖不與佛學有直接關係，但其名著《梵文文法》（Sanskrit grammar），把梵文文法以一千三百多條規律來表示，是極有分量的梵文文法書。另外一個佛教文獻學者是耶魯大學的艾直爾頓（F.Edgerton），他是這方面的新興學者，以研究《薄伽梵歌》（Bhagavadgītā）著名。他的《佛教混合梵語：文法與辭典》（Buddhist Hybrid Sanskrit, Grammar and Dictionary），是以比較語言學的立場組織地研究佛教梵語的大著，是佛教文獻學研究的不可或缺的工具書。

關于西方學者在研究佛教文獻學的表現，筆者只列舉上述這些，當然遺漏了許多，而所列舉的也不必是最重要的。像英國的抗塞（E.Conze），德國的奧登拔（H.Oldenberg），法國的拉莫特（Etieme Lamotte），等等，其成就決不在上述的之下。（有關奧登拔的研究成果，請參閱筆者另一文〈德國之佛學研究〉。）不過筆者認爲，在這些學者所表現的文獻學的研究中，有一個共同點，便是先以語言學的方法，把握原典的語言，再進而校訂原典，把它翻譯成現代語（如英、德、法語），然後把原文與翻譯一併出版。雖然間中亦附有一簡介，介紹其哲學思想的歸趨，但這總不是工作的重點。實際上，作者自己對經典的哲學涵義（philosophical implication）能了解多少，亦很難說。下面我們繼續介紹日本方面的。

日本在佛教文獻學方面的研究，自一八七〇年以後南條文雄往英國始。這是從方法學上說。蓋自南條氏以前，還是用老式的方法，資料以漢譯佛典爲主，又缺乏語言學與梵、藏、巴利語文的知識。南條氏于上世紀七十年代遊學英倫，隨梅拉習梵語，把西方那一套文獻學方法帶回日本。其後他編輯所謂《南條目錄》的《大明三藏聖教目錄》（A Catalogue of the Chinese Translation of the Buddhist Tripitaka），把漢譯藏經整理一番，卷首附序論、參照書目，卷尾又有印度的著作者、漢譯者、中國作者的解說目錄及其索引，這目錄其後成爲海外漢譯大藏經研究者的指針。另南條氏自己又翻譯及刋行了不少經典。（按：關于南條氏在英的事，可參考我國唯識學者楊仁山的《等不等觀雜錄》，其中收錄了幾封他在英倫時與南條氏的通信。）

稍後于南條文雄的，有另一日本學者高楠順次郎，他亦于英國牛津受學于梅拉。回日後與渡邊海旭等製定出版《大正新修大藏經》一百卷，又出版《南傳大藏經》六十五卷。他又翻譯《觀無量壽經》等爲英文。不過他的成就幾乎全在語言學與目錄學。他對佛教在哲學方面的理解，顯然無足觀，這實在是日本一般佛教學者的通病。他著有《佛教哲學要義》（Essentials of Buddhist Philosophy），羅列學派、作者及書目，十分詳備，但亦只是止于此而已。而在義理方面的了解，亦不泛膚淺之見。如「十二因緣」，卽是一顯例。按「十二因緣」是原始佛教中最爲基本的教義，其說法原見于《阿含經》中。這些經典只列出十二個相依緣起的名目而已。至于其義理的層面，卽是說，應從那一層面來了解，原典中却未有清楚的表示。關于這點，大抵有以下幾個可能：形而上的、心理學的，或更沉滯而爲生物學的胎生的。按照佛家一貫的理論立場，卽以絕對空爲究極一點來說，十二因緣當是就形而上學而說的，卽透過形而上學一路，超越地闡述個體生命的起源。亦唯有這樣理解，才能顯示佛家義理的殊勝處。而高楠氏却把它扯下來，牽到胎生的生物學一層來說。這不但不能顯出佛家的精義，且唯物的胎生說，亦與佛家的基本立場相違背。（按：關于十二因緣的形上學的理解，筆者曾詳論于〈浮士德之魂：關于生命及其哲學〉一文中，載《明報月刊》一四五期。）

繼南條氏與高楠氏之後，日本佛教文獻學者輩出，其著名者有宇井伯壽、荻原雲來、寺本婉雅、山口益等，都是文獻學大師。宇井與另一鼎鼎大名的木村泰賢，都是高楠順次郎的高足。他繼木村而掌講座于東京大學。他雖攻印度哲學，但似缺乏那種綜觀思想文化的智慧，而爲其學術成就的光芒所蓋。荻原是梵文系統，寺本是藏文系統，山口則兩者兼精，但仍不出文獻範圍。這些學者的工作，和西方如李維氏等，大抵是一路。不過他們似無西方學者的探險搜典的勇氣，而更願意坐下來作純學術文獻的研究。宇井著作等身，其生命力與學術能力皆驚人。他的力作《印度哲學研究》，使他成爲這方面的權威。他的《佛教論理學》，是日本學界這方面研究的先鋒。他又曾對禪宗史與《攝大乘論》作專題研究，寫了幾部巨著。他又翻譯大量大乘論書，與金倉圓照等編《西藏大藏經目錄》（A Complete Catalogue of the Tibetan Buddhist Canons）。荻原有不少翻譯，其最受注意的工作，是編《梵和大辭典》。這辭典對每一出詞皆有簡明的文法分析，其特點是漢譯對照，極便佛教學者。寺本整理梵漢德對校西藏文和譯龍樹造《中論無畏疏》，又把西藏傳的安慧的《唯識三十論》注釋翻譯成日文。山口的成就是多方面的，這裏難以一一列舉。其中一項極爲學界所重視的，便是他對《中邊分別論安慧釋疏》所作的研究。這表現于他的三書中，其一是編訂釋疏的梵本，其一是這梵本的日譯和注釋，另一則是這釋疏的漢藏對照表與梵本索引。無可懷疑，這是研究《中邊分別論》或《辨中邊論》的優良資料，山口亦正因這三部力作而名震日本以至歐美學術界。值得注意的是，山口的這種工作，可以說是日本和西方文獻學界工作的典型。而實際上，山口本人的這種學風，受西方特別是李維的影響很大。整理原典，與各譯本對校，然後譯成現代語文，最後作一索引。這三書合起來便是這四者，至于要窺其義理的堂奧，那是另外一回事，那亦不是一般文獻學家所堪任的。山口後來亦寫一些淺談宗教信仰的小册子，但總不脫文獻的風格。

## 四、佛學研究的語文

語文是佛學研究的一個大難關。這個原因有三重。其一是用來記載佛教經論的語文，本身已很複雜。其二是佛教後來流布至亞洲各地，因而各地有其自身佛教的發展，這包括思想的敍述與翻譯，所用的語文，自因各地而異。其三是近代日本及歐美學者對佛學的研究，又以不同的語文來表示。以下我們依次對這三者解說一下。

原始的語文，通常被籠統地指爲梵文與巴利文。按印度方面用來記載經論的語文實有三種，都是古代印度語。

一、古典梵語（Classical Sanskrit）其範圍是印度佛教史後半期出現的部分經典，及論書的全部。它有別于混雜的Prakrit語和它以前的吠陀（Veda ）、婆羅門的用語。按Prakrit語是印度古代及中世之中部及北部方言。

二、佛教混合梵語（Buddhist Hybrid Sanskrit）這是大部分佛教經典的用語。它是以古代中印度某一種日常語爲基礎，多方借用另一中印度的方言而成。美國學者艾直爾頓，即是這種語文的權威學者。

三、巴利語（Pāli）這是Prakrit語的一種，南方佛教或小乘佛教所用。

至于流布與發展的語文，情況更爲複雜。印度佛教在印度發展至約公元一二〇〇年卽衰落。南方佛教經錫蘭而傳入泰國、緬甸等地，爲小乘的發展。其經典的彙集則是《南傳大藏經》。北方佛教則早已傳入中國、西藏，與西域絲綢之路地帶，又再傳至蒙古、朝鮮、日本，爲大乘的發展。這種發展有兩途，其一是翻譯印度原典，其二是當地人消化吸收印度佛教後，自己在宗教上思想上更有創發。不管是哪一種，其語文當然是用本地者。故其複雜性可知。翻譯方面，以漢譯、藏譯爲重要，二者皆各有其大藏經。日本學者近年亦有在這方面合作，大量翻譯佛教經論爲現代日本語，如長尾雅人、梶山雄一監修，中央公論社發行的《大乘佛典》叢書，即是這方面的顯著表現。它的特點是譯者都有很好的語文根底，能依原典來翻譯，故可以說相當忠實于原著。至于在宗教上思想上的發展，則唯中國佛教特重。西藏佛教基本上是印度佛教的再述，及其資料的保存。日本佛教則一向是跟中國走的，在觀念上縱有創闢，例如道元的佛性論，但大抵來說還是中國系統的延長。朝鮮佛教亦是中國系統。

最後是研究的語文。這幾乎全是歐美和日本學者的天下。歐洲人搞佛學研究，已有一百七十年歷史，日本人則後來居上。其研究成果，自然是以其本國的語文來表示。故倘若不懂日、英、德、法諸語，則難以談現代佛學研究。

由上面可知，佛學研究與這麼多的語文拉上關係，要全部籠罩它們，似乎是不可能的事。通常一個佛學研究者，只能兼顧與他的專長有直接關係的語文。如研究大乘學者則習梵、藏、漢、日語，研究小乘學者則棄藏語而習巴利語。英、德、法這些歐洲語文，自然是要具備的。上面提到過的抗塞，在東方語文中，便能通梵、巴利、藏、漢、日、蒙古語諸種。他的佛學專長是在般若文學方面，曾編了一本學術水準相當高的《般若文獻辭典資料彙編》（Materials for a Dictionary of the Prajñāpāramitā Literature）。不過他在義理上的了解，却只平平而已。杜容氏亦精於東方語文，又通歐洲方面的古典語，如希臘文、拉丁文，但他却較少表示自己在義理方面對佛學的了解，却好寫書評。他的最大成就，恐怕是月稱（Candrakīrti）的《淨明句論》（Prasannapadā）的部份法譯，那是譯自梵文原典的。

精通各種語文是歐美及日本佛教學者的共同特色。這不獨是風氣使然，而在大學中亦皆有學習這些語文的有利條件。不過，由重視語文而引出的另一面惡果，恐怕亦爲兩方所不能免。這卽是于義理方面不能兼顧的問題。語文是工具，其重要性自不能忽略。但語文不是哲學，弄懂了字面的意思，並不表示已掌握到內裏的哲學涵義。一個佛教學者，倘若要花上多年的時間去搞通那些如梵藏的艱難語文，則餘下來供自己作思考作體會的時間便不多了。而佛家的哲理又是那樣深奧難窺！結果都是文獻學家。一般來說，西方及日本所謂佛教學者，大抵都是文獻學家。抗塞與杜容自不必說，卽鼎鼎大名的日本的宇井伯壽，在日本與西方都是學界的宗師，但他寫了一部《中國佛教史》，便只舖陳宗派史事，于各宗派的觀念的把握方面，了無精采。中國佛教雖非他的所長，但由此亦可見他治學的歸趨。日本龍谷大學二十多年前出版的《佛教學研究法》一書，收錄文章十五篇，談的幾乎全是有關文獻的事。文獻學與哲學兼備的學者不是沒有，但總是少數。如上面提到的莰爾巴特斯基與法勞凡爾納等便在西方開一風氣，從哲學分析的角度來談佛家的論理學。日本方面亦很有一些學者跟這風氣相近的，如北川秀則與服部正明。特別是北川氏，其頭腦極具分析性。他們二人對陳那的邏輯與認識論的研究，實在超過西方學者。另外，日本的鈴木大拙在這方面亦值得一提。他是一個學道兼修的禪學者，但亦有文獻學基礎。他是把梵文《楞伽經》譯成英語的第一人，又爲之編一梵、漢、藏索引，雖然他的文獻工作亦不免被新起的學人譏爲疏漏。其英語流暢自然，自不必說。但他比較少用心于文獻，而專走哲學與修習之路。

## 五、文法書與辭典

從語文我們談到文法書與辭典的編製。這兩者是搞語文的雙軌，缺一不可。這裏所謂文法書與辭典，自然是就梵文、巴利文、藏文等言。關于這方面，大抵是歐美人的天下。日本人本來善于搞辭典的，但這裏却讓別人獨秀于前。這可能是由于歐美學者已有很好的成果，很難超過他們之故。至于漢文，漢譯藏經自然重要，而中國佛學亦有其自身的發展。但有關漢文的文法書與辭典，在現代的佛學研究中，未受注意。日本學者對漢文的了解，困難不大；而西方學者的佛學研究，又偏重于梵藏巴利方面。故漢文的文法書與辭典，到目前爲止，需要仍不大。

關于梵文文法書，最爲人所留意的，要算上面提到的美國梵語學者維特尼所編寫的《梵語文法》（Sanskrit Grammar, Including both the Classical Language and the Old Dialects, of Veda and Brāhmaṇa ）。此書把梵文文法規條，以一千三百餘條表示出來，書後附有梵文索引與普通索引，利便查考。蘭曼氏編的《梵語讀本》（Sanskrit Reader）便處處注引維特尼的文法規條。其後維特尼以梵文動詞變化太複雜之故，又更編一《梵語之語根、動詞形式及基本導出語》（The Roots, Verb-Forms and Primary Derivatives of the Sanskrit Language），以補其不足。

但維特尼之書的編寫方式不便初學。對初學者來說可有以下數書：

1. Max Müller: Sanskrit Grammar

2. E. D. Perry: A Sanskrit Primer

3. A. A. Macdonell: A Sanskrit Grammar for Students

這都是以一般文法書方式編寫成的。但筆者認為最值得推薦的，無寧是美國威斯康辛大學的哈特（G. L. Hart）所編的《梵語便捷學習法》（A Rapid Sanskrit Method）。此書有系統地分析地解釋梵文文法的基本規則，每章後附有習題，使人可循序漸進而學。此外，關于佛教混合梵語的文法，艾直爾頓的《佛教混合梵語：文法與辭典》，是這方面獨一無二的大著。

梵文辭典方面，首先要述的是威廉斯（M. Monier-Williams）的《梵英辭典》（A Sanskrit-English Dictionary）。這是依語源學的與語言學的次序而編排的大著，特別照顧到同族的那些印歐語言。此書其後有新版，由萊曼恩（E. Leumann）與卡丕勒（C. Cappeller）等學者予以大量補充及修訂。另外，又有麥當奴爾（A. A. Macdonell）的《實用梵語辭典》（A Practical Sanskrit Dictionary），此書篇幅較小，收入字彙不多，但其特點是詳于語源方面的分析。

日本方面，有辻直四郎的《梵文文法》與神亮三郎的《梵語學》。辻直四郎是研究《奧義書》（Upaniṣad）的權威，在梵語研究方面是名宿。神亮三郎亦是梵語專家，但其成就無寧在編《翻譯名義大集》（Mahāvyutpatti），此是梵藏漢日諸譯對校者。要查考相應于梵文原語的藏文或漢文的譯名，此書十分便利。此書與上面提到的荻原雲來編的《梵和大辭典》，是各譯對校工具書的雙璧。後者雖名辭典，其實非一般性者，其字彙皆相關于佛教學方面者。

梵文辭典方面，日本人興趣不大，似乎未有一本如西方式的梵日辭典出現。但日本人編寫讀本的興趣却甚高。有辻直四郎的《梵文讀本》，其體製倣蘭曼之讀本，但更附日譯，極便讀者。特別考慮到佛教內容的讀本，則有岩本裕的《佛教梵語讀本》與奈良康明的《梵語佛典讀本》等。

梵文辭典除上面列擧的兩本比較流行的外，尚有不少。這二書皆是以英語解釋者。除此外，尚有梵德、梵法，及印度學者整理的辭典。筆者未習法語，梵德辭典未用過，中國學者大抵很少用這方面的資料，故從略。印度方面的要留待以後有機會再談。下面亦大抵只就英、日解釋而介紹巴利、藏文的文法書與辭典。

巴利語文法書有卡格（W. Geiger）以德語寫成的《文學與語言》（Literatur und Sprache），其後哥斯（B. Ghose）譯成英語，名爲《巴利文及語言》（Pāli and Language）。辭典方面則有英國學者汝爾達斯（R. C. Childers）編之《巴利語辭典》（A Dictionary of the Pali Language）。其後戴維斯以此書不能滿足其巴利經典學會之需，乃與史德更編《巴利英語辭典》（Pāli-English Dictionary），此是一大規模之辭典。另外日本南方佛教學者水野弘元氏在這方面貢獻亦甚大，他先後編有巴利文的文法書及辭典，又編讀本。

西藏語文法書有哈那（Herbert B. Hannah）所編寫的《西藏語文法》（Grammar of the Tibetan Language）。此書兼顧到古典的與通俗的兩方面，解說亦清楚明瞭。惜取例多用耶教經典語，而譯成藏文。大抵作者是耶教徒。筆者以爲此舉實在不必，蓋西藏是另一系統的宗教也。筆者所從遊的啦嘛卡爾僧（Kalsang），對此便大爲不滿。另外有舊出的耶殊克（H. A. Jäschke）編的《西藏文文法》（Tibetan Grammar），較前書精簡。書後並附有密殊（John L. Mish）所增補的閱讀資料及字彙表，甚便初學者。辭典方面，有耶殊克之《藏英辭典》（A Tibetan-English Dictionary），附錄有英藏字彙對照表。

印度學者在研究西藏語言方面有輝煌成績，這裏因文章題目所限不擬多談。

日本方面研究西藏語的學者亦不少，他們共同的特點是強調語法，而不重視語音。故一般學者多能看藏語的書，但不能以藏語交談。文法書當首推稻葉正就的《古典西藏語文法》與《西藏語古典文法學》。稻葉氏是西藏古典文法學者，能說流利藏語。此外尚有其他學者的著書，不多錄。藏語辭典方面，尚未多見，似乎只有芳村修基編的《西藏語字典》草稿本而已。

## 六、日本及歐美的佛學研究中心

所謂研究中心是指近期的而言。牛津大學百多年前是梵學研究中心，現在已一蹶不振，只有一兩個教授在東方學院教梵文、巴利文與東方宗教而已，亦無人能透過漢文與西藏文來了解佛學。芝那爾（R. C. Zaehner）曾是該學院的講座教授，他本人是印度宗教方面研究的權威，著述甚豐。像這樣的情形，這裏不擬多談它。又筆者在這方面的所知，特別在歐美方面，有限得很，這裏只聊盡介紹之責而已。而實際上，這方面的資料，不管是日本的抑是歐美的，是隨時而易的；這是人事變動所使然。

從學術方面著眼，佛學研究中心通常是設于大學研究院內的。歐美的佛學研究，通常設於宗教系或東方學系；日本的大學則多自有佛學系或印度哲學系。一般的佛教團體或組織自然有這方面的研究，但其背景不同，其目標也異，不免有一種拓展教務的歸趨，而影響其學術方面的水平。這種現象在日本最爲普遍。因佛教在日本，固然是一種學問，同時是一種宗教，甚至是一種生活。我們這裏所着重的，是純學術的研究，卽主要是介紹一些大學研究院的佛學研究中心。

日本佛學的研究根據地大抵分關東與關西兩地。關東的中心在東京，關西的中心在京都。東京大學自南條文雄以來，經高楠順次郎、木村泰賢、宇井伯壽、宮本正尊、水野弘元、川田熊太郎、中村元等先後主教授位，都把重點放于印度佛學方面。中村元多年前退休，仍主東方學院。東大曾有平川彰，爲大乘律學專家；田村芳朗專于天台學與日本佛學；高崎直道專擅印度如來藏學；玉城康四郎專于天台哲學與比較思想；鎌田茂雄專于華嚴學。故其天地似乎相當廣濶。另外有不少私立的佛教大學，如駒澤大學等。京都方面，京都大學自提出「場所哲學」的當代日本哲學家西田幾多郎以來，歷田邊元、久松眞一、西谷啓治等，都是思想家形態的人物，其智慧都足以照見西東。其中的久松眞一是一個很堪注意的人物。他不止是一個禪哲學的思想家，同時亦不倦于潛修禪道。他領導佛教團體如F. A. S. 協會和茶道之心茶會，要打破舊有的格套，以發掘禪的眞髓。其目的是要建構一個新的社會模式。F. A. S. 協會之名，取自其理想社會的三個中心觀念：Formless Self（無相之自我）、All mankind（全人類），和 Supra-historically（超歷史地）。其整個意思是要覺悟到自己的眞我，那個無相的自己，而立于全人類的立場，以成就世界，超越歷史，但却永恒地創造歷史。這實是流行于日本思想界的一種新的宗教運動。其詳情具于筆者之另一文〈佛學研究與方法論〉中。他曾多次與西方哲人如海德格、田立克（Paul Tillich）等對談，被認爲是東西方心靈的直接交流。另外的西田、田邊、西谷等都不單是理論者，在現實生活中都表現出宗教的情操。但京大至松尾義海與長尾雅人，漸由思想轉向學術。較近的服部正明與梶山雄一，則純粹是學術性。服部氏精于印度論理學，特別是陳那的認識論，他本人有很好的西方哲學基礎。梶山氏長于後期大乘論理學。另外有兩間著名的私立佛教大學，卽大谷大學與龍谷大學。大谷前有把禪佛教介紹到西方的鈴木大拙、傑出的文獻學者山口益及西藏學學者寺本婉雅。其後有安藤俊雄、橫超慧日教中國佛教，舟橋一哉教原始佛教，櫻部建教阿毗達磨佛教。安井廣濟教中觀學，稻葉正就教西藏學。龍谷大學則似乎比較守舊，以前的芳村修基，是西藏學的權威。

另外有著名的東方佛教協會，會址設于大谷大學。這協會編有英文的佛教半年期刊，稱《東方佛教》（The Eastern Buddhist），其內容主要是大乘佛教，甚爲海外學者所重視，亦收錄不少西方學者的論文。這期刊雖題爲以大乘佛學各面內容爲標的，但筆者覺得此中實有一要傳播和發揚日本佛學的意圖，而所收的論文亦有甚多涉及這方面的內容的。其中不定期刊載有阿部正雄與美國年靑學者瓦第爾（Norman Waddell）合譯的道元的大著《正法眼藏》中重要部份，正是這方面的顯著表現。阿部氏並且寫了一篇有關道元的佛性論的英文論文，以比較宗教哲學的角度來顯示道元的佛性論的超越前人處，來確立道元的佛教哲學的地位。

雖然，這種西方式的肯認（Western justification），並不是必要的；但它在傳播、交流與發揚學術思想方面，却有積極的意義。

除以上那些重要的大學外，另外還有很多大學或學院，有不少學者在努力作出對佛學研究的貢獻。如東北大學、名古屋大學、九州大學、大正大學等。這裏特別值得一提的是前名古屋大學教授上田義文。他是唯識學學者，但不囿于唯識，而且文獻與哲學並重。名大還有傑出的佛教論理學者北川秀則，精于陳那的邏輯，不幸因癌病逝世。

至于西方的佛學研究，則大抵只在大學研究院中進行，因西方國家並不像日本，有那種與佛教的文化關係，與佛教式的生活背景。其研究亦不如日本那樣集中，而是分散的。大抵是這樣，某一名學者在某大學教其專門的學科，則該大學不期然成爲該學科的研究中心。總的來說，佛學研究在西方，不算很蓬勃。其內容亦主要偏于梵、藏、巴利等語文及印度佛學方面。中國佛學的研究，在西方似還未開始；一般還是由中國人自己來搞。但那些中國學者往往不通梵藏，不能通到印度的根源方面去；在哲學方面又無基本訓練，把握不住中國佛學的根本觀念。他們只能就對中國思想的粗淺了解來說佛學，致無特殊成就，不爲學界所重視。

法國是西方佛學研究的先行者。它的重心在大乘佛教與考古學的研究，那都是文獻上的事。不少法國學者仍繼承着布奴夫、李維等文獻學大師的遺風，其中最堪注意的，恐怕是戴密微（P. Demiéville），他是一個十分傑出的佛教學者和漢學家。Sorbonne大學是佛學研究中心，其前有蒲桑，近期有其傑出弟子拉莫特。後者以翻譯《大智度論》二十七章爲法文而轟動一時。

英國方面，最初以翻譯和研究巴利語佛教文獻爲主。其後梅拉出，編集規模龐大的《東方聖書》，梵語佛典乃被重視，而佛學的哲學涵義亦漸爲人所留意。一九〇六年有佛教協會（The Buddhist Society of England）成立，出版期刊《佛教評論》（Buddhist Review）。一九四三年刊行《佛教徒在英國》（Buddhist in England）。其後又出《中道》雜誌（The Middle Way），以迄于近時。學院式的研究，當首推倫敦大學的東方及非洲研究學院（School of Oriental and African Studies），其中有印度、巴基斯坦及錫蘭系（Department of India, Pakistan and Ceylon），曾有幾個學者任教與佛學有關的科目：史那爾哥羅夫（D. L. Snellgrove）是西藏學家，瓦萊š（J. C. Wright）是梵學家，格爾布倫（T. Gelblum）研究印度邏輯。另外英國有一個禪學怪傑，便是瓦茲（Alan Watts），他是一個討厭學術研究的人物，但據說他對禪理有深刻的體會。

德國與英國一樣，最初亦以巴利語佛教與文獻翻譯研究爲主，奧登拔是此中的代表。其後學者漸轉到大乘佛學方面去。漢堡大學是一個佛學研究中心，其中有舒密特侯遜（Lambert Schmithausen），精研佛學與吠檀多哲學。他是法勞凡爾納的高足，走文獻與哲學雙軌之路。他的哲學智慧，表現于他研究《瑜伽師地論》的專書 Der Nirvāṇa-Abschnitt in der Viniścaya-saṃgrahaṇī der Yogācārabhūmiḥ 中。他在漢大主持印度文化歷史一系（Seminar für Kultur und Geschichte Indiens）。漢大的另一系即日本語言文化系（Seminar für Sprache und Kultur Japans），有邊爾（Oscar Benl），精通日本古典文學，他曾把《源氏物語》譯成德語。他又研究禪學，特別是日本的道元禪。他又翻譯了一些日本禪籍，如《夢窗國師語錄》和《聖一國師語錄》等。他的研究，甚受日本及西方學者重視。另外，在歌丁根（Göttingen）有貝循特（H. Bechert）研究原始佛教，在慕尼黑有荷夫曼（H. Hoffmann）研究西藏學。

（按：有關德國之佛學研究，請參閱筆者〈德國之佛學研究〉一文。）

奧國的維也納是另一佛學研究中心。維也納大學有一印度學研究所（Indologisches Institut der Universität Wien），其中有鼎鼎大名的法勞凡爾納。他是一個印度哲學與佛教學者，尤精佛教論理。他在維也納開出一種研究佛家邏輯與知識論的學風，創刊WZKSO學報（Wiener Zeitschrift für die Kunde Süd und Ostasiens），而置其重點于陳那與法稱的哲學。法勞凡爾納近年逝世，其下有斯坦恩卡爾納（E. Steinkellner），是法稱專家。

荷蘭方面，前在來登（Leiden）大學有杜容，後來移至澳洲國立大學。現在烏特力特（Utrecht）有維特（T. Vetter），爲佛教論理學研究專家，專于法稱與吠檀多哲學。

意大利曾有卓越的佛教學特別是西藏佛教學者杜齊（Giuseppe Tucci）。他的天才是多方面的。他是一個文獻學家，同時對佛教哲學有深邃的了解。杜齊曾長期任羅馬大學印度和遠東哲學宗教系的教授。

美國的佛學研究歷史比較短，它受歐洲風氣的影響，亦以佛教經典的語言學的研究爲始。一八九一年創立《哈佛東方叢書》（Harvard Oriental Series），出版大量佛教書籍。一九四八年開始在夏威夷舉辦東西哲學家會議，通過日本學者鈴木大拙的介紹而掀起研究東方禪學的熱潮。大學的佛教課程，通常設于宗教系、印度學系或亞洲學系中。設于哲學系的比較少。可能由于彼邦的學者對佛學的把握，基本上是文獻上的或宗教上的進路之故。據筆者所知，美國大學哲學系設有佛學課程的，只有紐約州立大學水牛城校園（State University of New York at Buffalo）及夏威夷大學（University of Hawaii）。

加州大學柏克萊校園（University of California, Berkeley），其中有一佛學研究組

（Group in Buddhist Studies），強調基本語文與文獻學訓練，分梵藏與漢日兩組。其中有哲學家史達爾（J. F. Staal）教印度與佛教論理學，蘭卡斯達（L. R. Lancaster）教梵文與大乘佛學，耆尼（P. S. Jaini）教印度佛學。

加州大學洛杉磯校園（University of California, Los Angeles）的東方語言學系（Department of Oriental Languages），曾有華裔學者陳觀勝（Kenneth K.S. Chen），研究中國佛學，陳氏著有《佛教在中國的轉化》（The Chinese Transformation of Buddhism），甚受學界重視；沙那（E.F. Scharfe）專于印度學與梵文，日本學者足利圓照（Ashikaga Ensho）教西藏文。

威斯康辛大學的南亞洲研究系中有佛學一支，是另一佛學研究的去處。其中哈特精于梵文。年前去世的著名中觀學者魯濱遜（Richard H. Robinson），亦曾在此執教多年。

哈佛大學（Harvard University）宗教系有日本學者永富正俊，專于大乘佛學與佛家論理。梵文與印度學系有印高斯（Daniel H. H. Ingalls）教印度學。他們恐怕已退休了。

另外一佛學研究中心是英屬哥倫比亞大學（University of British Columbia），但它在加拿大，這裏亦不妨一提。此中宗教系有佛學一門，曾有漢維茲（Leon Hurvitz）教東方學；他二十多年前曾在京都大學人文科學研究所研究。另有連克（Arthur E. Link）教中國佛學，日本學者飯田正太郎（Iida Shotaro）教西藏文與西藏佛學。

另一加拿大校麥馬斯達大學（McMaster University），其宗教系陣容浩大，強調主科與宗教學一般的雙軌研究。其中分兩小組（Group）。第一組強調聖經研究與西方宗教思想；第二組強調佛教、印度教和印度哲學。其中曾有中國學者冉雲華，任教佛教思想史，強調佛教史學，曾寫有〈宋代佛教史料編纂法〉（ Buddhist Historiography in Sung China ）一文。多倫多大學（ University of Toronto ）亦堪注意。年前開始設立一宗教研究中心（ Centre for Religious Studies ），亦有佛教一項，有學者多人。另外的梵文與印度學系，則強調印度方面的研究，分語言、文學、哲學、歷史四支。

另外，美國哥倫比亞大學（ Columbia University ）曾有韋曼（ Alex Wayman ）研究如來藏學，他的近作是把《勝鬘夫人經》翻譯成英語；紐約州立大學水牛城校園的日裔的稻田龜男（ Kenneth K. Inada ），研究中觀學，都是學界所重視的學者。

以上介紹的，只是一般較爲人所留意的，且主要限于大乘佛教。南方佛教方面，筆者相信亦有不少研究中心，但就淺見所限，不及多提。

## 七、結語——回顧與展望

以上我們就幾方面對日本及歐美的佛學研究，作了一個描述。這裏要以這兩方的佛學研究的方法作參考，對我們中國的佛學研究反省一下，並展望將來應行之道，以結束本文。

方法直接影響研究成果。嚴格地說，以西方及日本的方法爲標準來說，中國的佛學研究，還未開始，故亦無成果可言。例外的，似乎只有湯用彤的《漢魏兩晉南北朝佛教史》，和印順的《中國禪宗史》等少數研究。不過，日本及西方的方法亦非完善。以下先將中國的佛學研究作簡單的了解看看。

比較有系統有規模的研究，要自民國初年出現的南京支那內學院與武昌佛學院始。那是佛學團體內部的研究。前者由歐陽竟無大師所創，其重點幾全是唯識學。歐陽自身是唯識學者，其下邱虛明、王恩洋、呂澂諸人，基本上只講唯識學。武昌佛學院爲太虛大師所創，其下有印順、法尊諸人，雖強調八宗平等，但其重點仍在般若。印順自身卽是一個對龍樹的中觀學很通透的學僧，這可見于他的《中觀論頌講記》中。站在比較哲學的角度，把佛學作爲一種思想一種哲學來欣賞來研究的，則有熊十力對唯識學的研究，及方東美、唐君毅二先生對華嚴的研究，牟宗三先生對中國佛學特別是天台的研究，後者的《佛性與般若》，是剖析中國佛學的巨著，而特崇天台，以之爲圓教之圓者。熊本屬支那內學院，其後因不滿其死守唯識家教而退出，獨自展開其新唯識論的形而上學體系。這種研究，是純思想形態。胡適的禪宗史特別是神會的研究，則是走史學之路；他反對鈴木大拙的禪的神秘主義的說法，以爲禪理可由理性認識來把握。另外一個中國學者林藜光，在巴黎專走文獻之路，其活動甚爲西方所重視，但鮮爲國人所知，他的“L'aidemémoire de la vraie loi”爲對後期小乘佛教的《正法念處經》（Saddharmasmṛtyupasthānasūtra）的專題研究。可惜他早年逝世。

一般來說，中國的佛學研究，都缺乏以語言學與目錄學（Philology and Bibliography）爲主脉的文獻學知識。內學院所走的路，雖然是文獻學的，但其基礎顯得甚爲薄弱，其中只有呂澂一人稍通梵藏。他譯有一些梵藏原典，包括陳那的《集量論》；但幾乎不能閱讀，因其所用術語（terminology）古舊，與現代的術語接不上，亦缺乏西方那套邏輯與知識論的基礎。稍爲有水準的，只有太虛系的法尊，他精通藏文，譯有不少西藏方面的資料，如月稱的《入中論》與宗喀巴的《菩提道次第廣論》等，亦甚爲日本學界所重視；可惜他除了翻譯幾本論書外，沒有其他表現，其智慧恐不足以照見佛家奧蘊。另外有旅美佛教學者巴宙（W. Pachow），他精于梵文與巴利文，其對南傳佛教的研究，達到國際水平。但中國像法尊、巴宙這類學者，還是少數得很。

熊、方、唐、牟這一路，是哲學家談佛學。雖不講文獻學，亦不必一定能客觀地對諸學派作一個還其本來面目的描繪，例如在熊著《佛家名相通釋》、《十力語要》、《新唯識論》等中所表示的世親唯識學，就細微處言，恐不必都是世親的眞面目，因熊自身基本上是以護法的《成唯識論》來了解世親，而實際上，護法與世親的思想是有距離的。但從大處言，能透過綜合比較哲學來把握各宗派的基本精神，及衡量其理論上的優劣，那是沒有問題的。如五六十年前屬於這一路的梁漱溟寫《東西文化及其哲學》，把印度精神判爲反身向後，以別于西方的奮勇向前與中國的調和持中，梁本人恐無對佛學或印度學的文獻學知識，但這見解就大處看是確當的，表現一種文化哲學的智慧。不過以這種姿態來開佛學研究的風氣，以至于建立佛學研究的傳統，顯然是不足夠的。主要是缺乏文獻學那一套裝備。

筆者這裏絕無輕視哲學而提高文獻學的重要性之意。反之，筆者始終覺得哲學是目標，是質，文獻學是手段，是量。倘若無哲學作爲後面的標的，即使有最豐富的文獻學知識，其意義亦不能確定，亦總是末路。筆者的意思無寧是，文獻學對于學問研究來說既然是一裝備，一方法，那麼要搞學問，就非要把它掌握不可。否則，客觀的學術研究，一定不能建立起來。因爲文獻學背後是一求知精神，把這一套方法掌握起來而適當運用，這需要事功精神。自然這不必是唯一的方法，而對客觀的學術研究在價值方面的確立，亦不能依文獻學。這些都涉及比較專門的哲學問題。筆者無意在本文中展開討論。這裏只想指出，中國人一直輕視文獻學，結果嚴格地言客觀的學術研究傳統總建立不起來。

光講義理而不講資料文獻，結果只能成就一種境界，不能成就學術。這在佛學研究方面尤為吃虧，因佛學研究由于其獨特的地理的發展關係，特別需要文獻學知識。以下謹就有關中國方面對佛學研究因缺乏文獻學知識而生的缺失談談，藉以表示，倘若無這套裝備，則難以對佛學特別是印度佛學有一整全的了解，這整全不只就量言，恐怕亦要就質言。

限于語文的障隔，中國方面了解印度佛學，大抵只能通過漢譯，即鳩摩羅什、眞諦、玄奘、義淨等及一些小乘資料譯者的翻譯。但這是有限的。如大乘思想，玄奘以前的大體上還可以靠譯本來了解，玄奘、義淨同期的或出現在他們以後的，則因無人翻譯，故亦無由了解。這方面的資料，其後傳入西藏，譯成藏文而收入西藏藏經中。大抵佛學前期資料，漢譯藏經收入甚富，佛學後期資料則以藏譯藏經為充足。故要得其全，除了通漢文外，恐怕亦必要兼通原典的梵語，及藏譯的藏語。至于南傳巴利藏經，那是小乘系統，亦是重要的佛法，要深入掌握之，恐怕亦要通巴利語。不過這系統與中國思想有一距離，此中暫置不談。

在漢譯藏經所無的有關印度大乘佛學的資料中，筆者認為有兩點堪注意，這是就哲學的考慮言。其一是中後期中觀學，其二是佛家論理學。限于篇幅，現在且只就前一點的重要性略為談談，後一點則只能提一下。

一般人了解中觀哲學，大抵皆限于前期的龍樹，而以其《中論》為主，對中期中觀的發展已少留意，後期中觀學則幾乎全無所聞。筆者以為，就龍樹《中論》是可以把握中觀哲學的基本形態的，但倘若能更觀其後的發展，通過其後學對《中論》的解釋及與其他諸學派的往來辯駁，則更能得其全貌，及其別于其他學派的特質。在這方面我們感到陌生，那主要是由于文獻缺乏之故。因這些資料除梵本外，主要存于西藏譯中，亦有梵本不存但只有藏譯的。以下略就人物及問題對這方面的發展介紹一下。

中期中觀派的主要成績，表現在注釋《中論》中。佛護（Buddhapālita）、月稱（Candrakīrti）、清辨（Bhavya）等是有名的學者。其中佛護、月稱是一系，屬歸謬論證派（Prasaṅga），主論證當用相當于邏輯上的背理法者；清辨是另一系，屬自立論證派（Svātantrika），主張用定言的論證。前者是間接推理，後者是直接推理。其歧異具體地表現于在論證中觀哲學的基本立場的方法上的不同。中觀哲學的這種分派，主要是受到唯識系方面的陳那的新論理學的刺激所致。

後期中觀學的發展，其意義較中期者爲深遠，因它主要不是學派系統內部的爭論，而是對于其他學派的批判，以顯出其自身學派的特點，且有一消化吸收其他學派的要求。這期的主要學者是寂護（Śāntarakṣita）、蓮華戒（Kamalaśīla），與寶作寂（Ratnākaraśānti）。寂護更是這期的大師，他依「所有存在都具有單一性與複數性這兩個相矛盾的性格，因而都不能是究極實在」一點爲原理，對派外的有部、經量部、有相唯識及無相唯識都予以批判，而顯出龍樹的一切皆無自性皆是空的中觀眞理。不過他雖要批判要超越唯識派，但亦相當推重唯識在一般的理解領域中的優越性。最後他理論地把唯識派與中觀派結合起來，成爲瑜伽行中觀派（Yogācāra Mādhyamika）；又把有部、經量部及唯識派都納入其中觀哲學的階段中，以之作爲修入最高哲學的空觀的必要過程。蓮華戒是寂護的得意弟子，他在理論上繼承寂護的消融他派的學統，且在實踐上使之更完全地實現出來。具體地說，他把以十地爲始的唯識或瑜伽行派的瑜伽吸收過來，成爲中觀派自身的實踐。寶作寂的著書，在西藏大藏經中被歸類到瑜伽部，但他極力強調中觀派與唯識派的同一性，其思想近于寂護，故亦可將他視爲瑜伽行中觀派。他有近于寂護之點，以積極的方式來表示中觀的空，他強調作爲最高的眞實的空，絕不是無知，而是知的本質的「光輝的心靈」，這有歸于《般若經》的如性（tathatā）或「清潔光輝的心靈」（prabhāsvaram cittam）的意向。

大抵可以這樣說，後期中觀學雖一方面繼續宏揚龍樹學，但另一方面亦致力于統一印度大乘佛學的其他各派：寂護要統一唯識，寶作寂則更要與如來藏系相調協。特別是後者，恐怕是只以空性、無相的否定形式來把握最高的眞實的龍樹所未料到的。

故要透過中觀學的發展而全面理解其眞相，中、後期中觀學是必須要談及的，缺乏這方面的文獻知識（梵文與藏文），幾乎無法入手，單靠漢譯是不成的。（註：關于中、後期中觀學的發展，這裏只能依日人梶山雄一氏所著《空之論理》——哲學與瞑想一書中的所述而作一極簡略的介紹，詳情可參看該書。又該書筆者有中譯，已出版。）

關于佛家論理學，其意義比中、後期中觀學尤爲深遠。因它不是關涉于某一學派，而是關涉于佛教整個思想體系。不懂中後期中觀學，不能全面了解中觀思想；不懂佛家論理學，恐怕不能全面了解佛學。這不只是佛學的方法論，且是佛學研究知覺、推理方面的表現。龍樹的邏輯，無寧是近于黑格爾的辯證法的，因都是通過否定的形式而顯出最高的眞實，故它不是描述現象的邏輯，而是顯露實相的邏輯。不但陳那的新因明則很有可與西方傳統的亞里斯多德邏輯相比較之處，都表示論證的思想規律。不過二者仍有其嚴重的相異處，如後者的對象是名言，而前者的對象則是實在物。佛學中有邏輯，大抵是沒有人否認的，但卻有不少人認爲佛學中無知識論。這顯然是一種誤解，這誤解來自缺乏自陳那法稱以後佛家哲學的發展的資料。陳那的巨著《集量論》（《認識論集成》Pramāṇasamuccaya）共有六章，皆討論邏輯與知識的問題：第一章「現量」，第五章「觀離」，是有關知識論的；第二章「爲自比量」，第三章「爲他比量」，第四章「觀喩似喩」，第六章「觀過類」，則是有關邏輯的。而法稱以後的印度哲學與佛學，在知識論方面有飛躍的發展。法稱自身的《知識論評釋》（Pramāṇavārttika），第一章論正確的認識根據的證明，第二章論直接知覺，第三章論爲自比量，第四章論爲他比量。法稱以後的佛教學者，如帝釋覺（Devendrabuddhi）、智作護（Prajñākaragupta）、法上（Dharmottara）、寂護（Śāntirakṣita, Śāntarakṣita）、蓮華戒（Kamalaśīla）、智勝友（Jñānaśrīmitra）、寶稱（Ratnakīrti）、寶作寂（Ratnākaraśānti）、脫作護（Mokṣākaragupta）等，大抵皆依知覺論（pratyakṣa）、推理論（svārtha-anumāna 爲自比量，parārtha-anumāna 爲他比量）這一區分來講知識論、邏輯、哲學諸問題。不過這方面的資料，幾乎全無漢譯，除了梵本外，只能借助西藏方面的譯本。知識論是哲學上重要的課題。于佛家知識論缺乏理解，恐亦不能全面了解佛學。

上面我們說，中國的佛學研究，還未開始，這主要是由于缺乏作爲方法的文獻學知識之故。如陳大齊氏寫《印度理則學》，敍述陳那的因明體系，由于缺乏文獻學的知識，故只能依據玄奘的部分翻譯與窺基的解釋，這樣一隔再隔，能得陳那的眞面目幾何？且不管陳大齊氏在邏輯方面的功夫如何，卽資料的眞僞已成一嚴重問題。按玄奘具邏輯頭腦，又精通梵文，他對因明學的理解，尚算不錯。窺基則因邏輯造詣不足，又不懂梵文，故他對因明的了解並不很恰當，不少日本學者已看出這點。故依窺基這一路來了解佛家理則以至印度理則，是大有問題的。台灣的印順法師對龍樹中觀學本有相當通透的理解，且超過很多日本學者，但因不講文獻學，故不能建立客觀研究的學統，亦不爲國外佛學界所重視。其弟子演培亦是那一路，且其通透處恐不如印順。在出家人中印、演算是較優秀的學者，其他則多有不懂文獻，且力，只向支離破碎的典故處用力，亦缺乏哲學訓練與基本常識者。如白聖、竺摩等解《維摩經》，只向支離破碎的典故處用力，但遇到關節觀念如「去病不去法」等則輕輕掠過，這樣恐不能把握釋氏經論的精要。另外令人嘆息的一點是陸寬昱（Charles Luk）所英譯的《維摩經》。按《維摩經》的梵本原本已失，只有零碎經文斷片散見于他書中，但有一西藏譯本與三漢譯。漢譯的譯者分別是支謙、鳩摩羅什、玄奘。現代語譯中，有拉莫特的法譯，橫田（Yokota Takezo）與費殊爾（Jakob Fischer）合作的德譯，Idumi Hokei與渡邊分別的英譯和長尾雅人的日譯。陸氏的英譯是很後來的了，但却不能居上。他只據鳩摩羅什本，不參考其他譯本和現代語譯，致錯誤百出。長尾氏曾在《東方佛教》（Vol. Ⅵ, No.2）中宛轉地指出其缺失。陸無文獻學訓練，不通梵藏，亦不懂哲學，只憑一股熱情，一枝流暢的英語之筆來翻譯，其失敗自是可理解的。這倘從推介佛法的立場說，亦難說得過去，推介亦總需要正確的推介，否則倒不如不作。倘若從學術的立場說，則不免丟失中國佛學界的面子。中國佛學研究一至于斯，眞令人無話可說。

從學術立場來說，文獻學與哲學是佛學研究的雙軌。大體地說，我們在哲學方面應該是沒有問題的，雖然間中亦有在這方面令人失望的表現。因我們吸收消化以至獨自發展佛學，已有一千多年的歷史，中國佛學的成就，其意義一時亦難以估量。我們的弱點，始終是在文獻學方面。筆者認爲在這方面除了承認自己不如人而急起直追之外，別無他法。

最後一點是佛學研究的歸趨問題。這恐怕是日本及歐美的佛學研究者都應反省的一點。因現時日本及歐美的佛學研究仍以文獻學的方法爲重心，或竟只講文獻學者。這不是完善的方法。文獻學是一套裝備，它應是被拿來用的，而不應是被研究的，更不是學問的目的。只講文獻而不求哲學，必盡失釋迦的本懷。筆者個人比較欣賞俄國的茨爾巴特斯基及維也納學派的法勞凡爾納等的研究佛教論理學的風格，主要是由于他們不止講文獻，而且講哲學。不過筆者以爲，只從學術立場來講哲學，恐怕還是不夠的。佛教畢竟不只是一種哲學，而且是一種宗教，一種生活。我們所應關心的，不止是客觀學術的建立，而且更是如何把學術與生活連結起來。研究釋迦的生命與本懷而不能在現實生活中表現一些慈悲，表現一些大雄無畏，則學術與生活總脫節。學術與生活脫節，則學術的價值，恐怕難以肯定。當我們問何以要作如是如是的學術活動時，必會茫無頭緒，不知如何作答。不少日本與西方的佛學專家，在某一方面是學術權威，但在實際生活上却是一個平凡的人，幷無佛的味道。則其在學術上的成就，是否能保證對佛學的眞正了解，這是可疑的。這裏牽涉很多嚴重的問題，筆者無意涉入，目前恐亦不能解答。本文且暫止于此。

# 德國之佛學研究

本文題爲〈德國之佛學研究〉，分十三章或部份寫成；目的在有限度地介紹一下德國在佛學研究方面的表現。我們先就方法論一點略作討論，之後便是德國學者所作出的成果的報導，這主要是廣度上者。由于德國學者在西藏佛教、佛教知識論與禪佛教方面的研究，有特殊的貢獻，故我們特別將之分開來討論。另外，有關德國近年的佛教活動，這本不屬本文的範圍；不過，它的資料亦可助我們對德國佛學研究的了解，故亦略爲報導一下。而關于中國佛學的研究，我們亦另闢一章來介紹。

本文是資料性的報導文字，自然是只能限于所知範圍者。筆者且亦不容作全面深入的詳細的探討。此種工作，希望俟諸來者。

又題目中的「德國」，範圍很難限定。通常當然是指德國人以德語寫成者；但亦有些德國學者仍以英語來作研究的，亦有外國學者（非德國之學者）以德語來作研究的。本文自以前者爲主，于後二者則稍爲省略。例如梅拉（Max Müller），他是英籍德人，但他好以英語寫書和翻譯，且其活動主要在英國的牛津，故我們不大注意及他。又如俄國的茨爾巴特斯基（Th. Stcherbatsky），有時好以德語寫書。他雖是十分重要的佛教學者，我們亦不予十分留意。最後，由于德國與奧國都同屬日耳曼系，這兩國的學者都是用德語的，有時實亦很難知道某學者到底是德國人抑是奧國人，例如著名的維也納學派的法勞凡爾納（Erich Frauwallner ）。對于他們的研究，我們亦將之劃于本文的範圍內，而加以介紹。又德語是瑞士的流通語言，瑞士學者亦好以德語寫書，亦有用英語者，例如舒里和（ Erik Zürcher ），我們於此亦並加介紹。

又此文之作成，在資料方面，筆者除翻檢漢堡大學的日本語言文化學系（ Seminar für Sprache und Kultur Japans ）及印度文化歷史學系（ Seminar für Kultur und Geschichte Indiens ）的圖書館的藏書外，從以下的述作中獲益良多，謹此誌明。

1. J. W. De Jong, "A Brief History of Buddhist Studies in Europe and America," The Eastern Buddhist, New Series, Vol. VII, No.1,2, 1974.
2. 水野弘元監修：《新・佛典解題事典》，春秋社，一九七一年九月十日第三刷。
3. 西谷啓治編：《現代と禪》（講座禪第八卷），筑摩書房，昭和四十三年十二月二十日初版第一刷。
4. Heinrich Dumoulin, "Die Entwicklung des chinesischen Ch'an nach Hui-neng im Lichte des Wu-men-kuan," Monumenta Serica, Vol. VI, 1941, Henri Vetch-Peking, Reprinted by Johnson Reprint Corporation, 1970.

## 一、文獻學的方法論

關于佛學研究的方法，通常可分為兩種形態：哲學的與文獻學的。佛教除是一宗教外，它內裏又含有極其精采的哲學理論。從哲學的進路，透過對其觀念與問題的處理而展開的研究，這是哲學的方法的研究。在佛學研究中，哲學的研究是比較少見的，它的風氣也不很盛。它的重點是在哲學的基本訓練。不懂哲學，便無法在這方面進行研究。俄國的佛教學者渋爾巴特斯基（Th. Stcherbatsky），有很好的文獻學基礎，但他的哲學進路，却無寧受到更大的注意與欣賞。他很熟悉西方的哲學傳統，特別是康德的那一套超越哲學。他以這種哲學爲參考，研究佛家邏輯與知識論，表現出輝煌的成果，具載于其巨著《佛家邏輯》（Buddhist Logic）中。可以說，這是佛學研究中哲學的方法的典型，起碼是到目前爲止的一個典型。

文獻學的方法則完全是另一路的。它的重點放在語言學與目錄學這兩個支柱上，而尤重前者。觀念與問題落于第二義，語言的知識則最爲關要。在佛學研究而言，則以佛學的原典語文爲焦點，由此而旁通其他。在這些原典語文中，梵語與巴利語尤被重視。這是由于佛教的根源總在印度，而梵巴二語是古代印度用以記載佛教經典的主要語文之故。用梵語、巴利語來寫的資料，由于在印度保存得不好，故多有失佚，特別是前者。因而把這些資料找回來，而加以校訂整理出版，將之翻譯成現代流行的語文，乃成爲現代意義的佛學研究的極爲重要的事；這亦是文獻學工作的重心。文獻學的方法的意義，亦可從中窺見。總之，不懂原典語文，便無法談文獻學的研究。西方的佛學研究的大師，如法國的布奴夫（E. Burnouf）、李維（S. Lévi），和比利時的蒲桑（L. V. Poussin），都是文獻學方面的。日本的佛學研究，基本上也是走這一路。如近年去世的山口益，便是此中的先進。實他亦相當受法國研究學風的影響。他早年留法，走李維之路。其後以對《中邊分別論安慧釋疏》所作的研究而聞名佛學研究界。這表現于他的三書中，其一是編訂釋疏的梵本，其一是這梵本的日譯和注釋，另一則是這釋疏的漢藏對照表和梵本索引。這三書總括來說，表現四種工作：整理原典，與各譯本對校，然後譯成現代語文，最後作一索引。這便是文獻學的方法的典型表現。（註一）

儘管德國人擅長哲學思考，不少德哲對人的內部精神生命的力量，有極其深刻的體會；但德國的佛學研究，基本上仍是走文獻學的路數。不過，這不獨德國為然。世界的現代意義的佛學研究，不管是在日本抑在歐美，其主流一直都是文獻學的。唯一例外的似乎是印度。印度人善思辯，它又是佛教的根源地，對原典語文的學習，具有先天的優勢。別人要經過多年的艱苦學習，才能搞通一些原典的梵藏巴利等語文；但印度學者很早便能掌握到這方面的訓練，因而可有更多的時間與精力，直探佛教哲學的奧蘊。故近年在印度興起的佛學研究，在哲學方面，有相當可觀的成果。例如梅爾蒂（T. R. V. Murti）與拉馬南（Venkata Ramanan）對龍樹及中觀學的研究，即是很明顯的例子。中國的佛教學者中，受日本及西方重視的，如陳垣、陳寅恪、湯用彤、法尊、巴宙等，大抵皆是文獻學一路的。（註二）德國的佛學研究，大抵是順文獻學的路數，從巴利藏的小乘經論和戒律聖典開始，進而及于梵藏的大乘經論和西藏佛學。這些主要自然都是印度方面的佛教；對中國和日本方面的，則極少碰及，可謂絕無僅有。近數十年則稍有轉機，有些德國學者的興趣，轉到研究佛家邏輯與禪佛教方面去；而且都能表現一些哲學與宗教的智慧。開這風氣的，分別是居于維也納的法勞凡爾納與居于東京的杜默林（Heinrich Dumoulin）。筆者相信，以德國人在思想方面的經驗與潛力，在佛學研究方面，由文獻學的方法而走向哲學的方法，將是一條順路，而不會有太大的困難。

## 二、佛學研究的開展

德國的佛學研究，是歐洲方面的佛學研究的一個部分。這種研究，和印度學的研究有不可分開的關係；而這又與對印度的古代語文、歷史考古一類密切結合着。溫地殊（Ernst Windisch, 1844-1918）曾寫了《梵語學與印度考古學史》（Geschichte der Sanskrit-Philologie und indischen Altertumskunde）與《印度之語言學與考古學》（Philologie und Altertumskunde in Indien）兩書，此皆是未完成之書，但其中載有不少十九世紀上半期歐洲的佛學研究的資料。這些報導佛學研究的作品，實亦可視爲一種「佛學研究」。（註三）

據杜容（J. W. De Jong）氏于〈歐美佛學研究簡史〉（A Brief History of Buddhist Studies in Europe and America）（註四）一文所載，關于印度方面的資料，在亞歷山大大帝以前，很早便傳到希臘了。這具載于利施（W. Reese）的《亞歷山大大帝興起前希臘方面有關印度的消息》（Die griechischen Nachrichten über Indien bis zum Feldzuge Alexander des Grossen）一書中。在早期，有一個稱爲米格仙士（Megasthenes）的歐洲人，相當通曉印度的事務。他在公元前三〇〇年左右曾訪問過印度的波吒釐子城（Pāṭaliputra），這是阿育王（Aśoka）在位時的首都。在他的作品中，有關于婆羅門（brahmans）和苦行者（śramaṇas）的報導，後者被認爲是佛教徒。杜利特（J. Duncan M. Derrett）曾以德語寫了一本有關米格仙士的書。但在後來的幾百年中，這方面的活動却沈寂下來。約于公元後四〇〇年，有一個歐洲學者軒魯尼姆斯（Hieronymus, 347-419）提到過佛陀，他說佛陀誕生于一個處女的血統。此事可見于狄萊（A. Dihle）之〈佛陀與軒魯尼姆斯〉（Buddha und Hieronymus）一文中。這大概是受到基督教有關耶穌誕生的神話的傳說的影響吧。之後又是一個漫長的沈寂時期。至十九世紀初葉，一個奧國學者溫斯丁（J. Ph. Wesdin, 1748-1806）開始留意語文的問題；他發現梵文與巴利文的關連，以巴利文爲作爲印度最古老的語文的梵文的一個支流。其後韋伯爾（Albrecht Weber, 1825-1901）將《法句經》（Dhammapada）譯爲德語；（註五）他又從《本生經集》（Jātaka）中選出一部份來刊印。（註六）

以上是有關歐洲特別是德國方面的佛學研究的早期資料。德國的佛學研究，至名學者奧登拔（Hermann Oldenberg, 1854-1920）出，算是進入比較成熟的階段。前此還是很雛形的。奧登拔的貢獻是多方面的。他不止留意佛學的研究和翻譯，而且大量校訂整理和出版巴利經典。他于一八七九－一八八三這幾年間，陸續校訂和出版律藏（Vinayapitaka）。（註七）同時，他又校訂出版《島史》（Dīpavamsa）（註八），將之譯成英語。另外，他又和英國著名的巴利文學大師戴維斯（Rhys Davids）合作，譯了不少巴利經典，如：《波羅提木叉》（Pātimokkha）、《律部大品》（Mahāvagga）、《律部小品》（Cullavagga）等（註九）。

奧登拔的佛學研究的成果，主要還是表現于他的《佛陀：其生命、教說與社團》(Buddha, Sein Leben, seine Lehre, seine Gemeinde）一書中。這是有關釋迦牟尼佛陀的傳記的劃時代巨製。德國人寫佛陀傳記的書不少，例如貝克（H. Beckh）、戴曼恩（J. Dahlmann）、域達尼茲（M. Winternitz），甚至存在主義哲學家雅斯培(K.Jaspers)，都曾爲佛陀作傳，但似乎都不如奧登拔所寫的那樣受到注意。奧登拔的這部佛陀傳，其特點是一反前代學者的習慣，把佛陀與神話連在一起。他却是依據巴利經典，理性地寫出有關佛陀生活的詳盡的傳記。他認爲巴利經典，能正面提供有關佛陀生活佈教的資料。他又寫了很多環繞佛陀與巴利經典的文章，收入于所謂《小品》（Kleine Schriften）中。他又留意佛教與婆羅門教的關係；

他以爲，佛教不止在教義方面吸收婆羅門教，而且在宗教思想和感情方面，亦受其影響。（註一〇）不過，他還是強調佛教的獨立性，反對把佛教歸屬于婆羅門教或印度教，而爲其一支流。

奧登拔是最大的佛教學者之一，他的成就是空前的。

又德國學者對佛教與其他特定的教派的關係，感到興趣。有關佛教與數論的關係一問題，有持肯定看法者，亦有持否定看法者，亦有只作保留的肯定的。參加這個討論的德奧學者，有奧登拔本人、韋伯爾、梅拉、耶哥比（Hermann Jacobi, 1850-1937）、卡比（Richard Garbe, 1857-1927）、戴曼恩（Joseph Dahlmann, 1860-1930）、畢從爾（Richard Pischel, 1849-1908）、荷殊（Paul Horsch）等。佛教與瑜伽派的關係亦是一引起熱烈討論的問題，參加討論的，除了德國學者外，還有著名的比利時的佛教學者蒲桑（La Vallée Poussin）。

## 三、中亞細亞抄本的發現及研究

十九世紀末葉，學者在中亞細亞發現大量佛教資料，那主要是梵文與印度的一種通俗語Prakrit 的寫本。起先俄國人發起對這方面的研究。其後德國學者萊曼恩（Ernst Leumann, 1859-1931）加入，寫了一個研究報告，題爲〈有關一種在中亞細亞發現的未爲人所留意的語文〉（Über eine von den unbekannten Literatursprachen Mittelasiens）。隨着這個發現而來的，是西方及日本的學者多次到這個地方去探險，希望能發掘得更多新的資料。其中有著名的英國斯坦因爵士（Sir Aurel Stein），他曾先後三次到該地搜集資料。德國學者亦先後去過四次，其中包括格林韋第（Albert Grünwedel, 1856-1935）、胡斯（Georg Huth, 1867-1906）和李谷格（Von Le Cog, 1860-1930）。另外，法國、俄國和日本等國亦分別有學者到該處去。他們搜集到大量佛教的抄本，分別用梵文、和闐文（Khotanese）、畏吾兒文（Uigur）、西藏文和漢文等寫成。（註一一）這些抄本，分別被攜返而藏于巴黎、倫敦、柏林、聖彼得堡（列寧格勒）和日本的博物館中。德國的瓦殊密特曾編有《在吐魯番找到的梵文抄本》（Sanskrithandschriften aus den Turfanfunden）（註一二），把德國學者由一九〇四年至一九六四年所刊行的梵文碎片全部列出。又自畢從爾于一九〇四年出版《相應部阿含》（Saṃyuktāgama）（註一三）的梵文碎片以來，德國學者在吐魯番探險所搜集得的梵文抄本，亦陸續出版了。

中亞細亞的古代寫本的發現，帶給西方佛學研究界新的機運。這種研究的範圍也不只限于佛學方面，且遍及于古代印度與西域文化的各面。德國學者陸達斯（Heinrich Lüders, 1869-1943）在研究這些梵文碎片方面，有卓著的成果。他亦有參加出版從中亞細亞取得的梵文碎片的工作。他出版《佛教劇作的碎片》（Bruchstücke buddhistischer Dramen），寫了《舍利弗缽剌迦羅：馬鳴的一個劇作》（Das Śāriputraprakaraṇa, ein Drama des Aśvaghoṣa），顯示出馬鳴曾爲舞台劇努力過，而不止是一個大詩人。這對于了解印度的舞台藝術，有重大意義。他的遺作〈對佛典語言所應留意之點〉（Beobachtungen über die Sprache des buddhistischen Kanons），對藏經以前的語言問題，作過深刻的探討。他以爲，從巴利文與梵文的經典中，可以發現有一種原始的經典Urkanon存在，那是用一種東方的方言來寫的，稱爲Ardhamāgadhī（註一四）。另外，他在《莊嚴經》（Sūtrālaṃkāra）的研究方面，也作出過貢獻。他曾出版《莊嚴經》的梵文碎片，對有關該經的內容及作者，作詳細的討論。

在最近數十年，由于德國學者出版了他們在吐魯番找到的梵文寫本，使西方的佛學研究有重大的進展。特別是瓦殊密特，貢獻最多。他是陸達斯的學生，繼承了後者的工作。他出版了上面提到的說一切有部的文獻（見註七），和《在中亞細亞找到的有關佛教的梵文藏經碎片》（Bruchstücke buddhistischer Sūtras aus dem zentralasiatischen Sanskritkanon）。他曾在其《佛陀滅後的傳承》（Die Überlieferung vom Lebensende des Buddha）中，比對其他巴利本、漢本、西藏本的本文，而對《大般涅槃經》（Mahāparinirvāṇasūtra）的寫本加以分析，把梵文原本和這些本子都加以出版。此外，他的分析的研究還包括其他經典的寫本。

## 四、小乘經論及有關方面的研究

以上簡略地介紹了德國的佛學研究的輪廓。我們大抵是就奧登拔的貢獻與在中亞細亞古代抄本的發現與研究爲轉捩點而介紹的，中間自然有很多遺漏。以下我們分章再作介紹，希望能補足一點遺漏。首先要談的，便是小乘經論及有關方面的研究。

在巴利經典的研究方面，上面（註八）提到的卡格是一個大師。他有極好的巴利文學根底。他除編纂巴利文法書（見下面辭典的編纂章）外，又譯有《雜阿含》（Saṃyuttanikāya）頭二卷；又與M.卡格（Magdalene Geiger）合作，仔細地研究過在巴利文法中法（dhamma）這一字的意義，寫有〈巴利文之法一辭：主要是經典文學中者〉（Pāli Dhamma vornehmlich in der kanonischen Literatur）。他自己又寫有〈法與婆羅門〉（Dhamma und Brahman）

一文。此外，他又曾把《大史》（Mahāvaṃsa, 或稱《大王統史》，見註八），譯成英語，並出版原典。

另外的一個值得注意的學者是近期的維萊爾（Friedrich Weller 1889- ）。他是馬鳴《佛所行讚》（Buddhacarita）的專家；他曾刊行了該書的西藏譯本，又廣泛地研究梵文、巴利文、漢文、藏文、蒙文的佛教原典，有《維萊爾紀念集》（Festschrift Friedrich Weller）。另外，他又研究《賢刼經》，刊行該經的梵語、藏語、漢語、蒙古語和滿洲語五種原本，題爲《五種語本賢刼千佛名經》（Tausend Buddhanamen des Bhadrakalpa nach einer fünfsprachigen Polyglotte）（註一五）。他對語文與版本的興趣的濃厚，恐怕無人能及。

以下介紹其他德國學者在小乘經論方面的翻譯成果：法蘭克：德譯《長部阿含經》（Dīghanikāya），其中包括《梵網經》（Brahmajālasutta）、《沙門果經》（Sāmaññaphalasutta）、《涅槃經》（Mahāparinibbānasuttanta）等。

奈曼恩（K. E. Neumann）：《喬答摩佛陀的話語》（Die Reden Gotama Buddhos），此是德譯《經集》（Sutta-nipāta）（註一六）。奈曼恩另外又有《喬答摩佛陀僧尼之歌》（Die Lieder der Mönche und Nonnen Gotama Buddhos），這是德譯《長老偈》與《長老尼偈》（Theragāthā, Therīgāthā）（註一七）。這兩部偈集，奧登拔與畢從爾亦曾合作校訂出版過。

尼雅拿地洛卡（Nyāṇatiloka）：《佛陀的話語》（Das Wort des Buddha），這是上面奈曼恩所譯《經集》之外的另一部德譯本。另外，尼雅拿地洛卡又有《彌蘭王的問話》（Die Fragen des Milindo），這是德譯《彌蘭王問經》（Milindapañhā）（註一八）。此外，他又有

《到清淨之路》（Der Weg zur Reinheit），這是小乘論書《清淨道論》（Visuddhimagga）（註一九）的德譯。

杜台特：有德譯《本生經》（Jātaka）（註二〇）。

權德爾（H. Günther）：《大事書之說》（Die Sprache des Mahāvastu），此是對《大事書》的研究。

瓦斯力住（Wassilijew）：《佛教》（Der Buddhismus），此是德譯《異部宗輪論》（Samayabhedoparacanacakra），但是譯自西藏譯本者。

E. L. 荷夫曼（E. L. Hoffmann, Brahmacari Govinda）：《佛教哲學與心理學摘要》（Ein Compendium buddhistischer Philosophie und Psychologie），這是德譯《攝阿毗達磨義論》（Abhidhammatthasaṅgaha）（註二一）。

瓦禮沙（M. Walleser）：《原始佛教的派系》（Die Sekten des alten Buddhismus），其中有有關《異部宗輪論》之研究。

盧森拔（O. Rosenberg）：《佛教哲學的問題》（Die Probleme der buddhistischen Philosophie），其中有有關《俱舍論》（《阿毗達磨俱舍論》）之研究。

德國學者在小乘經論方面的研究，我們介紹至此。最後，在巴利律或戒律聖典方面，盧森（V. Rosen）曾對《十誦律》（註二二）作過詳細的研究。另外，以研究陳那哲學著名的法勞凡爾納，亦研究過佛教戒律。他在其《最早期的戒律與佛教文學的開始》（The Earliest Vinaya and the Beginnings of Buddhist Literature）中，強調不同的戒律學派都源于一種犍度的作品，這犍度是公元前四世紀上半葉作成的。（註二三）又在研究佛教與政治社會的關係方面，有貝循特（Heinz Bechert）的《上座佛教國家的佛教、國家與社會》（Buddhismus, Staat und Gesellschaft in den Ländern des Theravāda-Buddhismus）。

## 五、大乘經論的研究

德國的佛學研究，雖然是由偏于巴利文學的小乘經論開始，但稍遲的大乘經論的研究，却有相當長足的發展，似有後來居上之勢。後面要特別提出來介紹的西藏佛學、佛家知識論或邏輯，以及禪佛教，都是屬于大乘一系。這可能由于德國人的那種包羅一切的心量，更爲接近那不住涅槃不住生死、雖涅槃而却又生死的大乘精神之故。

在大乘經方面，《金光明經》（Suvarṇaprabhāsa）相當受到重視。諾貝爾（Johannes Nobel）卽是此中研究的專家。他先刋行《金光明經》的梵本，其後又出西藏譯本，又自製一《藏德梵字彙對照表》（Wörterbuch Tibetisch-Deutsch-Sanskrit）。另外，他又刋行義淨的中文譯本《金光明最勝王經》及其西藏譯本。另一個德國學者萊曼恩對此經亦有研究，載于其《佛教文學》（Buddhistische Literatur）中。但他的研究是根據這部經典的北雅利安語本的斷片者。

維萊爾則在《迦葉所問經》（Kāśyapaparivarta）（註二四）方面作了很多研究。上面我們說他是《佛所行讚》的專家，對語文與版本很有興趣。這裏他又以同樣意趣，先爲《迦葉所問經》的梵文原本與西藏譯本作了索引；及後他又先後把這經的四種漢譯本分別譯成德語，題爲《迦葉所問經之德語化》（Kāśyapaparivarta verdeutscht）。另外，他又出版該經的蒙古語本。

其他有關大乘經典的研究，還有如下列者：

瓦禮沙：校訂出版《小品般若經》。

萊曼恩：出版《理趣經》（《大樂金剛不空眞實三摩耶經》Adhyardhaśatikā-prajñāpāramitā）（註二五），又將之譯爲德語，並製字彙表。

費殊爾—橫田（Fischer-Yokota）：德譯《維摩經》（Vimalakīrti-nirdeśa-sūtra）。

勒魯夫（W. Radloff）：德譯〈觀音經普門品〉（〈觀世音菩薩普門品〉Samantamukha-parivarto nāmāvalokiteśvara-vikurvaṇa-nirdeśa）。按此卽《妙法蓮華經》第二十五〈觀世音菩薩普門品〉，但勒魯夫的譯文則是根據在吐魯番所發現的斷片而譯成的。

在大乘論典的研究方面，可以就對中觀與唯識兩派的文獻的研究來說。由于大乘論典哲學的意味相當濃厚，故德國學者的研究，亦帶幾分哲學的色彩，但基本上還是以文獻方面爲主。

德國學者對中觀論典的研究，幾乎全集中在龍樹《中論》的疏本上。瓦禮沙是在這方面十分活躍的學者。他譯有《根本中論無畏疏》（Mūla-madhyamaka-vritti Akutobhaya）（註二六），又刊行這疏的西藏譯本。另外，他又把靑目註《中論》翻譯過來（註二七）。又出版《中論》佛護註（Buddhapālita-mūla-madhyamaka-vritti）的西藏譯本。在月稱註《中論》（Prasannapadā）的研究方面，沙耶（S. Schayer）的表現是可觀的。這一《中論》的註解，是所有《中論》註解中唯一有梵文原典現存的。故它的出現，予歐美的佛教學者相當的刺激。而這書實亦很有助于對大乘佛教根本立場的了解。沙耶曾作有這書的部份德譯（第五、七、八、十四、十五、十六各章）。（註二八）此外，法勞凡爾納亦研究過龍樹。（註二九）另外，李華德（Walter Liebenthal）亦曾翻譯過後期中觀學大師寂護的鉅著《眞理綱要》（Tattva-saṃgraha），但他只做了一部份。

在唯識宗方面，年青的德國學者舒密特侯遜（Lambert Schmithausen）曾作了不少研究。他寫了 The definition of pratyakṣam in the Abhidharmasamuccayaḥ 一文，考察無著的《大乘阿毗達磨集論》（Abhidharmasamuccaya）中直接知覺（pratyakṣa）一觀念的意義。他又對《瑜伽師地論》（Yogācārabhūmi）中的涅槃觀念作過詳細的考察，寫了 Der Nirvāṇa-Abschnitt in der Viniścayasaṃgrahaṇī der Yogācārabhūmi，這一文很能表現他的哲學觀見。另外，他又從語言學的角度，研究如來藏系統的《究竟一乘寶性論》（Ratnagotravibhāga），寫了〈關于寶性論在語言學上應注意之點〉（Philologische Bemerkungen zum Ratnagotra-vibhāgaḥ）一長文。舒密特侯遜現在漢堡大學印度文化歷史系（Seminar für Kultur und Geschichte Indiens）任教，其所授科目，包括佛教史、佛教知識論、唯識學等。

此外，還有韋伯對馬鳴的《金剛針論》（Vajrasūcī）（註三〇）的研究，他出版這部論典，又將之翻譯爲德語。

還有一部代表後期印度大乘佛學的發展的《入菩提行論》（Bodhicaryāvatāra），甚受德國學者注意。這部論典爲寂天（Śāntideva）所著，漢譯稱《菩提行經》，天息災等譯。德國學者 R. 舒密特（Richard Schmidt）曾將之譯成德語，題爲《轉向覺悟之路》（Der Eintritt in den Wandel in Einleuchtung）。上面提到的維萊爾，亦接觸過西藏佛教，研究過這部論典，爲此製了一個藏梵索引。

另外，順便一述。上面說及的著名學者域達尼茲曾寫有《印度文學史，Ⅱ，佛教文學》（Geschichte der indischen Literatur, II, Die buddhistische Literatur）一書，含有對小乘、大乘佛典的解說，適合一般讀者，但對專門學者亦有用。內中翻譯了不少佛典的文句，讀起來很有趣味。

## 六、西藏及西域有關方面佛學的研究

在德國的佛學研究中，西藏及其相關地域（特別指蒙古等地）佛學的研究，是比較顯著的。它在中亞細亞的古代寫本發現和研究以前，已有相當可觀的成果了。就義理的角度來看，這是頗爲難解的。德國人很強調理性，而西藏一帶的宗教，都總帶有神秘的意味；兩者本來不易調和。此中恐怕有其歷史的原因，待考。

德國學者對西藏及其相關地域的佛學的研究，在十九世紀初期已經展開。其時有柏格曼（Benjamin Bergmann, 1772-1856），翻譯了大量卡密克（Kalmyk）的經典。卡密克又稱Kalmuck 或 Kalmuk，它是佛教的蒙古民族的一個支派，其原爲Dzungaria。柏格曼對這個佛教民族的風俗習慣、生活各面很有研究；他寫了《卡密克族在一八〇二年與一八〇三年的流浪生涯》（Nomadische Streifereien unter den Kalmüken in den Jahren 1802 und 1803）一書，這對有關卡密克族和啦嘛教的研究，提供重要的資料。（註三一）柏格曼以爲，要研究啦嘛教，蒙古文與西藏文的知識，是不可少的。另外一個學者 I J. 舒密特（Isaak Jakob Schmidt, 1779-1847）比他更進一步，他在卡密克族地住了幾年，又研究西藏方面的大乘佛教。他寫了幾篇論文：〈關于一些佛教的基本教義〉（Über einige Grundlehren des Buddhaismus)、〈關于所謂佛教徒第三世界〉(Über die sogenannte dritte Welt der Buddhaisten)、〈關于大乘佛教與般若波羅蜜〉(Über das Mahāyāna und Pradschnā Pāramitā der Bauddhen)。在最後一文中，他把《金剛般若波羅蜜經》從西藏譯本翻譯過來。後來他又搜集了一些用胡語寫成的故事，把這些故事的藏本與德語譯本刊印出來，題爲《聖者與愚人》(Dsanglun oder der Weise und der Tor)。另外，又有一學者名西夫納(Franz Anton von Schiefner, 1817-1879)，他翻譯了不少藏傳的《根本說一切有部律》(Mūlasarvāstivāda-vinaya)的故事，出版了多羅那他(Tāranātha)的《印度佛教史》的藏文本；他自己又將之譯成德語，亦予出版，題爲Tāranātha's Geschichte des Buddhismus in Indien。(註三二)另一學者瓦斯爾夫(V. P. Vasil'ev)又根據西藏方面的資料，寫了一部《佛教，其教條、歷史與文學》(Der Buddhismus, Seine Dogmen, Geschichte und Literatur)。

慕尼黑的H. 荷夫曼(H. Hoffmann)是近期的西藏學學者；他以研究西藏佛學與宗教著名。他曾寫了一部《西藏諸宗教》(Die Religionen Tibets)，泛論西藏各個宗教派系。他又有《西藏梵教史溯源》(Quellen zur Geschichte der tibetischen Bon Religion)，這是最完備的梵教研究書(有關梵教可參閱下面註三六)。另外，他又把西藏最偉大的宗教文學之一的《十萬歌謠》(Mgur-ḥbum)(註三三)部份德譯。近十餘年來，他又有以下幾部著作：《西藏的宗教》(Religion of Tibet)、《西藏的神話》(Märchen aus Tibet)和《西藏諸宗教與黃教的符號》(Symbolik der tibetischen Religionen und des Schamanismus)。就中，中間一書是一些西藏民間傳說的翻譯；最後一書則是他對西藏宗教和梵教的進一步研究。黃教即德語的Schamanismus，或英語的Shamanism，它是亞洲北部和歐洲的烏拉—阿爾泰（Ural-Altaic）民族的一種宗教，（註三四）H.荷夫曼在其書中，則視之爲西藏原始宗教的梵教。

德國學者亦留意到西藏民族的一個分支雪巴（Sherpa）族。按這一個小族居于喜馬拉雅山南麓，以攀高山技能見長。馮克（F. W. Funke）寫有《雪巴族的宗教生活》（Religiöses Leben der Sherpa）；舒密特東美（Marlis Schmidt-Thomé）和青果（Tsering Tashi Thingo）合作，寫了《雪巴族的物質文化與藝術》（Materielle Kultur und Kunst der Sherpa），對雪巴族的文化各面作了全面的研究。

格林韋第則對西藏與蒙古的神秘性感到興趣，寫了一本《西藏與蒙古佛教中的神話》（Mythologie des Buddhismus in Tibet und der Mongolei）。

在研究西藏佛教祖師方面，則首先有艾馬爾（Helmut Eimer）的《有關燃燈吉祥智的生活的報告：簡要研究》（Berichte über das Leben des Dīpaṃkaraśrījñāna. Eine Untersuchung der Quellen）。燃燈吉祥智（Dīpaṃkaraśrījñāna）即阿提撒（Atīśa, 982-1054），是《菩提道燈論》（Bodhipathapradīpa）的著者，他本是印度人，其後到西藏宏揚佛教，對西藏佛教的開拓，有無比的影響，故亦可視爲西藏佛教的祖師。西藏佛教中興者的宗喀巴（Tsong-kha-pa），亦深受他的啓發，而以其繼承人自居。對于宗喀巴的研究，則有卡殊斯基（Rudolf Kaschewsky）的《啦嘛聖者宗喀巴的一生》（Das Leben des lamaistischen heiligen Tsong-kha-pa）；書中翻譯了大量宗喀巴的傳記。

在佛教文獻方面，上面提到的《十萬歌謠》一書，相當受到西方學者重視；這對研究西藏的宗教與文化，提供重要的資料（詳情參閱註三三）。另外，由于西藏大藏經中所收的經論，都是由梵文翻譯過來的直譯作品，不能顯示西藏文學的特質；此書則純是西藏人的手筆，作者是具有深厚的宗教情操的詩人，故很能表現西藏這個高原民族的原始的生命情調。對此書的研究，除 H. 荷夫曼外，還有耶殊克（H. A. Jäschke）的《西藏傳奇書的問題》（Problem aus dem tibetischen Legendenbuche）（註三五），和勞菲爾（B. Laufer）的《密勒日巴的傳奇》（Legenden des Milaraspa）；後者是該書全部的德譯。此外還有不少德國以外的西方學者的研究，此處由于本文範圍所限，不錄。

另外一本深受近年德國佛學研究界注意的西藏佛學或宗教文獻，是《十萬白龍》（《神聖十萬白龍大寶不可思議眞理大乘經》Gtsaṅ-ma klu-ḥbum dkar-po Bon rin-po-che ḥphu-ḥag hden-pa theg-pa chen-pohi mdo）（註三六），這是西藏的民間宗教梵教中的唵白派的根本經典。（其他詳情參閱註三六。）對《十萬歌謠》深有研究的勞菲爾，又有《十萬白龍》的德譯，他又校訂出版原典。H. 荷夫曼的《西藏梵教史溯源》，亦對此書有詳盡的研究。

最後，關于蒙古佛教的研究方面，有軒尼殊（E. Haenisch），他的工作主要是《蒙古源流》（Erdeni yin Tobci，又稱《寶之史》）（註三七）的蒙古文原典的校訂和刋印方面。另外又作了些有關這書的研究。他曾介紹和研究過這書的庫倫（Urga）本蒙古語原典，和同書的乾隆版蒙古語原典。

要之，德國在西藏佛學方面的研究，在佛學研究的天地中，算是相當蓬勃的。現時這方面的研究仍相當興盛；一般的佛教學者，亦甚爲重視這方面的資料。漢堡大學的印度文化歷史系一向有西藏語文（Tibetische Philologie）一分支，有鄂特克（Claus Octke）講授古典藏文，洛提奧（Kenday Lotyo）講授《入菩提行論》、月稱的《入中論》（Madhyamakāvatarā）

和宗喀巴的《菩提道次第論》（ Byan-chub lam-gyi-rim-pa, 通稱 Lam-rim ）（註三八）。上面提到的 H. 荷夫曼則在慕尼黑大學講授西藏佛學。

## 附述：德奧學者的西藏、蒙古之旅

最後，在這裏我們要附述一下德奧學者在西藏蒙古這些充滿神秘性的東方古老土地所作的旅程。對這些地方特別是西藏感到興趣的，本不限于德奧方面的；在西藏解放以前，該地不斷出現有來自歐美及日本的人士，其中自然有不少學者在內。他們的目的是學術性的、文化性的，以至一般生活習俗的。（註三九）在這中，德奧學者佔相當大的比數。他們對該地的了解，是透過直接接觸直接體會而來的；這在學術研究之外，別有意義。而他們的遊記，也對學術研究提供寶貴資料。

希定（ Sven Hedin ）于本世紀初期旅行西藏，寫了《橫越喜馬拉雅山：在西藏的發現與探險》（ Transhimalaja-Entdeckungen und Abenteuer in Tibet ）一書，凡三大册，詳述在西藏之異見奇聞。

海式希（ Walter Heissig ）把他的蒙古之行，總結在《東蒙古之旅》（ Ostmongolische Reise ）一書中，對蒙古民族的生活習俗及蒙古佛教的種種儀容，蒙古古今的一切，皆有記述。

達菲（ Albert Tafel ）由中國西北和內蒙古進入西藏，寫了《我的西藏之旅》（ Meine Tibetreise ）一書，凡二巨册。

波沙德（ Walter Bosshard ）的旅程則是迂迴而長遠的。他由印度入喀什米爾（ Kaschmir），經喜馬拉雅山的通道而入西藏，而後出藏至喀什噶爾（Kaschgar）（註四〇），入蘇聯亞洲境，而至莫斯科。他特別喜愛喀什米爾，稱之爲「印度的瑞士」（die indische Schweiz），他又稱西藏爲「啦嘛之國」（Land des Laimas）。結果他寫了《經西藏與土耳其斯坦的隱匿亞洲之旅》（Durch Tibet und Turkistan-Reisen im unberührten Asien）。最有趣和最爲人所留意的還是哈利爾（Heinrich Harrer）的旅程。他是奧國的學者兼旅行家。他在西藏居住了七年之久，對該地的一切有極細微的了解，這總結在他的《西藏七年》（Sieben Jahre in Tibet）一書中。他又有《我在西藏的攝影》（Meine Tibet-Bilder），介紹和解釋他在西藏多年所拍得的有關該地的文化、宗教和一般生活習俗的圖片。他又是達賴啦嘛（Dalai Lama）的同情者，曾于一九六五年在印度的Dharamsala-Swargaschram（按此是達賴在印度的流亡住地，在東彭遮普）見過這個西藏的精神領袖，和他的母親、兩個兄弟Lobsang Samten 和 Ngari Rimpotsche，和姊妹 Dschetsün Pema。

這一附述止于此，其餘恐繁不多及。

## 七、佛教知識論的研究

佛家邏輯或稱因明。但實際上它的內容，包括西方哲學意義的邏輯與知識論。佛家邏輯，大抵前期陳那的理論重點，稍偏于邏輯本身，法稱（Dharmakīrti）及其後的理論則重在知識論方面。（註四一）

佛家邏輯是佛學的方法論。但這方面的研究，在西方的佛學研究中，一向被忽略，至近年才有轉機。其原因可略爲兩點。一方面是這方面的資料特別缺乏。傳統的研究，一向根據漢譯的資料；但這有限得很，而且不乏失實之處。（註四二）新資料的發現，不過是近數十年來的事。（註四三）另一方面，卽使有新資料來研究，但又因文簡而意繁，特別是法稱的作品，很多不合梵文文法處，這使研究又拖延了幾步。

雖然如此，到目前爲止，在這方面的研究，成績還是相當可觀的。自俄國的茨爾巴特斯基以文獻與哲學雙軌的方法，寫《佛家邏輯》（Buddhist Logic），對法稱的《正理一滴》（Nyāyabindu）及其信徒法上（Dharmottara）的注釋展開翻譯與研究以來（註四四），德奧方面的學者卽繼承了這一研究路向，開啓了西方對佛家邏輯特別是知識論的研究的大門。日本方面具有潛力的學者亦紛紛響應，爭相研究（註四五）。至是，有關佛家邏輯與知識論的研究，幾全是德奧和日本學者的天下。

開德國以至西方對佛家邏輯研究的風氣的，當首推著名學者法勞凡爾納（Erich Frauwallner, 1898-1975 ？二十年前逝世）。他的研究範圍相當廣泛，曾寫《印度哲學史》（Geschichte der indischen Philosophie）與《佛教哲學》（Die Philosophie des Buddhismus），又留意小乘的戒律。不過，他的工作重點還是在佛家邏輯方面。他曾在奧國的維也納領導一個屬于維也納學派的佛學研究中心。維也納大學有一印度學研究所（Indologisches Institut der Universität Wien），他卽是其中的主持人。他又創刊《維也納之東南亞洲研究期刊》（Wiener Zeitschrift für die Kunde Süd und Ostasiens）。他對陳那曾作過相當徹底的研究，寫有〈陳那：他的著作與發展〉（Dignāga, Sein Werk und seine Entwicklung）。他又整理業彌曼差派（Karmamīmāṃsā）有關知識論方面的資料，有〈關于業彌曼差最初期知識論理論的資料〉（Materialien zur ältesten Erkenntnislehre der Karmamīmāṃsā）。他又研究過法稱作品的著作年代順序，寫有〈法稱著作的年序及其形成〉（Die Reihenfolge und Entstehung der Werk Dharmakīrtis）。（註四六）

法勞凡爾納的學生斯坦恩卡爾納（Ernst Steinkellner）與維特（Tilman Vetter），都是法稱的專家。斯坦恩卡爾納現在維也納大學任教；他的研究，集中在法稱的認識論的重要著作方面。（註四七）他出版法稱的《理由小論》的西藏文譯本，又把原來的梵文本整理，將之譯爲德語，附有詳盡的注解。同時，他又寫了一些有關法稱哲學的論文，如〈法稱的刹那性比量的發展〉（Die Entwicklung des Kṣanikatvānumānam bei Dharmakīrti）。斯坦恩卡爾納一直在維也納，開授有關法稱的《知識論評釋》與《正確之認識決定》等課程。他又時常到日本和美國講學。另外一個維特，則翻譯了法稱的這部《正確之認識決定》現量章，並寫有緒論，附有西藏文譯本及梵文碎片的原文。在緒論中，他討論及法稱的認識論的問題。

德奧學者對佛家邏輯與知識論的研究，現在仍繼續着；維也納學派的第三代亦已冒起，其中包括布尼曼(G. Bühnemann)與卡勒塞爾(H. Krasser)。目前維也納仍是這方面學問的研究的最蓬勃的中心。

## 八、禪佛教的研究㈠

西方對禪佛教的留意與研究，要到最近幾十年前才開始。語言的障礙自然是一個重要的因素；另外恐怕更爲重要的一點，便是義理方面的隔閡。東方的智慧所表現的那種超感性的睿智的直覺，特別是禪宗祖師們所強調的那種頓然覺悟的神秘經驗（或當說爲體驗），對理論以至理性思考的西方人來說，總使他們感到迷惑。但這並不表示到東方之路的不可能性。實際上，西方人受到現代文明所帶來的種種惡果所困擾，早使他們對東方世界有某種程度的憧憬，以爲在此中或許可以找到一些消解困擾的因素。這亦可視爲西方人近年開始接近東方的主要動力。故自戰後日本禪佛教學者鈴木大拙以流暢的筆調用英語大力向西方介紹禪的生活實踐與義理模式以來，契機一到，很快便掀起西方學者研究禪的熱潮了。

禪淵源於印度，成宗於中國，由盛而衰，而在日本繼續延續其命脈。西方的禪學研究，大抵都表現三個共同點：就內容而言，皆以中國禪爲重；就方式而言，皆着力於禪籍的翻譯；就媒介而言，皆通過日本方面的資料，和接受日本禪師的指導，卽使是研究中國禪，亦是如此。第一、二點是可理解的；第三點則由于日本是禪的活動目前仍然流行的國家；在中國，禪早已差不多成爲歷史了。

在西方的禪學研究中，德國方面的研究，比較來說，可以說是相當蓬勃，雖然禪的宗教活動，門庭仍然清冷。

在德國的禪佛教學者中，首先要提及的是杜默林（Heinrich Dumoulin）。他恐怕是德國以至西方最有成就的禪學家。他本來習西方哲學與宗教，自己又是一個神父。一九三五年他到日本，潛心研究東方宗教，特別是禪佛教。在本世紀六十年代，他曾兩度在東南亞洲遊學過，到過印度、巴基斯坦和錫蘭等地。他一直居於日本，任教於愛智大學，其後他更出任該大學遠東宗教研究所（Forschungsinstitut für femöstliche Religionen）的主席。

杜默林在宗教特別是禪佛教方面的著述極豐，他對佛教的了解，從廣度來說，恐怕很少西方學者能及得上。他的禪學研究，除注重文獻外，亦很有哲學史的綜貫全局的眼界，亦能表現比較宗教的旨趣。這不但是很多西方學者所不逮的，抑亦超過不少日本方面的佛教學者；後者常常不免爲拘守文獻所累。

就筆者有限的所知，杜默林的著書與論文，可示如下：《無門關，或沒有門徑之通道》(Das Wu-mēn-kuan oder Das Pass ohne Tor)、〈就無門關看中國禪在慧能之後之發展〉(Die Entwicklung des chinesischen Ch'an nach Hui-nêng im Lichte des Wu-mēn-kuan)、《禪之歷史與面貌》(Zen-Geschichte und Gestalt)、《東方禪定與基督教神秘主義》(Östliche Meditation und christliche Mystik)、〈菩提達磨與禪佛教之開始〉(Bodhidharma und die Anfänge des Ch'an-Buddhismus)、〈在禪實踐中之技作與個人投入〉(Technique and personal Devotion in the Zen Exercise)、〈日本禪師道元之宗教形上學〉(Die religiöse Metaphysik des japanischen Zen-Meister Dōgen)，及〈基督教與佛教之會合〉(Christianity meets Buddhism)。其近年作品則為《禪佛教之覺悟之道》(Der Erleuchtungsweg des Zen in Buddhismus)。

就中，《無門關，或沒有門徑之通道》一書，是宋代禪宗重要公案結集《無門關》(註四八)之德譯。此譯本杜默林近年有修正，易其名為《無門關：沒有門徑之柵卡》(Mumon-kan-Die Schranke ohne Tor)。〈就無門關看中國禪在慧能之後之發展〉一長文，則是杜默林早年的代表作。此文雖以《無門關》所輯的古則公案為參照，但因該書所收的公案，都是極重要而有代表性者，慧能以後的大禪師的看話，大抵皆有收集，而本文于強調默照的其他派系亦不忽略。故此文實是慧能以後南宗禪發展面貌的扼要敍述。(註四九)《禪之歷史與面貌》一書則是杜默林的力作。它就禪的起源，追溯至原始佛教與小乘佛教的神秘因素，然後經大乘佛教的神秘主義與大乘經而正面引出禪的義理來。跟着對禪在中國與日本的發展，予以詳盡的描述。最後並涉及禪在新時代的開展及與基督教的會合問題。此書的特點在對禪的發展面貌，予以全面的展開；而且能不囿於文獻，直探禪的宗教哲學的本質。故此書在西方固是獨一無二的著書，卽日本方面亦少有能及者。（註五〇）

《東方禪定與基督教神秘主義》（註五一）一書，是作者就比較宗教的角度而寫成。他恐怕是寫這種題材的最適當人選；因他出身神父，而又數十年來生活于東方的宗教氣氛中。在此書的結論部份的〈東西方神秘主義中的實存〉（Die Existenz in der Mystik von Ost und West）一節中，作者綜合地說：「東方所提供的一切方案，都是就人以成就全體（Ganz werden）或成就聖賢爲其目的（而提出的）；因此，東方卽使是最偉大的哲學，都不能離開宗教的關係而發展。」

另外一個要留意的學者是貢特（Wilhelm Gundert, 1880-1971）。他是一個基督徒，早年習希臘文新約和梵語《梨俱吠陀》（Rig Veda）；又學神學與哲學。其後到日本，多方面接觸東方的宗教與文化。他先後習過佛教、神道教、道教、儒家和漢文。後來他返回德國，在漢堡大學任敎日本學。他實是這方面的學問的元老，目前不少這方面的專家，都是他的學生。

他不遺餘力地致力於東西文化特別是宗教方面的溝通工作。他對禪佛教特別欣賞，也最有心得。東方的那種「應無所往而生其心」（註五二）的神秘的智慧，對他有莫大的吸引力。在禪佛教中，他發現有一些極爲寶貴而基本的東西，那是西方所沒有的。不過，他還是本着自己的立場，以一個基督徒的身份，來學習東方的宗教與文化。

貢特對日本的宗教有很深刻的認識，曾寫有《日本宗教史》（Japanische Religionsgeschichte）一書；不過，他在學術上更爲佛教界注意的，無寧是他對《碧岩錄》（註五三）的德譯。按《碧岩錄》中的古則公案，最是耐人尋味，被認爲是禪文學中最難理解的作品之一。

貢特把其晚年的時間，幾乎全花在這書的翻譯上。在翻譯原文和詳加註解外，對于每一則公案，都附有一「關於該則的理解」（Zum Verständnis des Beispiels）的說明。貢特的這個工作，被許許為具有極其高度的學術水平與理解；它對德國的禪學研究，無疑將加上一新的篇章。但貢特的翻譯並未完成。一九六〇年他出版第一册，收入前三十則的翻譯；一九六七年出版第二册，收入三十一至五十則。到他逝世前為止，還未有第三册出版。據說他還有五十則以後十則的譯稿。以後的部份，目前還無人敢繼續翻譯，因太困難云云。

在生活方面，貢特還是一個相當風趣而具人情味的人物，而不大具有德國民族的那種嚴刻硬朗。他晚年定居於德國南部的美麗的多惱河畔的新烏姆市（Neu-Ulm），致力於沈思與翻譯。他曾說：「我活於當下這一瞬間哩」（Ich lebe im Augenblick）。他的從兄，正是德國當代大文豪赫塞（Hermann Hesse）。

他逝世後，訃聞的卡片傳送到他的朋友手中，上面印有幾句德語，那是他譯自一首著名的禪詩而來的：

到達那最高的道，並無困難，
只是切忌種種的揀擇；
那裏沒有憎愛的念頭，
便是澄清一片，敞開而無遮蔽。

（Der höchste Weg is nicht schwer,
Nur abhold wählerischer Wahl.
Dort, wo man weder hasst noch liebt,
Ist Klarheit, offen, wolkenlos.（註五四））

## 九、禪佛教的研究㈡

力沙爾（H.M. Enomiya Lassalle）是另一個有趣的禪學研究者和修行者。他是德國的天主教耶穌會士，但其半生却在日本渡過。他曾經歷過二次大戰末期在廣島的原爆，對人生特別是宗教實踐的問題，有很敏銳的感覺。他曾在日本的禪院中修習過。其後回德國，將其對東方宗教的體驗，透過講座與禪定的實踐，傳授予德國人。據說聽他講演和從他學習的，有過千之衆。

力沙爾寫了不少有關禪佛教的書，最引起西方人士注意的，恐怕是《爲基督徒而設的禪定》（Zen-Meditation für Christen）一書。這是應從他修習禪道的德國人士而寫的。其中所討論的問題，環繞着禪的修習與基督徒的關係一點。即是，禪的修習，如今日在日本所流行者，對于基督徒來說，作爲一種功課，是否合法？另外一問題是，西方的基督教世界，能在何種程度下，吸收這種東方的宗教實踐？力沙爾本人自然是持開明的眼界來看這些問題的。力沙爾的著書，另外還有《禪佛教》（Zen-Buddhismus）、《禪：到覺悟之道》（Zen-Weg zur Erleuchtung）、《在基督徒下的禪》（Zen unter Christen）。作者致力於打通東西方宗教上的隔漠，這種努力，在今日來說，實在意義深長。

在禪籍的翻譯方面，浮士德等（Ohasama-Faust）寫有《禪，日本的生活的佛教》（Zen, der lebendige Buddhismus in Japan），其中載有永嘉大師（玄覺）的〈證道歌〉及三祖僧燦的〈信心銘〉的翻譯；後者只是意譯。盧式爾（E. Rousselle）譯有《六祖壇經》前六章。辻村公一與部希拿（H. Buchner）譯有〈十牛圖〉（註五五），題爲《牛與其牧者》（Der

Ochs und sein Hirte）。另外，以研究和翻譯《肇論》著名的李華德譯有《神會語錄》的一部份，及黃檗的《傳心法要》，後者題爲：《黃檗希運：透過裴休而來的他的傳聞草案》（Huang-po Hsi-yün, Protokoll seiner Einvernahme durch P'ei Hsiu）（註五六）。另外，他又有英譯上面提到的〈證道歌〉。

現時漢堡大學的邊爾（Oscar Benl），是一個進業甚勤的日本學學者，他又研究日本禪學。他的方法是文獻學的，尤其注重典故的出處。他於早年留學日本，十多年前譯就了日本古典文學名著《源氏物語》（註五七）。他寫有多篇研究日本禪學特別是曹洞禪的論文；例如：〈道元禪師在中國〉（Der Zen-Meister Dōgen in China）（註五八）、〈曹洞僧團的開始〉（Die Anfänge der Sōtō-Mönchsgemeinschaft）、〈夢窗國師，一個日本禪師〉（Musō Kokushi. Ein japanischer Zen-Meister）（註五九）和〈禪師無準師範與（京都）東福寺的創立者，禪師聖一國師〉（Der Ch'an-Meister Wu-chun Shih-fan und der Gründer des Tōfukuji（Kyōto）, der Zen-Meister Shōichi Kokushi）（註六〇）。邊爾也曾致力於《聖一國師語錄》與道元《正法眼藏》（註六一）中某些部份的德譯。

西方學者對於禪這樣一種強調神秘的直觀的宗教與哲學，除了正面作研究、翻譯和參加禪的修行實踐外，亦很有就科學、醫學特別是精神病理學來看禪的；他們希望透過禪的修習，能對種種的精神病痛的治療，有所幫助。

德國的舒特來（Günter Schüttler）在這方面做了不少努力。他是學心理學、醫學與宗教學的，在波恩大學的神經病院當醫生。他於一九七〇年，曾領導一個隊伍，到印度去研究那些罕爲人所知的流亡的西藏僧人的心理，寫有《最近期的西藏神睿僧人：其精神學與神經學方面的面相》（Die letzten tibetischen Orakelpriester. Psychiatrisch-neurologische Aspekte）一書，大大引起歐美方面的宗教學者、人種學者、心理學者和醫學界人士的注意及討論。他又到日本，遍訪臨濟宗禪師和隱匿於荒山的僧人，在禪院中生活和參加它們的禪定實踐。他又藉着這個機會，向多個禪佛教學者探問他們個人的悟道的體驗，其中包括柴山全慶、玉城康四郎、上田閑照諸人。他對這些悟道的體驗，予以心理學的分析。他的研究，對西方的專家們提供新的宗教心理學的知識，及東方精神的新形象。有關這方面的資料，具在於其所著《在禪佛教中的覺悟》（Die Erleuchtung im Zen-Buddhismus）一書中。

其他關於禪的研究，有便斯（Ernst Benz）的《禪佛教與禪名士主義：西方面貌中的禪》（Zenbuddhismus und Zensnobismus-Zen in Westlicher Sicht）和杜海姆（Karlfried Graf Dürckheim）的《禪與吾人》（Zen und Wir），這則是就關聯到西方的各面來討論禪的。杜海姆是精神療病專家，他常採用日本的正座與坐禪來救治病人。另外，希力格爾（Eugen Herrigel）寫有《禪之方法》（Der Zen Weg）一小書，精簡地闡述禪在訓練方面所用的方法，很有參考價值。

## 十、辭典之編纂

辭典的編纂，包括文法書在內；這是語文學習的兩個支柱，缺一不可。德國的佛學研究以巴利文學開始，因而亦展開編纂巴利文文法書的風氣；辭典方面，可能由于有戴維斯與史德（W. Stede）合編的《巴利英語辭典》（Pāli-English Dictionary）在先，且此已是一極爲完全而優秀的辭典，故德人較少在這方面用力，而集中于研究巴利文的文法結構一點上。

至於梵文藏文辭典文法書的編纂方面，亦有可觀的成果。

在巴利文的研究方面，首先必須提及的是巴利文學大師卡格（Wilhelm Geiger, 1856-1943），他在這一天地上作過很大的努力。他除對巴利文典歷史《島史》與《大史》（見註八）作過多年的研究外，並編了一本最佳的巴利文法書《巴利文：文學與語言》（Pāli, Literatur und Sprache）。此書其後有歌斯（B. Ghose）的英譯本，名為Pāli and Language。近年，興烏伯（Oskar von Hinüber, 1939-）又分析了《律藏》（Vinayapiṭaka），寫了《有關巴利文特別是律藏中的格法的句法之研究》（Studien zur Kasussyntax des Pāli, besonders des Vinaya-piṭaka）。又在巴利經典方面，俄斯多夫（L. Alsdorf）致力於透過東方方面的版本來修正舊有的版本，和分析巴利文學偈句上的問題，其結果表現於他的《巴利藏經的雅利安偈頌》（Die Āryā-Strophen des Pāli-kanons）中。

在梵語方面，伯連克（Otto Böhtlingk）與魯斯（Rudolph Roth）合編《梵語辭典》（Sanskrit-Wörterbuch），這是目前世界最詳盡的梵文辭典之一，或竟是最詳盡的；它比英國的威廉斯（Monier-Williams）及印度的艾巴地（Apte）所分別編纂的梵語辭典還要巨大。此辭典其後又有R. 舒密特的補充，題為《梵語辭典增補》（Nachträge zum Sanskrit-Wörterbuch）。文法書方面，吐姆（A. Thumb）編有《梵語手冊：有關古印度語的語言學研究的一個入門》（Handbuch des Sanskrit, Eine Einführung in das sprachwissenschaftliche Studium des Altindischen）（註六二）。這是相當實用而有效的文法書。梅拉亦有梵語文法書，以英語作成。

又在關於佛教混合梵語（Buddhist Hybrid Sanskrit）（註六三）的研究方面，自美國的艾直爾敦（Franklin Edgerton, 1885 - 1963）的《佛教混合梵語：文法與辭典》（Buddhist Hybrid Sanskrit, Grammar and Dictionary）一巨著出版以來，即引起學者們討論這種梵語的熱潮。艾直爾敦基本上是用詩體的觀點來研究梵語的。對於這種研究方法，德國學者紛紛加入討論，其中包括有瓦殊密特、貝循特，及賓赫（Franz Bernhard, 1931 - 1971）。

西藏文的研究方面，當推上面提到的耶殊克爲大家。他用英語編了一藏英辭典 A Tibetan-English Dictionary，又以英語寫了一本藏文文法書 Tibetan Grammar。

## 十一、中國佛學的研究（禪學以外者）

這裏我們要附帶一述的，是德國學者對中國佛學的研究。這並不表示德國學者在這方面有甚麼特殊的表現，而只是由于這與我們有比較密切的關係而已。事實上，德國的中國佛學的研究，還是很貧乏，可以說還是在開始階段。除了在禪宗方面有比較可觀的成果外，似乎只有三數學者們在這方面做功夫，而且也只限于南北朝以前的佛學。隋唐以還所興起的，而能眞正代表中國佛學的，例如天台與華嚴，目前還未聽聞有人問津。而德國學者之可以在南北朝以前的佛教方面做些研究，那恐怕是有湯用彤的《漢魏兩晉南北朝佛教史》一巨著在先之故，起碼這是一極其重要的參考資料；書中提供了很多有關那個時期的佛學發展的文獻。（註六四）

德國的禪學研究，是德國的中國佛學研究中最重要的部份；其中的內容，我們在上面第八、九兩章中已大體介紹過了，特別是以杜默林與貢特兩人的貢獻尤大。關于這點，這裏不再重覆。這裏只就禪學以外的研究介紹一下。

首先要提的是李華德。他獨力對《肇論》作過很廣面的研究，寫了 Chao-Lun：The Treatises of Seng-Chao 一書，其中收入《肇論》的四篇論文的英譯及詳盡的註釋及評論；這四篇論文是：〈物不遷論〉、〈不眞空論〉、〈般若無知論〉、〈涅槃無名論〉。第三篇〈般若無知論〉中又附有〈劉遺民書問肇公答〉的譯文。另外該書又載有譯者所寫的一篇緒論，歷敍僧肇的生平、作品及其哲學思想各面。最後又附有譯者的兩篇短文，討論中國佛學的「六家」問題，及〈涅槃無名論〉的眞僞問題。（註六五）李華德研究《肇論》，比較强調義理方面，故他的翻譯，有不少處是意譯，或較爲自由的翻譯。他自己在該書第一版前言部份即已表示：由于《肇論》的哲學成分相當濃厚，故要了解其義理，比字面的翻譯困難得多。（註六六）

李華德對于慧遠，也作過廣泛的研究；這主要表現于他對慧遠作品的翻譯方面。他曾譯有慧遠的〈沙門不敬王者論〉部份、〈明報應論〉和〈三報論〉。他又譯有宗炳的〈明佛論〉和慧琳的〈白黑論〉。他把研究慧遠的思想，總結在其〈從釋慧遠的作品看其佛學〉（Shih Hui-yüan's Buddhism as Set Forth in his Writings）一文中。他又研究過竺道生，寫有〈道生及其時代〉（Tao-sheng and his Time）一文，其中有對于中國佛教在四、五世紀時的發展的論述，有對于竺道生的世界觀念的探討，及翻譯了竺道生的一些作品，和載有竺道生的傳記。

在佛學一般方面，李華德也作過一些研究，這不必是限于中國佛學範圍中的，這裏亦聊爲簡述一下。他在這方面所寫的作品，計有：〈中國思想中的靈魂不朽說〉（On the Immortality of the Soul in Chinese Thought）、〈一心法〉（One-mind Dharma）、〈我：各面之義意〉（Ngo, Variations of Meaning）、〈物與法〉（Ding und Dharma）、〈在作爲其反對者的佛敎中所顯示的因中有果說〉(Sathārya in der Darstellung seiner buddhistischen Gegner)(註六七)、〈中國思想的一些趨勢〉(On Trends in Chinese Thought),等等。

另外一個值得留意的學者是瑞士籍的舒里和(Erik Zürcher)。他用浩繁的篇幅,詳盡地寫了一本題爲《佛敎之征服中國》(The Buddhist Couquest of China)一書。這書附有詳細的註釋、書目及索引。筆者以爲,這是一本十分值得一讀的好書,它透過社會現象的角度,描述四世紀及五世紀初期佛敎在中國中部及南部的發展情況。這書的特點是注重分析作爲一種外來宗敎的佛敎在這個時期在中國發展,中國人對于這一外來敎義所作的反應,及分析當時中國具體的歷史的社會的環境。作者之持社會現象的角度來處理這個問題,其用意可具見于該書第一章緒論有關「中國佛敎」一節中。這裏不妨節譯一小部份來看看:

「首先必須指出的是,早期的中國佛敎是一具有獨特性的體系,是一種獨立發展的結果,這只能透過關連到當時的文化環境一點來研究和了解;這種發展是在這樣的文化環境下進行的,它與當時流行的中國的世界觀的背景相對反。因此我們要對那些多方面的文化的與社會的因素予以適當注意,這些因素使佛敎能在中古早期的中國社會中形成,和刺激它發展。我們必須先做到這點,才能充份討論敎條的純粹義理方面的問題。」

「……。

「作者之要強調社會背景一面,固然一方面由于他以為,所有宗敎運動—不管它是如何地與世隔絕—都不能純粹地和單純地作為「觀念的歷史」而被研究。一方面這亦是佛敎自身的性格的邏輯的結果。佛敎不是一「理論」，對宇宙的一種解釋；它也從未以此自任。它卻是一種解脫的方式，一種生活的方式。它的傳入中國，不止表示某些宗教規條的繁殖，且亦表示在社會組織方面一種新形式的傳入：這卽是僧伽的寺院的社團。對于中國人來說，佛敎始終是一種僧人的敎義。佛敎寺院在中國的存在所喚起的力量與反力量、知識分子集團和政府的態度、僧侶集團的社會背景和地位，及寺院社團的逐漸融合入中古的中國社會中，這些都是對早期中國佛敎的形成有決定性影響的根本的社會現象。」（註六八）

作者的這種基本觀點，卽決定他以社會學的方法來研究這個極其繁複而有趣的問題。因此，資料的運用，便變得十分重要；特別是四五世紀這個在文化上青黃不接的時期。作者將其運用的資料，分爲兩種，這都是關于佛敎的：其一是歷史傳記，其一是早期辯護和宣揚佛敎的文學。前者是基本的，它包括慧皎的《高僧傳》、僧祐的《出三藏記集》、寶唱的《比丘尼傳》，和寶唱的《名僧傳》；後者的文學與哲學價值較弱，但對佛敎在中古時期對中國思想與社會的衝擊，提供重要的資料，此中包括〈牟子理惑論〉、〈正誣論〉、宗炳的〈明佛論〉、孫綽的〈喩道論〉、何承天與宗炳論慧琳〈黑白論〉的來往五函件、慧遠的〈沙門不敬王者論〉、羅含的〈更生論〉、慧遠的〈沙門袒服論〉、慧遠的〈明報應論〉、慧遠的〈三報論〉、桓玄與王謐的〈論道人應敬王專〉的來往八函件、慧遠的〈論料簡沙門書〉、〈支道林法師與桓玄論州符求沙門名籍書〉、郄超的〈奉法要〉，和戴逵、慧遠、周續之論戴逵的〈釋疑論〉的來往八函件。

就社會學的方法來研究佛敎在中國的發展，特別是漢末至隋唐間那段社會成混亂狀態時期的發展，無疑能使視野擴濶，能注意及社會的廣面的因素；這亦是我們一向強調的重義理的方法所不及處。就佛學研究而言，這總是一種很可參照的方法。

舒里和的書中並附有一些翻譯，如《高僧傳》中的慧遠傳記、郄超的〈奉法要〉、支遁的一些短文，和〈集沙門不應拜俗等事〉中一部份。

在中國佛學的辭典方面，哈克曼（Heinrich Hackmann）很做了一些功夫，他編了一本《中國佛學的解釋的辭典：中文—梵文—德文》（Erklärendes Wörterbuch zum Chinesischen Buddhismus, Chinesisch-Sanskrit-Deutsch）。他只作成了手稿，其後經諾貝爾整理出版，計十二册。（註六九）書中未有附明是何時出版，想是多年前的作品。如書名所示，書中順漢字併音次序編排各詞，附有梵語對照，然後是相當詳盡的德語解釋。此書的編法，有些類似日人荻原雲來的《梵和大辭典》。

## 十二、有關德國的佛教活動

德國是一個西方國家，德國人的信仰與生活各面，都是西方式的。在宗教方面，西方一直是耶教的世界，德國自亦不例外。東方的宗教，與德國人的關係極爲淡薄。卽大教如佛教者，其在德國漸受注意，恐怕還是近年的事。要留意這裏所謂佛教漸受注意，是放寬尺度而言。或者說，這種注意，只是止于外表上的學術研究或文物觀摩而已，如大學研究所與博物館一類所從事的。至於要在生活上養成一種佛教信仰的氣氛，在心境上表現一些與佛教相近的意趣，那都是另外一回事。就筆者所了解，就心境或生活情調來說，東方文化（當然包括佛教在內）對德國人來說，還有很長一段距離，還是相當神秘。

雖然如此，德國的佛教活動，還是值得報導的；其重點仍然在禪的修習方面。這自然不能和日本一類的國家相比。故我們在上面仍說禪的宗教活動，在德國仍然是門庭冷落。下面即簡單地介紹一下德國的佛教徒及其活動。

在慕尼黑（München）近郊有一歐洲著名的佛教協會，其中有信徒約三百人。又在史圖格特（Stuttgart）市內，有一德印協會，其中的會員，大部份是印度佛教徒。他們對禪佛教却具有濃厚的興趣，有時亦舉行坐禪的聚會。不過，他們對禪的興趣，主要不在「修心養性」方面，而却以禪爲一種治療精神病痛的法門。其中一些會員，正是我們在上面提到過的杜海姆的病人；他是一個善于以坐禪的方式來治病的精神療病專家。另外，在西柏林有兩個佛教寺院，其中一間是由日本本願寺（淨土眞宗）所支持的。此中的信徒，常念誦「南無阿彌陀佛」，誠心于希冀他力迴向。另外那間則是錫蘭小乘佛教徒所創立，內中的德國信徒，常穿黃衣，在涅槃像前誦讀巴利文的經典。據說西柏林的佛教協會擁有會員三千之多，是散落地分佈于德國各地的佛教協會中最大者。

自鈴木大拙把禪介紹到西方以來，有更多的德國人參加這種宗教活動。他們的興趣不大在哲學義理方面，而却在那種使人精神穩定的生活方式。類似的生活方式，例如坐禪，本不限于禪佛教本身，在南方小乘佛教與瑜伽派中亦是存在的。德國信徒對這些分別都未有强烈意識到。在一般的歐洲人心目中，這些信徒（不止是德國的）是疏離社會的一群。或者可以說，他們是對西方近代文明產生不滿與厭倦，而有疏外感。

隨着禪而來的，或深深地染上禪的色彩的，是茶道與花道、琴瑟與日本的能樂的生活。這些東西在歐洲亦有流行。女性多喜茶道與花道，有文化修養的則接近琴瑟與能樂。德國一個稱爲希力格爾（Herrigel）的女士卽寫了一本論花道的本原的書，很受當地的人歡迎；在首都波恩（Bonn），亦有花道協會的設立。

德國佛教活動的另一種表現方式，是在博物館中進行。這是佛教文物的彙集場所，加深人對佛教的認識。事實上，德國的博物館在搜集佛教的宗教文物方面，出過很大的努力。據筆者所知，慕尼黑的規模宏大的藝術館（Haus der Kunst）年前卽展出過「西藏」一專題。那是一個了解西藏宗教特別是佛教的儀容的一個好機會。展出的材料相當豐富，特別是那些與佛教啦嘛教育密切關連的宗教用的衣飾、器皿、書籍、繪畫等等。又在民族文物博物館（Museum für Völkerkunde），亦展出亞洲各國的文物，其中的主體，卽是佛教展覽。其中包括印度的、西藏的、尼泊爾的、泰國的、緬甸的、柬甫寨的、印尼的、馬來西亞的、蒙古的、中國的和日本的佛教文物。就中又以日本方面的搜羅得最齊全，包括高達近六公尺的一座巨形的阿彌陀佛像。

這種題材的展覽，在德國其他較大的都市中亦有進行，例如漢堡與柏林。特別是後者，那裏有印度藝術博物館（Museum für Indische Kunst），藏有德國探險隊在中亞細亞的吐魯番發掘到的文物，其中有大部份是佛教的資料。此等文物長期在該博物館展出，德國人似乎視如國寶哩。

## 十三、結　語

以上我們分十二部份介紹了德國的佛學研究。遺漏的恐怕不少，特別是小乘經論的研究方面。不過，筆者目前的環境，實不容再作進一步的探究。故我們要在這裏作一總結，以結束全文。

我們的總的印象是，德國的佛學研究，還是走文獻學的方法一路。語文與書目知識，仍是研究的兩個基本支柱，尤以前者更被重視。而目前德國的佛教學者，不少在心態方面仍偏于由文獻學所導出的專家研究的傾向。（註七〇）

這似不能不使人感到有點失望。文獻學的知識固然重要，但它的意義畢竟亦只限于是一套裝備，是到達目的的一種方便法門，它本身不是目的。目的還是哲學義理，或深一層來說，是實現眞理，完成生命。（註七一）德國向有哲學王國之稱；德國哲學，近世以來，成了西方思想的主流；卽前些時流行的存在主義思想與現象學，亦主要由德國的哲人來倡導。但德國學者研究佛學，却偏重文獻，而少以其自家的輝煌的哲學成果來作參考，以滲透入佛理。不過，筆者相信，德國學者本着其本有的卓越的哲學智慧，從義理一路來探究佛理的精髓，這道門始終是開着的。事實上，德國哲學基本上雖是積極的理想主義情調，但亦有不少大哲，其思想中具有類似東方思路的成素；而黑格爾的辯證法，就透過矛盾的統一以臻于更高的境界一點言，實與東方特別是佛教的方法很有可相比較之點。以下我們卽就此點略爲闡述一下。

基督教在中世紀在德國的表現，是德國神秘主義（ deutsche Mystik ）。這派思想有强調人與神的平等性的傾向，與傳統基督教的强調神的超越性大異其趣。（參閱註五一。）這派的領袖艾卡特（ Meister Johannes Eckhart, 1260 - 1327 ），是一個有深刻思想的人物。他以爲，在世界創造以前，神自身亦是一個無。在被造的世界中，神才對自身起自覺。一切都在神中，與神共在，而歸一于神。重要的是，他以爲，在血緣上，神與人是同質的；在我們的心靈中，有神之業、神之力在作用着，這卽是所謂「心之火花」（Funken der Seele）。實際上，艾卡特並不乏一種形而上的宗教的情操，他只是極力强調人心靈中的崇高的自由精神而已。這種宗教觀顯然是接近東方的。我們特別感興趣的是，他把上帝的神格（Gottheit）降而爲「無有」，這頗有超越乎相對的有無善惡之上的絕對無有之意，這與佛教特別是禪宗所强調的「無」一觀念，很有相通處。

雅斯培（Jaspers）是一個很能以同情的心態來認識東方的德國存在主義哲學家。他相當了解佛陀及大乘的教理，曾撰文寫佛陀及龍樹的傳記及論述其思想。他以龍樹、無著、世親、陳那及法稱爲佛教的五大哲學家。不過，我們這裏要論述的，却是另一德國的存在主義大師海德格（Heidegger）。

海德格的思想，在人生存在的歸宿一點上，有近于東方思想的。據說他自己曾明言他的思想與老子及禪相近。他曾喟歎現代人常生活于一種無歸宿的狀態（Heimatlosigkeit）中，但他並不流于悲觀。在一篇題爲〈在故鄉之夕的演說〉（Ansprache zum Heimatabend）的小品（註七二）中，他說：「人似乎正在把自己置入無歸宿的狀態中，或許那與歸宿（相連）的連繫（物），正自現代人的存在中消失掉。」但他繼續說：「不過，可能亦在那個迫人的『不像個歸宿的狀態』（Unheimische）中，正醞釀着一種對于歸宿的新的關係。」這歸宿（Heimat）到底是甚麼呢？海德格明言它卽是「在吾人的存在的核心使我們挺立起來的東西」（was uns trägt im Kern unseres Daseins）。在東方的思路看來，這歸宿實是使人成其爲人的生命的本質。在佛教來說，實是我們本具的佛性、如來藏，實是禪宗的所謂「父母未生前的本來面目」，是「祖師西來意」。海德格所關心的和要恢復的，實在是此。雙方的內容容或有異，但其層面却是一樣。

在另外一篇題爲〈關于Abraham A Santa Clara〉(Über Abraham A Santa Clara)的演說(註七三)中，海德格談到超越死亡以獲得覺悟的事，他引述卡勒拉(Abraham A Santa Clara)這個天主教教士的話說(他自己當亦同意這話)：「一個在死亡前死亡(過)的人，在死亡時將不會死亡。」(Wer stirbt, ehe er stirbt, der stirbt nicht, wenn er stirbt)這一在表面上看來是矛盾的話語，實含有很深遠的人生意義。這實表現出一種要超越死亡而臻向永生眞理的人生智慧；這歷程是一個辯證的發展。第一個死亡是生命的事；第二個死亡是一種超越生死的二元對反(生死苦海)的修行的事；第三個死亡仍是生命的事；第四個不會死亡則是解脫，是精神不死。這與禪宗的「大死」、「大死一番」、「大死底人」的觀念是同一形態。這是克服了生死苦海層而來的一種心靈狀態，是覺悟的獲得，故稱「大死」。「大死」卽是「大死大活」，卽是「絕後再甦」，卽是不死。這是「死而不死」的吊詭過程。(註七四)

由此可見海德格的思想，在重要問題上，與佛學不無會合處。

筆者列舉這些事項，目的只在表明，德國人的思路，與東方特別是佛學，並不是沒有通道的。故德國的佛學研究，文獻而外，在義理方面開出一坦途，是可預期的。

事實上，德國方面一些極少數學者亦曾在這方面做過些研究。以研究日本宗教著名的可來爾(W. Kohler)卽謂禪是一種「沒有投影的宗教」(Religion ohne Projektion)。這是透過比較宗教學而對禪佛教所下的定義；其意思是禪作爲一種宗教，沒有所依據的經典，沒有住着的教義，也沒有可歸止的神或佛，但它却是一種宗教。這其實是透過消極的方式來表示禪的主體自由的徹底性。

另外一個德國學者法頓浮斯（Hans Waldenfels），致力于東西方宗教思想的比較研究，其中尤以佛教與基督教爲主。他居住日本有年，在東京和京都兩地，研究當代日本大哲西田幾多郎（1870-1945）及其領導的京都學派的哲學（註七五）。他又隨日本目前最卓越的哲學家西谷啓治習過空之哲學，並廣泛地與西谷的弟子們論學，如阿部正雄、上田閑照、辻村公一等。西谷屬京都學派，是西田哲學的傳人。法頓浮斯將他的研究結果，總結在其所著《絕對無：基于佛教與基督教的對話者》（Absolutes Nichts. Zur Grundlegung des Dialogs zwischen Buddhismus und Christentum）一書中；全書分三部份，而置其重心于以基督教爲參照來介紹西谷所了解的空與無的哲學，那是以龍樹與禪爲主。此書出版後，大受日本思想界的注意，認爲這是德國學界主動了解東方而積極地要溝通東西方思想的良好開始。（註七六）日本思想界人士近年好談東西方的遇合（Begegnung, Encounter）問題，但總是自彈自唱而已。這書的出版，無疑顯示出西方學界在這方面的積極的反應。法頓浮斯的其他有關著作，尚有〈從善言的神看靜默的無：日本京都學派中佛教與基督教的對話〉（Das schweigende Nichts angesichts des sprechenden Gottes. Zum Gespräch zwischen Buddhismus und Christentum in der japanischen Kyōto-Schule）、〈絕對無：對西田幾多郎及京都學派哲學的一個中心觀念的初步考察〉（Absolute Nothingness. Preliminary Considerations on a Central Notion in the Philosophy of Nishida Kitarō and the Kyōto School）、〈禪定：東方與西方〉（Meditation-Ost und West）、〈日本佛學中的祈禱〉（Das Gebet im japanischen Buddhismus），及〈佛教中的言說與無言說〉（Wort und Wortlosigkeit im Buddhismus）等等。

筆者這裏自然無意詳細介紹法頓浮斯的研究成果，而只想表示一點，在他的工作中，實表現出一種同情的心態和積極的意向，要在思想方面打通東西方的隔漠。不過，由于學術環境的因素，西方學者（自然包括德國方面的）要進行這種有意義的工作，目前還不得不借助日本的學術界為媒介，才能有較可觀的成績。筆者希望，在不久的將來，這種研究的方向能不斷擴大，致不但能形成一種學術風氣，更深更廣地開拓佛學的天地；且亦能透過東西方各大宗教的遇合，共同合作，發揮其自身的特有的長處，以解救現代文明中人類的種種困擾與苦惱。

# 附註

註一：有關佛學研究的方法論問題，筆者曾在另一文〈日本及歐美之佛學研究點滴〉中有較詳細的討論。

註二：陳垣有《中國佛教史籍概論》；陳寅恪有〈彰所知論與蒙古源流〉（按此是有關西藏與蒙古方面之佛學者）；湯用彤有《漢魏兩晉南北朝佛教史》；法尊有《菩提道次第廣論》（按此是西藏宗喀巴著《菩提道次第論》大本之中譯）；巴宙有A Comparative Study of the Prātimokṣa（按此是研究巴利律者）。此皆頗受佛學研究界注意。

註三：溫地殊又寫了《魔王與佛陀》（Māra und Buddha）、《佛陀之出生與心路歷程之教說》（Buddha's Geburt und die Lehre von der Seelenwanderung）、《大事書之成立》（Die Komposition des Mahāvastu）等書。這些書的主要內容，可見于書名自身。按《大事書》

（Mahāvastu）是屬于大衆部系說出世部的作品，富有文學意味，記述有關佛陀的種種事故。

註四：見The Eastern Buddhist, new series, Vol。VII, No。1, 2 May, October, 1974。

註五：按此書後來另有法蘭克（R. O. Franke）之德譯，題為《法語》（Dhamma Worte）。

註六：按《本生經》近年亦有杜台特（J. Dutoit）之德譯。

註七：此是以巴利語傳播者，漢譯與西藏譯皆無此。佛陀所制定的戒律各規則，在第一次結集中被收集起來，而成為律。及後原始佛教教團將之加以整備增補，而成律藏。按佛陀滅後一〇〇年左右，原始教團分裂為上座與大衆兩部；巴利律即為上座部所傳的戒律。又巴利律由經分別（Suttavibhaṅga）、犍度部（Khandhaka）和附隨（Parivāra）三部組成。經分別即是經的註釋之意；戒律條文的集合即是戒經（波羅提木叉Pātimokkha）。戒經又分二種：比丘戒經與比丘尼戒經。犍度部則是有關僧伽工作的種種規定；附隨則是對以上兩部的補足的說明。德國自奧登拔留意戒律之後，其後有瓦殊密特（Ernst Waldschmidt, 1897-），亦注意戒律的問題，寫了《關于說一切有部的比丘尼波羅提木叉的殘簡》（Bruchstücke des Bhikṣuṇī-Prātimokṣa der Sarvāstivādins）。

註八：《島史》，著者不詳。它是四世紀後半至五世紀初作成的，為錫蘭方面現存最古的編年史詩，由巴利文寫成。又這部書一名《島王統史》，它與五世紀末及以後增廣而作成的《大史》（Mahāvaṃsa）同為錫蘭編年史書，同為錫蘭史和錫蘭佛教史方面的研究的重要文獻。又著名的巴利語學者卡格（Wilhelm Geiger, 1856-1943）曾對這兩部史書作過詳細的比較研究，寫有《有關島史大史及錫蘭的歷史傳統》（Dīpavaṃsa und Mahāvaṃsa und die geschichtliche Überlieferung in Ceylon）一書。

註　九：關于「波羅提木叉」，見前註七。巴利律三部份中，其中一個是犍度部，這一部又有大品、小品之分；前者為「律部大品」，後者為「律部小品」。「律部大品」有十犍度，「律部小品」有十二犍度；所載皆是有關僧侶生活的種種規條。

註一〇：關于這點，荷殊（Paul Horsch）亦寫了〈佛教與奧義書〉（Buddhismus und Upanishaden）一文加以討論。

註一一：和闐是我國新疆省西南的一個城市。畏吾兒則是自第八至第十二世紀在蒙古與土耳其斯坦統治下的土耳其人。

註一二：按吐魯番（Turfan）是我國新疆省東部的一個城市。

註一三：相當于漢譯《雜阿含》。

註一四：這是印度耆那教所用的一種語言。

註一五：《賢刼經》，又名《颰陀刼三昧經》、《賢刼定意經》，計八卷，梵文原典缺，但有西藏譯。漢譯則由西晉的竺法護譯出，全二十四章。賢刼即現在之住刼之意。維萊爾所刊行者，為《賢刼經》的另一個本子，即梁代失譯的《賢刼千佛名經》。這兩者有相當的差異。

註一六：《經集》，巴利語寫成，包含于南方上座部的經藏（小部）中，分蛇品、小品、大品、義品、彼岸道品五章。按巴利語三藏中，有多數的經典現存，皆有其特定的名稱；本經因無特別的特徵，故稱《經集》。

註一七：《長老偈》與《長老尼偈》是佛陀在世時長老比丘與長老比丘尼的歌詠結集；兩偈集在文學與思想方面都有很高的價值；貫徹于其中的精神，是一種宗教與倫理的理想，表示一種靜寂而深遠的心境。

註一八：《彌蘭王問經》，又稱《那先比丘經》，此非佛說者，而是彌蘭王（Milinda）與那先（Nāgasena）的問答紀錄。按于公元前二世紀後半期，希臘國王彌蘭王支配了西北印度，與佛教論師那先討論有關佛教的教理，其後竟出家而為阿羅漢。這部經卽是他們討論的問答記錄。這部經對于研究希臘與印度以至佛教思想上的關係，很有價值。

註一九：《清淨道論》存于南傳藏經中。五世紀中葉，印度學僧佛音（Buddhaghosa）在錫蘭首府的大寺（Mahāvihāra）中，以當時存在的三藏諸義疏為參考，本着大寺派教學的正統說，而改造增補當時流行的《解脫道論》（Vimuttimagga），因而成此論。全書由廿三品構成，以戒、定、慧三學為綱。本書在南方巴利佛教中，有極高權威；其百科全書的內容，可比美上座有部的《大毗婆沙論》。

註二〇：《本生經》，漢譯作《生經》。此是以巴利語作成，含于南方上座部的經藏（小部）中。此經的內容，是記述佛陀在現生于這個世界之前的種種故事。

註二一：《攝阿毗達磨義論》，為巴利佛教的綱要書，錫蘭學僧阿樓陀（Anuruddha）以巴利語作成。

註二二：佛陀所制定的戒律，稱為律。佛陀滅後，其教團將其戒律加以整理增補，而成律藏。《十誦律》卽是由上座部系的化地部分出來的說一切有部所傳的律藏；其內容有十項，故稱《十誦律》。

註二三：按犍度本是篇、章、聚之意。在小乘律中，依部類的不同而集合起來的東西，卽是犍度。如漢譯《四分律》，卽有十二犍度。

註二四：《迦葉所問經》為《大寶積經》中之一部，屬第四十三會。

註二五：《理趣經》，不空譯。按此經還有五種譯本：玄奘譯《大般若經第十會般若理趣分》；菩提流支譯《實相般若波羅蜜經》；金剛智譯《金剛頂瑜伽理趣般若經》；施獲譯《徧照般若波羅蜜經》；法賢譯《最上根本金剛不空三昧大教王經》。這些經一方面相當于「大般若第十會理趣分」，另外又相當于《金剛頂經》第六理趣會。

註二六：《中論無畏註》被認為是龍樹自家對其《中論》的註解。此疏只有西藏譯本現存，故瓦禮沙的德譯，亦是根據此西藏譯本而來。其翻譯題為：Die mittlere Lehre des Nāgārjuna nach der tibetischen Version übertragen（《藏本龍樹中觀教說之翻譯》）。

註二七：此是根據漢譯而來，題為：Die mittlere Lehre des Nāgārjuna nach der chinesischen Version übertragen（《漢本龍樹中觀教說之翻譯》）。

註二八：歐美及日本的學者，紛紛參加月稱註《中論》的翻譯工作，但各人只譯一部份，未有一人而全譯者。參加這一翻譯工作的，除沙耶（德譯）外，有荻爾巴特斯基（部份英譯）、杜容（部份法譯）、荻原雲來和山口益（部份日譯）等。最後是史培隆格(M. Sprung)譯得最多，為英譯。

註二九：法勞凡爾納著有《佛教哲學》（Die Philosophie des Buddhismus），其中譯有龍樹《寶行王正論》（Ratnāvalī）第一章。按《寶行王正論》是佛學文獻中較有其特殊性者，它的內容主要是有關大乘佛教的政道思想。

註三〇：《金剛針論》，漢譯者為宋代的法天。法天以此書為法稱所作；但現代佛學研究界則考得此書作者為詩人馬鳴。

註三一：按喇嘛教是印度佛教傳入西藏而與該地的原始宗教信仰結合而成。該教的紅帽一派于十六世紀後半傳至蒙古，十七世紀又繼續傳至內蒙古、滿洲、華北等地。喇嘛教又傳至卡密克族，流行于裏海以北、頓河附近。

註三二：多羅那他（Tāranātha，1573-1615？），西藏學僧，三十五歲即著《印度佛教史》。其後到蒙古，在清朝皇帝的支持下創建各寺，而死于該地。西夫納將其書譯成德語，甚受重視；因這是少有的有關完全的印度佛教史資料。

註三三：《十萬歌謠》，西藏宗教詩人密勒日巴（Mi-la-ras-pahi，1040-1123）所作。作者本是一瑜伽自在者（yogeśvara），其後習密咒秘義，晚年成為吟遊詩人，居于岩窟，過着嚴刻的禁慾生活。他被號為生于西藏的最偉大的詩聖，被認為是西藏的理想人格。他的優美的詩篇，蘊含着深刻的宗教體驗。他的《十萬歌謠》，是最古的一種西藏文學，其內容主要是讚頌自然與宗教生活，但亦不乏佛教的哲理；這是研究西藏初期的生活與宗教與他本人的思想的極為貴重的資料。

註三四：Shamanism，中文譯為黃教。這種宗教的特徵，是相信有一個不可見的世界，其中有神、魔怪和古代的精靈。只有黃教僧（Shamans）或巫師能和它們相通。而黃教僧或巫師則是一些能運用魔術以驅鬼治病的教士。

註三五：耶殊克是著名的藏文文法書與辭典的編纂者，這些書都以英語作成。

註三六：《十萬白龍》，吐巴仙立（Stop-pa Gśen-rab）作。按作為西藏民間宗教的梵教又分兩大流派：唵白派（Oṃ-dkar-pa）與唵黑派（Oṃ-nag-pa）；此書是前者的根本經典。梵教本來是西藏土着的宗教，其後印度佛教流入，梵教遂與之結合，加以體系化，因成唵白派，或稱白梵派。在《十萬白龍》中，作者以說主兼開祖身份自許，把遍歷三世禍害衆生的生類歸為三種：在天界為猛惡者，在地界為地主，在水界為龍。衆生的種種患難，皆因這三者而有。《十萬白龍》之作，目的在對衆生開示彼岸，帶引他們尋求安穩之道。依該書的作者，這些惡類亦是可以解脫得果的，但他們却必須要認取那個構成這個宇宙的梵，梵卽是眞理。

註三七：《蒙古源流》，內蒙古貴族兼佛教徒 Sagan Secen作，這是蒙古民族的史話。作者以佛教思想為貫徹全書的支柱，將其蒙古民族的起源，逆着佛教史的脈絡，溯源至西藏，以至于印度。

註三八：《菩提道次第論》，宗喀巴著，他被稱為黃教祖師。此書有大小二本之分，只是詳簡不同而已。在內容方面，此書先將修習者的階段分為下、中、上三士，而解說有關這些階段的各各修習之道：人天乘（世間教）、聲聞緣覺二乘（小乘）及大乘的菩薩道；而置其重心于大乘道的上士敎。隨着便闡釋發菩提心的意義，及解釋六波羅蜜與四攝法的修習；特別對六波羅蜜中第五與第六的止（禪定 śamatha ）與觀（般若 vipaśyanā ），加以詳細說明。結論歸于止觀兩面的並行修習，由此而導入金剛乘（密教）。

註三九：其中有不少是西藏學專家，特別是來自日本的。如河口慧海、寺本婉雅、青木文教諸人。

註四〇：喀什噶爾為中國新疆西部一城市，卽疏附。

註四一：關于佛家邏輯，請參閱上面提到的筆者的〈日本及歐美之佛學研究點滴〉一文。

註四二：這大抵只限于玄奘所譯陳那弟子商羯羅天主（ Śaṅkarasvāmin ）的《因明入正理論》（《入正理論》Nyāyapraveśaka）和陳那本人的《因明正理門論》（《正理門論》Nyāyamukha ），玄奘弟子窺基又有《因明入正理論疏》。近代日本學者多以為玄奘譯本略有錯謬之處，窺基的註解，則更多歪曲原意，蓋基師未解因明也。

註四三：新資料主要指陳那的《集量論》和法稱的作品。

註四四：茨爾巴特斯基的《佛家邏輯》分兩册，上册是在比較的角度下，以西方哲學特別是康德哲學作參考，敍述佛家唯識系的陳那法稱的那一套邏輯與知識論；下册則主要是法稱的《正理一滴》及法上的註釋的英譯。有關《正理一滴》，見下。

註四五：例如，前有宇井伯壽，其後有渡邊照宏、北川秀則、服部正明、梶山雄一、戶崎宏正等。

註四六：法勞凡爾納出版了不少有關陳那、法稱和法上的論文，詳情可參閱他的《著作索引》（Verzeichnis der Schriften ）。

註四七：按陳那最重要的一部著作，是《集量論》（《認識論集成》Pramāṇasamuccaya ）。此書由韻文的詩句（頌）與散文的自註而成，目前只有完全的西藏譯本，梵文原典則殘缺不全。全書共分六章：第一章現量，第五章觀離，是有關知識論的；第二章為自比量，第三章為他比量，第四章觀喻似喻，第六章觀過類，則是有關邏輯的。陳那的體系其後為法稱所繼承。他的理論，主要是認識論方面的；這表現于他的七部論著中：《正理一滴》（Nyāyabindu)、《正確之認識決定》（Pramāṇaviniścaya ）、《理由小論》（Hetubindu ）、《結合之考察》（Sambandhaparīkṣa ）、《他人存在之論證》（Santānāntarasiddhi ）、《論議方法論》（Vādayāya ），及《認識與邏輯之批判的註釋書》（Pramāṇavārttika）。最後一部，是他的主著，通稱《知識論評釋》。此書可以說是代表作者自己的思想，分四章組成：第一章論正確的認識根據的證明；第二章論直接知覺；第三章論為自比量；第四章論為他比量。但此書的要旨，則具在于《正理一滴》中。

註四八：《無門關》，宋代禪師無門慧開（ 1183-？ ）作，是古則公案拈提的重要資料，共收集古則公案四十八則。

註四九：此文有佐佐木夫人（ Ruth Fuller Sasaki ）的英譯，題為《中國禪之發展》（The Development of Chinese Zen ），在西方相當流行。

註五〇：此書畢齊（Paul Peachey）有英譯，題為《禪佛教史》（A History of Zen-Buddhism）。日本的禪宗史研究，前有忽滑谷快天、鈴木大拙、宇井伯壽，近則有關口眞大及柳田聖山等；但多是片斷或考據者。柳田聖山氏近著《無之探求：中國禪》一書，則與杜默林者相類，但所敍亦僅限于中國方面而已。

註五一：基督教神秘主義是在中世紀在德國流行的一種基督教思想。它強調人們對神之愛，與神在精神方面的交往。在正統的基督教義，神作為一超越的人格存有而威臨於人之上；神是創造者，人是被造物；神是救贖，人是被救贖；此中的二元性色彩相當濃厚。基督教神秘主義則頗有把神的權威消解，把它拉下來，把其本質由最高的絕對善化而為超越乎善惡之上的無有之意。就這意義說，它與禪佛教的「無」的思想相當接近。

註五二：語出《金剛經》。

註五三：《碧岩錄》，雲門宗的雪竇重顯（980-1052）頌，臨濟宗的佛果圜悟（1063-1135）評釋。選輯古則公案一百則，是學道修禪最重要的文獻之一，被稱為宗門第一書。貢特的德譯，題為 Bi-yän-lu。

註五四：按此出自禪宗三祖僧燦的〈信心銘〉，原文為：「至道無難，唯嫌揀擇；但無憎愛，洞然明白」。

註五五：〈十牛圖〉，宋廓庵禪師作。全篇分「尋牛」、「見跡」、「見牛」、「得牛」、「牧牛」、「騎牛歸家」、「忘牛存人」、「人牛俱忘」、「返本還原」、「入鄽垂手」十項，就牧人捕捉野牛而馴養之的過程，以譬況禪修行的多個境地。

註五六：唐代禪匠黃檗希運向其門下裴休居士說法，後者將之輯集而成《傳心法要》。

註五七：《源氏物語》除有邊爾的德譯外，還有韋萊（Arther Waley）的英譯。

註五八：道元希玄（1200-1253），日本曹洞禪的開創者。他曾於早年留學中國，受學於天童如淨。著有《正法眼藏》、《普勸坐禪儀》、《學道用心集》、《永平清規》、《永平廣錄》等。

註五九：夢窗疏石（1275-1351），日本臨濟宗禪師，山城天龍寺的開山。著有《夢窗國師語錄》。

註六〇：聖一國師，卽圓爾辨圓（1202-1280），為日本臨濟宗東福寺的開山。他曾留學中國，就學於無準師範。著有《聖一國師語錄》。

註六一：《正法眼藏》，日本禪學大師道元的主著，以日語寫成，闡述曹洞禪的宗旨。其內容可分坐禪、行事、嗣法等各面，皆歸於道元個人的體驗。故本書亦可視為日本人自家思想的發展，在日本哲學中具有極崇高的地位。

註六二：梵語屬於印歐語族中的印度伊朗語派，在比較文法學中，稱為古代印度雅利安語（Ancient Indo-Aryan），這在德文稱為古印度語（Altindisch）。

註六三：佛教混合梵語，是大部份佛教經典的用語。它是梵語的一種，以古代中印度某一種日常語為基礎，多方借用另一中印度的方言而成。美國的艾直爾敦（Franklin Edgerton），卽是這種語文的權威學者。

註六四：李華德在其翻譯《肇論》一書第一版的前言中，便直認西方（特別是以德國為然）的中國佛學的研究，還是在幼稚期。他說這話時大抵是本世紀三四十年代。這句話似乎到目前還可以再說一遍。

註六五：〈涅槃無名論〉一文，後人懷疑非僧肇作，湯用彤卽持此見解。李華德則取保留看法，以之為眞作，但經後人竄改。

註六六：關于《肇論》的研究，要以三十多年前日本學者塚本善隆及其所領導的京都大學人文科學研究所的學者所作的研究，最為詳備，而且忠實原著。其研究成果，具載于《肇論研究》一書中。

註六七：因中有果說（Satharya-vāda）以為，作為結果而顯現出來的現象界，必內在于因中，因與果性質相等。數論哲學卽有此種主張。

註六八：E. Zürcher, The Buddhist Conquest of China, Text, Reprint, with Additions and Corrections, Leiden, 1972, P.1。

註六九：此一辭典，依第一册所言，將分十二小册出版。但筆者於漢堡大學圖書館只見前六册，其餘六册想亦早已出版。

註七〇：例如漢堡大學的印度學與佛教學學者舒密特侯遜。筆者見他時，與他談及年來日本學者致力于東西思想的溝通工作，他們很重視西方思想中（特別是基督教神秘主義）與佛教相接近的觀念，認為這些觀念或可作為一橋樑，以開出一條通到東方思想的道路。舒密特侯遜似不以為然，他無寧恐怕這種比較的研究，易導致了解上的一些錯誤印象。另外，同校的日本學學者邊爾，他研究禪學，訓詁的意味極為濃厚。他見筆者時，便問研究興趣是在那一本經典方面。我只答以自己只關心佛教中的某些問題，而不是某部經典。這雖是很普通的問話，但由此亦不難看出他的學問研究的方向或歸趣。

註七一：關于此點，筆者曾詳論于上面提及的〈日本及歐美之佛學研究點滴〉一文中。

註七二：該文載于 The Eastern Buddhist, new series, Vol.1, No.2, September, 1966。這是海德格的一篇演說，于一九六一年七月在德國的明兹堂（Meszkirch）一小鎮發表；這

一小鎮位于德國南部一內湖波敦湖（Bodensee）附近，後者是海德格的誕生地。

註七三：該文出處同上。卡勒拉為十七世紀時一個活躍的天主教教士。這篇演說是海德格在一九六四年五月對明玆堂的校友聚會發表的。

註七四：《碧岩錄》第四一則「趙州問死」：擧，趙州問投子，大死底人，却活時如何？投子云，不許夜行，投明須到。

註七五：西田幾多郎為西田哲學的創始者。他繼承東方形而上學的根本思想，又吸取西歐哲學的精髓，將兩者融合起來，而建構自己的哲學體系。他長期在京都研究和講學，而形成一種思想派系，稱京都學派。

註七六：此書其後由海塞格（J. W. Heisig）譯成英語出版，題為：Absolute Nothingness : Foundations for a Buddhist - Christian Dialogue。

# 佛學研究與方法論

## ——對現代佛學研究之省察



### 一、釋　題

本文題爲〈佛學研究與方法論〉，副題爲〈對現代佛學研究之省察〉；主要是對現代佛學研究的各面表現，以方法論爲線索，而加以考察，並作一反省，評其得失。所謂「現代」，主要是就日本與歐美方面者而言；間中亦有涉及印度及我國方面者。

這類文字在漢語界並不多見。筆者前曾寫有〈日本及歐美之佛學研究點滴〉（註一）及〈德國之佛學研究〉（註二）兩文，雖亦論到佛學研究的方法及佛學研究的歸趣等問題，但重點仍在資料的報導。對本文所要討論者，則略而不詳。本文則重在介紹和討論現代佛學研究的方法。在這個意義下，本文可說是上述二文的補充。

必須表示的是，本文要討論的問題牽涉甚廣，包括文獻資料、研究方法、哲學理論以至實踐修行各面。筆者學齡淺弱，原無甚資格說話。但因這些問題在學術上極有其重要性，而談論的人又少，故不避寡陋，謹就數年來在國外所得的種種方便，及個人對佛學的一些不成熟的領會，草就此文。其中錯漏及不完足之點必多，此則有待就教于高明。

這裏擬先對「現代佛學研究」的涵義，作一些交待。這卽是現代意義的佛學研究，那是奠基于科學的比較語言學的佛學研究。因西方與日本的佛學研究，自來卽偏重在文獻學方面，而西方方面進行尤早。文獻學的基石在語言。佛學研究中的語言研究，推本尋源，自以梵文巴利文爲首要。系統地以比較語言學的科學研究方法來奠立這兩種語文的教學基礎，透過對這兩種語文的研究，歷史學地文獻學地接觸佛教，卽成了西方佛學研究的開端，也決定了到目前爲止的整個西方佛學研究重文獻的性格。這種工作大抵是由法國學者布奴夫（E. Burnouf）肇始的，他活躍于上世紀中期，是印歐比較語文學的權威，又精於梵文與巴利文。至于日本的佛學研究（現代意義的佛學研究），則發展較後，但其路向幾乎全同于西方。它的鼻祖是南條文雄和高楠順次郎，他們曾問學于稍後于布奴夫的德籍英人梅拉 （Max Müller），一個精通梵文的比較語言學家，把他的新的方法帶回日本，而開一全新的局面。蓋日本佛學界自南條以前，其研究還是用老式的方法，資料以漢譯經論爲主，又缺乏語言學與梵、巴利語文的知識。（註三）

故現代佛學研究，大體而言，是指自上世紀二、三十年代以來在歐美及日本所進行的立基于比較語言學上的佛學研究。但這仍只是籠統說，實不能規定得這樣呆板，因它仍可包括與比較語言學關係較疏的現代的佛學研究，例如，在內容上對漢文佛學的研究和在方法上的哲學的研究。這個涵義較爲寬廣，我們這裏卽取這一廣義。而在這一廣義的所涵中，由于語文的限制，筆者只能直接涉及以日語、英語和德語來進行的佛學研究，這大抵是指日本、英美和德奧瑞士方面的佛學研究，其他則只能參考別人的所說。

文中所引的資料，包括用歐洲語文來作的研究，都譯爲中語引出，並附原文的名目。日語的資料及研究，則由于日語與中語相近之故，故只譯爲中語引出，不附原文的名目。

## 二、佛學研究方法論

佛學的目的，是探尋宇宙和人生的眞理，從而導致生命的解脫，而尤以後者爲其核心課題。佛陀的悲願，亦直指向這一目標。故佛學的對象是現實的宇宙和活生生的有情界，此中有很多的學問可說。佛學研究的對象則是以學術的態度對這些學問加以處理。故佛學是一種生活，一種宗教活動；佛學研究則無寧是對這種生活的概念的反省或文字的記述。當然，這只是很概略地言。佛學研究自亦可有佛學的內容。即是，從事佛學研究的人，亦可不無從他的工作中獲得對宇宙人生的眞理，從而滿足解脫的心願或要求，但這總是第二義的。他的工作的本質總是一種學術研究，宗教生活的氣氛總是比較淡薄。

佛學既異于佛學研究，則佛學方法與佛學研究方法自亦不同。佛學方法可從兩面來說：在思想概念上來把握宇宙人生的眞理的那種方法，與在實踐生活上來體現這眞理的那種方法。前者例如龍樹的「八不中道」的思考方式，以遮詮的路數，透過對生滅、一異、常斷、來去（出）這四對範疇的否定，來點明萬法實相的超現象的空如性。又如他的「四句否定」，以諸法不自生、不他生、不共生，而又不無因生來說諸法生不可得，而又生相宛然，由此而顯其妙有性。萬法的眞空與妙有，實是中道的一體兩面：眞空是妙有的眞空，妙有是眞空的妙有。兩者必須相依，其實義始能成立。這便是龍樹的佛學在思想上概念上的方法，亦可說是一種邏輯。實踐生活上的方法，則是就修持的階段方面說，例如唯識宗的「五位修持入住唯識」說。即是，菩薩在成佛以前，必須按序漸進，通過資糧位、加行位、通達位、修習位和究竟位這五個實踐修行的階段，而後才能透悟唯識眞理而達佛境。這思想與實踐的兩路方法，在佛學中必須同時兼具，同時實行，才有進境。即強調頓悟的禪宗，在這方面亦不能例外。（註四）這是佛教中的知行合一。達摩的「二入四行」，強調兩種入道之途，一是理入，二是行入。前者是知解，或智慧；後者則是修行。這兩者恐怕必須要結合在一起，才有實效。（註五）以上所論是佛學方法。

佛學研究方法則是對佛、菩薩、祖師或其他有關者的佛學，以各種的進路來理解。說得輕鬆點，佛學研究方法實是佛學方法之方法，是對前人的佛學成果進行理解研究的方式。例如，龍樹的邏輯（註六）是龍樹的佛學，它本身不是一種研究出來的學問，故不是佛學研究；而是龍樹菩薩藉以了解萬法眞相的方法，故應稱爲佛學方法。但對龍樹邏輯的研究，則不是佛學方法，而是佛學研究。而在這研究中所採用的方法，便是一種佛學研究方法。而對于這些研究方法（自然不只是針對龍樹邏輯者）的討論，則又成了佛學研究方法論了。

對于現代佛學研究的方法，筆者在〈日本及歐美之佛學研究點滴〉一文中曾有討論過，而將之大體歸爲兩種：哲學的與文獻學的；前者又分爲純粹思想型的與學術型的。這種分法自然不夠仔細，也不能照顧到一些具體的獨特的情況。這裏我們較精細地將現代佛學研究的方法歸爲以下各種：文獻學方法、考據學方法、思想史方法、哲學方法（包括維也納學派的方法、京都學派的方法）、實踐修行法及其他。必須要說明的是，現代學術分類細微，所運用的方法種類亦必很繁多，佛學研究亦不例外。我們所錄的名目，決然不能窮盡佛學研究的所有方法。這裏只就所知範圍內而選取其中較有代表性者而已。不能及的只能包括在其他一項內。又上面所擧的實踐修行法，其自身本來不能算是佛學研究方法，而應歸入佛學方法中的實踐生活一面。但因這種實踐修行，在日本相當流行，而這些修行的人對佛學又有一種較特別的了解，故我們亦破例提出它來討論。

方法的應用卽決定研究的路向，而直接影響研究的重心與成果。這是顯而易見的。每一方法都有其特定的作用，因而所處理的題材，亦多少受到影響。它正面有其特定的作用，卽顯示在負面方面它亦有其特定的限制或不足處。就方法本身的所屬層面言，要判定方法的孰優孰劣，是很難的；因此中並無一個客觀的標準。要解決這一問題，必須要回溯到目的方面去。具體地說，卽是要訴諸進行佛學研究前的那種原來的動機。倘若這動機是宗教性的，或道德性的，則這個客觀的標準便可以建立起來。在純粹的學術研究本身，是很難找到這一標準的。

方法如何影響研究的重心與成果呢？關于這點，擧一兩個例子便很清楚了。例如龍樹的《廻諍論》(Vigrahavyāvartanī)（註七）。這一小論，有梵文原本、西藏譯本，及漢譯本（註八）。這是龍樹對正理學派所提出的論難一一予以破斥的作品。現代佛教學者們分別以不同的方法，對這一作品作多方面的研究。日本的文獻學大師山口益是此中的主將，他先以藏譯爲基礎，參考漢譯，將這一作品譯爲法語，又加上自身的文獻的研究（註九）。同一時期，意大利的西藏學者杜齊(G.Tucci)又有基于藏譯與漢譯而來的英譯。（註一〇）杜齊不止通文獻，亦能深入佛教哲學，特別是陳那以前的佛家邏輯。其後有人在西藏的一個僧院中發現這一小論的藏文字體的原文寫本，把它發表出來。（註一一）山口益又根據這一梵本與西藏譯本而將之譯成日文。（註一二）他又作更多的文獻的研究，對這一小論加以註釋。（註一三）

這種註釋的研究，是十分普遍的文獻學的研究。又由于這小論的梵文原本版本，在校訂方面不夠精細，故又有人將之詳加改訂出版。（註一四）這些全都是文獻學的研究。有些學者也從另一方面來接觸這一小論，注意到它的思想與邏輯上的問題。這則着眼在哲學與思想史方面。如研究印度論理思想的日本學者山崎次彥，即透過比照與大乘佛教成立同時的勝論學派、正理學派和說一切有部的說法，來論述《廻諍論》中的問題。（註一五）山口益與另一日本學者蒔田徹，則專于研究龍樹與正理學派所論爭的問題。（註一六）山口益本人又透過《廻諍論》來看大乘佛教的實踐體系。（註一七）

另外，又如寂護的《攝眞實論》（Tattvasamgraha），這是後期中觀佛學的重要論書，它吸收陳那法稱他們的論理學的影響，而批判其他各派，顯示自己的帶有神秘主義傾向的哲學。（註一八）由于它的重要性，故近年在日本及西方佛學界都受到相當的注意。先是有查哈（Ganganatha Jha）將之全部翻譯成英語。對之作部份翻譯和作文獻上的研究的，先後有李華德（W.Liebenthal）、權斯特（A.Kunst）、沙耶（S.Schayer），中村元和伊原照蓮等人。另外，對佛家邏輯有興趣或維也納學派的人，則就知識論特別是法稱的說法而對之加以研究，如茨爾巴特斯基（Th. Stcherbatsky）、法勞凡爾納（E. Frauwallner）及渡邊照宏等。

由此可見，對于同一的資料，不同的方法可以各自決定研究的姿態與成果，這在佛學研究中，是相當普遍的現象。而一個學者，亦可同時以多種的方法，以進行研究。如上面提到的山口益，和宇井伯壽。但他們較能掌握到文獻學的方法，故在這方面的研究亦有較優越的表現。西方的抗塞（E. Conze），精通般若文獻，對般若文學的研究，可以說是無出其右。但他缺乏哲學的基本訓練，未能掌握到佛教的根本觀念，故談起佛教的義理，便顯得有點脆弱。

有關佛學研究方法一點，我們討論至此。下面卽以方法爲線索，介紹及評論日本及歐美的佛學研究的表現。我們的重點並不是要作橫面的鋪陳，而是選其有代表性的說說而已。

## 三、文獻學方法

文獻學是文獻資料研究之事。它的一般工作項目是校訂整理資料的原典，把它出版。將原典與其他的譯本作一文字上的比較研究。據原典或譯本將之翻譯成現代語文。又加上詳盡的註釋，這註釋的內容，可以是多方面的，舉凡字義、文法、歷史、思想、文學等等無不可包括在內。又可造一原典語文與譯本語文的字彙對照。最後則是造一總的索引，俾便查考。這種工作，需要很多方面的知識；而語言學（Philology）與目錄學（Bibliography）尤其爲其中的基柱。特別是前者，更是一切之本。故語言的知識不夠，便很難做這種學問。

現代的佛學研究，特別是西方者，幾乎全是文獻學的研究。西方學者之特重文獻學，可以追溯至西方學術傳統的一個習慣，卽是，對于古希臘羅馬的研究，不管是有關哲學的、宗教的和歷史的問題，都以語言學的研究爲其基點。這個習慣影響到佛學研究上，使之走上文獻的路數。另外一點是與學者的基本訓練有關。佛學研究可以說是西方學者研究古拉丁文希臘文典籍之餘的表現。學者在這種學術傳統中，早已培養就一種對古拉丁文希臘文典籍的出版、翻譯和分析的訓練和研究方法，他們卽把這種訓練和方法，很順適地應用到佛學研究上去，特別是研究佛學原典的梵文與巴利文經典方面。故我們很容易理解到，西方學者坐下來作佛學研究時，面對着一大堆義理眉目尚未清楚而又用繁難的語文來記述的經典資料，他們先要着手的，自然是運用自己所擅長的語言學的方法，來掌握梵文巴利文的文法，出版和翻譯梵文和巴利文的原典了。

在資料方面，西方的佛學研究，一向都集中在印度方面的梵文巴利文的原典上，其後才注意到西藏文的翻譯和文學，對漢文資料則未加措意。這自然是就比較來說。這一現象亦自可透過語言學的因素來解釋。因印度系的語言，原屬印歐語系中的印度伊朗語派，在比較文法學上，稱爲古印度雅利安語（Ancient Indo-Aryan），它與歐洲語言有很密切的關係。這種語言學上的親和性，很自然地把西方學者的注意力，引到梵文巴利文經典的研究上去。

另外一個因素涉及政治的目的。近代的歐洲國家實施海外殖民政策，它們的興趣雖然主要在于經濟方面，但爲了要鞏固統治，故對該地的文化歷史亦要有相當的認識。印度、錫蘭和東南亞的國家，都曾是英、法的殖民地。這些國家的古代語文，都曾受到注意。就與佛教的關係言，則是梵文與巴利文。這亦促使這兩種語文的原典，成爲西方佛學研究的重點。

我們在開首說奠立西方佛學研究的語言學的文獻學基礎的，是法國的布奴夫，這說法並不過份，他是開始以嚴密的語言學來研究和翻譯佛典的一人。早在一八二六年，他已與拉仙（Chr. Lassen）編就歐洲第一本巴利文辭典了。（註一九）他研究過不少大小乘經典，包括《法華經》與《長阿含經》（Dīghanikāya），曾把前者翻譯爲法文。他不但重視代表印度正宗佛教的梵文巴利文經典，又留意其他方面的資料，這包括錫蘭文、緬甸文、暹羅文和西藏文的翻譯和解釋。另外，他又不忽略印度雅利安語文，例如孟加拉文。加上在比較語言學方面的心得，他實在是一個語言學的天才。

當然，當時致力于佛學或梵文巴利文的研究的，並不止布奴夫一人。與他同時期，卽有一丹麥語言學家拉斯克（Rasmus Kristian Rask），訪問過錫蘭，收集得大批巴利文的抄本。他後來寫了一本巴利文文法書。他把收集所得帶回哥本哈根，使該地一時成了歐洲極爲重要的巴利文研究中心。

繼布奴夫之後，西方佛學研究界出現了很多文獻學大師。他們的範圍，包括對梵文原典、巴利藏經和西藏經的研究。亦有涉及漢譯的文獻的；例如比利時的蒲桑（Louis de la Vallée Poussin）把《成唯識論》翻譯爲法文（註二〇），及法國的拉莫特（Étienne Lamotte）把《大智度論》翻譯爲法文（註二一）。這些大師們，在他們自己專長的範圍內，恐怕不少已超過布奴夫的成就。但總的來說，他們的研究方法與方向，仍不出布奴夫所奠下者，即是說，基本上還是依循着出版、校訂、翻譯、註釋、字彙、索引這一條文獻學的工作路線上走，而尤置其重點于現代語文（如英、法、德語）的翻譯。（註二二）在本文第二節中我們談到方法如何影響研究的重心與成果一問題，所舉《迴諍論》的研究一例，學者所表現的文獻學方面的研究，亦可使人見出這種研究的一斑。

西方的文獻學式的佛學研究所得的成果，實在是一個汪洋大海，一時難以盡述。抑這亦不是筆者及本文所能作到的。（註二三）實際上，筆者以爲，即使充量加以羅列介紹出來，對本文所要進行的省察工作，亦無多大的積極意義，這無寧只是一種量的堆砌而已。重要的是要了解這種文獻學的方法的本質，其功用與限制。

日本的現代佛學研究，起步比較遲，但其研究方向，基本上還是與西方的相同，即亦是文獻學的方法。上世紀七十年代，南條文雄到英國牛津遊學，習得梵文與西方的語言學的方法。其後高楠順次郎又到牛津，廣習梵文與巴利文。這兩人在日本所開出的路向，成了日本佛學研究界一貫所行的方式。南條比較偏重梵文原典與漢譯的文獻的研究，他編輯過所謂《南條目錄》的《大明三藏聖教目錄》，這是一種漢譯藏經的全面整理，卷首附序論、參照書目，卷尾又有印度的著作者、漢譯者、中國作者的解說目錄及其索引。這目錄其後成爲海外漢譯《大藏經》研究者的指針。另外，南條自己又翻譯及刋行了不少梵文經典，恐繁不錄。高楠則兼重漢譯藏經與巴利經典，他曾參予製定出版《大正新修大藏經》，又出版《南傳大藏經》，又翻譯了一些梵文原典爲現代語文。兩人雖都以西方爲師，但所表現的魄力，似乎尤有過之。

事實上，日本佛學界在迄今這一百多年中所表現出來的成果，從廣度上言，規模似乎較西方爲大。日本的文獻學者們，學得了西方那種比較語言學的方法，又通曉基本語文，如梵文、巴利文與藏文。另外，他們對了解漢文經典方面，有絕對的優越條件，能運用這方面的資料，這則非西方學者所能及。

另外一個有利的條件是緣于地理因素。由于日本學者多聚居于自己的國家，不如歐美學者的分散于各國，故日本佛學界常有集體合作進行學術研究的事。這種研究方式，倘若合作得宜，很能發揮個人自身的長處；而日本也實在是一個十分講究紀律性的民族！故研究的成果十分可觀。（註二四）日本很多優秀的佛學辭典之得以編成，也是透過這種方式而來的。（註二五）這種現象在西方便比較少見。在翻譯佛教原典方面，日本的這種集體合作方式，也有過很廣泛的表現。近年他們似乎有這樣一種風氣，要本着科學的語言學的立場，以現代的文獻學的基本訓練，不大依賴漢譯，而直接將印度佛教的梵文與巴利文原典加以全面的文獻上的整理，重新將之翻譯成現代流暢的日本語。這則不只有學術價值，而又可兼顧及使佛學流

通于社會的普及性方面了。(註二六)

南條、高楠兩人之後的一百年來，日本佛學界文獻學家輩出，其著名者如宇井伯壽、荻原雲來、寺本婉雅、山口益、芳村修基、水野弘元等等。實際上，日本佛學界的文獻學研究的風氣，比西方似乎還盛。其成就亦早已多方面超過南條與高楠了。但在研究的方向來說，筆者認爲還是原來的路向，還是南條、高楠所奠下的，其本質並無改變。

山口益是一個典型的文獻學家，他的才華是多方面的，也不一定限于文獻。他的研究與法國文獻學者李維(Sylvain Lévi)有密切關係。後者的功績在發掘梵文寫本和領導對這些寫本的研究與出版。(註二七)山口早年留學法國，接受過李維的影響。後來他對李維的重要發現之一的安慧《中邊分別論釋疏》作了廣面的研究，而寫成三書。在這三書中，他表現出典型的文獻學的佛學研究：其一是編訂釋疏的梵本，其一是這梵本的日譯和注釋，另一則是這釋疏的漢藏對照表與梵本索引。對了解西方及日本的一般的佛學研究的方式，這三書實提供一明快的線索。

日本學界的這種文獻學的方法，最初本來是用于對印度學的研究上的，梵文與巴利文的佛教原典，自然是其中重要的項目，而西藏文的資料，也包括在內。其後學者把這方法推展開來，亦應用到對中國佛學與日本佛學的研究上去。而禪的研究，也在相當程度下受到這種方法的支配。禪本來是「教外別傳，不立文字」的，但無論在中國與日本，歷代所遺留下來的文字資料都特別多，例如《傳燈錄》一類。而在近年日本的佛學研究中，復由于方法的關係而與文獻的事緊密地結合起來。這實在是一十分有趣的矛盾。

這裏試舉出一個實例，以顯示日本人對禪的文獻學的研究的輪廓。《禪之語錄》是這方面的集體合作的表現，這是一叢書，共二十冊，對中國禪的典籍作了全面的研究。（註二八）研究的方式，大體上是依照這樣的程序進行：校訂原文、訓讀（註二九）、現代日語翻譯、解題、註釋、索引等。文首或文末或附有一序論或語錄自身的一些有關文獻。（註三〇）這些工作做得十分詳盡；如宗密的《禪源諸詮集都序》，本來篇幅不多，即使加上其《中華傳心地禪門師資承襲圖》，也很有限，但鎌田茂雄的研究，却形成一部篇幅浩繁的大書。就其研究的格式來說，直與一般的中學或大學的教科書無異，只是繁簡不同而已。這叢書到底有多少深刻的義理上的了解，不無可疑。

另外的一種表現是編纂專門的辭典，例如禪學辭典。就筆者所知，日本人編製這種辭典，已有三數種，包括神保如天、安藤文英合編的《禪學辭典》，這是超過一千六百頁的巨著。規模更大的有駒澤大學編的《禪學大辭典》，凡三鉅冊，這恐怕是最大的專門辭典之一了。另外又有更爲專門的，便是對某些古典禪籍編製用語辭典。例如中村宗一所編的《正法眼藏用語辭典》；按《正法眼藏》是日本曹洞禪的開祖道元禪師的大著。此辭典除正文外，另附有祖師人名編、地名編、引用文獻、參考文獻、索引與附錄各項。這實代表日本佛學研究界文獻學研究的尖端發展。

## 四、文獻學方法之作用

以上我們大體描述了佛學研究中的文獻學方法。這是一般性的。歷史考據亦直接以文獻學爲基礎，因它本身比較特殊，故我們要留待在下一節來討論。另外，我們又省略地介紹了歐美和日本的文獻學的佛學研究。這裏我們要對這種文獻學的方法和本于它而來的研究（佛學研究），略作評論。我們主要是就文獻學方法的作用說。

一、首先要指出的是，文獻學方法是一種客觀精神的表現。這客觀精神不必是黑格爾哲學意義的，它與主觀精神絕對精神以至一切理想主義的成份都不大連得起來。它無寧是純粹科學主義的客觀精神。這種方法所要求的心理，是一種完全排除個人的主觀情緒與意願的純然是客觀的冷靜的理智；它是不涉及道德意義的理想或目的的。若一定要說理想或目的的話，則這只能說是成就一種客觀的學問，一套客觀的知識。至于這種客觀的學問客觀的知識有何意義呢？這一類涉及價值的問題，它便不問了。

二、要掌握文獻學的方法和進行文獻學的研究，自然是很不容易的。搜尋原典的寫本、整理寫本、與各譯本對校、翻譯成現代語文、註釋及評論、字彙表與索引，這一連串的步驟，雖都不是天才人的學問，原則上雖都是可學而致的；但每一部都需要生命的強力去求索，也得有很大的耐心。搜尋原典的抄本似乎是初步的工夫，但也需要一些基本的文獻知識。例如英國的史坦恩（Aurel Stein）到敦煌去搜羅寫本，因自己不是漢學家，對中國的學問不太了了，故無從選擇，一切只能靠猜測。但法國的伯希和（ Paul Pelliot ）則是傑出的漢學家，對佛學也有研究，故他在敦煌搜得的寫本便很精純，其中有不少是研究佛教史的寶貴文獻，例如禪方面的資料。整理原典的寫本和與各譯本對校，則更需要對多種語文有廣博的知識了，而那些語文又是那麼煩瑣艱難！就印度大乘佛學的研究來說，原典是梵文，另有西藏譯與漢譯。故必須通達這三種語文。要通達一種語文，卽使是普通的語文，已不容易，何況是這三種古典的語文。特別是梵文，其文法規條繁多之極，（註三一）不花上多年的苦學，決不能爲功。對校之事，也不簡單，特別是與漢譯對校。因對于同一的梵文詞語，通常在西藏譯中，都有較統一的譯法；但漢譯則顯得有些參差。翻譯成現代語文一項，則除了要在文字上精通原文外，又要能流暢地運用現代語文，這包括這樣一種技巧：卽在現代語文的詞彙中，要能選擇出最能對應于原文的一些較特殊的用語者。（註三二）註釋及評論，則又需要對原典的文字知識以外的一般知識，這種知識是多方面的，它可以包括歷史、思想、文學、宗教等等。最後是造字彙表與索引，這種工作，其煩瑣自不待言。

這一連串的文獻學的工作，倘若前人未有做過，則你便要獨力去應付，沒有參考。倘若已有前人的研究成果在，可以參考，則這些資料往往又不是以你的母語或所熟悉的語文寫成，這又將多添一重額外的困難。這是很明顯的，因東西方從事佛學研究的人，源自不同的語言文字傳統，例如日文、德文、法文、英文等等。此中不大流行一種共同使用的語文，如一般所用的英文之類。故要能充分運用現代佛學研究的資料，還得兼學這幾種現代語文。（註三三）

三、這套文獻學的方法，倘若能掌握得好，則自能以豐富的語言學知識，廣泛地接觸不同系統的佛學，開拓出廣大的佛學研究的天地，這卽是我們現在要詳論的。這裏牽涉到佛教的起源、流布與發展等問題，我們稍先略作交待。

佛教的始祖是印度的釋迦牟尼佛陀，他于三十五歲獲得覺悟後，卽一直傳播其教理，至于其涅槃，凡四十五年。當時印度雖已有文字，但却是記憶的時代。其後佛陀的弟子們聚合起來，舉行第一結集，將各人所聞得于佛陀的眞理加以整理記述，而分爲教法與戒律。教法的記錄成爲「經」，其全部則稱爲「經藏」；這卽是四阿含。戒律的集合則成爲「律藏」。在佛陀滅後的一百年間，經、律二藏大抵已成立。另外的「論藏」則在較後期出現，那是佛弟子們自己所記述得的對佛陀教法的理解的總集。即是說，論藏是經藏的註釋。對于律藏亦有註釋，但這些註釋並不獨立而成藏，因它只是少數，故仍包含于律藏中。所謂原始佛教，即指經、律兩藏而言，特別是就經藏的阿含經典而言。

其後原始佛教分裂為保守的上座部與進步的大衆部，或經量部，後來這兩部又分裂為多個分派，而進入部派佛教時期。上座部中，以在西北印度活動的說一切有部最為有力；另外亦有向錫蘭、緬甸、暹羅、柬甫寨方面傳播者。這所有的諸部派，都稱為小乘佛教。

部派佛教的教理，是所謂阿毗達磨佛教。其特徵是分別，即就種種不同的觀點來看教法。這所成的記錄，當然都是論。部派的論，能完整地流傳到現在的，則是在錫蘭發展的上座部的論藏，和說一切有部的漢譯的資料。

另外，在印度又有大乘佛教興起。在經典方面，有般若、法華、華嚴、淨土等經出現；在學派方面，則有中觀派與唯識派先後成立。另外又有如來藏思想。中觀與唯識兩派發展到後期，又有神秘化的趨向，而出現密教。

印度佛教于七世紀時開始衰落。小乘佛教向南傳，經錫蘭而至東南亞南洋一帶；大乘佛教則向北發展，傳入中國、西藏、朝鮮、蒙古、滿洲、日本及西域各地。其中自以西藏和中國的發展最為重要。前者主要是翻譯，很多印度大乘佛教的原典，其梵文原本已失掉，但却有西藏譯現存。故西藏譯本對于印度大乘佛教特別是後期的發展的研究，價值很大。特別值得一提的是，由于藏文是倣梵文文法而造成者，故藏譯與梵文原本，一般來說，相當接近。

關于西藏譯文之忠於梵文原本事，因較少人留意，故這裏有進一步敍述的必要。按西藏至史朗贊格恩普王（Sroṅ-btsan-sgam-po，569-650）出，文化大盛，積極推行印度化，其焦點集中在西藏文字的制定上。即是，以梵語的字母和文法爲基礎，來釐定西藏文。同時又廣傳佛教。佛典翻譯，亦于稍後開始，至數世紀後的拉爾巴僧王（Ral-pa-can）而臻于高峰。這種翻譯的特色，是以固定和機械的方式，選定相應于梵文原文的西藏文詞彙，來翻譯原文。這種方式被確立爲律例，凡翻譯必當遵守。翻譯的工作，通常由一個委員會來進行，其中包括一群印度的導師和一個西藏譯者。遇有疑難，即遣人往印度搜取可靠的抄本，務求得到最高的精確性。結果，所譯出來的作品，必忠實于原文；而印度原典的絕對尊貴性，也被認爲得以保住。這要注意的是，一切翻譯的詞彙（terminology），都由政府制定，而成法律，違者得遭重罰。這自可保證翻譯必貼近原文，但亦不免過度呆板。

中國佛教的發展則是異于印度佛教的另一個系統。在漢譯藏經中，自然有大量的印度佛學的資料，特別是早期的。而更應注意的，則是中國人對印度佛教的吸收與消化，以其獨特的心靈，開創出具有自己色彩的佛教，此即天台、華嚴和禪三宗。關于這點，我們大抵都相當熟悉了，故不多論。

朝鮮佛教是屬于中國佛教一系統。蒙古、滿洲、西域和南洋一帶的佛教，則由于該地本身的文化水平並不高，在理論上，恐怕無多大發展，比較上亦少人留意。日本佛教，明治以前，大抵是中國的路數。明治以後，則吸收西方的文獻學研究作風，漸開一新的佛學研究的路向。較具體地說，日本佛教還是一直發展至現代，宗教氣氛相當濃厚；佛學研究則以明治時代爲分水嶺，在此以前是舊式的疏解的，在此以後則是新式的語言學的。

這些不同地域的佛教的發展與研究，結集爲不同語言的大藏經。就目前而言，佛教的大藏經起碼有五種：

一、《巴利語三藏》，這是原始佛教的聖典，由佛陀所自說的經藏、律藏與其弟子們所記的論藏組成。

二、《西藏大藏經》，用西藏文翻譯成的一切經。

三、《漢譯大藏經》，包括漢譯的經典、論書與中國人自己的著作。這是分量最大內容又最深遠的藏經。

四、《蒙古語大藏經》。

五、《滿洲語大藏經》。

另外加上用梵文寫的印度原典和日本方面的資料。故佛學研究對象的天地，實是汪洋無涯。

現代佛學研究的難關，當推語文爲第一。這不是一兩種古典語文的問題，而是多種語文的問題。倘若我們要對佛學廣面地作第一線的研究，理想地說，起碼要弄通梵、巴利、藏、漢、日幾種古典語文。（註三四）透過梵文、巴利文、藏文，可對佛教（原始佛教、小乘、大乘）在印度的發展，在平面上作一完整的了解；透過漢文與日文，則亦可在平面上對佛教在中國的發展，作一完整的了解。就內容的深度、廣度與理論的嚴格性而言，佛學的精采，恐怕集中在印度與中國方面：原始佛教所表現佛陀的悲願與佛教的倫理生活，一切有部對存在所作的分析，中觀的空的辯證，唯識的心理分析，中後期印度大乘佛學的邏輯與知識論，天台華嚴所表現的廣大心量與圓融智慧，及禪宗的在平凡中顯眞實的生活，這在人類思想的發展史中，都有極其崇高的意義與價值。這些精神表現，能得其一已是受益無窮，能完而全之，則何幸也！而文獻學的方法，正提供了對這些表現作訴諸原典的第一線研究的基本條件。

另外，在個別的詞語或觀念方面，文獻學的方法亦可就語言學的立場來作字義上以至義理上的釐清。這主要是通過檢查該詞語或觀念的梵文或巴利文的原語來進行。例如「涅槃」，它是佛教的一個極其重要的觀念。作爲理想看，它的原來意思是怎樣的呢？按此字的梵文原語是 nirvāṇa，由兩部組成，卽 nis-vāṇa，而成一所有複合語（Bahuvrīhi）。nis 是字首，與 vāṇa 結合時，依連聲（Saṃdhi）法則而變成 nir。nis 是否定之意，相當于英語的 less，或德語的 los； vāṇa 是噴出、現起之意。故 nirvāṇa 卽是停息噴出的狀態；具體地言，卽是「停息三毒之火的噴出狀態」。此字的巴利文原文 nibbāna，意思亦相似。這是 nibbana 的派生語，卽「沒有了煩惱的積聚的狀態」。由此可見，涅槃的原意，總是遠離開現世的苦惱之意，總有出世的味道。（註三五）

又如「阿毗達磨」一詞，其梵文原語是 abhidharma，亦由兩部組成 abhi-dharma。abhi 是對向，dharma 是法，卽是對向佛法，亦卽是論。因法卽是佛法，是佛陀的說教，這是經；對向佛法卽是對着這些經而作整理分類訓詁註釋的研究，這卽是論。這主要指部派佛教的工作，故部派佛教有時亦稱阿毗達磨佛教。又此字的巴利文原語是 abhidhamma，其結構與分析與梵語同。

又如「如來」一觀念，其意義自來已有多種；此是由于其梵文原語，本來便可有多種理解的方式之故。按其原語爲 tathāgata，依不同的方式來分析和理解，可有如下五種意思。

一、tathā-gata，與過去的諸佛一樣，踏上相同的道路，而登涅槃之彼岸的人。

二、tathā-āgata，到達眞理的人。

三、tathā-āgata，如過去的諸佛一樣到達眞理的人。

四、tathā-āgata，踏上與過去諸佛相同的道路而現身于現世的人。

五、tathā-āgata，隨順眞理而現身于現世的人。

如上舉幾種理解，表面看來，似乎差不多，其實是不同的，那主要的是小乘與大乘的基本立場的差別。第一種理解最是出世，最接近充滿遁隱氣氛的小乘的思想。第二、三種理解仍有小乘的出世味道。至第四、五種理解，則完全是大乘的，很接近《維摩經》等大乘經典的意思。

這種透過語言學的方法來分析詞義以增進理解的事例，在佛學研究中，實在多得很。倘若放寬尺度，我們甚至可以說，對于每一個翻譯的詞語，都可以採取同樣的方式，訴諸原語，而加以分析理解。

而這種做法的擴大，實際上即是就整段翻譯的文獻而與原文對校，以使理解更爲眞確。這種工作，在西方及在日本都相當普遍，事實上亦往往有所發現。例如有些日本學者拿鳩摩羅什所譯的「法華經」與梵文原文比對，發現其中的用「十如是」（註三六）來解釋諸法實相這一段，與梵文原本有出入。因而他們推定這是鳩摩羅什自己修訂過的說法，並不能代表原意。

與這種研究相似的事例多得很，此處不再列舉。事實上，這種對校工作時常可以就橫面擴開來做，以臻于極度的煩瑣。這「法華經」即是一個顯例。就梵文原本言，最少已有四個原本出版（註三七），漢譯則有三種現存（註三八），其他古典語譯則有六種（註三九），現代語譯，則至少多至八種（註四〇）。這種把各譯本與原文對校的做法雖也是文獻學方法的一種作用，但其本質意義不大，我們不多談它。

要注意的是，透過文獻學的方法，特別是語言學上的豐富知識，自可增加對佛學的理解，而這種理解，也並不單純是資料或知識上的增進而已。從最初步來說，自然增進了資料與知識；但這亦常常會涉及一些重要的問題，一些歷史的以至思想史的和理論的問題。以下我們即就這點略論一下作結。

就對佛陀的原始聖教的了解一面來說，我們通常是根據漢譯《阿含經》的。但巴利語系的《阿含經》，却比較地更能顯示出佛陀的原始意向。現代一些學者，透過對巴利語藏經的仔細的研究，發現在今日所保存下來的資料中，只有《阿含經》與律藏方能直接代表佛陀的教法。因而提出大乘非佛說的問題。這或非信仰佛教的人所樂聞，但就歷史的立場來說，它的意義自也不容否認。

在對印度大乘佛學後期的發展而言，倘若只根據漢譯，則由于資料有限得很，故我們幾乎全無所知。事實上，由近年發現的斷片的梵文原本和齊全的西藏譯本，可以見出，這一階段的佛學，在邏輯與知識論方面有飛躍的發展；而唯識與中觀兩派系在理論上亦有結合的趨勢；另外，後期的中觀學亦表現強烈的如來藏思想的色彩。關于這些點，筆者在〈日本及歐美之佛學研究點滴〉中都有提及，此處不多重覆。要指出的是，這些問題在佛教哲學的理論與思想史上，都有極其重大的意義。近代西方及日本的佛學研究界，依仗文獻足徵的條件及其語言學的豐富知識，漸把這些問題揭露出來了。

## 五、文獻學方法之限制

以上我們就正面對文獻學的方法作了些評論；這可歸納爲這樣一個意思：它本身是一

種科學的客觀精神的表現，要掌握它來進行研究，殊不容易；但它却是十分有用，要進行訴諸原典的第一線的佛學研究，決少不了它。下面我們卽就反面來看這文獻學方法的限制。

一、顧名思義，文獻學基本上是語言文字的學問，它的主要條件是語文知識；這相當于弄中國學問的文字學、聲韻學和訓詁學一類。卽使加上比較語言學，也不過使語文知識繁複化而已，其本質還是不變。故文獻學本身實是工具義。卽是說，它是一套裝備；你配上了它，便可以進行某些活動。這些活動相對地說，便可以成爲目的。倘若我們不用工具與目的這些字眼，我們亦可以說，文獻學是思想活動中的第一步，是了解文字的字面意思的一步，這一步通過了，便可以進行涉及思想內容的第二步。

二、工具本身是中性的；說工具並不表示貶抑，也不表示讚揚。工具本身並無價值的意義，它並不代表理想或目的。（當然亦可以說工具有藉以實現理想或目的的價值。但這種價值，已是另一意思了，嚴格地說，這種「價值」，其意義也不能確定。它是要依于理想或目的自身的。倘若理想或目的是好的，則工具便有價值，是正價值；否則便無價值，或且是負價值。）我們了解工具，最好不要就價值方面來看，而應就它的作用與限制來看。它能成就的，便是它的作用；它所不能成就的，便是它的限制。

三、這在文獻學來說，它是一種方法，能疏通以文字爲本的種種問題；但却不一定與思想有直接關連。字面上的意思並不一定表示背後的思想內涵，那是顯而易見的。佛學的發展，由于其流佈在時間上的長遠和在空間上的廣濶，這在歷史上和地理上都造成因素，使它的語文問題成爲複雜之極；故佛學研究亦隨之而在語文方面出現一難關。文獻學方法的作用，自然是要闖過這一難關；這我們在上面已討論過了。但這一關過了，並不表示佛學研究的終結。這無寧還是開始，還未進入義理的階段。不過，這一關是必須要闖過的，否則一切便無從說起。故文獻學方法的限制，實在于未能涉及義理。而佛家義理却又特別深奧難解，這益增加了文獻學方法的限制的嚴重性。

四、從道理上言，作爲一種工具或一套裝備的文獻學方法，在佛學研究中，它的作用與限制，其意思都是很清楚的。但在現實中，人却常常把這兩者混淆起來，致作出錯誤的評估：擴大文獻學方法的作用，而不大見其限制，而其極則是忽視了文獻學方法所不能措意的義理，以文獻學的研究來籠罩整個佛學研究。在這裏我們所要多談的，正是這一現實的問題。道理上的客觀問題，其意思簡單清楚，實在沒有很多討論的必要。

在現實方面，誇大了文獻學方法的作用，這在今日日本與歐美的佛學研究界中，仍相當流行。西方學者通常評價一本研究的書的學術價值，首先注意的，不是該書的實際內容，而是該書的寫作方式，尤其是它的註釋（annotation）。倘若註釋的工作做得不好，或竟沒有註釋，則該書的學術價值便被懷疑；內容如何，還是其次。註釋是文獻學的工作，而內容則直接牽涉義理上的了解。西方學者所置的重點，自然落在文獻學上。（註四一）

這裏顯然存在着一個對作者不能作出正確判斷的危險。註釋這類工作，是機械性的，只要是方法一樣，則結果自亦大同小異，恐怕連抄襲也不易看得出來；而內容則是思想的結果，此中人人有異，因人的思想總是不同的。評判人的思想價值，主要還是應從內容方面着手。西方學者重視文獻，自又與近代文明之強調機械操作而忽視心靈活動有關。

日本學者除了沿西方的習慣，重視文獻工作外，又特別強調學術的原始性（originality）；這在佛學研究中，即是要訴諸原典的語文：梵文與巴利文，而尤重前者。不懂梵文，恐怕難以成爲一流的佛教學者。（註四二）實我們應先弄清楚其分際。自文字學的立場言，要對印度佛學作第一線的研究，自然是非有梵文巴利文的知識不可；但自哲學的立場言，則梵文巴利文始終是梵文巴利文，哲學始終是哲學。印度佛學也實在不限于梵文巴利文，它的哲學義理，豐富得很。混語文爲哲學，只是無知而已。

五、上面說文獻學是工具義，則相對地說，哲學義理便是目的。倘若我們把佛學視爲一種思想一種哲學的話，則佛學研究，似乎還是應以哲學義理的把握爲重。理想的研究，自然是要義理與文獻兼而有之；但倘若只能具其中一種時，則哲學不足，會比文獻不足造成更大的缺點。此中道理也不難明白。不懂梵文，自不能訴諸原典，只能通過翻譯來理解，則所做的研究，或會落于不是某一特定的印度佛學的問題的研究，但倘若義理架構能把握得住，則亦總是佛學的研究。但若只懂梵文，不問哲學，則其研究只能是佛學中的文字的研究而已，只是對作爲佛學的表達方式的文字作研究而已，這自與佛學內容本身無涉。

事實上，除了極少數例外之外，西方及日本的佛學研究的著書，大都是對某些經論的片斷作文字上的翻譯而已；這裏我們不擬多舉實例。要指出的是，這種工作的價值，自不應否認；但我們也不必對之作過高的估價。它實應被視爲佛學研究的第一步，是通到進一步探討佛家義理的踏脚石。

六、文獻學方法必須依經據典，沒有了經典文字的依據，這種研究便無從做起。故用這種方法研究佛教經論，特別是那些文字問題較多的梵文巴利文原典的經論，只強調文獻，而不大注意義理，或可勉強說得過去。但倘若所研究的佛學的立場，是不大注意文字資料，而只強調一種深遠的意願與平實的生活的話，例如原始佛教所表示的佛陀的悲願與大乘佛教的禪的直指本心的生活體驗，則文獻學的研究便顯得有些蹩扭。（註四三）因這種學問並無很多哲學理論，概念的分解也很貧乏；它的義理的把握，基于一種存在的實感；這主要是生命上的事，不是哲學理論，更不是文字資料。後者在這裏反而常常造成負累。

就研究佛陀的人格言，這實自佛陀對世間的普遍的慈悲的意願流出。這裏並沒有很多話可說，一切文字言詮皆落于第二義，主要在看你對衆生的種種苦痛煩惱，有無存在的同情共感。現代的佛教學者，特別是德國與日本方面的，不少曾寫佛陀傳，透過不同的資料來源，以描述佛陀的智慧與生活；此中包括德國的奧登拔（H. Oldenberg）、貝克（H. Beckh）、戴曼恩（J. Dahlmann）、域達尼茲（M. Winternitz）等，及日本的水野弘元、中村元等人。但似都不能擺脫文獻的氣氛，不能使人與佛陀有相照面之感。此中問題，筆者相信在于佛陀的精神與人格，非文獻之事所能湊泊，主要還是在于作者自身的涵養與生活體驗。（註四四）

至于對禪的研究，所引起的問題恐怕更爲麻煩。禪在中國由于流布久遠與寬廣，故歷代積下大量的文獻資料；這些資料的用語，自成一格，外行的人讀來，往往不得其解。而就義理來說，禪雖非艱深，但要滲透進去，則需要相當的生活體驗；而話頭公案一類，則更涉及個人的神秘經驗。這些因素都足以使禪蒙上一層烟幕，使人一時難以湊泊。以文獻學的方法來研究禪，在一定範圍內，例如有關禪師的傳記、禪的社會背景及一些特殊述語的文字上的意思等等事故，固可幫助理解。但說到要把握禪的基本精神，所謂禪髓，要領會禪的眞正意趣，使自家的生命性情也受點熏陶，那恐怕是另外一回事。馬祖說「平常心是道」，雲門說「日日是好日」，這些話語，淺白易明之極，但你如何體會它呢？這顯然是一實踐生活的問題。

大抵文獻學方法所較能處理的，是發展到後期的公案禪，因此中充滿各種古怪用語，可使人在文字上對其意思起種種揣測，而刻意求解。但這種工作却又易流于七談八談的瑣屑與累聚。這種毛病，西方學者較易犯上。因他們對東方的語文比較陌生，以致對一些極爲普通的詞語，也往往視爲有特別意思的述語來索解，而增加不必要的文字氣氛。（註四五）

七、上面說禪並無很多的哲學概念，但亦有例外。如日本的道元，便常創造觀念，是日本哲學中最重要的人物之一。他的禪學，哲學意味相當濃厚，例如其「正法眼藏」的「現成公案」、「佛性」、「有時」各章，都是十分費解的哲學文章，（註四六）單透過文獻學的進路，是無法理解的。日本學者自身也作過不少有關他的哲學的研究，但能標出他在哲學上的創意的並不多。這問題顯然不是文獻學所能解決的。

禪既如是，其他哲學成份較濃的佛教思想，例如印度的阿毗達磨佛教、中觀學，和中國的天台、華嚴，亦莫不如是，文獻學所能過問的問題並不多。

## 六、考據學方法

考據學方法的本質，在以可靠的客觀的歷史資料爲基礎，來確定事態的眞相。一切主要訴諸歷史，而歷史又偏重在事象的發展程序，這則非要依賴具體的歷史文獻不可。故考據與文獻學有很密切的關係。

在佛學研究中，考據學的研究，頗有其特殊的意義。這主要是由于佛教的發展，完全是基于宗教的要求。釋迦創教的原始動機，並不是要追求客觀的知識，探尋外界的宇宙的眞理；而是基于一種廣大的悲願，去救渡世人。這一目的，與客觀的歷史知識完全無關。他甚至可以打亂歷史脈絡的次序，創造和渲染事故，成就種種神話，以幫助實現其宗教目的。這種做法雖共通于一般的宗教，而不必限于佛教；但無可懷疑的是，佛教在這方面表現得極爲徹底；因印度人自始就缺乏歷史意識，時空的觀念也很淡薄。

這在學術研究中，自然出現種種問題。例如，很多在思想史上有決定性地位的人物，其生平年代無法確定；如釋迦牟尼佛陀與龍樹等即是。重要的典籍的作者，無法決定；此中的顯例，當首推《大乘起信論》；而《六祖壇經》與《大智度論》，其作者問題，也引起很激烈的爭論。（註四七）佛教中的一些重大事件，其發生的情況，也引起種種傳疑；例如中國禪宗的一個頓教和尚與印度佛教後期強調階段修行的中觀學者蓮華戒在西藏所進行的大論爭即是。（註四八）甚至一些重大的佛教運動，由于傳統的了解，缺乏歷史根據，因而有重新研究的必要；這在禪宗史上，例子最多，如「袈裟傳法」的說法即極可疑，而神會的佛教運動，其意義也要重新估量。（註四九）

這些問題的解決，除了少數例子外，主要還是要靠考據學的方法。考據的研究，其態度自是要訴諸歷史，即要實事求是；其配備的骨幹，則仍是文獻學。故這亦可說是文獻學的另一作用。

佛學研究中的考據研究，其題材雖廣；但學者似比較用心于下列兩點上，即佛陀的史傳和前期的禪宗史。比較來說，關于前者，筆者認爲雖有意義，但影響不大。因佛陀作爲一個宗教教主，他的偉大的形象早已奠定；了解他的人格的本質，要透過他的智慧與悲願，這些都不是歷史考據的事。對佛陀的史傳作研究，自可有種種歧異（註五〇），但都難以滲透入他的生命深處，這則無異致。但對于前期禪宗史的研究，則有重大影響。禪宗到底是中國佛教的一個龐大的宗教運動；能弄清它的發展的眉目，對幫助了解中國五代、隋、唐各朝文化的各面，都有深長的意義。以下我們即就近代學者對前期禪宗史所作的考據的研究，作簡單的介紹。

在這方面的研究，自以日本學者爲活躍，其次是中國學者。前者有宇井伯壽、關口眞大、柳田聖山；後者則有胡適與印順。（註五一）在他們的研究中，所爭論的一個焦點，是《壇經》的作者問題。此中大抵可歸爲兩個結論：其一以爲《壇經》非慧能作，而是神會及其弟子所爲；其一則以爲《壇經》的主體部份爲慧能所說，其餘爲他人所附加。（註五二）

這些考據研究的起端，特別是，懷疑《壇經》非慧能所說而是神會所作，顯然是受到主要是在敦煌出土的新資料的發現的刺激。（註五三）這些新資料，是傳統的明藏本《壇經》以外的其他本子，如一般被認爲是最古的敦煌寫本、延祐本、聖寺本和大乘寺本；特別是神會的作品，包括重要的《神會語錄》和《南陽和尚頓教解脫禪門直了性壇語》（簡稱《壇語》）（註五四）胡適即根據這些新發現的資料，大胆地判定《壇經》的主要部份爲神會所作。他的理由是《壇經》中有許多部份和新發現的《神會語錄》完全相同。他並列擧五組例子，表示《壇經》的思想和文字都和《神會語錄》很相似：第一組定慧等、第二組坐禪、第三組闢當時的禪學、第四組論《金剛經》、第五組無念。（註五五）而自《壇語》出現後，更增加他對這個判斷的信心；因《壇語》的思想和文字往往很接近《壇經》的敦煌寫本，而《壇語》的標題本身，亦提供一個顯明的線索。（註五六）

藉着新資料而對有關前期禪宗史的考據的研究，自然不限于《壇經》的作者問題。事實上，經過這些學者們多年研究的結果，使人們對這期歷史的看法，也大大改觀了。（雖然這些學者之間的意見也不盡相同。）在這方面，胡適表現得很活躍，提出很多大胆而有趣的判斷；關此，可參考他的《胡適禪學案》一書。這裏我們只想簡單地介紹一下日本的關口眞大的看法。

按傳統對前期禪宗史的了解是這樣的，禪宗的始祖是達摩，他于六世紀初期開宗。達摩是菩提達摩，他是印度西天第二十八祖，來中國後即成禪宗的初祖。達摩透過袈裟而將禪法展轉傳與慧可、僧璨、道信、弘忍，而至慧能。另外，法融又承道信，而旁開牛頭一宗；神秀又傳弘忍禪法于北方，與南方的慧能相輝映。但在傳法的系譜來說，只透過袈裟而傳法，才是正宗的。故慧能所傳的是正宗，法融、神秀的都是傍支。慧能下面有許多弟子，最出色的是懷讓與行思；他們以後開出臨濟、曹洞、雲門、潙仰、法眼五家。一般所謂前期禪宗史，大抵是指慧能、神會及其以前者。

實際上，這種理解不大有歷史基礎，那是由于所根據的資料有問題之故。（註五七）關口眞大研究禪宗史有年，特別是達摩的問題。在他的《禪宗思想史》中，他表示自己的看法如下：

一、禪宗實際上在九世紀才興起；在此以前，並沒有倡導禪思想的禪宗。但天台宗在六世紀時已用「禪」一字來指謂佛教的全體了。

二、禪宗的祖師達摩和菩提達摩並不是同一人；他們的觀點也很不一樣。實際上，作爲禪宗的開祖的達摩，並不存在，而只是捏造。八世紀初，神會以達摩多羅來代替菩提達摩；在九世紀，達摩多羅又被取消掉，而以達摩代之。

三、有關菩提達摩與慧可的故事，都是假的。在那個時候，《楞伽經》的翻譯者求那跋陀羅被稱爲祖師，菩提達摩則被認爲是他的繼承人；此學派則成爲楞伽宗，而以《楞伽經》爲其經典。

四、在被稱爲四祖的道信與五祖的弘忍時期，有所謂東山宗形成。但它的故事與思想，其實全是虛構。在思想上，它與菩提達摩和慧可都沒有什麼關係。另外，說法融是四祖道信的弟子，亦是錯誤的；法融的思想與道信和弘忍的都不同。

五、在弘忍的弟子中，有三個較爲傑出：神秀、慧能、法持。神秀的思想，來自道信與弘忍。慧能被認爲是《壇經》的說者，但這書應是神會或其門人所著。慧能自己對《楞伽經》和東山宗的思想都不大注意，而却致力于闡發般若波羅蜜思想。法持則誠信念佛，稱爲牛頭宗。念佛是神秀與慧能都不贊成的。

六、從《壇經》有不同本子可見，這部經是經過多次竄改的。古來用以判別神秀與慧能在義理上的差別的那兩首偈語，（註五八）在早期的《壇經》中並不存在。神秀一系稱爲北宗，他開始運用以一個字來表示覺悟的公案。慧能一系稱爲南宗；實際上，南宗主要是由神會所創立；他又揑造很多故事，用以攻擊神秀和北宗；他又揑造達摩與慧可的故事，以支持自己的正統合法地位。由于他的僞造事故，禪宗的歷史變得模糊不清。

七、與神會同時，牛頭宗有玄素，倡導「不立文字」的教法，這對禪宗後來的發展，有很重要的影響。這時仍未用「禪宗」一名，而只用「達摩宗」，爲了表示是達摩的正法，故確立六個祖師的說法，而以達摩爲首。神會更揑造了以佛陀爲首的整個佛教系譜，而以達摩爲第八代；其後又修改達摩爲第二十八代。自此以後，禪宗便漸獨立起來。

八、到九世紀，「禪宗」一名才出現。爲了樹立禪的獨特性，因而把達摩的歷史完整化，把他升爲神格。在「不立文字，敎外別傳」的口號下，語錄和公案大大地流行，淸規也取代了印度的戒律。

關口眞大的這些研究結果，有很多處與胡適的相似；恐怕他是受到後者不少的刺激與影響。

以上我們討論了考據學方法與研究。以下要就其作用與限制，略作評論。如上面所強調過那樣，考據學研究重在以足徵的文獻爲基礎，以發掘事象的歷史程序。它基于文獻學，其作用則有超過文獻學之處。如上所擧有關禪宗史特別是神會的研究的例子，學者們掌握新發現的資料，把整個禪佛敎運動的眞相，穿過種種傳統的煙幕，而呈現出來；特別是神會在南宗禪運動中所表現的角色，也因此而變得明朗了。這從歷史的立場來說，自有重大的意義。但卽使發掘到事象的歷史程序，是否卽能滲透到它的本質呢？這顯然有另一問題在。關于這點，胡適的研究，是一個可以幫助了解的好例子，故我們仍拿它來談談。

胡適的考據學基礎很好，又熟悉禪佛敎的文學，又有機會到巴黎、倫敦等的圖書館或博物館去搜集新發現的資料。故他對禪宗史特別是神會這一「公案」的研究，從考據學的程序來說，都做很順利；他所做的結論雖不無武斷之處（註五九），但他總揭發出一些值得思想史家注意的歷史問題，他的功績不可沒。實際上，我們在上面提到的研究禪宗史的中日兩方的學者中，除了宇井伯壽比較保守外，都受到胡適相當的影響；卽使是西方的學者，也不能忽視他的研究。

遺憾的是，胡適對佛學在義理方面的了解，膚淺之極。他考究出神會在南宗禪史中的地位，但却攪不淸楚神會的思想的本質是甚麼。（註六〇）他對禪學在義理方面的理解，也顯得貧乏得很，對禪思想的核心觀念，連一個也把握不住。（註六一）他具有足夠的考據能力與熱情，但對所考得出來的東西，在義理上却缺乏深刻的理解。

從他的研究中，我們很明顯地看到考據學方法的限制：只問事象的來龍去脈，而不管義理。不過這種缺失並不限于胡適一人，我們無寧應說，幾乎所有透過考據來接觸佛教的學者，都不能免于這種缺失；其哲學的探索，總追不上他的考證的步伐。拿宇井伯壽這樣一個大學者來說，他對佛學所作出的文獻學與考據學的研究，有很多創闢的見解（註六二），但對佛家哲學的理解，却缺乏新意。

故考據學的限制，實是一普遍現象；而起于考據學方法本身。它能考得出事象與問題的時空關係；但問題的哲學內涵，則非它所能爲力者。至于要解答何以要考證這些事象與問題的時空關係等一類問題，則更非考據學方法所能措意。我們明瞭了文獻學方法的限制，則亦可在相同的意義下，了解考據學方法的限制。（註六三）

## 七、思想史方法

佛學研究中的思想史的研究，範圍相當廣泛，幾乎可以無所不包。它是思想與歷史的結合，與考據和哲學都有關係。我們大抵可以這樣理解：倘若把重點放在歷史方面，則成考據；倘若重于哲學概念，則成哲學史，或甚至哲學的研究；倘若順着歷史發展的脈絡，而描述其思想流變，則成思想史。關于考據學的研究，我們在上面討論過了；關于哲學的研究，則擬留待後面再交待。我們要在這裏討論思想史和哲學史方面的研究。

西方及日本的佛學研究，在思想史與哲學史之間，偏重于前者。那是由于前者比較博雜，後者較爲精純，而一貫的文獻學的研究進路，較易與前者相應之故。故我們亦集中在思想史方面的研究的討論。

這種思想史的研究，其實難有方法可言，大抵文獻、考據和哲學各方面都要懂得一些，但合起來却常常沒有固定的形態。故我們不多談方法，而直就實際的研究成果來看這種研究。

西方學者對佛教思想史的研究，其範圍往往偏于一方，幾乎都把研究集中于印度佛教方面，而這又常與印度哲學等其他方面連在一起；日本的學者則多集中于中國和日本方面，但亦有不少學者專于印度佛教史的，亦有幾方面都能兼顧的，但後者總是少數。這一現象，自又與文獻的語文的基本學習有關：西方學者通常只專印度系的語文，日本學者則不少多方面的語文都能兼習。不過，兩方面的研究似乎都表現一個共同點，即都缺乏特色。實際上，思想史的研究，範圍太廣，是最吃力不討好的事；但做學問又往往不能獨限于一隅，而却應能縱貫全局，此則不易爲。

曾經翻譯《大智度論》的法國學者拉莫特（Étienne Lamotte），寫了一本《印度佛教史》(Histoire du Bouddhisme indien)，甚獲好評，被譽爲有關印度佛教發展的最詳盡的史書；其特色在周密地分析影響佛教發展的歷史與地理的因素。但此書所述，至二世紀而止。《般若經》學者抗塞（Edward Conze）寫了一部較爲簡單的《佛教的本質及其發展》(Buddhism, Its Essence and Development)，敍述佛教的發展，至十一世紀。這類作品，出自專家之手，比較平實，但爲數不多。其他多是附會之談，湊集而成者。甚至有西方學者寫中國佛教思想史的，但却充塞着荒謬怪誕之談，不着邊際；如置天台華嚴之學不談，而竟舖張中國人拜觀音菩薩一類信仰者。（註六四）

德國的杜默林（Heinrich Dumoulin），研究佛教思想有年，他的研究局限于禪佛教方面。他先後寫了三本禪思想的書（註六五），有偏重思想史的寫法，也有白描的寫法，內容上的繁簡也不同。（註六六）他是在把禪視爲一種神秘主義的基本假定下，來了解禪的。按這是歐洲學者特別是德國學者研究禪的一個流行的進路：鄂圖（Rudolf Otto）、杜默林和便斯（Ernst Benz）等人以爲，禪基本上是宗教的神秘主義的形式，這由它的長期的僧院傳統與它強調覺悟要表現于與超越者相會合一點中可見；他們以爲禪是不能透過心理學的進路來解釋的。（註六七）此中，筆者無意涉入禪是否神秘主義一問題的討論；但有一點很明顯的是，禪的主流，卽慧能禪及其下的南嶽懷讓與青原行思所傳的，並無外在實體的色彩；以神學的論點來說禪，在觀念義理的配置方面，必須小心謹愼。另外，杜默林的研究，在文獻方面，很有其弱點。他對近出的資料（特別是敦煌出土的），並未予以足夠的留意。

日本學者研究佛教思想史，比較全面；這包括對整個思想史的研究，和對某一思想流派或思想問題的研究。前者例如龍山章眞的《印度印教史》、宇井伯壽的《支那佛教史》、辻善之助的《日本佛教史》等；對某一思想流派的研究，則如山口益的《般若思想史》、栂尾祥雲的《秘密佛教史》和忽滑谷快天的《禪學思想史》；對某一思想問題的研究，則如武邑尚邦的《佛教論理學之研究》。這些書都試圖將整個思想流變，予以一歷史的展開，而使人有一全面的了解。

不過，這些撰作，除了少部份例外，都表現一個共同點，卽是太注意歷史的發展，而忽略了對義理的闡釋。宇井伯壽的《支那佛教史》，卽是一顯例。忽滑谷快天的《禪學思想史》上下卷，是一部龐大的著作，由印度的外道禪、小乘禪開始，歷敘中國禪學的醞釀、興起、大盛、發展，以至于衰落。就內容的詳盡與所收資料的豐富來說，目前恐仍無同類書能出其右。但此書亦有不少缺點，煩瑣而外，更有不少敍述，是不相干的，例如宋明儒的「道學」與「心學」之類。作者對禪的本質、方法，及其思想演變，都未予以一概念的處理；其寫作方式純是文獻學與歷史學的。

日本學者中亦很有些有識之士，覺得他們的研究，太偏重語文與歷史，因而想有限度地扭轉這一趨勢。故近年很有些著書，注意及義理方面，而且寫得很通俗：把佛教的義理，盡量與現代人的問題，連結起來，而把註釋與索引等文獻學的事丢開了。《佛教之思想》這一叢書，便是在這種情況下產生的。這套叢書的寫法，比較特殊；每一本都分三部份，而由兩個學者合作完成：第一部份有關歷史與思想，由佛教學者來寫；第二部份是對談；第三部份是思想的展開，由一般研究思想的人來寫。內容方面，叢書計三篇十二卷，歷敍佛教在印度、中國及日本的發展。印度篇的項目，是佛陀、阿毗達磨、中觀、唯識；中國篇的項目，是天台、華嚴、禪、淨土；日本篇的項目，則是空海、親鸞、道元、日蓮。這叢書雖是初步的嘗試，但成績已很不錯，特別是負責撰寫歷史與思想的主體部份的，都是專家，大抵都能對所述的項目，予以一思想史的展開，例如柳田聖山寫的《中國禪》；重視哲學義理的，則成哲學史，例如梶山雄一寫的《中觀》。

必須指出的是，這叢書所透露的研究傾向，雖是一個好的傾向，但還只是在開始階段。日本學者對思想史研究的理解，還是偏向于以文獻和歷史爲本的那種，因而他們所用的方法，亦相應地是文獻學的與考據學的。就中國佛教史來說，在這方面研究而有成的學者，如塚本善隆、道端良秀、牧田諦亮等，歷史文獻知識都相當豐富，也很熟悉當時的社會概況，但也是止于此而已。他們缺乏哲學的思考訓練，談不上對整個中國佛教精神的把握。

## 八、哲學方法

佛學研究中的文獻問題，複雜之極；而其思想問題，也實在很不簡單。哲學方法即是透過哲學概念的分析來把握其思想的一種研究方法。故這種方法所注意的，不是文獻本身的表面意義（當然要藉着文獻來了解），而是它背後的哲學內涵；即是說，要看那些思想包含了些甚麼哲學觀念，反映了些甚麼哲學問題，和根據甚麼理論立場，對這些問題如何處理。

東西方都有哲學思想的發展。人多以為西方哲學思想有較豐富的概念與理論，也比較強調系統性；一般來說，這是對的。故從事思想研究的人，通常都留意西方哲學；即使是研究東方思想的，也往往先習得一些西方哲學的基本義理，以之作為一種方便或參考，而進窺包括佛學在內的思想。這種入路，一般來說，固然是無可厚非；這實在也是較可行的途徑。不過，此中有一點極為重要，但卻常常被人忽略的，即是，東西方思想所出現的問題，不盡相同；而所表現的境界，也差別很大；甚至哲學的目的，也歸趨不同。透過西方哲學來了解東方思想，自然可以解決不少問題，使理解更為精密；但恐怕亦有不能兼顧到的問題，不能照察到的境界者。這在佛學的研究來說，尤其明顯。即以佛學為例，我們可以應用西方的存在論、知識論與邏輯的理論，來看阿毗達磨哲學與佛教論理學；透過辯證法也更能看到龍樹的思想方法與歸趨；但對一些與西方思考方式十分異趣的思想與生活，如天台、華嚴的圓教哲學與禪宗的實踐境界，以至于佛陀的悲願的倫理，當如何理解呢？這裏筆者仍願意強調西方哲學理論對幫助理解東方思想、佛學的有效性，但要指出的是，當遇到這類問題時，必須謹愼處理。西方哲學理論大抵可以反映出這些問題，但不能提供一種對它們作正面的還其本來面目的理解方式。

我們在本文開首已說過，西方及日本的佛學研究，一直都偏重于文獻學。不過，這種傾向，近年也有些轉變。並不是不再作文獻研究了，而是也漸漸注意起佛教思想的哲學來。而其方式，主要仍是透過西方哲學的概念與理論，來發掘佛教的義蘊。

就筆者有限的所知，西方及日本的佛學研究，採取哲學的入路，而又能形成一種學風的，有日本的京都學派及德奧的維也納學派。前者主要是限于日本方面的學者，他們的途徑是宗教哲學的；後者則包括德語系的學者，及一些較年青的日本學者，他們的途徑是邏輯與知識論的。此外，印度方面，以哲學方法來研究佛教思想的風氣也很盛。而在其他各地，也有好些學者採取同樣方式來接觸佛教的。

有關京都學派和維也納學派的研究，將在以後的章節討論；這裏我們擬先介紹印度方面的研究，和在各地的一些個別學者的研究。前者雖不屬本文範圍，但因它有相當的影響，故不能不略爲涉及。

按佛教作爲一種宗教運動，在印度雖早已式微，但它的根源，總在印度，印度人在心靈形態方面，總較易相應，他們天性又善思辯；另外，印度學者本來又多已通曉梵文，故不必像其他的學者那樣，花費大量的時間與精神，來學習這一艱難的語文。這種種原因，足以造成哲學式的佛學研究在印度的發展。事實上，印度的學者早已在研究佛教哲學，成績也相當可觀。梅爾蒂（T.R.V. Murti）和莫奇知（Satkari Mookerjee），恐怕是在這方面最重要的人物之一。前者是中觀學者，他的《佛教中心哲學》（The Central Philosophy of Buddhism）

一書，是一本名著。他運用康德哲學的知識論，來解釋龍樹的否定原理。這種研究方式，在運用上，雖不必都的當，但無疑已開了一風氣，不少學者受到他的影響。莫奇知對佛教哲學，有相當廣泛的了解，（註六八）他又長期任那爛陀（Nalanda）的一個出版部的主編，（註六九）出版研究佛教哲學的學術論著。那爛陀舊時是唯識學中心，玄奘曾在該處隨戒賢學法多時；目前該地仍是印度的一個佛學研究中心。另外一個傑出的學者是拉馬南（K. Venkata Ramanan），他寫了一本研究《大智度論》的專書，（註七〇）相當具有創見。他基本上以中道的一元論來理解《大智度論》，他以為龍樹的《中論》過于省略，易使人誤會它是否定的哲學，《大智度論》則可糾正這個誤解。他的意思是，中觀哲學的本質，是要的當地運用理性與概念，而不是否定它們。

印度以外的外國的佛教哲學學者，最卓越的，恐怕要數蘇聯的茨爾巴特斯基（Theodor Stcherbatsky）。他恐怕也是第一個引用康德的超越哲學的觀念來研究佛學特別是佛教論理學的學者，他的《佛家邏輯》（Buddhist Logic），即是這方面的具體表現。這種研究方法，對維也納學派和包括梅爾蒂在內的印度學者，都引起刺激與影響。他的佛學慧見，主要表現于他的《佛教的涅槃觀》（The Conception of Buddhist Nirvāna）一書中。他反對比利時學者蒲桑（Louis de la Vallée Poussin）對涅槃的看法；後者透過原始佛教的資料，視涅槃為只有消極的否定的意義。茨爾巴特斯基以為，這是對涅槃的一種虛無主義的理解方式；他以為涅槃之似是消極的否定義，是由于它是通過否定的語言而被表達出來之故，實這種否定的語言，只是表示涅槃的絕對實在的不可名狀的性格而已。很明顯的是，蒲桑的涅槃，是小乘的，茨爾巴特斯基的涅槃，則近于大乘的。

茨爾巴特斯基又研究佛教的存在論。他曾寫《佛教之中心觀念體系及其『法』一字之意義》(The Central Conception of Buddhism and the Meaning of the Word "Dharma")一書，分析《阿毗達磨俱舍論》的義理；他根據這一分析，判定佛教是一種極端的多元主義(radical pluralism)的體系。(註七一)

茨爾巴特斯基的興趣是多方面的。另有好些學者，則喜歡就思想方法來看佛教；如海曼恩(B. Heimann)、韋曼(A. Wayman)、拉奏(P.T. Raju)等人，注意到佛教的否定式的表現形式；史達爾(J.F. Staal)和日本的中村元等人則用現代符號邏輯，來論佛教的辯證的表達方式。(註七二)

以上所舉的例子，只是部份而已；由此亦大體可見到印度及西方學者以哲學的方法來研究佛教的一般情況。

日本方面，學者們對佛教哲學的研究，也有可觀的成果。這一風氣，大抵由東京大學所開出。東京大學一向是日本的印度學的研究中心，它由木村泰賢開始，即已強調居於印度學的主位的佛學與人生社會各面的關係，而不單進行純粹學究式的研究。木村泰賢是一個印度學學者，也是一個思想家；他的學術論著，在日本學術界，並未受到很大的重視。但他論佛學，能關連到道德、文化、政道各方面，而擴展佛教的意義天地；他對人生也有存在的感受，能活用所習的佛教思想，來論人生的苦痛與解脫。(註七三)

木村泰賢的這一種作風，頗爲他的後來者所繼承和發揚。東京大學的川田熊太郎、宮本正尊、中村元和玉城康四郎等人，都走綜合思想之路，運用西方哲學的一些理論和觀念，從比較的角度來研究佛學。他們所合作而成的《華嚴思想》一編集，很能表現這種研究的一斑。

這裏我們不妨拿來敍述一下。

川田熊太郎在其〈佛陀華嚴〉（註七四）一文中，指出《華嚴經》的基本思想，是唯心。這心不是一實體，而是作業的聚合；它是一切生起之源。這心的作業，依緣起一規律而進行；後者有兩個動向：輪廻與涅槃。人能自由選取涅槃的路向，與輪廻搏鬥，而認同于法則。這法則不是被造物，它是永恒的眞理，卽眞如。人能覺悟到眞如，而知佛境卽是眞理的表現。故重要的是，人要下定決心，以尋求眞理。而這完全是可能的；因法則正是人自身的存在。

編集的另一篇重要文章，是玉城康四郎的〈唯心之追究〉。作者的意圖，是要就華嚴宗的思想，研究佛教唯心理論的發展。作者以爲，唯心思想的一個特色是一種無盡的主體性；因唯心中的心，與自我有直接而深刻的關連。作者以爲世親對唯心的解釋，基本上是視心爲絕對的一者。華嚴宗二祖智儼則依世親的說法，和接受唯識的思想，以爲如來藏是阿賴耶識的基本；卽是說，他以前者是後者的本體；後者是前者的現象。三祖法藏則綜合和系統化華嚴教義；但作者以爲，在法藏的教理中，並無哲學思考與宗教體驗的聯系，而這種聯系，却是佛教發展的動力。四祖澄觀則仍沿法藏的最高眞實的世界觀，同時他又試圖透過禪的體驗，來把握這一世界觀。結果，在他的教理中，思想與體驗得以密切結合在一起。故依玉城的考察，澄觀的思想，最能相應佛教的本色。

編集又收有多篇論《華嚴經》及華嚴思想的文章；作者包括中村元、平川彰、三枝充悳、高崎直道、鎌田茂雄等；大多是在東京大學任教的。另外一篇是村上俊江的〈來布尼茲氏與華嚴宗〉，這是一篇十分有趣的文章，它比較東西方的觀念論的哲學。文中的論點，以今日的水平來看，自然有不少可議之處；但它所代表的研究路向，却不可忽視。

這種研究，其成績容或有優劣之異，但其原初的要求，大抵都是哲學的。而走這一研究路向的，或具有這一研究路向的，自然不限于東京大學的學者。東北方面的金倉圓照、京都方面的長尾雅人，和名古屋方面的上田義文，（註七五）和後面要分別論到的維也納學派和京都學派的學者，在這方面都有相當傑出的表現。

一般來說，日本學者以哲學的方法來研究佛學，分量輕得很，不能與文獻學的研究比較；個別學者的研究成果，並不顯著，他們並未有如西方的茨爾巴特斯基和印度的梅爾蒂那樣的大師。他們的特點無寧表現于對佛教中的某一論題，集體地作不同方面的研究；這樣的合作，與他們在編纂辭典和翻譯方面的表現，是一貫精神。宮本正尊所領導的對佛教根本眞理的研究，是此中的顯著事例。這裏我們也略爲敍述一下。

研究的成果，具載于《佛教之根本眞理》一巨著中。佛教根本眞理，是一個大問題；此書的研究，分四個論題來進行：（印度）佛教一般的眞理觀、大乘佛教各派的眞理觀、中國佛教的形成與眞理觀和日本佛教的至境與眞理觀。參加研究發表論文的學者，恐怕都是當時日本佛學界（按此書初版于一九五六年）的精英。此一研究，基于對佛教眞理有如下理解而進行：

「佛典謂真理是一。這是理想，亦是原理。又謂真理卽是如此。真理由人所發現，由人所把得，由人所計量，而使人得以生；它又超越人間。真理是宇宙大自然，這包括人間在內。它是人間的生活，而與自然相感應；故佛教的真理，與自然、生命都能和諧一致。到達這真理之路，是一無限制的、開展的途程；這是到寧謐與涅槃之路。佛陀稱之為中道。」（註七六）

另外一個規模更大的集體研究是《佛教思想》的編集，由三枝充悳負責。這編集計分七卷，分別處理佛教哲學思想的各面論題：第一卷存在論、時間論；第二卷認識論、論理學；第三卷倫理學、教育學；第四卷人文學、心理學；第五卷宗教論、眞理價值論；第六卷人生論；第七卷文學論、藝術論。撰作的人，可以說是集日本目前佛教哲學研究界的優秀學者，包括宗教哲學家西谷啓治、名學者中村元和水野弘元，和維也納學派的學者。所收的論文都有相當的分析性，同時照顧到佛教與現代思潮與現代生活的種種問題。値得注意的是，這編集的對象，並不是佛學專家，而是對思想、哲學、宗教關心的一般讀者，故除有其學術價値外，在思想上亦有其一定的意義。

綜合言之，西方及日本的學者研究佛教哲學，就個別言，雖有些顯著的成果，但總是止于研究而已。基本上，這些學者只是學者，而不是哲學家或思想家；他們處理佛學的進路，是借用一些西方哲學的理論和觀念，以之爲方法，來分析和解釋佛教的義理。他們自身在思想方面並未成就一套哲學體系。舉個例子說，他們固然不是釋迦牟尼佛陀，也不是龍樹、世親、陳那、法稱那一類，而是有關他們的哲學的研究者。關于這點，就佛學研究的要求言，自是無可厚非。

就哲學的純粹性而言，西方及印度的學者顯然有較高的表現。但日本學者能涉及較廣的題材，此則非前二者所能及。西方及印度學者研究佛教哲學，幾乎全無例外地集中于印度佛學方面；就筆者有限的所知，他們目前似仍無人精于中國及日本的佛教哲學義理者，特別是中國的天台與華嚴，仍未聞有人問津。

不過，日本學者雖能廣泛地涉及各面的佛教哲學，但亦不無其嚴重的缺點。這主要表現于文字的障碍中：他們始終脫離不出文字的烟幕。（註七七）語言文字雖是傳播的媒介，但若不善處理，于字源字義執之太過，它自身亦易成爲一種障隔，使人對它背後的義理模式，看得不夠通透。日本學者即易犯上這一毛病。此中事例極多。如高崎直道研究如來藏思想有年，他恐怕是這方面的最權威學者之一。但筆者總覺得他論如來藏，太過分強調此一觀念的梵語字源的意義，而對它作爲理想的超越根源，其思想在大乘經典中所經歷的轉變，未能表現一明確的綜合省察。作者的語文訓練，顯然超過他的思考訓練。

文字的障碍，也易帶來理解的支離破碎之弊。藉着豐富的文字知識的方便，學者自然可以對某一問題的所涉，就其廣面作無窮的追踪；但若缺乏一種深沈的綜合省察的智慧，即不易把得問題的核心，而流于支離破碎，不着邊際。這是哲學研究的大忌。不幸的是，這種弊端，正相當普遍地存在于日本學者的研究中，這裏不一一具論。

另外，研究的入路或線索的有效性，也本質地影響研究的成果。日本學者常好透過一些狹窄的資料，或不是方正的面相，來論意義既深且廣的題材，故所論常不能中的。如上面提到的中村元，他學問淵博，名滿日本、歐美，以至于印度；在言談擧止上，他也是一個瀟灑的人物。但他的研究，有時不免于支離泛濫，不得問題的要領。他曾對東方的思想方法，作了綜合的研究，把東方人的思想方式，確定爲印度、中國、日本和西藏四個不同系統。此中，他能把西藏人在思想上的矛盾的宗教性格，從印度的思想烟幕中解放開來，予以一獨立的地位，這是他的高明處。（註七八）不過，他所提出的一個判衡思想方法的特色的線索，却並不普遍有效。他基本上假定佛教是東方思想的主要的表現形式，而就對佛教受容所表現的不同形態，來看中國、日本、西藏各民族的思想方法的特色。這線索施之于日本及西藏的研究，自非無效，但施之于中國的研究，却是失當。因中國民族的思想主流，終是儒家，而不是佛教。此是不同于日本及西藏者。惟有正面滲透入儒家的思想內蘊，才能正確地把握到中國人思想方法的特色。中村元所用的線索，實在是捨近圖遠，棄正求偏。

平心而論，在中村元的龐大的著作林中，到底有多少代表他個人的優秀的創見，實堪討論。其中恐怕有不少空泛之議，及參拾自他家之論。他研究《婆羅門經》及吠檀多哲學而寫成的幾部大書，卽是一顯例。

就爲學言，高崎直道專精，中村元則廣博；他們的姿態，在日本學者中，都有其代表性，並皆不能無失。

## 九、維也納學派之方法

這一學派的作風比較特別，它是近二十多年才興起的；但在現代的佛學研究界已有相當的地位和影響力。代表的人物，主要是德奧和日本的學者。他們研究佛學的方法，是文獻學與哲學雙軌之路。卽是說，一方面學習梵文藏文等原典語文，在這方面取得充分的知識；另一方面又掌握西方的哲學理論，特別是亞里斯多德的邏輯與康德的知識論，以至于現代邏輯；他們以這二者爲工具，來研究佛教哲學，特別是邏輯與知識論。

維也納學派一名的所指，不同于那在現代西方哲學中自成一風格的維也納學派（Wiener Kreis）（註七九）；後者的所涉，是科學哲學的問題；這裏的維也納學派，其研究範圍，只限于印度哲學，特別是佛教的邏輯與知識論。這一學派的研究風氣由法勞凡爾納（E. Frauwallner　）所開出，他長期在維也納活動；故他所領導的這一學派，亦以維也納名。這學派的成員並不多，只有法勞凡爾納和他的弟子：斯坦恩卡爾納（E. Steinkellner）、維特（T. Vetter）、舒密特侯遜（L. Schmithausen）、布尼曼（G. Bühnemann）和卡勒塞爾（H. Krasser）。這些都是德奧系的學者。另外還包括一些日本學者，他們或親炙于法勞凡爾納，或受到他的深刻的影響；總之在研究方法上，都與前者是一路的。這些學者有：北川秀則、服部正明、梶山雄一、永富正俊、戶崎宏正等。法勞凡爾納本人已于多年前去世，他的地位由斯坦恩卡爾納繼任，維特與舒密特侯遜則分別在荷蘭和德國繼續進行研究。日本的學者則除永富正俊在美國的哈佛外，全皆留在日本。（註八〇）目前這一學派留在維也納的雖然只有斯坦恩卡爾納（註八一），但它的研究風氣，在歐美及日本，却似有繼續盛長之勢，特別是在日本，更是後來居上。

從學術研究的角度言，筆者認爲這一學派的文獻學與哲學雙軌並進的方法，是比較健全的，故這裏擬較爲詳細地討論這一學派的研究。首先我們主要就人物來介紹一下作爲這一學派所研究的重心的佛教的知識論與邏輯在思想史的發展，再而述及這一學問的一些基本義理。這兩方面的論述，主要都是根據這一學派的研究成果而來，從中我們亦可大略窺見這一學派的研究風格。

爲節省篇幅起見，這裏介紹的重點，要放在知識論方面。按邏輯與知識論本是一種思想的方法，這些問題在印度各派哲學中，都有討論；佛教自不例外，特別是中後期發展的佛教。（註八二）這卽是所謂因明（註八三）。佛教討論因明的資料，最早要推《方便心論》（註八四）。其後有龍樹的《廻諍論》（註八五）。被視爲唯識宗的基本經典的《解深密經》，其第五卷卽指出現量、比量、聖教量之名。《瑜伽師地論》對這些作爲知識方式的量，有更詳細的解釋。無著的作品，如《大乘阿毗達磨集論》和《顯揚聖教論》，也談到因明的問題。

世親的著書，談論因明便更多了，此中且從略。

作爲佛教的思想方法的因明，其內容實包括西方哲學意義的邏輯與知識論。佛教的因明學，要到中期的陳那出，才開出一革新的局面。陳那以前的是古因明，陳那以後的是新因明。陳那的革新，在邏輯與知識論方面都有劃時代的意義。（註八六）陳那的哲學得到其後法稱的繼承與發揚，奠定了因明（特別是知識論）作爲中後期大乘佛教哲學的主流地位。法稱以後的佛教思想家　幾乎都是邏輯家與知識論的學者。

就偏重于知識論方面言，法稱以後的佛教思想家可大分爲兩個類型。其一的年代較早，他們主要是對法稱的著作，進行註釋與研究。這又分三個系統：語言學派、宗教學派和哲學派。語言學派的代表人物是帝釋慧（Devendrabuddhi），他是要從語句上正確地理解法稱的著作。宗教學派以智作護（Prajñākaragupta）肇其始，他寫有《知識論評釋莊嚴》（Pramāṇavārttika-alaṃkāra）一巨著，發揚唯識學派的認識論與宗教論。哲學派則有著名學者法上（Dharmottara），以註釋法稱的《正理一滴》（Nyāyabindu）而影響學界。（註八七）

另外一個類型年代較遲，他們接受了法稱的知識論的影響，而分別發揮其獨自的哲學理論。此中有寂護（Śāntirakṣita）、蓮華戒（Kamalaśīla）、智吉祥友（Jñānaśrīmitra）、寶稱（Ratnākīrti）、和寶作寂（Ratnākaraśānti　）等人。這一類型的思想家，就思想史而言，其成就自較前一類型者爲大。尤其是寂護，更是後期大乘中觀學的大師。他寫有《中觀莊嚴論》（Madhyamakālaṃkāra），以龍樹的邏輯與法稱的知識論爲根據，批判和吸收其他各學派，而建立其自身的思想體系，以中觀哲學爲最高。（註八八）。

以下我們略述佛家因明在知識論方面的義理。按知識論是西方哲學的顯學，在印度後期佛學中亦有飛躍的發展；其問題亦有多方面，這裏我們只就正確知識的根源一點看看陳那法稱他們的說法，特別是法稱的有進于陳那者。

佛教知識論自陳那以來，卽認定正確的知識的根源（知識能力，量）只有兩種：現量與比量。前者是直接知，相當于西方哲學的知覺（Perception, Wahrnehmung）；後者是間接知，相當于西方哲學的推理（inference, Schluss）。這種認定的根據何在呢？陳那是就知識對象方面來說。他以爲吾人的知識對象（所量）只有兩種：卽是個別物與一般概念。故認識亦只有兩種：這卽是對于個別物的直接的知覺與對于一般概念的間接的推理。陳那的這個規定，在印度哲學的知識論思想上是一個革新。（註八九）

但何以對象只有這兩種呢？又何以只有知覺能認識個別物，只有推理能認識一般概念呢？對于這些問題，陳那並未有進行積極的討論，因而他的知識論不免有曖昧不清之點。這些問題，其後由法稱解決了。

法稱的論述可歸納爲以下四點：

一、只有個別物是具有「有效的運作能力」的對象。當我們認識對象時，我們是對它有某些期待的，這卽是有效的運作。能提供這有效的運作的東西，卽堪成爲對象。所謂對象只有兩種，其意思是說，作爲唯一的對象的個別物透過「個別物自身之相」而被認識，與透過「他相」（卽概念化）而被認識。

二、故眞正能成爲對象的，只有具有有效的運作能力的個別物而已。但我們何以對這個別物有兩種認識呢？又何以只限于這兩種類的認識呢？按個別物當成爲對象時，它或是當前呈現，或是當前不呈現。故對于個別物的認識，亦只能限于對當前呈現的個別物的認識，與對當前不呈現的個別物的認識兩種。

三、實際上，對當前呈現的個別物的認識，只是知覺而已。知覺可即就當前呈現的個別物而產生，不必依靠媒介。但要認識當前不呈現的個別物，則要依靠媒介。只有在這媒介具備有一定的條件時，個別物才能被認識。這即是推理。

四、但依推理而來的對個別物的認識，並不是對個別物自身的認識，因由媒介而導引出來的，只是一般概念而已。故這種認識，其確實的意思，是透過一般概念而來的認識。（註九〇）

以上所論述的，只是陳那法稱系統的知識論的一些基本問題而已。就總的來說，這套知識論實在與西方康德的說法很相類。康德把知識的能力，規定爲感性與理解（純粹理性 reine Vernunft）兩種，除此以外並無第三種。感性在時空的直覺形式下攝取對象的特殊的相狀；理解則藉範疇的形式來把握對象的普遍屬性。前者相當于現量，後者相當于比量。這種結構其後成了知識論說法的正宗，在西方是如此，在佛教也是如此。（註九一）

由于篇幅與論題的限制，這裏不能對這兩個系統的知識論作較詳盡的比較，也不能多涉及陳那的邏輯原理。我們所要強調的是，維也納學派對佛家因明的研究，幾乎是清一色地以西方哲學的相應學說爲出發，以它的理論結構爲準的，甚至採用它的詞彙（terminology），來加以論述。這是在義理方面的闡述方式。另外在文獻學方面，要深入梵藏原典，必須先掌握梵文藏文的原典語文的知識。特別是後者，其重要性尤爲顯著。（註九二）

這便是維也納學派的哲學與文獻學雙軌的研究方法。

佛家因明學的新資料的發現，是本世紀三四十年間的事；（註九三）因而維也納學派在這方面的研究，也只有三數十年的歷史。其研究的成績，就量而言，不算很可觀，但在質方面，卻有相當高的水平。那主要是由于這學派的學者都有一定的理論上的與文獻學上的基本訓練之故。不過，他們研究的方式，主要還是順著文獻學的校訂、翻譯、註釋這個方向，而少綜合地作理論的論述；此中尤以德奧方面的學者爲然。

這些學者的研究，進度很慢。通常他們是選定一部論著（或其中一部份），花多年功夫進行很專精的研究；首先解決文字上的種種問題，再而及于義理的闡釋。研究到某一階段，他們便各自成爲該方面的權威學者了。以下我們謹簡單地介紹這一學派的研究成果。

首先是陳那的《集量論》的翻譯與論述。這都大著的地位，相當于康德的《純粹理性批判》（Kritik der reinen Vernunft）；它的內容兼攝邏輯與知識論兩面。（註九四）目前，這部論著已大部份翻譯成現代語文，並皆有詳盡的註釋：服部正明翻譯了第一章；北川秀則翻譯了第三、四、六章及第二章的前部。（註九五）此外，陳那的其他著作，譯成現代語文的有：法勞凡爾納譯了《觀所緣緣論》（Ālambanaparīkṣā）爲德語；北川秀則節譯了《取因假設論》爲英語。（註九六）另外，法勞凡爾納對有關陳那的事，包括思想、著述、生平等各面，曾作過詳盡的研究。

關于法稱的研究，更成爲這一學派的工作中心。法勞凡爾納曾就法稱的觀離學說，寫了多篇研究論文。戶崎宏正多年來一直從事《量評釋》的翻譯工作。（註九七）維特和斯坦恩卡爾納都是法稱哲學的專家；他們對法稱著作的研究，可以代表維也納學派的作風，其進行的方式是先就理論的層面，對有關論著作一綜合的導論，然後整理梵文原本或藏文譯本，最後便是對該論著的現代語（德語）的翻譯。維特譯有法稱的《量抉擇》（《正確認識決定》

Pramāṇaviniścaya ）的現量章；斯坦恩卡爾納譯有同作者的《能證一滴》（《理由小論》Hetubindu ）。另外，法勞凡爾納譯了法稱的《結合之考察》（Sambandhaparīkṣā）；北川秀則譯了法稱的《他人存在之論證》（Santānāntarasiddhi）。

對于法稱以後的佛教因明學的研究，則獨推梶山雄一。他的研究範圍，包括智吉祥友、寶作寂和脫作護等後期論師的思想。其中分量最重的，要算是對後者的《認識與論理》一書的現代語譯（日譯、英譯）。

必須要說明的是，研究佛教的邏輯與知識論，自不限于維也納學派的學者，但以這些學者爲集中，本文所論述的，亦只限于他們的研究而已。

以下我們要對維也納學派的研究方法作簡短的評論作結。

這個文獻與哲學雙軌的方法，就學術的立場言，顯然是比較健全的。它所依的根據，都是第一手資料；也能透過哲學的分析，闡釋資料的義理。學者的研究態度也相當嚴謹。故他們所作的研究成果，一般都被認爲很有份量。

用現代的哲學述語來闡明佛家因明學的義蘊，不但可以將因明學還原到適當的位置，俾與西方哲學的相應理論相比較，而顯出其獨特之處；同時亦可在思想上確立因明學的地位，使我們易于對它的價值，作適當的評估。故筆者認爲這種治學的途徑基本上是值得提倡的。而在需要的地方多加註釋來簡別，以免引起比附的誤解，當然也是必要的。

由于這種方法是運用最新的資料來研究佛家因明學，結果使佛教的因明思想從長時期的隱沒狀態中得以透露出其本來面目，這在了解佛教思想史以至印度思想史上，有深遠的意義。更有進者，西方人對印度民族的心靈形態的一貫的理解，其正確性亦要被重新考慮。這個意思說來並不複雜。由對這些質料的研究顯示出，印度思想史上，實有一佛家因明的光輝傳統。但印度佛教在十二三世紀時走入衰微階段，文獻資料大多散落，那些傑出的因明學論師也漸變得煙沒無聞。西方人研究印度思想，一直都只着眼于它的神秘的直觀方面，致對印度心靈形成一種偏見，以為它只擅長于作宗教的瞑想，而缺乏理性的分析。維也納學派的研究，在思想史上的最大貢獻，是把印度人的這個光輝傳統揭露出來，使西方人士對他們民族在思想上的多樣性，有較全面的了解。

但維也納學派的研究亦有其限制，這主要是在它所涉及的問題的意義上。就方法本身言，筆者認為這種研究並沒有很多可議之處。稍多為人批評的，恐怕是有時太泛濫地運用西方哲學的觀念和理論來論述佛家因明學一點。但這只是技術問題，應該不影響研究方法本身的價值。

但這學派的研究範圍，一般來說，只限于佛家因明學，這便未免太狹。按這種學問所涉及的問題，雖是正知，畢竟還是世間的，是在初期的修行階段所要講習的思想方法而已，它的基礎在于主觀與客觀對立的分析格局，心靈仍是在一執取分別的狀態中運轉，這並不是超越的解脫智慧。這點並不難懂，此中不多論。事實上，佛家因明學自陳那始，已經不談第七、八兩識，而只論究前六識的性質與機能。前六識是世間的知識能力，它們的共同的特殊形態是分別而起執。但這分別而起執的形而上的基礎，則具在于第七、八兩識中。要解釋世間的知識世界以及種種煩惱的生成，自然首先要涉及前六識，但若着眼于解脫，要超越知識世界和伏斷種種煩惱，則不能不追蹤到第七、八兩識。陳那和他的學派只論六識而忽略七、八兩識，這就要建立邏輯與知識論以正確理解這個客觀的世界言，是足夠的，但畢竟無與于解脫。故就解脫哲學的角度言，陳那法稱已是不足夠，而專注于他們的學問的研究，其限制自亦可知。

## 十、京都學派與宗教遇合

京都學派是純粹的哲學研究法，或宗教哲學研究法。即是說，它把佛教看作是一種宗教，透過比較的方式（主要是與西方的基督教作比較），來顯出佛教哲學的特色，特別是佛教超過西方宗教之處。這是一個重大的課題；特別是當我們考慮到宗教的本質和它對人類社會文化所担負的任務時，其意義便益形顯著。筆者心目中理想的佛學研究，是文獻學與哲學雙軌並進之路。我們在上面花了很多篇幅來討論文獻學方法；這裏我們也要對京都學派及其哲學方法作週詳的介紹與評論。首先我們要對「京都學派」一命名，交待一下。

按京都學派創始于當代日本哲學家西田幾多郎。他的學力來自西方哲學，與來布尼茲、史賓諾沙有特別關聯；他又吸收消化了印度中觀學的「空」觀念、中國禪的「無」觀念與華嚴的「無礙」觀念，而獨創其成一家言的場所哲學，強調絕對矛盾的自我同一。他的成名作是《善之研究》，從倫理問題開始，自此以後三十年，他都在哲學中運思，特別着重于對純粹經驗一問題的研究。他的哲學的中心觀念是「場所」；這其實是絕對空，是經驗的直接性的場所，是永恒的現在和眞我的場所。晚年他留意文化、宗教、政治、藝術等問題，于西方思想界有很大的衝擊。他的治學方法，特別是吸收西方哲學的觀念來深刻地全面地了解佛教，爲多數研究宗教哲學的日本學者所繼承，而蔚成一學派。由于他長時期在京都活動，而追隨他的學者，也多是京都方面出身的，故這學派便稱爲京都學派。

京都學派與當時在歐美亟享盛名的日本禪學家鈴木大拙，有很密切的關係。從人事一面來說，西田與鈴木是很要好的朋友，在學問上思想上常互相切磋；而京都學派的成員中，有很多都是鈴木的門生。從思想一面來說，兩者都有同樣的用心方向：都本着佛教的立場，透過比較宗教的方式，來探尋人類的精神出路，以消解東西方因機械文明而生的種種心靈上的病痛與困惑。鈴木大拙本人思想透脫，文字漂亮，關心面廣，修行境界也高，但說理却嫌深度不足，且雜有不少浮泛的見解，未能顯出獨特的義理模式。在這方面，一些京都學派的成員，如久松眞一、西谷啓治、阿部正雄，已超過他了。

京都學派最關心的問題，是所謂「宗教遇合」，或「世界宗教的遇合」（Encounter of World Religions）。具體的意思是，他們要把東西方不同宗教（特別是佛教與基督教）的基本教理，拿來對比，作一個「宗教的照面」；並把代表着不同宗教立場的開明學者集合起來，讓他們在宗教的基本精神上，作直接的研討，俾能捨短取長，在解救人類危機與促進世界和平方面，作出更大的貢獻。阿部正雄氏在其題爲〈基督教與世界宗教之遇合〉的書評中，很能道出此中消息：「全球幾乎都不能免于這樣一個世界性的浪潮：集體化、緊張、對立與衝突。在這方面，我以爲對人類前途最具有決定的影響力的，便是世界宗教的遇合了。這宗教遇合，就其範圍與深度來說，都是前所未有的；它與世界整合的錯縱過程，在政治上、經濟上和社會上，都糾纏在一起。……我們現在需要提升到一個新的精神層面，它要能滲透入人類宗教性的最深處，使所有國族都能表現其精神的與文化的創發本能，不必受到社會的集體意識與科技統籌的壓力，致失去人性與個體性。」（註九八）

日本人以發揚東方文化的重任自負，又具有悠久的學術傳統與優良的學術環境；他們在這方面作過不少努力，成績也相當可觀。久松眞一氏是此中的活躍人物。他思想深刻，觀念清楚，又有宗教體驗。他曾先後與多個代表西方思潮的風流人物作過對談，從容闡發佛教特別是禪的理境。這些人物包括海德格（M. Heidegger）、田立克（P. Tillich）、容格（C. G. Jung）、布魯納（E. Brunner）和布特曼（R. Bultmann）。（註九九）他在禪佛教與宗教哲學上的深邃用心，使他在西方人心目中，成爲繼鈴木大拙之後解釋東方宗教的最權威人物。

不少英美學者對于這「宗教遇合」的事，感到與趣，也曾做過一些功夫，例如梅爾敦（T. Merton）、瓊格（W. L. King）、莊士頓（W. Johnston），和上面提到的田立克。他們基本上是站在基督教的立場來談這個問題，和了解東方的宗教，特別是佛教。他們的成果，顯然不及日本學者。因他們主要是西方的學力，對東方思想並未下過多大努力，更不能親切地如實地了解佛教。美國的田立克是當代最傑出的基督教神學家與哲學家之一，心靈相當開放，但對佛教却有很多的誤解；（註一〇〇）等而下之的，有英國的堪富利斯（C. Hamphreys），他一直是英國佛教協會的主席，但對佛教，只限于常識的理解，似乎只會讚賞鈴木大拙，說些口頭的禪語而已。德國的杜默林（H. Dumoulin）和法頓浮斯（H. Waldenfels）在這方面也作過研究，但他們的哲學基礎薄弱，不能與久松、西谷輩相提並論。（註一〇一）

這裏我們試就東西方的宗教哲學家的對談，舉一實例，以見此種宗教遇合之一斑。要注意的是，這種類的對談，大抵都由日本學者控制全局；他們以東方宗教的發言人自居，而又熟悉西方的思路。西方學者常困于對東方內情，欠缺足夠的了解，而居于下風。

這裏我們舉的是久松眞一與田立克的一次對談。（註一〇二）按這一對談歷時甚長，分三次進行；所談的內容相當廣泛，涉及東西方在宗教、哲學、藝術，以至實踐修行上的體驗問題。但討論的重點，仍是集結于東方的「無我」思想及其實踐一問題。這對談由頭到尾，似乎都在久松眞一的指導下進行，他透過翻譯員杜馬天奴（R. DeMartino）的漂亮口才，充量闡發佛教的無念、無相、無住、無礙等等觀念，而一歸于他自己提煉出來的絕對主體道的眞我觀。從這次對談看來，他的哲學慧識與宗教體驗，實超過了田立克。後者似乎還未能脫離出西方傳統的二元對立的思考格局，雖然他在這方面已有些自覺。

例如，當他們談到瞑想生活的精神集中一問題時，田立克說：「我的瞑想生活時常指向一些問題、思想，和宇宙的內涵。我要涉及這些內涵，和試圖滲透到裏面去。……這提供我一些律則，和瞑想的可能性。卽使是在最動盪的情境，例如，在柏林的一個小食店中，我都能作出一個相當好的演說。這點我能作到，而且時常能做到；因爲我能把精神集中到我的授課或演講的主題上去。但這是我們西方式的瞑想，現在我更知道了，這是不足夠的。」久松眞一答謂：「此中的關鍵在集中這一回事上，在集中于一些東西方面。我心目中的集中，並不是這種集中于一些東西上的集中，不管這些東西是甚麼。我心目中的集中，是不集中于任何東西上的集中，這在表面上似乎有些奇怪吧。這種集中與普通的集中不同。在這種集中中，「集中者」其實卽是「被集中者」。」他透過翻譯繼續說：「你所致力的集中，是集中于一些東西上的集中；卽使是集中于一個思想問題，它還是集中于一些東西上哩。這東西卽是一對象。當一切都被「突破」，被「否定」，被「空掉」，這便成了「無」，這是一種沒有對象的集中，這才是我們所應致力的。」（註一〇三）

顯而易見的是，田立克仍是世間的二元性的思考模式；久松眞一則已是超越二元性，而入「不二」的法門了，這正是禪以至一般的東方宗教的最高瞑想境界。

肯定的是，這種宗教遇合，予西方神學思想以很大的衝擊。強調否定原理的佛教思想，經日本人的鼓吹介紹，在某種程度來說，驚醒了西方人對作爲肯定原理的至高無上的神的信仰的迷夢。「否定神學」或「負面神學」（theologia negativa）（註一〇四）也不期然加速了自己向前發展的步伐。人們開始留意戴奧尼夏（Dionysius）、艾卡特（Eckhart）、伯米（Böhme）、聖約翰（John of the Cross）等神秘主義思想家和海德格、尼采等存在主義思想家們的說法，覺得他們雖然悖離西方傳統，但却是代表着另一種思考方式，表示另外一種人生智慧，那是與佛教相近似的。他們都強調應透過表面看來是消極的默思來接觸最高的眞實，語言名相在這方面起不了很大的作用。

這宗教遇合對東方特別是日本（註一〇五）的宗教界與思想界的影響又如何呢？從生活一面來說，它對日本的影響，似乎沒有那麼激盪。日本人似乎相當滿足于自己的宗教，特別是佛教（註一〇六）；學者們研究基督教，相當用心，但却無激賞的情懷。但從思想一面來說，則可以這樣說，日本學者特別是京都學派的學者，向來已很有以比較宗教的角度來研究佛教和基督教的趨勢，宗教上的直接遇合，在這方面自然提供更多的機會和更促發他們進行這種研究了。由于本文的重點在佛學研究，故以下我們即在宗教遇合的背景下，看看日本人如何透過比較宗教和比較哲學的方式，來加深他們對佛學的理解。

在這方面表現較爲特出的，自然是京都學派的人物，如上面提到的久松眞一、西谷啓治和阿部正雄諸人。他們先從觀念一面，把握西方哲學和基督教的要義，由此進窺佛教。他們對佛教的理解，也純粹是觀念層，從其大方向着眼，不注意零碎的義理，也不講文獻學。他們強調大乘經的「涅槃」、龍樹的「空」觀，與禪的「無」觀，將之糅合消化，提煉成一「絕對主體道」觀念，以之來籠罩佛教、東方宗教，以至于西方哲學與神學。這一絕對主體道，其最直接的理論淵源，實是慧能禪所亟亟要闡發的「自性」。其實現之道，是在精神上辯證地越過一切有無二元對立的層面、生死層面，以臻于超絕一切有無生死相對待的永生境界。這其實也是那本質上是無相之自我的實現歷程。其充量顯現，即是禪宗所標示的那種理想人格，如臨濟的所謂「無位眞人」。

從學習的歷程來說，禪宗的到理想之路是直線的，只要從自心中理會得那個主人，那個父母未生前的本來面目，而切實修行便可，有朝一日總會覺行圓滿而得道。這些京都學派的學者們，其道路却是曲折的；他們要從西方觀念這一曲折中翻上來，從思想的對待性中脫放出來，而樹立起「無」的正見（無相、無念、無住）。他們最後的歸宿，自然還是禪宗。

## 十一、京都學派之佛學研究方法

這裏我們試以具體的例子，來顯示京都學派如何透過比較哲學，來把握佛教的義理。我們試看看阿部正雄在〈非存有與無〉（Non-being and Mu）（註一〇七）一文中對佛教的空觀的闡釋。

按這篇文章所論的，是東西方思想在否定方面的形而上的格局問題。作者以爲，在西方思想中，像存有、生命、善等肯定原理，是在本體論方面先在于像非存有（無，空）、死、惡等否定原理的。在這個意義下，否定原理即時常作爲第二義的東西而被把握。在東方思想中，特別是在道家與佛教，否定原理並不是第二義的，它與肯定原理居于同一層次，甚至較之更爲根本哩。作者強調，否定原理較肯定原理更爲根本，是基于這樣的意義而說的，即是，要顯現最高眞實，關鍵在體證得否定原理；另外，那不可名狀的道或空，是作爲相對意義的肯定原理與否定原理的根本而被證得的。這點十分重要，以下我們擧他的具體說法時，自會看到。作者的結論是，就對於那超越乎肯定與否定的對抗性之上的最高眞實的證得而言，在東方，透過否定性；在西方，則透過肯定性。

作者毫不遲疑地表示自己的理論立場：他並不覺得西方以存有先在于非存有，有本體論的基礎；他以爲，存有與非存有的基礎，不能是「絕對存有」，如基督敎的「神」和希臘哲學的「有」那種，而却是「非存有非非存有」，這卽是龍樹所強調的要越過空有兩端而顯得的中道，這是「眞空」，也是「妙有」。

現在我們看他如何在這種思考背景下，闡釋佛敎特別是龍樹的空觀。他說：

> 佛敎的無我或無恒常自我、一切無常，和緣起等觀念，都預認着對存有、存在和實體性的否定。龍樹清楚地了解到早期佛敎傳統的基本觀念的含義，而確立空的觀念。必須強調的是，龍樹的空觀，並不是虛無主義的。空是完全沒有形相，它不着于存有與非存有；因「非存有」仍不免是和「存有」區別開來的一種形相。實際上，他不止拒斥以為現象卽此卽是眞實的「恒常論的」觀點；他同時亦拒斥那恰巧是相反的「虛無論的」觀點，以之為虛妄。這觀點以為，空與非存有都是眞實。他開啓了一個新的遠景，從一切與肯定或否定，存有或非存有糾纏在一起的虛妄觀點解脫開來，而為大乘空的基點；他稱這基點為中道。順此可見，龍樹的中道觀並不表示在兩個極端間的一個中間點，像亞里斯多德式的 to meson 觀念所可能表示的那樣。它實指向一超越任何二元性的路數，超越包括存有與非存有，肯定與否定在內的二元性。故他的空觀並不是與充實飽滿相對反的純然的空。空實超越乎和包容了空與充實飽滿二者。它是從「形相」和「無形相」解脫開來。由這個意義看，它是

真實地無形相的。實際上，在空觀中，空卽此卽是充實飽滿，充實飽滿卽此卽是空；無形相卽此卽是形相，形相卽此卽是無形相。故龍樹以真空為妙有。

我們可以邏輯地解釋這種空的辯證的構造如下。空的會得，並不單是透過否定「恒常論的」觀點的，而亦要透過否定「虛無論的」觀點，這「虛無論的」觀點是否定前者的；故它不是基于單純的否定，而是基于對否定的否定。這雙重否定並不是一相對否定，而是一絕對否定。而絕對否定正是絕對肯定。因邏輯地言，否定的否定卽是肯定。不過，這又不是一純然的和直接的肯定。它是透過雙重否定，亦卽絕對否定，而會得的肯定。故我們可以說，絕對否定卽絕對肯定，絕對肯定卽絕對否定。這個詭辯，正顯示出空的辯證的和動態的結構；在這樣的結構中，空卽是充實飽滿，充實飽滿卽是空。

現在我們進入問題的重點。倘若我們把肯定原理，理解為具有臨于否定原理上的本體論的先在性的話，像西方的知性傳統那樣，則上述的空的動態的構造，便不可能了。只有在肯定原理和否定原理具有同等的力量和互相否定時，空的辯證的構造才可能。在中國和日本的詞語「有」與「無」中，最能清楚見到這點。有卽存有（being）；無卽非存有（non-being）。在相互的關係上，有與無是完全地平衡的；這與西方觀念中的 being 與 non-being ，to on 與 me on，être 與 non-être，Sein 與 Nichtsein 都不同。它們是完全地相對的、互補的，和交相涉入的，而不是互外于對方的。換言之，無並不是單方面地由有的否定而得。無是有的否定，有是無的否定。並沒有一者具有臨于他者之上的邏輯的和本體論的先在性。無是有的一個完全對等觀念，它不只是有的欠缺，它比西方所了解的「非存有」，具有更強的否定性。復次，有與無是完全地對反的原理，因此它們互不能從對方分開來；它們是在一個背反中，一個自我矛盾中，而成一整體。佛教的空觀卽顯示一個基點，那是要由克服了有與無的背反的和自我矛盾的一體性而會得的。……

由于西方思想視存有為本體論地先在于非存有，故其超越乎存有與非存有的對反之上的究極者，是大寫的絕對存有 Being 。……與此相反，佛教的空，作為究極看，是要透過一直接超越有與無的二元性的過程而會得的。……

由此可見，對于佛教來說，究極者並不是「絕對存有」自身，而是無形相的「空」。這空不是有，亦不是無；為了別于相對無起見，它常被稱為絕對無。

嚴格地言，倘若空或絕對無只是超越有無二元性而居于這二元性之外的第三者的話，則不能被稱為真正的空，或真正的絕對無。因這樣理解的空或無，只不過是一些東西而已，它們被稱為「空」或「無」，或虛無 Nothingness 。換言之，它仍立于與有無所成的二元關係上。必須克服了這種二元性，才能會得真正的空或真正的絕對無。對于空的了解是重要的，但亦不能偏于空而為空。便是因為如此，立足于空觀的大乘佛教，在它的漫長的歷史中，極力排棄對于空的執著，視為「對于空的虛妄的見解」，一種「對虛無的僵化的看法」，一種「斷滅虛無的看法」。要獲致真正的空，空必須把自己也「空掉」；空必須變成不空。……

上面所述對于空的錯誤理解和執著，正是概念思考的結果。佛教的空觀，不能經由概念而確當地理會得，必須要透過認識自己的存在是存有與非存有，有與無的自我矛盾的統一，而本着救贖意識，主體地或存在地會得。

這種對于真空亦「空掉」其自己的存在的認識顯示出，這並不是一靜的狀態，可以客觀地觀察，而是一動態的空的活動，你我亦處身于其間。在這動態的空的全體之外，再沒有任何東西存在了。一方面，在真正的空中，有非有而變成無，無非無而變成有，因兩者都被空掉。由此便能充分體會到由有到無和由無到有的交相涉入的運作。在另一方面，有是常有，無是常無；因在真正的空中，上面的那種「空掉」亦被「空掉」。故由有到有與由無到無的自我同一的運作，亦被充分體會得。

……

在把這真正的空理解為一(完全)「空掉」肯定與否定，正面與負面的無限的動態的境地中，有與無弔詭地和自我矛盾地是一，和同一；而在這境地中的任何一點，都可有同樣的弔詭性格。

……

當肯定面(或存有)本體論地先在于否定面(或非存有)時，則自然應把作為本體論的先在性的焦點的「絕對存有」，視為究極者，視為解脫的象徵。在這種理解下，否定面成了為肯定面所尅的對象。相反地，當肯定面(或有)與否定面(或無)相等和交相涉入時，則這兩者之間形成一背反的矛盾的緊張形勢，這緊張形勢是需要克服的。在佛教，解脫即在對于空的體會中獲得，空即是從上述那個存在的背反中解放開來之意。同時，最重要的是，真正的解脫，必須最後連空也「空掉」。這樣，解脫的表徵，是「空」的能動性，它同時亦是充實飽滿。……

這裏我們引了很多文字，來表示京都學派的佛學研究的方法和結論。文字淺白，意思也清楚，這裏不多作解釋了。對于這種研究的特點，筆者只想重覆兩點：一、完全是哲學的、觀念的，而且是比較哲學的、比較觀念的。二、完全不講文獻學。

對于京都學派的佛學研究方法的評論，可以簡要地歸納爲以下各點：

一、京都學派的理論立場是佛教，特別是禪與般若；它的入路是宗教哲學，透過比較宗教與比較哲學而顯出其立場。他們大抵都有分析能力，又熟悉西方的思路。故他們的研究，相當能客觀而深入地顯出佛教義理的特色，甚至顯出佛教之高于西方哲學與宗教之處。這點意義是重要的；比較研究，也是必經之路。我們研究佛教，發揚它的義理，強調它在義理上的優越性，若不開放門庭，把其他的思想拿來和佛教比較一下，作一客觀的研究，則這些願望，全不能說。此中道理明顯，不多贅。

二、京都學派自身有一種宗教哲學觀，這觀點常與它對佛教的了解，混在一起，表現出來；而它談佛教，也常常只談它的本質。這樣理解佛教，自然較能在深度方面，把握佛教的義理。關于這點，最好舉一例子來看看。久松眞一在其題爲〈究極的危機與復活〉（註一〇八）一文中，談到宗教的「時刻」（moment）一問題，他表示：在宗教方面，把人帶到宗教中的契機，是死與罪。在基督教來說，原罪是人的契機，它使人離開了人，而進入宗教的領域。在佛教，罪被認爲是人的宗教的「時刻」，另一宗教的「時刻」是死。我們說罪與死是人的宗教的時刻，其意卽是，罪與死構成人的有限性。（註一〇九）跟着，他討論到罪與死的本質。他表示：罪原于理性與非理性的究極的背反，死的根底則是生死以至于有無的究極的背反。（註一一〇）這究極的背反，對人有一種壓迫感，這便是眞正的宗教的「時刻」。久松的結論是，一切宗教，必須歸根于這個「時刻」。就人的相對的宗教的時刻而言，可能各有差異，但人的究極的宗教時刻，却是一樣。以下他卽基于這種宗教哲學觀點，而談解脫。（註一一一）

這種入路，自是本原的。從大方向來說，這是正確的。

三、京都學派論佛教，常本着關心到佛教的時代意義一點而論。卽是說，他們的研究，具有時代意義，他們心目中的佛教，並不是一歷史的陳跡，而是一生活着的宗教，一能正確地指引人類的生命方向的宗教。這點最能表現于他們對禪的研究中。久松眞一的〈禪：它在現代文明中的意義〉（註一一二）一文，卽是此中的代表作。

事實上，京都學派很有這樣一個意思，他們不單是要研究佛教，他們更要本着佛教的基本觀念，來進行宗教運動；以佛教特別是禪的基本精神，來指導現代人的生活。FAS協會的創立，卽本着這個意思。（註一一三）

四、上面說，京都學派的理論立場是佛教。實應進一步說，它是指向大乘佛教的無窮度化，強調依于自身而來的覺悟。關于前一點，上面（註一一三）所述FAS協會的「全人類的理想」及久松以廣度爲人的存在的一個面相中，已有表示，此中不多贅。關于後一點，則不啻是把佛教從權威主義的烟幕中提升上來，使之徹底理性化。例如，久松眞一在談到救贖問題時，強調眞正的救贖，來自生命自身，而不在一外在的神。這顯然是在比較基督教與佛教的究極歸宿的背景下有感而發的。（註一一四）

五、從義理的了解言，京都學派亦不無可批評處。它只強調哲學與觀念，而不講文獻學，卽表示它在某些特定的了解方面的限制。由于太強調佛教，太強調它在東方的哲學與宗教的優越地位，因而不免忽略了佛教以外的東方思想，也常常誤解了它們的義理。一言以蔽之，京都學派輕視儒家，有時也誤解了道家。關于前一點，在論到作為絕對主體道的「空」或「無」的妙用時，在大用流行以正面肯定人文世界，甚至建立人文世界方面，儒家當然也有這個意思，而且遠遠比佛教表示得為好。可惜京都學派的學者們都不加措意。關于後一點，過失更為明顯。他們強調佛教的妙有觀，為了突顯這佛教的妙有觀，竟抹去了道家的同樣觀點。這不止是誤解，而且也不公平了。（註一一五）

六、即使在對佛教觀念的理解上，是否完足，恐怕也很值得商榷。例如，他們一致強調龍樹的「空」與禪宗的「無」的絕對義與充實飽滿義。空與無，固然是離兩邊的中道，不管這兩邊是有無也好，生死也好，善惡也好，都是絕對的。但在觀念上言，空與無是否眞正像他們所表示那樣，是那樣的充實飽滿呢？佛教固是出世，也不離世間，但從理論上言，它的出世的理想，如何能貫徹到世間去，以樹立人倫，建立生活秩序與文化秩序，以「超越地創造歷史」呢？這些問題，恐怕都不是如京都學派所想像那樣簡單吧。關于這些點，在儒家與基督教的思想中，自然有很多的啓示，特別是前者。但京都學派的學者們却偏是用心得不足。

## 十二、實踐修行法、白描法及其他

以上所論述，到此為止已告一段落。以下我們要討論一些附帶的問題，以結束全文。

如本文開首已說過，佛教不單是一種哲學，而且是一種宗教；它是宗教，便離不開信仰與實踐，特別是修行的實踐。故要眞正地了解佛教，或者說，要存在地了解佛教，這條路是不能不經的。或者應該說，它比文獻與理論的都更為重要。只有經由它，才能使佛教落實于生活。

釋迦牟尼佛陀以智慧觀諸法，而以禪定成正覺。自此而後，佛教各宗各派，都尚修行，而特重禪定。幾乎每一宗派，都有自己的修行方法，但偏重都略有不同。一般而言，重視理論與觀念名相的宗派，對修行的重視，略嫌不足，如唯識、華嚴。而不強調這些東西的宗派，相對地言，便把重點都集中到修證的工夫方面去，如密宗、禪與淨土。前二者重靜坐，後者則把焦點，專放在念佛上。

這三種強調實際修證的佛教派系，目前仍相當流行。作為密宗的靜坐的瑜伽（註一一六），在西方一直大行其道，而且也不限于宗教團體與人士，一般人對它也很感興趣，有些更把它視為生活的一部份，以調養身心，以至治療疾病。（註一一七）禪的打坐與話頭公案的實踐，與淨土的念佛，在日本來說，更是一種重要的生活節目。

筆者于修證方面是門外漢，沒有足夠的實踐經驗。這裏謹就稍為熟悉的禪的修證，談談這種實踐修行法的概略。這自然不是一種「研究方法」，但它卻表示一接觸甚至契入佛教的門徑，不可不注意。

按禪自達摩東來設教，至慧能發揚光大，在精神與方法上，都強調「直指本心，見性成佛」，都堅守着傳統所謂「拈花微笑」的「以心傳心」的路數。自臨濟以下，雖有宗派之分，在方法上又分公案與默照，但其基本方向仍是不變，都強調心靈的直接覺悟，而不假手于經論文字，所謂「教外別傳，不立文字」是也。

故我們可以說，禪的傳統，與祖師門教人入禪的進路，都是遠離文字的，雖然它遺留給後世一大堆語錄的文字資料。「不立文字」是一般的說法，從哲學上言，是不經由觀念與理論，而直參直證。在這個意義下，實踐修行便有其特殊的意義。

日本的芳賀洞然在其〈如何閱讀禪籍〉一文中談到禪的入路問題時說：「目前的禪，是以坐禪爲中心的徹底實踐的宗教，以實參實證爲生命的悟得的宗教；單憑理論的思考與佛教學的知識，恐怕不可能把握其眞髓。」（註一一八）他甚至以爲，觀念與理論一類東西，對于了解禪來說，有時不但無益，而且有害。他表示：「對于正宗的禪籍，倘若離開文字言句，便不能把握得禪者的內蘊，那不能算是明白了。依文解義，而不見其蘊，那不過是沒有方法的盲撞而已。又，對于禪者的內涵與境界，倘若未有最低限度的實地的修禪而通過見性入理這第一關門，仍是不能明白的。未經實際的修行而閱讀禪籍，更而對之起思慮分別，這樣解釋也不妥，那樣解釋也不妥，那是最危險不過的事。」（註一一九）很明顯，他強調要理解禪，修行是必經之路，而且是最基本的。而修禪的初階，最好是跟隨名師學習。他在同文中表示：「倘若要理解禪，而修習之，則最好暫時把正宗的禪籍擱置開，而隨有智慧的禪師如法地修行，最低限度，要全力透過見性入理的第一關門。」（註一二〇）

這實不是一兩個人的見解，而是日本多數禪師們的共同的態度。此中的道理，也不難了解。禪畢竟不是一理論，而是解脫的學問；它始于了生死的志願，而終于覺行的圓滿。這不是客觀的學問，而是存在的體驗。它是要步步滲透入自家的生命中，把那個本原的眞正的自己，那個父母未生前的本來面目，體會出來，使它的光明，照遍世間。此中並無學問，也不必講歷史。這兩者雖不必都成障礙，但却不是必需的因素；而若太執着于它，則是障礙了。芳賀氏說：「要達致禪的修行，其不可欠缺的條件，是廣大的志願與扎根于其上的不退轉的求道心，特別是作爲其發端的不屈不撓的根氣絕強的精進。……禪是依據禪定三昧的力量而超越一切相對相，而打入絕對界，所謂父母未生以前的世界的。它要徹見本具的佛性，本來的面目；而更依覺悟後的修行而長養鍛鍊之，要在一切言行云爲中自然流露出來。」他的結論是：「禪籍，特別是正宗的禪籍，是寫自己在修行中如何精進，如何轉迷開悟，進而闡明在悟後的修行中如何刻苦地使道眼明朗化。倘若境界未足修行未熟而去讀它，則甚麼也不會明白，反而會成爲修行的魔障，有百害而無一利哩。」（註一二一）

儘管如此，在日本方面，闡述禪的義理，解說禪的典籍的文字，却多得很，其中不少更出自禪師門的手筆。如所想像那樣，這些文字，並不易使人對禪增加更深入的了解。例如，鈴木大拙監修，西谷啓治編集的「講座禪」，其中第六卷是中國禪的古典部份，這是中國重要禪籍的擇要解說，而執筆者，都是具有豐富的實踐修行經驗的禪師。（註一二二）拿公案禪來說，公案的意思，顯者自顯，隱者自隱，都要于當下把握；在文字上強作推敲，刻意索解，對于契入禪的精神來說，並無多大積極作用。實際上，有些話頭公案，自有其極其精采的寓意，但有些則只是一團荒謬而已，刻意求解，只是浪費精力而已。（註一二三）

在上引的「講座禪」第六卷中，關牧翁曾有一篇題爲「雲門錄」的文字，綴述「雲門廣錄」的大意及雲門的宗風，便是一個失敗的嘗試，其意思隱晦得很。雲門禪本來已經深奧難解，經關牧翁這麼一說，顯得更難以湊泊了。

關于實踐修行的問題說至此。

以上所論述的佛學研究，都大抵在方法上有其自身的一套，而自成格局。此外，還有一些佛學研究，有其自身的特色，也有相當的意義，但仍未怎樣流行者，如舒里和（E. Zürcher）研究中國佛教史，是以社會現象爲背景來研究的；（註一二四）拉莫特研究印度佛教史，則強調地理因素。另外，也有一些研究，說不上特色，更談不上方法，作者只是就佛教而論佛教，有時也不免加上一些自己的感想，和配合自己所熟悉的東西來談。這種研究，無以名之，說是白描好了。這種白描的表現，成績往往各自不同，相差很遠。英國的白拉士(R.H.Blyth)喜歡研究禪，他是典型的白描研究：自身並無哲學觀念，也不走修習之路，也不大講求文獻學；只是就一己的興趣和知識之所及，來接觸禪。他本來是研究英國文學的，其後在禪方面做了些功夫，翻譯了不少古典的禪籍，包括《無門關》。在他的翻譯和解說中，他喜歡引用所熟悉的莎士比亞和蕭伯納等大文豪的相似語句，比附到禪上去。(註一二五)這種做法，白描而帶有文學性，不大值得重視。事實上，禪與英國文學，無論就哪一方面說，都不大容易拉得上關係。不過，這種研究方式，在西方相當流行。西方學者通常都熟悉自己的文學與宗教，又喜歡談禪，一談便是這種談法。中國的吳經熊論禪，也是這種方式，此可見于他的《禪的黃金時代》(The Golden Age of Zen)一書中。不過他是以基督教和莊子，來取代白拉士的英國文學罷了。

白描而有較佳表現的，恐怕要數德國杜默林的〈就無門關看中國禪在慧能之後之發展〉。這篇作品有思想史的成素，頗能將慧能以後南宗禪的發展面貌，特別是公案禪的性格，用流暢的筆調表現出來。作者雖是神父，但態度很平實，談起禪來，並未有加上自己的主觀意見，更不賣弄自己的專門學問，特別是西方神學。他只是忠實地要使南宗禪還其本來面目，呈現出來。

關于佛學研究與方法論問題的討論，至此而止。

# 附註

註一：《佛光學報》第二期。

註二：《內明》第七十五期及以下。

註三：這些點請參閱拙著〈日本及歐美之佛學研究點滴〉。又日本學者增谷文雄以為，佛教最初的傳入，是由中國與朝鮮而來，歷斑鳩各代，以至于江戶時代，前後約一千年。第二次的傳入，則是自明治時代始。他以為這兩種佛教在內容上不必直接地是同質的。其說參見柳田聖山、梅原猛合著《無之探求—中國禪》一書之所述（頁二〇，角川書店）。

註四：從知解或思想一點言，禪宗的「大死」是一個關鍵的觀念。卽是，必須洞悉生死流轉的因緣和合的無常性，而超越這一層面，才能得解脫。大死不是身體之事，而是慧識之事。必須在智慧上參透到這樣一個階段，把對于世間的眷戀之情埋葬掉，然後才能有活路。故說「大死大活」、「絕後再甦」。雪竇的《碧岩錄》中記有這樣的公案：趙州重諗問投子：「大死底人却活時如何？」圜悟對于這一公案的評語是：須是大死一番却活始得。以哲學的述語來說，生死層卽是現象層，這是人我或一切相對的層面。這層面必須被否定掉被超越掉，才能進于絕對無我的空如境界。

禪的「大死」是偏于思想方面的，它當然亦可是一公案。其修持方式則有多種，不拘一格。其中最流行的自是話頭公案與打坐。

註五：達摩〈二入四行論〉謂：「夫入道多途，要而言之，不出二種：一是理入，二是行入。理入者，謂藉教悟宗，深信含生凡聖同一眞性，但為客塵妄復，不能顯了。若也捨妄歸眞，凝注壁觀，自他凡聖等一，堅住不移，更不隨于文教，此卽與理冥符，無有分別，寂然無為，名之理入。行入者，所謂四行。其餘諸行悉入此行中。何等為四？一者報怨行，二者隨緣行，三者無所求行，四者稱法行。……」此中達摩雖未明言理入與行入必須結合起來，但兩者實已互涵其義。如理入的「捨妄歸眞，凝注壁觀」，卽是修行。而後面續述第四行稱法行的「此理衆相斯空，無染無著，無此無彼」，卽是智慧之所照。

註六：嚴格說，龍樹的思想方法實不是邏輯，當說為是辯證法。

註七：《廻諍論》（Vigrahavyāvartanī）為龍樹造五部論之一，梵名之意為「對于質疑之破斥」。這論由七十二詩偈與作者自身對這些詩偈的註釋所構成。其內容為列擧反對論者（主要是正理學派）對佛教的質疑及作者對這些質疑的破斥。因當時正理學派對于大乘佛教的根本命題——緣起或一切空無自性，提出論難，龍樹透過這一小論，對這些論難一一辯破，以樹立其空之哲學。

註八：後魏毗目智仙與瞿曇流支于公元五四一年于南京金華寺譯出。

註九：S. Yamaguchi, Traité de Nāgārjuna, Pour écarter les vaines discussions〔Vigrahavyāvartanī〕, traduit et annoté, JA. 1929, PP. 1–86.

註一〇：G. Tucci, Pre-Diṅnāga Buddhist Text on Logic from Chinese Sources. GOS. XLIX, 1929.

註一一：K.P. Jayaswal & Rāhula Sāṅkṛtyāyana, Vigrahavyāvartanī by Ācārya Nāgārjuna with the Author's Commentary, JBORS. 23, pt. 3 App., 1937.

註一二：山口益：《依據梵本西藏本而來的國譯廻諍論》〔印版〕，昭和一九年。

註一三：山口益：〈關於廻諍論〉，《密教文化》，七，昭和二四年；〈對廻諍論的註釋的研究〉，《密教文化》，八—十、十二，昭和二五年。

註一四：E.H. Johnston & A. Kunst, The Vigrahavyāvartanī of Nāgārjuna with the Author's Commentary, Mélanges Chinois et Boudhigues Nr. 9.

註一五：宮本正尊編《大乘佛教成立史的研究》一書，其中收有山崎的〈在大乘思想成立中的論理問題〉一文，卽是。

註一六：山口益有《中觀佛教論考》一書；蒔田徹則有〈龍樹辯斥正理學派時所用的論法〉一文，載于《大乘佛教成立史的研究》中。

註一七：山口益：《動佛與靜佛》。

註一八：《攝眞實論》（Tattvasaṃgraha）是後期印度大乘佛教的頌體的論書，全部計三千六百四十頌。此論有梵文原本現存，又有西藏譯。但無漢譯，在中國佛學中亦向不為人所知。全論分三十四章，其內容首先是對當時流行的種種有關世界原理的說法，一一加以批判。這些原理包括根本原質（Prakṛti）、神（Īśvara）、自性、自我、不滅不變的實在等等。跟着卽循認識論的進路，考察言語所表的對象與認識根據等問題，而接觸到識的根本構造。最後證立佛陀的完全的超越的智慧，而歸向神秘主義。本論作者寂護（Śāntarakṣita，Śāntirakṣita），約活躍于公元後六八〇—七四〇年間，是印度中觀佛學後期的大師，他吸收了唯識派的精義入其自糸中，而確立瑜伽行中觀派（Yogācāra-Mādhyamika）。有關他的哲學，可參看日人梶山雄一及上山春平合著《空之論理（中觀）》一書中的主體〈哲學與瞑想〉中的有關部份。

註一九：E. Burnouf et Chr. Lassen, Essai sur le Pali ou langue sacrée de la presqúîl au-delà du Gange, Paris, 1826.

註二〇：Vijñaptimātratāsiddhi La Siddhi de Hiuan-Tsang.

註二一：此非全譯，只譯了二十七卷。

註二二：此中當然有些例外。例如翻譯《成唯識論》的蒲桑，他亦很能注意佛學中的一些重要觀念的哲學含義，如業、三身、緣起等。但這總是少數。

註二三：杜容（J. W. De Jong）有〈歐美佛學研究簡史〉（A Brief History of Buddhist Studies in Europe and America, The Eastern Buddhist, New Series, Vol. Ⅶ, No. 1, 2, 1974.）一文，報告西方佛學界文獻學的研究成果甚詳。杜容的這篇文章，實可以說是用廣義的目錄學的方法來寫的。從此中讀者可以窺見西方的佛學研究的輪廓：甚麼學者有些什麼研究，甚麼經典有甚麼學者去研究。作者不時也作些文獻學式的評論。讀者從中亦不難嗅到杜容自己的文獻學的風格。

註二四：一個很顯明的例子是對《肇論》的研究。按對于僧肇這部作品結集的研究，德國學者李華德（Walter Liebenthal）數十年前已作過好些努力，作了敍論、翻譯、註釋、考證和索引等工夫，而成就 Chao-Lun: The Treatises of Seng-Chao 一書。其後在日本方面，塚本善隆更領導京都大學人文科學研究所的一組成員，對《肇論》作更全面的研究。這是專家們各自發揮自己所長的結集，其成績自然超過李華德的。

註二五：例如望月信亨主編的《佛教大辭典》和龍谷大學編的《佛教大辭彙》。近出的又有中村元主編的《佛教語大辭典》。較小規模的如水野弘元監修的《新佛典解題事典》，這是以現代學術觀點，扼要介紹重要的佛教典籍的解題書。其內容項目包括一切經、印度佛教、西藏佛教、中國佛教、日本佛教及印度聖典各面；書後並分門別類介紹現代人所寫的佛學研究書籍；最後又附有中日文索引和羅馬字（包括梵文、巴利文、藏文、英文等）索引等。這書與上擧的《佛教大辭典》比較，可算是小巫，但執筆者卻亦達五十二之數。

註二六：此方面最顯著的莫如長尾雅人、梶山雄一所主持的《大乘佛典》的編譯工作。此一表現的成果，在日本學界內外，評價都很高。

註二七：按李維的發掘梵文佛學寫本，是西方學界的一件盛事。他曾多次到尼泊爾去搜掘資料，收獲甚豐，其中包括無著的《大乘莊嚴經論》、世親的《唯識三十論》及《唯識二十論》、安慧的《中邊分別論釋疏》等的梵文抄本。

註二八：語錄的典籍包括〈二入四行論〉、《傳法寶紀》、《楞伽師資記》、《歷代法寶記》、《六祖壇經》、《神會語錄》、《頓悟要門》、《龐居士語錄》、《傳心法要》、《宛陵錄》、《禪源諸詮集都序》、《臨濟錄》、《趙州錄》、《洞山錄》、《寒山詩》、《輔教篇》、《雪竇頌古》、〈十牛圖〉、《大慧書》、《無門關》、《禪關策進》等等，可算相當全面。

註二九：按訓讀是中國典籍的日式讀法。卽是將中文原文依日本語的文法結構來讀。此種方式在日本相當流行，而且很有效。但中國人讀來，卽使很懂日本語，仍不免覺累聚。

註三〇：例如曇林的〈達摩傳〉（達摩是〈二入四行論〉的作者）或裴休的〈禪源諸詮集都序敍〉之類。

註三一：梵文恐怕是世界上最艱難的語文之一。在文法上，它的格數有八（主格、對格、具格、為格、奪格、屬格、處格、呼格），名詞的性別有三（陽性、陰性、中性），數目又有三（單數、雙數、多數），加上動詞的語尾變化和複合詞的變化，已使文法的結構變得煩瑣之極。美國的梵語學者維特尼（W. D. Whitney）寫了一本《梵語文法》（Sanskrit Grammar），列舉梵文文法規條，即有一千三百餘之多。

註三二：關于這點，西方的佛教學者要碰上較大的困難。因他們是異于佛學的另外一個語言文字傳統。在翻譯的過程中，往往會有這樣一種情況出現：他們在自己的語言文字中，找不到能恰當相應于原文的詞語，故無從逐詞翻譯。這便要用詳盡的註脚來交待了。

註三三：在這方面，杜容在其〈歐美佛學研究簡史〉一文（見註二三中），曾坦言歐美學者的困惑。一來要掌握足够的日語知識，能流暢地運用日本方面的參考資料，並不容易；另外，這些資料既龐大而又蕪雜，使西方學者往往有一時不知從何着手之感。

註三四：日本的古典佛學雖一般而言是仍中國的傳統，而用漢語，但亦有不少例外，而用日語者，例如日本曹洞宗的創始者道元，即好以古典日文來表達。

註三五：按nirvāṇa一觀念，在佛教以前已出現于印度其他學派中。但佛教將之提煉成一理念，成為人生的最高理想，故此詞亦似為佛教所專用。

註三六：即十個根本範疇。依鳩摩羅什所譯《法華經》，此即性、相、體、力、作、因、緣、果、報、本末究竟等。

註三七：1）Saddharmapuṇḍarīka-sūtra, ed. by H. Kern and Nanjio; 2）ed. by Wogihara and C. Tsuchida; 3）ed. by Nalinaksha; 四、河口慧海、池田澄達編《貝葉梵文法

註三八：西晉竺法護譯《正法華經》、姚秦鳩摩羅什譯《妙法蓮華經》、隋闍那崛多共笈多譯《添品妙法蓮華經》。其中自以鳩摩羅什譯本最為流行。

註三九：西藏語譯、畏吾兒語譯、西夏語譯、蒙古語譯、滿洲語譯、朝鮮語譯。

註四〇：1）Eugéne Burnouf, Le Lotus de la Bonne Loi I；2）Jan Hendrik Kasper Kern, The Saddharmapuṇḍarīka or the Lotus of the True Law；三、南條文雄、泉芳璟共譯《梵漢對照新譯法華經》；四、岡教邃《梵文和譯法華經》；五、河口慧海《梵藏傳譯妙法白蓮華經》；6）Bunnō Katō, Myōhō-Renge-Kyō. The Sutra of the Lotus Flower of the Wonderful Law；7）Senchu Murano, The Sutra of the Lotus Flower of the Wonderful Law. 最近又有Leon Hurvitz的新英譯出現。

註四一：筆者所熟悉的德國學者邊爾氏（Oscar Benl），便是一個對註釋十分敏感的人。

註四二：如京都大學的梶山雄一氏卽曾對筆者表示，讀佛學而不懂梵文，會一無是處（means nothing）。另外，同校教梵文的小林信彥氏曾問筆者，中國學者不懂梵文而看世親《唯識三十頌》的漢譯，能否明白。我答以若自其哲學涵義言，自無困難。小林竟頻頻搖頭，表示不以為然。這種執着原典語文的重要性的心理，在日本佛學研究界，實在普遍得很。

註四三：禪的基本表示是「教外別傳，不立文字；直指本心，見性成佛」。這表示被認為是源于菩提達摩。

註四四：唐君毅先生在其新著《生命存在與心靈境界》一書中，以三進九重的方式，判攝人類全部的哲學思想為心靈的九重境界的表現。他把佛教判入第八重，為我法二空境。其中談及衆生的苦痛煩惱的根源及其必然性，而引出佛陀的慈悲的根本願欲。着筆不多，但却能盡剝一切文字的障礙，而直滲透入佛陀的本懷。唐先生不是一佛教學者，更不是一文獻學者，但却能就自家生命的悲情，對佛陀有如此相應的了解，而為很多專門學者所不及。此中實有值得文獻學者們深切反省之點在。

註四五：如德國的貢特（Wilhelm Gundert）曾把《碧岩錄》譯為德語，他文獻學上的功力本來很深厚，但亦不免過度刻意求解之弊。他的學生邊爾教授（參考註四一）仍沿其路，翻譯了不少日本禪學的資料；用力愈勤，刻意求解之跡便似愈顯著。（有關貢特、邊爾他們的研究，請參閱筆者另文〈德國之佛學研究〉。）

註四六：其中尤以〈有時〉一章，哲學義理尤為豐富。此中道元談到存有與時間的問題，他採取綜合的方式，把兩者等同起來，而強調當下一刻的重要性。

註四七：傳統的說法，都以六祖慧能為《六祖壇經》的作者。但自敦煌新資料發現後，這一說法已受到學者的懷疑。我國的胡適卽考定《壇經》的作者並非慧能，而是慧能的弟子神會，或是神會的弟子。

關于《大智度論》的作者問題，據鳩摩羅什的翻譯（按《大智度論》的梵文原本與西藏譯本已失，只有漢譯流傳，鳩摩羅什譯），此巨著的作者是龍樹。這亦為自來傳統的一般學者所接受。但近代很有些學者懷疑此書是龍樹所作；因此書有不少哲學觀念，是龍樹的《中論》所無的。美國著名的中觀學者魯濱遜（Richard H. Robinson），卽不願意無條件地接受傳統的說法。

註 四八：八世紀末期，神會的弟子摩訶衍與印度中觀派大師寂護的弟子蓮華戒在西藏的桑耶寺（bsam-yas）舉行了一次大辯論，摩訶衍代表中國佛教的頓教立場，蓮華戒則代表印度佛教的漸教立場。論爭的結果，是蓮華戒得勝。結果印度佛教在西藏佔有主導地位，中國佛教在西藏的影響力則漸被排除。這實是西藏佛教史上的一件大事。但歷來學者對此事的實際的發生情況，或甚至此事有無發生，都無法確定。至近代，由于發現了新資料，學者才能斷定確有其事，對之也能有較詳細的了解。

註 四九：敦煌出土神會〈菩提達摩南宗定是非論〉中，神會有謂：「〔菩提達摩〕開佛知見，以為密契，便傳一領袈裟以為法信，授與慧可。慧可傳僧璨，璨傳道信，道信傳弘忍，弘忍傳慧能，六代相承。」

註 五〇：歐洲早期有人說佛陀誕生于處女的血統，這自是荒謬絕倫的附會基督教神話的說法。近代德國學者奧登拔（Hermann Oldenberg），則根據可靠的巴利經典而為佛陀作傳，故較能描劃出佛陀的歷史面貌。參見其《佛陀：其生命、教說與社團》（Buddha, Sein Leben, seine Lehre, seine Gemeinde）一書。

註 五一：宇井伯壽有《禪宗史研究》，關口眞大有《達摩大師之研究》、《達摩之研究》、《禪宗思想史》，柳田聖山有《初期禪宗史書之研究》；胡適有《神會和尚遺集》、《胡適文存》、《胡適手稿》中有關部份，印順有《中國禪宗史》。後二者雖不屬日本及西方的研究，但我們亦談談他們。

註 五二：這是就敦煌本的《壇經》而言。（有關敦煌本《壇經》事，見下。）宇井伯壽的說法比較保守，他以為《壇經》基本上是慧能所說。印順則分《壇經》為兩部份，其中的主體部份是大梵寺開法的紀錄，當是慧能所說，其他則是附錄，是慧能平時對弟子的問答、臨終付囑，和臨終和身後的情形；這兩者的性質不同，集錄也有先後的差別，故應分別處理。胡適則以為《壇經》主要為神會所作，神會的弟子也有參予部份的撰作。關口眞大以為《壇經》是神會一系人所造，而强調般若波羅蜜與慧能的關係。柳田聖山則以為《壇經》中好些部份，原是牛頭宗第六代慧忠所說，鶴林法海所記，而為神會引入《壇經》中的。

註

五三：本世紀初在敦煌發現大量古代典籍的寫本，是轟動世界學術界的一件大事。這對東方學問特別是佛教的研究，有着深遠的影響。對此事的經過，就關係于佛教特別是禪宗來說，可簡述如下。

按古代中國與西域的交通，自以所謂絲綢之路為主要通道；敦煌卽是此一通道的要衝。一八七九年，匈牙利地理學家羅齊（L. de Loczy）發現敦煌千佛洞，報導洞內有莊嚴富麗的壁畫。其後，于一八九九年，有一住持王道士因掃除洞窟內的積砂，偶然見到壁畫有龜裂狀，因破開周圍的牆壁，竟發現其中一個秘密石室，充滿古代典籍的本子。但此事竟未為中國人所注意。至一九〇七年，英國的斯坦因（M. Aurel Stein）帶領隊伍到中亞細亞探險（有關中亞細亞探險事，請參閱筆者另文〈德國之佛學研究〉），路經敦煌，知道其中的發現，乃潛自發掘，盜取其中的佛像繪畫及佛典書籍二百三十包而去。翌年，法國的伯希和（Paul Pelliot）又率其中亞細亞探險隊而來，盜取五千種寫本而去。此時石室藏本已所餘無多。其後又經日本的大谷探險隊與蘇聯的奥登堡（Serge d'Oldenburg）先後搜攫，才引起中國人的注意。清廷乃下令採取行動，將其餘的残卷本子取出，存放于北京的京師圖書館中。而在清廷發掘與搬運卷子的中途，又有不少流落出來，有些竟展轉被移運至國外。

這些出土的本子，就其種類來說，有卷子本、冊子本、板刻本、貝葉等；其所用語，除漢語外，亦有用梵語、西藏語、于闐語、古代土耳其古語寫者；本子的內容，則以佛教為主，更旁及儒家、道教、摩尼教、景教，及一般政治、地誌、文藝等。日本的矢吹慶輝氏，曾整理過有關佛教方面的本子，以《鳴沙餘韻》為題，加以影印出版。又這些本子，多是唐末宋初年間的筆寫，亦有作于六朝時代的，最近則至于宋眞宗年代。其中有關禪宗方面的典籍，如〈南天竺菩提達摩禪師觀門〉、〈觀心論〉、〈大乘無生方便門〉、《六祖壇經》、《楞伽師資記》、《傳法寶紀》、《歷代法寶記》等，日本學者皆收入《大正新修大藏經》中。

註

五四：據《胡適禪學案》(柳田聖山所編)，胡適謂先後發現的神會的著作如下：

一、神會的《語錄》，有三個本子：胡適校寫巴黎國家圖書館藏的敦煌寫本(擬題為《神會語錄》)、石井光雄影印他購藏得的敦煌寫本(題為《敦煌出土神會錄》)(另有鈴木貞太郎、公田連太郎校訂石井光雄本《敦煌出土神會錄》，題為《敦煌出土荷澤神會禪師語錄》)，和入矢義高發現的本子(原題為《南陽和尚問答雜徵義》，原編集者是劉澄)。

二、〈菩提達摩南宗定是非論〉，有三個本子，都是敦煌出土，而藏于巴黎國家圖書館，都是胡適校寫。

三、〈南陽和尚頓教解脫禪門直了性壇語〉，有兩個本子，都是敦煌出土：鈴木貞太郎校寫北平國立北平圖書館藏的寫本、胡適校寫巴黎國家圖書館藏的寫本。

四、〈頓悟無生般若頌〉，又稱〈荷澤大師顯宗記〉，有三個本子：《景德傳燈錄》卷三〇所收的〈荷澤大師顯宗記〉、矢吹慶輝影印倫敦大英博物館藏的敦煌寫本〈頓悟無生般若頌〉、胡適校寫倫敦大英博物館藏的敦煌寫本〈頓悟無生般若頌〉。

註五五：見胡適《神會和尚遺集》卷首之〈荷澤大師神會傳〉；又參閱《胡適禪學案》之〈新校定的敦煌寫本神會和尚遺著兩種〉校寫後記。

註五六：《胡適禪學案》之〈新校定的敦煌寫本神會和尚遺著兩種〉校寫後記。

註五七：例如《景德傳燈錄》、《傳法正宗記》之類。

註五八：神秀：「身是菩提樹，心如明鏡台，時時勤拂拭，勿使惹塵埃」；慧能：「菩提本無樹，明鏡亦非台，本來無一物，何處惹塵埃」。

註五九：例如，他以《壇經》與新發現的《神會語錄》在文字上有很多相似處，即斷定《壇經》主要為神會所作，這不免說得太過份，不免武斷。照我們看，這只表示《壇經》對神會有很大的影響而已。《壇經》代表慧能的思想，神會又是慧能的弟子，則他在自己的語錄中（語錄或非神會自己所寫，而是其弟子所記），收錄一些《壇經》的文句，並非不尋常事。

註六〇：胡適在其〈中國禪學的發展〉一文（收入于《胡適禪學案》中）中，說及神會的思想；他把其教義略為五點：一、頓悟；二、定慧平等；三、無念；四、知；五、自然。這種了解，表面之極，猶如中學的教科書，說了等如不說。而他隨意把「知」比附到儒家的「良知」，把「自然」比附到道家方面去，更顯出他為學態度的輕浮，于義理限界全不措意。

註六一：胡適論禪，只是常識層面，只能說一些禪的故事，一些「口頭禪」，和列舉一些修禪的方法而已。在他的著作中，並未有顯示他對禪的本質，有若何措意；他講禪的方法，也未有注意到這些方法所一致指向的，是對「大死」觀念的參透（關于「大死」，請參閱註四）；他對禪宗內諸系的義理區分，如清淨禪、如來禪、祖師禪（神會禪即屬如來禪）等的確定分別，也未有意識到。

註 六二：例如《印度哲學研究》、《禪宗史研究》、《攝大乘論研究》等巨著。

註 六三：牟宗三先生在其《佛性與般若》一書的〈法登論天台宗之宗眼兼判禪宗〉一章中，論到禪宗思想的本質。他以天台宗配慧能禪，以之為圓悟禪或頓悟禪；而以華嚴宗配神會禪，以為神會的靈知眞性，仍預設一超越分解地說的眞心以為性。按慧能禪與神會禪同被宗密稱為直顯心性宗，但他們之間的義理區分，都一直少被人清楚意識到。神會是慧能的弟子，他自受到慧能不少的影響；但兩人的心態畢竟不同，故思想的歸趣亦有異。牟宗三先生以天台華嚴的不同的圓教義理規模，來凸顯這兩種直顯心性宗的本質的差異，眉目相當清楚，理解也有深度。但這種理解，並非考據，而基于哲學的慧識與判教的智慧；此則非考據學問所能及。考據學雖有價值，但其不足處亦很明顯；此是我們應多加反省者。

註 六四：此類書籍，筆者于漢堡大學圖書館曾隨手翻過幾本；作者皆是不知其來歷者。

註 六五：〈就無門關看中國禪在慧能之後之發展〉（Die Entwicklung des chinesischen Ch'an nach Hui-neng im Lichte des Wu-Men-Kuan）、《禪之歷史與面貌》（Zen: Geschichte und Gestalt）、《禪佛教之覺悟之道》（Der Erleuchtungsweg des Zen in Buddhismus）。

註 六六：關于杜默林及其研究，請參閱筆者另文〈德國之佛學研究〉及筆者所譯他的〈就無門關看中國禪在慧能之後之發展〉（譯文題為〈南宗禪〉）的「譯者按語」，此處不多重覆。

註六七：禪是否神秘主義一問題，曾引起學者們不少的爭論。鈴木大拙早年亦曾以「神秘主義」來說禪，其後乃後悔，以為此種說法會導致很多對禪的誤解。胡適極力反對神秘主義的說法，他以之完全是理性的。

註六八：他曾寫 The Buddhist Philosophy of Universal Flux 一書，研究佛教的存在論與緣起學說；另外，他又有 The Absolutists' Standpoint in Logic，檢討中觀哲學的辯證方法。

註六九：The Nava-Nalanda-Mahavihara Research Publication.

註七〇：Nāgārjuna's philosophy, as presented in the Mahāprajñāpāramitā-śāstra。

按《大智度論》哲學義理豐富，堪稱佛學的百科全書，目前學者對它的研究，仍甚缺之，僅法國的拉莫特的部份法譯及註釋、日本的三枝充悳的德文研究，和拉馬南的著書而已。

註七一：關于浂爾巴特斯基的著述，可參看《浂爾巴特斯基論文集》（Papers of Th. Stcherbatsky）一書書後所附的附錄，其中列有浂氏的專著、論文、講演、翻譯、序文和所編訂出版的原典各項。

註七二：這些都是散篇的論文，不多引。

註七三：見木村泰賢《大乘佛教實踐論》一書。按此書收入《木村泰賢全集》第六卷中，題為《大乘佛教思想論》。

註七四：《大方廣佛華嚴經》，梵文原名 Gaṇḍavyūha，或 Buddha-avataṃsaka；後者譯為佛陀華嚴。

註七五：金倉圓照研究印度精神史，長尾雅人精于西藏佛學，上田義文則擅長大乘佛教思想。

註七六：原文見《佛教之根本眞理》宮本正尊所寫的序言。

註七七：此中有極少數例外，如京都學派的學者。但他們的缺點，却又在另一方面。詳見後面討論京都學派的方法一節。

註七八：一般學者研究西藏思想，多喜將之依附在印度思想系統中來討論。這不啻抹殺西藏民族在思想上的獨特性，筆者以為不可取。

註七九：維也納學派（Wiener Kreis）是自一九二四年以來一群自然科學的研究者在維也納研究科學論與知識論各問題的結集。他們的理想是要建構一套脫離形而上學的哲學體系，那即是科學的哲學。

註八〇：關于這一學派的研究，可更參看筆者另文〈日本及歐美之佛學研究〉及〈德國之佛學研究〉。

註八一：佛學與西藏學研究所（Institut für Buddhologie und Tibetologie），附屬于維也納大學。

註八二：傳統的中國佛學與日本佛學都不大留意這方面的學問，玄奘和窺基他們是例外。此中原因，自與中日民族在思想上的用心方面有關，此不多論。

註八三：因明（hetu-vidyā），傳統把佛教徒的學問分類為五：內明、醫方明、因明、聲明、工巧明。因明是專門研究論證的根據的學問。

註八四：《方便心論》，作者未明，漢譯者是後魏西域三藏吉迦夜。一般以為，這是龍樹以前的小乘佛教徒的作品。此書的內容，是當時的因明學說的結集。

註八五：《廻諍論》，參考註七、八。

註八六：在邏輯上的意義是把五支作法改為三支作法，此處從略。在知識論上的意義是把認識對象劃定為自相與共相兩種，以此為根據，來規定認識機能（量）為現量與比量兩種。陳那以前的因明，都頗有實在論的色彩，以外在的對象為標準，由對這些對象有多種不同的認識方式，來規定多種的認識機能。陳那則站于唯識宗的立場，確定現量把握對象的自相，比量把握對象的共相；其他的都不是眞正的認識機能。

註 八七：這三個系統的分法，只是一假說，而未有定論。詳見梶山雄一：〈後期印度佛教之論理學〉（《講座佛教思想》第二卷：認識論、論理學）。另外、在茨爾巴特斯基的《佛家邏輯》（頁三九—四七）中，有更詳細的介紹。

註 八八：關于後期印度佛教哲學的發展，可參考上註所引論文及專書。

註 八九：印度哲學在此以前的其他學派，以為知識的根源除知覺與推理外，尚有聖者的話語、比喩等多種。

註 九〇：以上對正確的知識根源的論述，參照戶崎宏正〈後期大乘佛敎之認識論〉（載于《講座佛教思想》第二卷：認識論、論理學）一文。

註 九一：佛教自法稱以來，知識論方面的著作，如法稱本人的《正理一滴》、法上的《正理一滴釋》（Nyāyabinduṭīkā ）、脫作護（Mokṣākaragupta）的《認識與論理》（Tarkabhāṣā ）和明作寂（Vidyākaraśānti）的《思維的階段》（Tarkasopāna ）等等，都依從知覺論（pratyakṣa ）、推理論（ svārtha-anumāna ）、辯證論（parārtha-anumāna ）的分法來論述。前兩者是知識論的問題，第三者則是有關哲學上的各問題的批判與論證的討論。

註 九二：佛教因明學的資料，絕大部份存于梵文與西藏文的典籍中，漢文方面的資料是很少的。如成書于陳那晚年而代表他的因明理論的《集量論》（《知識論集成》，Pramāṇasamuccaya ）

基本上卽只有西藏文譯本現存。法稱的著作，包括最重要的《量評釋》（《知識論評釋》，Pramāṇavārttika），都無漢譯，只有梵文原典與西藏文譯本，有些或竟只有西藏文譯本。

註九三：研究佛家因明學的先驅學者，是印度的維杜雅布沙拿（Vidyabhusana）與蘇聯的泆爾巴特斯基；前者重在歷史方面，後者則重在理論方面。但他們都未有發現陳那或法稱的原典文獻。陳那的《集量論》的梵文原本已失，只有零碎的原文斷片，作為他派學者所引述的文獻而被發現，但這極為有限。西藏文譯本則幸而得以保存。法稱的代表作《量評釋》的梵本，則要到一九三四—三六年間才被發現。那是一個印度學者拉胡拉（Rahula Sankrityayana）在這些年間到西藏探險的偶然結果。

註九四：《集量論》由六章組成：一、現量（知覺，Pratyakṣa）；二、為自比量（為了己方之推理，Svārthānumāna）；三、為他比量（為了他方之推理，Parārthānumāna）；四、觀喻似喻（眞假事例，Dṛṣṭānta-dṛṣṭāntabhāsa）；五、觀離（其他義之拒斥，Apoha）；六、觀過類（錯誤之辯駁，Jāti）。第一章就兩種對象（自相與共相）的確定分別而確立認識的兩種機能；繼而論述知覺的性格，以至在認知上機能與結果的關係。第二、三、四、六章處理邏輯的問題。第五章發揮著名的觀離理論，卽是，一詞表示某一對象，必須透過對其他對象的排斥來表示，這其實是一種推理。

註九五：Masaaki Hattori（服部正明），Dignāga, On Perception（陳那論知覺）；北川秀則：《印度古典論理學之研究——陳那之體系》。

註九六：陳那的作品中，只有漢譯本現存的，有三種：《因明正理門論》、《觀總相論頌》、《取因假設論》。後者由義淨譯出。其中討論兩問題：其一是未得覺悟的人的世界觀，其一則是佛陀的特別的說法。

註九七：《量評釋》為法稱的代表作。它基本上是透過解釋陳那的《集量論》，來發揮作者自身的因明學理論。此中尤以論所作（kārya）因、自性（svabhāva）因等，為作者的獨創說法。他對觀離理論也有新的突破。

註九八："Masao Abe, " Review Article, Christianity and the Encounter of the World Religions ", The Eastern Buddhist, new series, Vol. I, No. 1, Sept. 1965.
按所評之書是田立克（P. Tillich）所寫。

註九九：布魯納為瑞士神學家；他與巴爾夫（K. Barth）共倡辯證法神學，予西方思想界以極大的刺激。辯證法神學卽所謂「神言神學」，它批判自由主義神學與宗教體驗主義，否定人文主義、內在主義，而强調要徹底服從神的啓示。其後二人思想異致，而分道揚鑣。布特曼則是當代西方宗教哲學家，曾提出「新約聖經中的宣敎的非神話化」，予基督教神學極大的震撼。

註一〇〇：田立克寫有《基督教與世界宗教之遇合》（英文原名見註九八）一書，卽本着東西方宗教應相互了解以發揮其最大效能的心懷，來討論宗教遇合的問題。他以認同（identity）、熱情（compassion）與疏離（detachment）這幾個義理，來說佛教的涅槃，顯然是不足的；尤其是以疏離來說佛教，更是一偏見。按疏離只能用來說小乘；大乘則非疏離所能盡。大乘菩薩不住涅槃，不捨世間，豈能說是疏離？

註一〇一：有關杜默林與法頓浮斯的詳情，請參閱筆者另文〈德國之佛學研究〉。

註一〇二：這次對談的記錄，連續載于英文《東方佛教》（The Eastern Buddhist）學報第四卷第二期、第五卷第二期、第六卷第二期中。

註一〇三：The Eastern Buddhist, new series, Vol. Ⅳ No. 2, Oct. 1971, P. 96.

註一〇四：「負面神學」是基督教神學思想的一個逆流；它強調神的否定面，認為我們對神的負面的了解，多于我們對神的正面的了解。即是說，我們對神了解為不是甚麼，多于我們對神了解為是甚麼。就此點言，它與佛教特別是龍樹強調以否定的方式來把握最高眞實，例如八不中道，很有相通處。

註一〇五：其實只限于日本，因到目前為止，進行這種工作的，只限于日本學者。

註一〇六：嚴格來說，佛教不能說是日本的，它在日本繼續發展，但它的根源却在印度、中國。

註一〇七：全名為"Non-being and Mu: the Metaphysical Nature of Negativity in the East and the West"，載于《宗教研究》（Rel. Stud. Ⅱ, pp. 181—192）。

註一〇八：原文載于久松眞一、西谷啓治編《禪之本質與人間之眞理》一書中；又載于《久松眞一著作集》第二册中。原文又有英譯，題為"Ultimate Crisis and Resurrection"，載于《東方佛教》（The Eastern Buddhist）第八卷第一期、第八卷第二期中。

註一〇九：久松的意思是，罪與其他三個背反，在同一層面；它們即是：善惡、是非、淨染。這是偏于道德論意義的。死則是生死層，推而廣之是生滅層，再推而廣之是有無層。這主要是存在論的意義。

註一一〇：在具體的眞實生命中，這兩個背反並不是二，而是一。它們都發自獨一的生命：負罪的人，正是一個生活在生死中的具體的人。

註一一一：解脫即表示于對這究極的背反的超越中。死的解脫，是「不生不滅」，「無生無死」，「生死一如」；罪的解脫，是「無善無惡」，「眞假一如」，「染淨不二」。能由究極的死，究極的罪中解脫開來，才是人的眞正的存在。久松以為，六祖在《壇經》裏謂「不思善，不思惡，是汝本來面目」，「父母未生前之本來面目」，卽表示這個解脫的境界；而禪的「大疑」，卽表示究極的背反。

這個「大疑」或「大疑團」，是生命的知情意的困惑滾在一起的「整一的基本的主體」，不單是知性的。此中，「被懷疑的，正是懷疑者自身」。在這種情況下，並無主客的分別。這「大疑團」是一切懷疑的大本原，而不是零散的懷疑的聚合。

久松以為，突破大疑團的關鍵，在于滲透入生命的底層——眞我。必須要打破自我的究極的背反，才能覺悟到自身的一體性（oneness）。這眞我不再有死與罪，不受時空限制，無形相，亦無我相。這是人的存在的本相，是存在的基點。由于它無形相，故是「無」（Nothingness）。

久松特別强調，這「無」不是純然的邏輯的否定，而是眞我的存在方式，它能生起無限的積極性。

註一一二：Shinichi Hisamatsu, "Zen, Its Meaning for Modern Civilization", The Eastern Buddhist, new series, Vol. I. No. 1, Sept. 1965.

註一一三：FAS 協會是日本的宗教組織，由久松眞一主持。這個組織有一個宗教理想，以禪的「無相」自我觀念為基礎，而展開一套新的理想社會與理想歷史。這個宗教理想以三個字來表示：F是 Formless Self，是無相的自我；A是 All mankind，是全人類；S是 Supra-historically，是超越地創造歷史。其全部的意思是，以無相的自我為基本主體，在空間上推廣到全人類，在時間上創造歷史，而超越歷史。F是主體，AS是活動。前者表示眞實的自覺；後者表示它落實于時空中，不是抽象的主體，而是有具體的充實飽滿的意義。「沒有無相自我的自覺，則世界的現成與歷史的創造，將不具有基本的主體；但若沒有世界的現成與歷史的創造，則無相自我不免淪于一種不健全的熱情的流蕩。」人要臻于FAS這樣的動態的構造，才能成為眞人，才能成就人格的最高理想。事實上，這FAS的三個中心觀念：無相自我、全人類、超越歷史而創造歷史，實基于久松眞一對人的存在的根本的了解而來。他以為，關于人的存在，有三個面相：深度、廣度、持久度。所謂深度，是要滲透入人的自覺中，以迄于對無相自我的覺醒。廣度是要由國家或種族主義的自我解放開來，以擴充至人類的全體，臻于「四海之內，皆兄弟也」的立場。持久度則是歷史的意義，以人的存在的深度廣度為基礎，生活于歷史中，而又超越歷史。（上面的解說，悉參考上引久松眞一〈究極的危機與復活〉一文。）

註一一四：久松眞一在〈究極的危機與復活〉一文中謂：「要索尋一個特定的神作為救贖者，這種想法，不能導致眞正的救贖。」「站在佛教的究極的立場來說，救贖者與被救贖者，並無分別。」「救贖必要覺悟：覺悟到自己的眞我……佛教的特徵，不在于它是一種信仰，不在于思辯，也不是把神與人連合起來，而在于覺悟。」

註一一五：在與辯證法神學家布魯納（E. Brunner）的一次對談中，久松眞一表示老子的「無」與佛教的「無」有根本的差異處。據他謂，老子的無是「虛無」，佛教的無則不是純然的虛無，而是一絕待的無礙自由的主體。（參見《東洋的無》，《久松眞一著作集》第一，頁三七三—三八〇。）這顯然對老子有誤解。

註一一六：瑜伽，梵語 yoga 的譯音。依據調息呼吸的方法，使心集中于一點，修習以止觀為主的工夫，冀能與正理相應，而與之冥合。

註一一七：一九七八年夏，筆者在北歐旅行，在丹麥的哥本哈根行了幾條街，便見有兩個瑜伽的練習中心。柏林管絃樂團的指揮卡拉揚（Herbert von Karajan），便自稱是瑜伽的愛好者，並謂每天清晨都修習瑜伽一小時。

註一一八：芳賀洞然：〈如何閱讀禪籍〉，講座禪第六卷：禪之古典—中國。

註一一九：同上。

註一二〇：作者以為正宗的禪籍有以下三種類：一、以韻文體寫出禪的根本宗旨與禪者的悟境，像三祖僧璨的〈信心銘〉、永嘉玄覺的〈證道歌〉、石頭希遷的〈參同契〉等。二、總結某些特定的禪僧的行錄、示衆、問答商量等東西，像《臨濟錄》、《雲門錄》、《虛堂錄》一類。三、祖師的古則因緣的選集，而添加一些垂示、頌、評唱等，如《碧岩錄》、《無門關》、《從容錄》一類。

註一二一：參見〈如何閱讀禪籍〉一文。

註一二二：此中所論的，都是正宗禪籍（參考註一二〇）。執筆的人，有芳賀洞然、竹田益州、大森曹玄、酒井得元、鏡島元隆、平田高士、柴山全慶、河野宗寬、平野宗淨、增田英男、梶谷宗忍、今長谷蘭山、北原隆太郎、秋月龍珉、林惠鏡、佐橋法龍、關牧翁、中島鐵心、小池心叟、小堀南嶺、勝平宗徹等人。

註一二三：大抵前期的話頭公案，多是具有豐富內涵的表示，但禪宗發展到後期，生命力量衰退，話頭公案亦顯得軟弱無力，不少且流于怪態，令人費解。或自身竟不表示任何意義，只因祖師覺得弟子的問話，只是一個荒謬，他于是也以一個荒謬的答話頂回去而已。在這些荒謬的答話中求解，自是無聊的。

註一二四：詳情可參閱筆者另文〈德國之佛學研究〉。

註一二五：可參看他對《無門關》的翻譯 R. H. Blyth : Mumonkan-Zen and Zen Classics, Ⅳ（一九六六年，北星堂）。

# 對現代佛學研究之評論

西方和日本的佛學研究界，近年有很大的變動。很多老的學者逝去，年輕有潛質的學者漸漸冒起；新的研究也出現了不少。在我自己的不斷研習中，對現代佛學研究有了較多的了解，對它的表現，特別是日本方面的，也多了一些批評。在這篇短文中，我想對現代佛學研究作深刻的省察，特別要評論一下日本方面的佛學研究的不足處，和談談歐洲大陸的佛學研究的成績。對于日本的佛學研究，我們一貫的態度，似乎是仰慕和接受。我想我們應該對於這個態度，深入反省一下。

## 一、日本的佛學研究的弱點

基本上，日本的現代佛學研究的風氣與方法，是承襲歐洲的。歐洲方面的佛學研究，其重點集中在南亞佛學方面，這即是梵文、巴利文與西藏文的佛學，東亞方面，特別是漢文佛學，是比較弱的。彼方幾個開風氣的學者，如布奴夫（Burnouf）與梅拉（Müller）等，都是搞這方面的。而把西方佛學研究移植到日本的南條文雄與高楠順次郎，也是這方面的學者。故現代佛學研究，在南亞方面較强，東亞方面較弱。這在西方來說，尤爲顯著。西方研究南亞佛學的鉅著。繁不勝數，東亞方面，數來數去，好像只有舒里和（Zürcher）的《佛教之征服中國》（The Buddhist Conquest of China）和貢特（Gundert）的德譯《碧岩錄》而已，根本不成比例，這些都是歷史或文獻學的研究，談不上哲學義理的理解。日本方面，南亞佛學研究的鉅著自然很多，有關中國佛學的大部頭的著述，似乎也不少。不過，就後者來說，其成就基本上是在文獻學和歷史考據方面，而不在義理的闡發方面。就較近期而言，日本出現好些優秀的中國佛教學者，如佐藤哲英、關口真大、柳田聖山等等。佐藤有《天台大師の研究》，關口有《達摩大師の研究》，柳田有《初期禪宗史書の研究》。但這主要是表現考據功夫，在義理方面，發揮不多。我個人覺得，日本的佛學研究，其精采在南亞佛學方面。在這方面，文獻學當然做得好，義理也有可觀處。在中國佛學的研究來說，文字上的功夫不錯，但義理方面則乏善可陳。關於後一點，彼方學者常對基本問題與觀念，把握不到要處。這特別是在研究天台與華嚴的思想爲然。舉一個例子來說，天台的智者大師的基本問題，是真理如何建立與如何體現。他是以中道佛性一觀念來說真理。在他看來，作爲真理的中道，即是佛性，而佛性即是真心，故理即是心。中道佛性實是中國的心即理思想的佛教式的表示。他又透過佛性的常住性、具有功用和具足諸法，而說作爲真理的中道佛性的常住而能起用與包容諸法的本質。因此中道佛性在智者的系統中，是最基本的觀念，他的判教理論和三觀理論，只是這個觀念的應用和體現方式的表現而已。即是，在他所判的藏、通、別、圓四教中，佛性是關鍵性的概念。藏、通教都不說佛性，故可歸爲一類，都有所偏，其真理是偏真。兩者的分別，只是體現真理的方法不同而已：藏教是「析假入空」，其法爲拙；通教是「體假入空」，其法爲巧。別、圓教都說佛性，故亦可歸爲一類，兩者所體現的真理，都是圓中。但兩者仍有分別，這亦是就體現真理的方法的不同而說：別教講階段，修行者要分段而證真理，所謂「歷別入中」；圓教則强調當下的頓然方式，以體現真理。即是說，證取真理是頓然的事，不必經如許階段，所謂「圓頓入中」。至於三觀，或一心三觀，則是智者爲應作爲真理的中道佛性的特質而提出的體現真理的方法。這種方法雖與衆不同，但它不是決定智者的思想體系的關鍵點，中道佛性才是。故智者體系的特色，在中道佛性，而不在三觀；前者是觀念，後者是方法。觀念當是較方法爲根本的。對於這些點，近時日本著名的天台學學者，如安藤俊雄、佐藤哲英、玉城康四郎等，都未能掌握。他們無寧較留意一些支節的問題。例如，安藤寫《天台學：根本思想とその展開》一大書，花了二十頁來說智者的判教，竟全不提佛性。玉城的《心把捉の展開》，也全不提中道佛性。佐藤的《天台大師の研究》，對考證智者的著作方面，做得很精細。但說到智者的思想，竟不提中道佛性，只說三諦三觀是智者思想的特色。這自是不恰當的。日本學者的這些表現，都是令人失望的。我自己接觸日本的佛學研究不少，平心而論，在印度佛學方面，得益不鮮，但在中國佛學方面，除了一些文獻的資料外，自覺並無得益。我以爲，日本學者在印度佛學的研究的成就，是令人讚歎的，他們處理梵文文獻的幹勁與方法，都值得我們學習。但他們對中國佛學的研究，在義理的探究與闡發方面，並不值得重視。猶記一九七四年春初到日本，看到他們的浩瀚的佛學研究書籍，驚訝不已。其後對於他們的研究成績，不斷吸收。現在已不限於只是吸收，而更要批評了。

## 二、西方與日本的中觀學研究

日本學者在印度佛學的研究的輝煌成就，自是有目共睹。一般來說，在印度佛學的各個體系方面，都有很好的學者。例如佛陀傳及原始佛教有增谷文雄、舟橋一哉，巴利佛教有水野弘元，小乘有櫻部建。大乘佛教的學者更多，例如初期大乘有西義雄，唯識學有宇井伯壽、上田義文、結城令聞，如來藏思想有高崎直道，佛家邏輯有北川秀則、服部正明、梶山雄一。但對中觀學特別是龍樹思想的研究，顯然較弱。日本似乎沒有專門研究龍樹思想的大學者。梶山雄一與稻田龜男（K.K.Inada）作了一些研究，但規模不算大。梶山本人的研究重點，顯然是在後期的佛家邏輯，特別是脫作護（Mokṣākaragupta）的思想。壬生台舜近年編集了一本《龍樹教學の研究》，篇幅不算少，但所收的文字，理論價值都不見得很高。日本的中觀學及龍樹研究的單薄，與西方（包括印度在內）比較便更明顯。西方有所謂五大家，被視爲中觀學研究的傑出學者，他們是茨爾巴特斯基（Stcherbatsky）、梅義（May）、梅爾蒂（Murti）、魯濱遜（Robinson）和史提連格（Streng）。其實西方的中觀學者，並不止這五位，也不必是以這五位爲最好。印度的拉馬南（Ramanan）和美洲的史培隆格（Sprung），都很傑出。另外，印度的彭迪耶（Pandeya），和牛津的默迪羅（Matilal），雖未寫中觀學的專書，但亦發表過一些很有見地的有關中觀學的論文。這些學者不但懂梵文，而且哲學和邏輯的訓練都不錯，他們的條件都比日本學者好些。其中尤以魯濱遜的工夫，最爲堅實。他的中觀學研究，有很紮實的文獻學基礎，也能照顧義理方面的探究。唯其如此，他能以較審慎而中肯的眼光來看中觀學，而不像某些中觀學學者，過分地運用西方的哲學理論和辭彙來詮釋中觀學。他的《早期印度與中國的中觀學》(Early Mādhyamika in India and China)是這方面經典之作。他對日本的中觀學研究，有一定的影響，梶山雄一便很受他的影響。

西方的中觀學研究風氣，實在是很盛的，而且有開展。這可從以德國觀念論和符號邏輯來看龍樹的立場與論證一點中看到。按研究龍樹的思想與中觀學，自然是以《中論》(Madhyamaka-kārikā)和《大智度論》爲最重要的文獻。一般而言，能根據梵本、藏譯與漢譯(《大智度論》只有漢譯)來研究，已是不錯了。日本學者與早期的西方學者，很多都是這樣做。其後印度方面的學者進一步以西方哲學特別是康德的知識論和黑格爾的辯證法來詮釋中觀學。梅爾蒂可以說是其中的代表；他的《佛教的中心哲學》(The Central Philosophy of Buddhism)，可以說是龍樹學在德國觀念論下的反映，康德與黑格爾的味道非常濃厚。拉馬南基本是以西方哲學的理論和觀念爲參照，來看中觀學，這可見於他研究《大智度論》的巨著(《龍樹的哲學》Nāgārjuna's Philosophy,他是以《大智度論》爲龍樹所作)中。梅爾蒂等的這種研究法，在西方引起一定的影響，也帶來一些嚴刻的批評。如梅義便不以他的做法爲然，他寫了一篇論文("Kant et le Mādhyamika", *Indo-Iranian Journal*, II,1959, pp.102－111)，批評把中觀學康德化之不當。這裏我們並不擬對梅爾蒂等人的方法是否恰當多作討論，事實上，這個問題相當複雜，不能草草解決。我們要說的是，德國觀念論和西方哲學是很費勁才能弄通的，能以這方面爲背景來看中觀學，不能不說是中觀學研究的一種新的開展。日本學者便未能做到這點。再者，梅爾蒂的方法受到批評，若不想死守就中觀學來說中觀學的路子，便要考慮以別的系統爲參照了。若要減少批評，則符號邏輯應該是較好的選擇，因它不指涉到某一特定的系統的內容，而只管形式的事，即只涉及推理是否有效的問題。因而在西方，就興起一種以符號邏輯來研究中觀學，特別是龍樹的論證的風氣。在這方面，魯濱遜和一些較年輕的西方學者，都做過不少工夫，他們所用的符號邏輯，主要是邏輯代數（algebra of logic）。這種研究法，自然表示中觀學研究的另一新發展。在日本方面，這種風氣仍未流行，好像只有中村元和立川武藏做過這種研究而已。上面說日本的龍樹學與中觀學的研究，並不發達，不能與西方比較，這自然可以從彼方的學者未能開出以德國觀念論和符號邏輯來研究的風氣中看到。何以會如此，這是一個複雜的問題，這裏自不能評論。不過，我個人覺得，日本人的用思質實，有步步向前的傾向，這與唯識的思路，比較相應。龍樹的思想，哲學性與邏輯性都很强，它那種通過否定兩邊的執著以顯現較高層面的真理的思考，頗有頓教的意味，日本學者大概不喜亦不擅長這種思考方式。不少日本人以理解龍樹學爲難事，顯然與這點大有關連。

## 三、歐陸方面的佛學研究

現代的佛學研究，自然是以日語的資料爲最多。不過，如上面透露，西方語文的資料也是很可觀的，其水平也往往比日語的高。特別是有一些非常重要的佛學文獻的翻譯和研究，西方（包括印度）學者做得很好，非日本人能望其背項。例如法比系的蒲桑（Poussin）和拉莫特（Lamotte）師徒兩人，分別翻譯了《成唯識論》和《大智度論》，都是學術上的經典之作；蒲桑還翻譯了煩瑣的《俱舍論》。法稱的《量評釋》，是極其艱深而精采的作品，它的義理奧澀，文字（梵文）隱晦，最近也由印度學者彭迪耶翻譯出來了。日本學者便未做到這個程度。九州大學的户崎宏正，花了半生精力，亦只翻譯了該書的現量章而已。這些西方的研究，以英語、法語和德語爲主。我國學者研習西方的現代語文，多只限於英語，因而所知亦限於英語方面的研究。其實在不少方面，歐洲大陸特別是法語和德語的研究，比英語的好，法比系和德奥系的研究，在某些學派或思想方面，遠較英美系的爲早，其研究的歷史也較長。例如對於佛教知識論（在現代佛學研究來説，佛教知識論通常是指陳那和法稱的知識理論，有時也包括寶稱 Ratnākīrti 和脫作護 Mokṣākaragupta 等人的知識理論；前者屬佛教的中、後期，後者則是後期）的研究來説，德奥系的學者，一直是一枝獨秀的。這方面的研究，由法勞凡爾納（Frauwallner）開其端，他培養了幾個很好的學者，包括史坦恩卡爾納（Steinkellner）、舒密特侯遜（Schmithausen）和維特（Vetter）。這些學者又培養了好些年輕的新秀。他們的研究重點，一直是陳那的《集量論》和法稱的七論，包括《量評釋》在內。他們的大本營，是附屬於維也納大學（Universität Wien）的西藏學學院（Institut Tibetologie）。這種研究與西藏學學院有密切的關連，是由於它需要借助大量的藏文資料之故。不過，這些學者也非只是關心佛教知識論。史坦恩卡爾納對般若思想，舒密特侯遜對唯識學，維特對中觀學，都是有研究的。法勞凡爾納則有更廣闊的研究天地，他的《佛教哲學》（Die Philosophie des Buddhismus），是優秀的學術著作。法語方面的研究，特別是蒲桑和拉莫特他們的，當然是極其重要的。拉莫特的《印度佛教史》（Histoire du bouddhisme indien），是這方面的經典之作。在歐陸方面，還有兩系的佛學研究是值得注意的；其一是俄語系，另一是丹麥語系。不過，這兩系都差不多過時，不像法語系和德語系的研究，現在還興旺地持續著。俄語系的中心在聖彼得堡（即現在的列寧格勒），在過去一段時期，佛學研究非常盛行。著名的《佛教文庫》（Bibliotheca Buddhica），便是由奧頓堡（Oldenburg）在俄國創辦的。與他同時期的苂爾巴特斯基，更是了不起了。這個人可以多提一下。他的最重要的著作，自然是收入於《佛教文庫》中的兩巨册《佛家邏輯》（Buddhist Logic）。這是法稱的《正理一滴》的翻譯和法稱的知識論的研究。早在本世紀初，他已著手把這部論書翻譯成俄文，同時也留意德國觀念論特別是康德的知識論。差不多隔了二十年，他出版了這個翻譯的德文本和法文本。而這時他對德國觀念論的知識理論的造詣也趨成熟，於是把原譯轉成英語，而大加發揮，在本世紀三十年代出版，便成今日的《佛家邏輯》。他的發揮，自是基於康德的知識論而來。這種發揮，從一方面看，當然是好事，把法稱的理論國際化，也是有意義的。但也不免帶來非議：他太過分地運用康德的理論來說法稱，因而所呈現的法稱哲學，不是客觀的法稱哲學，而是法稱思想在康德哲學下的反映。他的原意本來是發揮法稱的知識論，卻惹來如是非議；實際上，他闡發法稱哲學，確有過當之處。這恐怕是他始料所未及吧。至於丹麥語系的佛學研究，則可推溯至更早時期，那是以哥本哈根爲中心的巴利經典的翻譯和出版。目前則只有極少的丹麥學者，致力於佛學研究，例如連特納（Lindtner）。不過，他主要是研究中觀學，包括把《中論》和一些龍樹的著作翻譯成丹麥文。在出版佛學研究的書籍及期刊方面，歐洲一直有兩個很大的中心，其一在比利時的魯汶（Louvain），其一在德國的維斯巴頓（Wiesbaden）；前者多出版法文的著作，後者則多出版德文的著作。

## 四、大學者與名學者

歐陸也出很多佛教學者。西方最大的佛教學者，恐怕不是英美系的，而是法比系的蒲桑和拉莫特。俄國的茨爾巴特斯基的研究，也是規模宏闊，算得上是大學者。所謂大學者，除了對佛學有全面的認識外，還需有紮實的文獻學與哲學的訓練，而且著作等身。蒲桑和拉莫特，都能照顧印度、西藏和中國三個大系統，目前恐怕沒有人超過他們的成就。茨爾巴特斯基也不錯，卻缺了中國佛學一環。在日本學者中，恐怕只有宇井伯壽能算是大學者。有人或許會提中村元；他在很多方面雖然很有成績，但亦不乏劣作。作爲一個佛教學者，他是比不上宇井的。我們中國自然沒有佛學研究方面的大學者。印度是佛教的祖國，在這方面有沒有大學者呢？也是沒有的。究其原因，也是有點可笑的。便是因爲印度是佛教的祖國，因而印度出不了佛學研究的大學者。佛教雖源於印度，其發展畢竟不止於印度，而流向西藏、中國、日本諸地。印度人挾其佛教祖國的身份，因而不免有只重視印度佛教，而輕視其他佛教的傾向。印度的佛教學者，通常只是「印度佛教」的學者，頂多是涉獵一下西藏佛學而已。對於東鄰的中國佛學，認識是很淺的。像拉馬南那樣，爲了較深入了解中觀學的漢文文獻，例如《大智度論》，而到中國留學，向湯用彤、王森田他們請教，是很少的。大學者而外，規模稍遜，但在某一方面的研究有卓越成就的，便是所謂名學者了。這樣的名學者也不多見。研究般若思想的抗塞（Conze）和研究中觀學的魯濱遜，可算是名學者；法勞凡爾納自然是名學者。這是西方的。印度方面，自然不能不提梅爾蒂。他在研究中觀哲學並開一種研究方向方面，是一個宗師；不過，他大概不會以學者自足，他是吠檀多主義的宗教徒，有很強的宗教投入感。在日本方面，分別研究早期唯識學和中、後期唯識學的山口益和服部正明，和研究如來藏學的高崎直道，都是名學者。關於服部正明，我想多說一些。倘若我們不要求一個學者極端博學，而基本上從嚴謹的治學態度來要求，所謂「知之爲知之，不知爲不知」，而對於知的部份，卻又知得很紮實很恰當的，則服部是個很理想的學者。當年我在京都，向服部求教有關研究佛教理論的問題，提到有關華嚴宗與中觀學的研究。我說很有一些學者，以比照懷黑德（Whitehead）的機體主義（Organism）哲學，來突顯華嚴的緣起理論，特別是以事體（event, occasion）的相互攝握（prehension），來說緣起事的相即相攝相入的關係；又提到以符號邏輯來幫助詮釋龍樹的辯證。我的意思是希望他能對這種研究提點意見。他卻很謙虛地表示自己並不懂懷黑德，也未做過符號邏輯的功夫。即是不想多談。但當我提到康德的範疇論與陳那的範疇論的比較時，他便毫不謙遜地說了一大堆。那是他很熟悉的主題。他對知與不知的界線分得很清楚；雖然是顯赫的京都大學講座教授，不知的便不談，也很爽脆承認不知。這與充塞在學術界充內行混飯吃的人，不同得很。服部研究的範圍確是不太廣闊，著作也不算多，但質素卻是一流的。二十多年前他寫了有關陳那的《集量論》現量章的翻譯與研究（Dignāga, on Perception），其精細周到處，迄今未有人超過他。在這本名著中，讀者可以感到作者的梵文文獻學與知識論的深厚根基。他治學有一個特色：在闡述某一種思想之先，總是歷史地把這種思想的背景，交代清楚，因而可以在思想史的脈絡下，把該種思想突顯出來，他研究世親的唯識學是如此，研究陳那的知識論，也是如此。這種研究方式自是較費功夫，但它的優點也是明顯的：在思想發展史的大背景下，所研究的某種思想的特性自得呈露。

## 五、關於學統：師承與講習

只有堅實的佛學研究的傳統，才能培養出大學者和名學者；也只有大學者和名學者，才能建立堅實的佛學研究的傳統。這兩者好像是互爲因果。在這種關係網中，不易找到出口。不管怎樣，我們可以說，大學者與名學者的產生，是需要學術傳統，或學統的。這學統可從兩點說，一是師承關係，二是講習風氣。關於師承關係，其意思是一個優秀的學者的出現，其前必有所承傳。上面提到的大學者和名學者，自不例外。例如拉莫特師承蒲桑，蒲桑又師承李維（Lévi），李維之前，又有布奴夫。這便是法語的佛學研究的學統，拉莫特有這麼好的承受，條件自然很優厚了。茨爾巴特斯基也不是空手開創學術基業的，他師承彌尼夫（Minaev）、畢勒爾（Bühler）和耶綽比（Jacobi），那基本上是德語的學統。日本學者所承的學統，更是多方面的，他們不單承日本學統，也承西方學統。如宇井伯壽師承高楠順次郎，高楠之前，又有南條文雄，南條又承德籍梅拉的梵文文獻學。至於講習風氣，則更是長時間維持的。所講習的內容，主要是梵文、巴利文和西藏文的文獻。講習的開端是演習，演習這幾種語文的文法；然後是講讀，閱讀這方面的經論；工夫足夠了，便進行翻譯。故在現代的佛學研究中，翻譯經論是一個極吃重的項目。很多這方面的鉅著或名著，主要都是經論文獻的翻譯。這種講習，在學員入大學時已開始，歷大學、研究院，都講習不輟。畢業時，學員已有相當的文獻學根基，已可處理一些原典文獻了。日本的京都大學有三個學部：梵文學部、佛教學部和印度哲學史學部。三個學部的重點，都在梵文文獻的閱讀與研究。因此這種講習，便成了共通的課程。聽說校方在學員入學之先的兩個月內，已把他們召集起來，進行緊密的梵文文法的集訓。開課時，彼等已能初步掌握梵文的基本文法了。在西方和日本，都有這種學統，故能培養出不少具實力的佛教學者。我們中國不具有這種學統，因此便難以培養出佛學研究的大學者與名學者。

# 日本的佛學研究的新發展

一九九二年七月初，我到日本研究京都學派的哲學，在京都住了將近一個月。研究京都學派之餘，也留意到日本學者在最近十年間在佛學研究方面的新發展。這篇文字便是這方面的報導與評論。我以前曾報導和評論過日本的佛學研究。這篇文字也可以視爲在這方面的補充。由於我只留在京都，没有到别的地方去；故報導與評論亦大抵以關西的爲主。不過，我亦嘗試對整個日本的佛學研究界作概括性的描述。

在京都，我曾走訪過不少與佛學研究有直接或間接關係的學者。包括阿部正雄、常盤義伸、大橋良介、服部正明、長尾雅人、御牧克己和奥地利學者卡勒塞爾（H. Krasser）。阿部是目前京都學派最重要和最活躍的人物，近年移居美國，繼承久松真一的宗教的對話，以佛教特别是禪的空、無義理，重新塑造上帝（God）的觀念，予西方宗教界帶來重大的衝激，使彼方學者紛紛著文回應①。常盤義伸是久松真一的弟子，曾翻譯了久松不少論文爲英文，包括《禪與美術》（*Zen and the Fine Arts*. Kyoto, 1958）一書，對推廣京都學派的哲學有顯著的貢獻。大橋良介被視爲京都學派第四代人物，精研德國哲學與西田哲學。服部正明是陳那（Dignāga）知識論研究的權威學者，近年自京都大學退休，還不停地研究與撰作。長尾雅人是大乘佛學研究的泰斗，也精於西藏系統。他倡議中觀與唯識殊途同歸的説法，强調這兩大學派的融和處②。我往看他時，他已屆八十七高齡，還是那樣談笑風生，神采飛揚；兩個多小時過去了，卻毫無倦容，令人感佩。御牧克己是梶山雄一的高足，梶山在京大退休後，御牧即接了他的教授棒子；精研西藏佛學，很有語文天份。卡勒塞爾則是維也納學派的斯坦恩卡爾納（E. Steinkellner）的學生，是法上（Dharmottara）的專家。這些學者都予人良好的印象，態度謙和，學問深厚。

以下我們要描述和評論一下日本在最近十年左右在佛學研究的新圖象。首先是總的印象，這可就下面諸點來說。

## 一、人事的更替

在最近十年，似乎特別多大師級或名師級的學者相繼去世。人總是要隨著時間的流逝而流逝，大家都不能挑戰時間的洪流。此中包括印度佛學研究鉅匠山口益與金倉圓照；天台學碩學關口真大與佐藤哲英、空宗學者泰本融，及較近去世的田村芳朗；還有禪學宗匠山田無文。最令人惋惜的，當推久松真一與西谷啓治。這兩人是京都學派極有分量的成員，在哲學與禪方面，功力非常深厚。

較年輕的傑出學者亦紛紛從大學退休。如東京大學的平川彰、玉城康四郎、高崎直道和鎌田茂雄；京都大學則有梶山雄一與服部正明。柳田聖山也從京都大學人文科學研究所退休了。他們從國立大學退休後，未有停止教學，卻跑到私立大學或佛學院繼續任教。在這些學者中，最多產的學者，要數鎌田茂雄。他的專門研究，本來在華嚴宗方面；近年他勤於寫中國佛教史，那是册數衆多，篇幅浩繁的大製作③。另外，他又研究禪與日本的鎌倉佛教，又編纂中國佛教史辭典，並寫佛跡遊記。不過，他在哲學方面學養嫌弱，故只能在文獻資料上多做工夫，未能深入佛教義理的深處。服部正明便不同，他學問精絕，態度嚴謹，不輕易下筆，但每有撰作，多有個人見地，是一個典型的學者④。

日本佛學界一方面有這些舉足輕重的學者引退，另一方面又有新一代的學者冒升上來，填補他們的空缺。這些學者多是老一輩的學者悉心培育出來的，當然也有他們自家努力耕耘的因緣。此中包括立川武藏、一鄉正道、御牧克己、桂紹隆、赤松明彦、岩田孝、川崎信定等。他們除了在日本接受訓練外，也多在美、加、德、法諸地留過學，故有相當的識見。如岩田孝曾受學於漢堡大學的舒密特侯遜（L. Schmithausen），又到維也納大學聽斯坦恩卡爾納的課；御牧克己曾在法國追隨拉莫拉（É. Lamotte），又到漢堡大學與舒密特侯遜、陸格（D.S. Ruegg）論學；桂紹隆則留學加拿大多倫多大學。這些學者基本上是研究印度中、後期佛學的。另外還有好些研究西藏佛學與中國佛學的年輕學者，不多贅。

## 二、文獻學研究仍是主流

我以前曾多次指出，日本的佛學研究的作風或方法，有文獻學方法與哲學方法之分，其中文獻學的研究是主流，哲學的研究是暗流。這種現象自一百二十年前南條文雄自牛津歸來，開出現代日本的佛學研究路向以來，一直都是如此⑤。最近十年來的表現，也沒有多大改變，仍以文獻學研究爲主流，哲學研究仍居於次要地位。這文獻學研究的方式，仍然以原典的翻譯爲主，特別是翻譯梵、藏文獻。到目前爲止，日本的佛學界還未出現過像俄國的茨爾巴特斯基（Th. Stcherbatsky）和印度的梅爾蒂（T. R. V. Murti）那樣具有深厚的哲學基礎的佛教學者，像魯賓遜（R. H. Robinson）、史培隆格（M. Sprung）和彭迪耶（R. Pandeya）和陸格那樣的既有文獻學根柢也擅長哲學思考的學者也不多見。過氣的中村元雖有很大的魄力，但他研究的水平往往不穩定，有時他能寫出像〈中道と空見〉那樣優秀的文字⑥，同時具有哲學與文獻學的水平；但亦不乏輕率之作。例如他的《東洋人の思惟方法》論中國部份，便有很多偏見⑦。中國思想主流在儒、道、佛，他對儒家與道家的精神俱無適切與深入的把握，故寫得不好。年青一代的維也納學派的學者雖注意到佛教的知識與邏輯的問題，但門面嫌狹窄，缺乏恢宏的氣象，不能與於大家的行列。關於這點，待後面專論維也納學派的學風時再談。

近十年日本的佛學研究雖仍以文獻學研究爲主，這是方法一面；但在內容方面，學者的注意力已漸由前期文獻轉移至中期以至後期方面去。大抵前期的文獻，如《般若經》、《俱舍論》、唯識學的論典，已有很多人研究過了，如沒有新的見解，即使再研究也很難有過人之處。故學者較多留意中、後期的文獻，特別是月稱（Candrakīrti）、清辨（Bhāvaviveka）、寂護（Śāntirakṣita）、法稱（Dharmakīrti）的著作，更成爲熱門的研究對象。

## 三、佛學辭典的編纂仍然興旺

佛學辭典的編纂是文獻學研究的一種重要表現，也是一種文獻學方法。日本學者向以編纂佛學辭典著稱；目前世界上最大的佛學辭典，自然要數望月信亨所主持的《望月佛教大辭典》，其次的有幾種，包括龍谷大學編纂的《佛教大辭彙》，這都是日本人做的。近十年來，他們的編纂辭典的風氣，仍然十分盛行，且有質素愈來愈高，在內容上也愈來愈專門的傾向。所謂質素高，主要是指所收條目愈來愈有選擇性，解釋也很具確切性，不像那些大部頭的作品，一切兼收並蓄。而且用語現代化，行文淺白流暢。因而實用性愈來愈高。

此中最受注意的，自然推總合佛教大辭典編集委員會所編纂的《總合佛教大辭典》（法藏館）；這是綜合性格的佛學辭典，內容非常豐富，編集者以大谷大學的教授爲主力。行文流暢，印刷精美，直逼中村元著的《佛教語大辭典》。較小規模的有中村元、福永光司、田村芳朗、今野達編集的《岩波佛教辭典》（岩波書店）。這本辭典水平很高，有多個學者執筆，而負責編集的都是某一方面的專家學者：中村元是印度佛學專家，福永光司是中國思想與佛教專家，田村芳朗精於日本佛學與天台學，今野達則是佛教文學專家。有很好的索引系統。另外有武邑尚邦著的《佛教思想辭典》（教育新潮社），這是思想性格，只收表示義理的條目，不收作爲專有名詞的條目。武邑是佛學界的長老，他的解釋算是詳盡，也有一定的水平。

關於專門性的辭典，值得注意的有以下幾種：

鎌田茂雄編：《中國佛教史辭典》（東京堂）

河村孝照著：《天台學辭典》（國書刊行會）

入矢義高監修，古賀英彥編：《禪語辭典》（思文閣）

東大寺教學部編：《シルクロ——ド往來人物辭典》（同朋舍）

按〝シルクロ——ド〞即是絲綢之路（Silk Road）之意。在這幾本辭典中，最堪注意的是《禪語辭典》。這是一本很有特別用途的工具書，專門針對禪籍中難解的用語而設計；它的解釋分兩部份，先是對有關用語作極其精要的解釋，繼而引出包含該用語的一段簡短文字。學術水準相當高。監修者入矢義高是禪文學的權威學者，編者古賀英彥專研禪語錄，在花園大學任教授。書前書末都附有很好的索引系統。不足的是，對所引出的文字，未有詳細標明出處，如《大正》卷四八頁三八五b之類，而只交代書名與卷數。由於禪籍中有很多難解的用語，此書基本上都有收入，查閱又容易，故很有實用價值，難怪出版才半年便再版了。

## 四、研究中心的擴散

日本的佛學研究界一直都分關東與關西兩個區域，關東以東京爲中心，關西以京都爲中心。而東京與京都又分別集中在東京大學與京都大學⑧。東京大學一直都是日本的印度學與佛學研究的重鎮，自南條文雄與高楠順次郎以來便是這樣，下來有木村泰賢、宇井伯壽、宮本正尊、中村元、平川彰、玉城康四郎、田村芳朗、鎌田茂雄、高崎直道、江島惠教，人才可謂非常鼎盛。另外，在東京也有不少私立大學，如駒澤大學與早稻田大學，都有佛學名家任教，如以研究巴利語佛學知名於世的水野弘元，便長期在駒澤大學任教；他中間也曾任東京大學的教授。在京都大學，則由於京都學派的關係，更具有國際性。京都學派雖不搞專門的佛學研究，但它的根本立場仍離不開佛教，特別是禪佛教，這與鈴木大拙在大谷大學的活動配合起來，京都大學也儼然成爲東大之外的另一佛學研討的重要地方了。京都大學自西田幾多郎就任教授以來，一直都有京都學派的成員領導佛教與比較宗教的學風；在學術研究方面也出過不少名教授，如印度與佛教邏輯專家松尾義海、中觀與唯識專家長尾雅人，及長尾的弟子服部正明與梶山雄一，都是一時之選。另外，在京都也有不少著名的私立大學，都是佛教背景的，如大谷大學、龍谷大學、佛教大學與花園大學等，不少在國立大學退休的教授，都在這些大學任教。這更增加京都特別是京都大學在佛學研究與探討方面的聲勢與影響。

日本的佛學研究的這種以東京與京都特別是東大與京大爲中心的情況，近十年來有了顯著的改變。學者不再會聚於這兩個地方，卻是擴散開去；即使是有名氣或有潛質的學者，不少也在較小的大學或學院任教，使日本的佛學研究，在全國有較平均的發展。佛學研究再沒有一兩個大中心，而是有很多個小規模的中心。通常某一大學若有三兩個教授研究佛學，便可成一個小中心了。這種情況與歐美的情形有點接近。例如佛教大學有梶山雄一，大阪學院大學有服部正明，關西大學有丹治昭義，叡山學院有武覺超，京都產業大學有一鄉正道，京都女子大學有瓜生津隆真，花園大學有古賀英彥、柳田聖山，福井縣立短期大學有新田雅章，名古屋大學有立川武藏，筑波大學有川崎信定，東洋大學有河村孝照，駒澤大學有平井俊榮、池田魯參，東方學院有原田覺，早稻田大學有岩田孝、高崎直道，廣島大學有桂紹隆、稻見正浩，九州大學有户崎宏正、赤松明彥、大前太。當然，像京都大學、東京大學、大谷大學、龍谷大學等本來有較多人才的大學，目前還是研究佛學的理想地方，只是不如以前那樣興旺了。

以上是我對近十年來日本的佛學研究的總的印象的概括。以下我想就個別的情況談談並評論一些堪注意的地方。

## 五、維也納學派學風鼎盛

維也納學派是以文獻學與哲學的雙軌研究法來進行佛學研究的學派。這學派發源於歐州德、奧地區，創始人是伊朗學和印度學學者法勞凡爾納（E. Frauwallner）。由於他和他的追隨者長期在維也納大學（Universität Wien）任教，因而他們所成的學派稱爲維也納學派。這學派以研究佛教因明學特別是知識論著稱，特別是法稱的知識論。他們採用文獻學與哲學雙運並進的研究法。不過，近年亦有了些改變。例如法勞凡爾納的入室弟子斯坦恩卡爾納對龍樹的中觀學（Madhyamika）很感興趣，寫了一些這方面的文字；另一弟子維特（T. Vetter）則探討原始佛教的問題；舒密特侯遜則醉心於研究唯識的第八識阿賴耶識（ālayavijñāna）的問題的探究。在日本，很有一些學者受到法勞凡爾納的影響，不管是直接的抑是間接的影響（直接的影響指直接受學於法勞凡爾納，間接的影響則指接受他的研究法），以他們的研究與維也納的遙遙相呼應。此中包括前京都大學教授服部正明與梶山雄一、九州大學教授户崎宏正、大谷大學教授長崎法潤與哈佛大學教授永富正俊。這些學者在日本也培育了一些新秀，繼承這種學風，可謂人才濟濟，長江後浪推前浪，相當熱鬧。他們包括廣島大學的桂紹隆、稻見正浩，早稻田大學的岩田孝，京都大學的御牧克己，同校人文科學研究所的船山徹，筑波大學的川崎信定，九州大學的赤松明彥、大前太，與龍谷大學的若原雄昭。一般來說，他們的哲學根柢不錯，特別是有深厚的文獻學學養，如御牧克己精通梵文，藏文更是他的所長，不少困難的藏文本子都要請他來校訂，他的法文、德文和英文都很好，讀、寫與講都沒有問題。憑著這些學者的精力、學力與識力，相信不難把這維也納學風帶到一個新領域。

在這些學者中，最能與維也納學派相應的，亦即專研佛教知識論的，要數户崎宏正、桂紹隆、赤松明彥和岩田孝。户崎長期研究法稱的知識論；他花了十多年時間，寫成《佛教認識論の研究》（上、下，大東出版社，一九七九，一九八五）一巨著，那是專研法稱的《量評釋》（Pramāṇavārttika）中現量章的作品，包括該章的日文翻譯在內。「現量」（pratyakṣa）相當於西方知識論的知性（sensibility）或直接知覺（direct perception）。爲甚麼要花上那麼長的時間，用上那麼多的篇幅，來研究一部書的某一章呢？這一方面由於法稱用極其艱澀的梵文來寫書之故，更重要的是《量評譯》言簡意精，法稱在現量章中談及很多重要的問題；其中包括知識的手段或成素、直接知覺的定義、直接知覺的對象、直接知覺的種類、知識的性格，以及知識的自證的問題，也牽涉到經量部、有部與唯識在有關認識問題上的說法。户崎對於這些問題都有詳細交代；他用力之勤，實在值得我們讚嘆。桂紹隆則精研法稱的自己認識問題；赤松明彥和岩田孝都是法稱的專家，對「觀離」（apoha）問題有獨到見解⑨。

梶山雄一雖不是陳那、法稱的專家，但他在中、後期大乘佛學特別是論理學方面有廣泛與深入的學養，這當然包括陳那、法稱的論理學在內。他曾在維也納聽過法勞凡爾納的課，與斯坦恩卡爾納、舒密特侯遜等同列於法勞凡爾納的門牆，因而受到維也納學風深厚的影響，在把這學風帶到日本方面來說，起著一定的作用；上面提到過的年輕一代的學者，很多都是他的門生。他擅長以英文發表有關後期佛教論理學的研究文字，在歐美有一定的名望與影響。近年御牧克己等人搜羅了他多年來在這方面的英文論文，纂而成册，名爲《佛教哲學研究》（*Studies in Buddhist Philosophy*, Kyoto: Rinsen Book Co., Ltd., 1989），這對有興趣研究印度佛教中、後期的思想的人來説，是一大方便。另外，梶山在較早期也出版了他的《佛教における存在と知識》（紀伊國屋），多方涉及後期佛教的知識問題。

## 六、中觀學研究有飛躍發展

在日本的佛學研究中，中觀學研究本來並不算很興旺，成績也不見得理想，這特別與歐美方面相比爲然。日本人質實的頭腦，與中觀學的敏鋭的思考並不很相應。不過，近十多年來日本學者在中觀學的研究方面，顯然有了長足的進展，在質與量上都有可觀的成果。

在龍樹學方面，先是有壬生台舜主編了《龍樹教學の研究》（大藏出版），收入研究有關龍樹與中觀學的多篇文字。嚴格來説，這不能算是很好的書，因在多個作者之中，只有安井廣濟、江島惠教是中觀學的專家，壬生本人便不是，他是研究淨土的。與其説本書是直接研究龍樹與中觀學的教義，不如説是研究與龍樹與中觀學有關的邊緣思想。北畠利親的《龍樹の書簡》（永田文昌堂）則是龍樹《勸誡王頌》（*Suhṛ-lekha*）的研究，附有該文獻的日譯與註釋。這仍不是重頭論龍樹思想的文字。三枝充悳的《中論偈頌總覽》（第三文明社）則是專家水平的鉅著。內中收入《中論》的梵典一種、藏譯二種與漢譯三種（鳩摩羅什、波羅頗蜜多羅、法護·惟淨譯）的比較與日譯，極顯文獻學研究的本色，是研究《中論》偈頌文絕好的參考書。

作者三枝充悳是中觀學（特別是《大智度論》）與般若思想以及於原始佛教的專家，曾留學德國慕尼黑大學。

在對中期中觀學的研究方面，日本學者主要集中在清辨與月稱這兩個大師上。江島惠教研究清辨思想有年，寫有《中觀思想の展開—Bhāvaviveka 研究》（春秋社）一書。這是清辨思想的全面的研究，包括他的著作、邏輯學說的考察，及探討他的空之論證方式。書後並附有他的重要著作《中觀心論》（Madhyamaka－hṛdaya－kārikā）第三章題爲"Tattvajñānaiṣaṇā"的梵文原文、藏文譯本及現代日語翻譯。另外，奧住毅花了近二十年時間研究月稱的《中論》注釋《淨明句論》（Prasannapadā），寫成《中論注釋書の研究：チャンドラキ—ルティ「プラサンナパタ—」和譯》（大藏出版）。這是月稱《中論》釋的第一次全部二十七章的現代語譯（日譯）；在翻譯前，作者寫了一篇很詳盡的解題，交代一切有關問題。案月稱的《中論》釋在佛書中號稱難以處理，過往有不少學者對它作過現代語譯，西方方面有沙耶（S. Schayer）譯了第五、七、八、十四、十五、十六各章爲德文，茨爾巴特斯基（Th. Stcherbatsky）譯了第一、二十五兩章爲英文，杜容（J. W. deJong）譯了第十八、十九、二十、二十一、二十二各章爲法文，梅義（J. May）又曾譯過部份爲法文。日本方面，則有荻原雲來譯了第十二、十三、十四、十五、十六、十七各章爲日文，山口益譯了第一至第十一章爲日文。年前又有美洲學者史培隆格（M. Sprung）把主要部份譯成英文。史培隆格譯得最多，以 *Lucid Exposition of the Middle Way*（London and Henley: Routledge and Kegan Paul, 1979）一書出版。但他的翻譯被人批評，以爲過於自由，有意譯傾向。奧住毅的全譯，很能擺脱這個毛病，發揮了日本人的文獻學研究的長處。他的貢獻是應受肯定的。對於

月稱作品的研究，還有小川一乘的《空性思想の研究Ⅱ》（文榮堂）。此書分二冊，其一的副題爲「チャンドラキールティの中觀説」；另一的副題爲「ツォンカパ造『意趣善明』第六章のテキストと和譯」。這是對月稱的《入中論》（Madhyamakāvatāra）的研究；第一冊是通論月稱的思想，第二冊則是《意趣善明》第六章的藏文本子及日語翻譯。《意趣善明》（Dgons pa rab gsal）是《入中論》的藏文註釋書，由黃教宗師宗喀巴（Tsoṅ kha pa）所造。

至於後期中觀學的研究，則當首推一鄉正道的《中觀莊嚴論の研究》（文榮堂）。按《中觀莊嚴論》（Madhyamakālamkāra－kārikā）是寂護綜合了中觀學與唯識學兩大系統後展示他自家的中觀哲學體系的大著，它以法稱的邏輯與知識論爲思想的方法，展示中觀學的優越地位。一鄉正道的此一研究，是配合著寂護自身對《中觀莊嚴論》的註釋與其高足蓮華戒（Kamalaśīla）的複註爲基礎而進行的；它分兩冊印行，一是原文本子的批判性的校訂，另一則是純粹的研究。這另一冊的研究包括一長篇論文與《中觀莊嚴論》詩頌並寂護自註的現代日語翻譯。這論文主要是敍述寂護的思想，包括他對極微説、外界實在説、唯識説的批判和寂護的解脱論。這是《中觀莊嚴論》的首次認真的文獻學的研究，意義非常重大。一鄉正道是文獻學大師山口益的高足，功力相當深厚。

## 七、天台的興旺研究持續發展

日本的佛學研究在天台學方面，一向有興旺的發展，單是安藤俊雄一人便寫了多本天台學的鉅著⑩。進入八十年代，天台學學者左藤哲英、關口真大去世（最近又有田村芳朗身故）後，天台學的研究未有消減，卻是繼續興旺。八十年代出版的重要研究有：

佐藤哲英：《續天台大師の研究》（百華苑）
平井俊榮：《法華文句の成立に關する研究》（春秋社）
新田雅章：《天台實相論の研究》（平樂寺）
新田雅章等：《智顗》（大藏出版社）
池田魯參：《國清百錄の研究》（大藏出版社）
池田魯參：《摩訶止觀研究序說》（大東出版社）
山內舜雄：《禪と天台止觀》（大藏出版社）
武覺超：《天台教學の研究》（法藏館）
河村孝照：《天台學辭典》（圖書刊行會）

其中《國清百錄の研究》基本上是《國清百錄》這部文獻的註釋與翻譯，是典型的文獻學研究。《天台教學の研究》則是拿《大乘起信論》與天台學的義理體系來比較，看前者如何影響後者。研究中國佛教史的人，一般都以《大乘起信論》與華嚴思想有密切的關聯，而鮮有以爲及於天台的，這本書可說是把《起信論》與天台學拉在一起的新的嘗試。

日本人研究天台學，基本上是文獻學的研究。間中也涉及義理，如玉城康四郎寫《心把捉の展開》（山喜房佛書林），強調天台宗的主體性實踐。不過，彼方所涉的義理，偏重在方法論或實踐的觀法上，而不重觀念或理念。按天台宗的義理體系，可分兩重來說，第一重是觀念或理念層面，如對佛性特別是中道佛性的闡發，第二重則是實踐上的觀法，如所謂一心三觀或三諦圓融。此中有一邏輯次序，應以理念層次爲先，爲根柢，觀法層次爲後，爲導出。因觀法的施設，當由理念的建構來決定，即是，理念決定觀法，而不是觀法決定理念。換言之，理念表示對真理(實相)的看法，觀法則表示實現真理的方法；在邏輯上，對真理的看法總應在先，如何實現這真理，則是落下一層次的問題。但日本的天台學研究不是這樣，他們往往只重視實踐方面的觀法，而忽略了理念的營構，故强調三觀而不能正視作爲三觀的主體的佛性或中道佛性。這是他們的天台學研究的不足之處。

## 附註

①Cf. John B. Cobb and Christopher Ives, ed., *The Emptying God: a Buddhist – Jewish – Christian Conversation*. Maryknoll, New York: Orbis Books, 1991.

②參看長尾雅人著：《中觀と唯識》，岩波書店，一九七八。

③鎌田的《中國佛教史》已有多冊由台灣的關世謙譯成中文流通。

④服部氏的長處是爲人謙厚，對學問毫不苟且，識便說識，不識便說不識，決不輕易冒充。一九八三年春筆者往京都舊地重遊，到京都大學看他，和他談起佛學研究法的問題。我說到用符號邏輯可以整理龍樹學與因明學的很多論證式，顯示佛教的論證法經得起現代邏輯的考驗，他即搖頭說自己於現代邏輯是外行。又筆者說到華嚴宗以相即相入以描述現象的圓融關係，很能與懷黑德(A. N. Whitehead)哲學中說實際境況(actual occasions)的相互攝握(mutual prehension)的關係相比較；他又搖頭表示自己對懷黑德的哲學沒有深入而廣泛的研究。儘管他表示這也不懂，那也不懂，他的成名著作《陳那論知覺》(*Dignāga, On*

*Perception*, Harvard University Press, 1968)出版了二十多年，還是權威之作，迄今還未有人在這方面的研究及得上他。

⑤南條基本上是學習英籍德人梅拉（M. Müller）的現代文獻學特別是梵文的分析方法以整理梵本佛典，時在一八七〇年左右。

⑥〈中道と空見〉載於《佛教思想史論集》，東京：大藏出版社，一九六四，pp.139－180。

⑦中村元：《東洋人の思惟方法》Ⅱ，春秋社，一九七五。在這書中，中村元偏於以佛教來說中國式的思惟方法，是有問題的。中國式的獨特的思惟方式，與其說表現於中國佛教中，不如說主要表現於儒家中，來得正確。

⑧在學風上，東京大學與京都大學也迥然不同。東京大學較開放，氣氛輕鬆，學生應付較易。京都大學則異常嚴謹，強調學術性，學生應付不易。學位的開設也不同；東京大學設博士學位，京都大學則不設。不過，近年有些改變，京都大學對於外國留學生也開放博士學位了。

⑨「離」（apoha）是佛教的一種獨特的表達方式，它是透過不斷的排除這種思路以突顯主題。陳那、法稱及後期佛教的論理學者便常運用這種思考。服部正明研究這個問題經年，不久相信會有重要的成績發表出來。年輕一輩的中、後期佛教論理學研究者也熱衷於這問題的探討。

⑩例如《天台性具思想論》，法藏館，一九五三；《天台思想史》，法藏館，一九五九；《天台學：根本思想とその展開》，平樂寺書店，一九六八；《天台學論集：止觀と淨土》，平樂寺書店，一九七五。

# 從現代佛學研究的學術性問題說起

現代意義的佛學研究是很難的。此中所牽涉的，首先是語文問題。要搞好佛學研究，依國際標準來說，要照顧九種語文，包括原典的梵文、巴利文、翻譯的漢文、藏文、研究的英、日、德、法、俄諸種語文。其中的漢文，自亦可作原典語文看。關於這些點，我在多篇文字中已有詳論，這裏不多贅。其中尤以梵文爲最重要，也最難學。這是站在大乘佛教的立場而說。因佛教的根源在印度，印度大乘佛教的原典都用梵文。而大乘佛教的哲理，也遠較小乘佛教爲精采。目前世界的佛教學者大抵認爲，不懂梵文，很難成爲第一流的佛教學者。

語文而外，便是義理問題。佛教的義理，也是很難的。而要以現代人所熟悉的觀點與詞彙，適切地詮釋古老的義理，使之活現，而有時代意義，則尤其不易。

## 一、學術性的兩個標準

現代的佛學研究（包括日本的與歐美的），不管是文獻學的，抑是哲學的，都很強調學術性。這所謂「學術性」，基本上表現於以下兩點中：

一、原典的研究。一切研究，必須最後訴諸原典；翻譯被視爲是不必可靠的。關於這點，我在〈日本及歐美之佛學研究點滴〉、〈佛學研究與方法論〉等文中已提到，這裏不擬重複。二、參考資料的重視。即是說，要對所研究的主題的有關研究資料，特別是同行的學者所作的，都能涵括，仔細閱讀。只有這樣，才能估量自身的研究，到達甚麼階段，有甚麼意義，與別人的研究有甚麼不同。這點是極其重要的。現代的學術研究，有一個共同的意向，即是，要儘量避免重複已有的論點，要有自己的創意。一篇論文，必須要對所討論的主題表現一些新的理解（new understanding），發前人所未發，才算有學術價值。一篇論文，倘若所論的，前人都已說過，則不過是別人說法的再現（repetition）而已，在學術上是沒有價值的。倘若要做到有新的理解的地步，勢必要先對有關的主要研究資料，不管是用甚麼語文寫的，都加以留意。

關於第一點，其重要性是很明顯的。學術研究的主旨，是要求取對所研究的主題的客觀真相。這是非要追溯到原典的資料不可的。一切翻譯，在這個意義下，都是第二義的，只能作爲參考，不能作爲最後根據看。若不能訴諸原典，只靠翻譯，在學術問題的討論上，根本無爭議餘地。例如，你根據玄奘的翻譯，研究《心經》（Hṛdaya－sūtra）的「空相」概念，若別人說，你的理解有問題，玄奘的翻譯並不全對，梵文原典不是這個意思。你若不懂梵文，不能根據原典來看空相，便無爭議的餘地，或者說，根本無討論的資格。即使玄奘的翻譯，一般來說已被公認爲相當忠實於原文，也是無補的。問題在於翻譯的本質，即是，它的第二義性。更嚴格地說，你的研究，不管是多麼細密，亦只能說是從玄奘譯本看的《心經》

而已，不是《心經》的原本；原本是用梵文寫的。十多年前我到日本留學，在京都大學研究。指導教授梶山雄一問我要研究甚麼，我說要研究中觀學，他問我懂不懂梵文，那時我未懂，便說不懂。他很不客氣地說：不懂梵文，搞甚麼中觀學？稍後他又說，研究中觀學，還要懂西藏文哩。我心想這個日本學者怎麼恁地驕傲，看不起中國人。過後再想，他所說的也不無道理。中觀學的原典是用梵文寫的，另外又有很多資料，梵文原本已佚，也無漢譯，西藏譯文方面卻保存得很好。故要研究中觀學，這兩種語文是不可少的。梶山的意思，其實是指向這第一點。又有一次，梶山談到因明學的問題，他批評玄奘的翻譯與窺基的詮釋，說他們有很多處誤解了原意。我問何以見得？他說他們拿玄奘與窺基的資料（他是指玄奘譯陳那(Dignāga)的《因明正理門論》、商羯羅天主的《因明入正理論》和窺基的《因明大疏》）與梵文原本來對照，而後發覺誤解的事。他並批評他的前輩學者武邑尚邦，說後者研究因明學，主要是根據玄奘和窺基的資料，這種研究不是第一線的。那時我正在看武邑的《佛教論理學の研究》，覺得梶山的批評，不免苛刻。其後乃知道，他的話還是有些道理。玄奘和窺基的漢語資料，用詞晦澀，而且所闡述的陳那的因明學，只是片面而已。《集量論》(Pramāṇasamuccaya)才是陳那因明學的最重要最全面的資料，那是他的晚年之作。陳那的因明學，要到北川秀則、服部正明，和奧國學者法勞凡爾納(Frauwallner)他們的研究，才較清楚地顯示出來。他們所根據的文獻，正是原著的梵文本與藏譯。梶山的批評，也正是針對研究未訴諸原典一點而言。

關於第二點的意義，也不難了解。學術研究的一個重點，是新知識的累積(accumulation of new knowledge)。即是說，要把對所研究的主題的知識，累積起來。知識累積得越多，我們對主題的認識便愈廣愈深。這基本上是求知的態度，是知性的運用；此中並不涉及價值取向及人生的歸宿問題。要說，便可說求知即是價值取向，累積客觀知識便是人生的歸宿。此中問題深微，不多論。總之，若要累積知識，則要在研究中涵括重要的有關研究資料，這樣才能看出自己所做的，有無新的意義，能否對學術界提供新的知識。另外，多參考別人的研究，自可鞏固自己的學養，這不待多論。在實踐上，這第二點也有重要的意義。研究某個主題，多參考別人在這方面的研究，可以很省力地增進自己對這方面的認識。不然的話，若只是關起門來自己做工夫，多年的研究，其所得可能已爲前人所道過，則多年的苦心研究，便等同白費，起碼浪費了很多本來可以避免的精力與時間。舉一個例子來說，中觀學是佛教義理的基石，而龍樹（Nāgārjuna）的《中論》（Madhyamakakārikā），則是中觀學的最重要的文獻。到目前爲止的現代佛學研究界，在研究《中論》思想方面的專書與論文，多得難以數計。學者大都認爲，目前在研究《中論》中的龍樹的思想方面，要表現新的理解，很不容易。現在倘若有人要據《中論》的梵本來研究龍樹，而不留意在這方面已有的研究成果，那是極其危險的。很可能是這樣，他花了長年累月來做，得出十個論點，而這些論點，別人早已說了。這樣，他的工夫，就學術觀點來說，便是白幹。

## 二、這兩個標準對佛學研究的影響

這兩點是衡量一篇論文的學術性或學術價值的標準。有分量的學術性刊物，或學報，例如歐洲出版的《印度哲學學報》（Journal of Indian Philosophy）和美國出版的《東西哲學》（Philosophy East and West），基本上都以這兩點爲基準，來審查一篇論文是否可以接受刊登。它們通常有一個編審委員會，由專家學者組成，負責審查論文。每一篇論文均由專家學者詳細審查，然後打一份報告，表示審查的結果。即使是不接受該論文，也要在報告中說明不接受的理由。這種審查，通常是受薪的。由於嚴格的學術標準和審查制度的堅持，學報便能維持一定的水平。

對於以上兩個學術性的標準，嚴謹的學術機構，通常都會强調，而定出相應的措施，認真執行。關於第一點，日本的京都大學，其佛教學的課程，一向都以梵文原典的講讀爲主，要入讀它的博士課程，都必須先通梵文。在北美洲來說，較有規模的大學，都要求研究生能直接運用原典來寫論文，而不借助翻譯。搞印度佛學，要通梵文；搞中國佛學，要通中文。若不懂中文，而又要寫有關禪佛教的碩士論文，那是不被接受的，博士論文更不用說。關於第二點，也常會難倒人。如北美的一所大學，其宗教系有一個讀梵文和印度學的研究生，要據月稱（Candrakīrti）的《中論釋》（Prasannapadā）寫一篇有關中觀學的博士論文，結果所提出的論文綱要（proposal）被系方否決。理由是，關於這方面的研究資料，有很多是出之以日文和德文的。這個學生不諳這兩種語文，未有列出這方面的書目。若不涵括這方面的研究資料，便難以估量他研究出來的成果，在學術方面有無貢獻（contribution）。

在這兩點學術標準下，要進行現代佛學研究，便顯得很不容易。最明顯的現象，是學者的研究的範圍變得狹窄。搞印度佛學的，往往便只搞印度佛學；搞中國佛學的，往往便只搞中國佛學。因爲印度佛學的研究，需要梵文、巴利文和藏文；中國佛學的研究需要中文，有時也需要日文。通常來說，學者只通一面的語文，很少兩面兼備的。像法比系的蒲桑（Poussin）、拉莫特（Lamotte），日本的宇井伯壽、山口益等，能兩面兼通，而又具有豐富的佛學知識，是比較少的。

即使是只搞一面的佛學吧，學者也往往限於只對一兩個學派或一兩個體系、一兩種思想的研究。例如，搞中觀的便只搞中觀，搞唯識的便只搞唯識，搞如來藏的便只搞如來藏。東京大學的高崎直道，是一個很明顯的例子。他是如來藏思想專家，作了很多這方面的研究，包括篇幅浩繁的《如來藏思想の形成》一書。他好像只做如來藏方面的研究，不管其他方面。不過，如來藏總是一個大論題，在印度佛學來說，便有很多資料論到它，要完全概括這些資料，還是不容易的。更有甚的是，有些學者是只研究一個小論題，或某一部文獻的，甚至是某一部文獻其中的某一章的。九州大學的户崎宏正便是半生只研究法稱（Dharmakīrti）的《量評釋》（Pramāṇavārttika）一書中的現量章的學者。此中的原因，一方面是該部份所牽涉的問題非常複雜，那是有關知識論中的知覺的問題，是法稱承陳那的理論而展開的。要弄懂它，也需要足夠的哲學特別是知識論方面的基本訓練。另外一點是，《量評釋》的梵文特別艱澀，它的行文常不依正常的文法規條。這種後期佛學的文字，比早期的經論，如《心經》、《金剛經》、《中論》、《唯識三十論》一類困難多了。即使是這樣只研究法稱的知識論吧，户崎的成績也未見得特別出色，他只能平板地演繹法稱的原意而已，批評的味道很少。户崎本人對知識論理論的把握，只是不過不失而已。

## 三、佛學與學佛

說到這裏，我想提出一個與佛學研究及其學術性有關的敏感的問題來討論。這即是佛學與學佛的問題。有不少人以爲，佛學與學佛是很不同的，其不同的程度，有臻於兩者互不相容，勢成水火之傾向。此等人通常以爲佛學是佛學研究，因而是文字上的工夫，是外在的；學佛則是修行成正覺的事，是內在的生命的。文字上的工夫是沒有多大價值的，做得多了，會影響修行，反而是有害的。因而他們的結論是，學佛最好還是專心學佛，不要搞甚麼佛學，或佛學研究一類的文獻上的工作，更不要提甚麼學術性的標準這些麻煩的問題。這種看法其實似是而非；持這種看法的人，對佛學及佛學研究固然不清楚，也不知學術性的意義所在，即使對他們自己所熱烈鼓吹的學佛，也只是皮毛的感情式的了解而已。

首先，我們要澄清一點，佛學雖然所涉甚繁，但基本上是指向佛教的學問、佛教的義理、真理。佛學研究雖然也是一種多方面的研究，但其主脈，還是藉著文獻以探尋佛教的義理。而學術性的提出與强調，目的正在使人做好佛學研究，俾能客觀地、廣面地了解佛教的義理。學佛自然是學成佛，學得覺悟，成正覺，這是需要先把握佛教的義理的。覺悟正在於對佛教的義理有透徹的領悟，而體證真理。在這個意義下，學術性、佛學研究、佛學對於學佛來說，其作用是正面的，亦可說是極爲重要的途徑，是不容反對的。兩者並無抵觸之處。老實說，若學佛而不懂佛教的義理，不能體證真理，則學個甚麼佛？關於學佛，人們會很自然地想到實踐修行。這實踐修行自然是很重要的。但這也需要指向一正確的目標，這目標便是佛教的義理、真理。人修行而無目標則只如盲頭烏蠅，亂碰亂撞而已。

另外，說到學佛，由於是今人學佛，不是古人學佛，因而此中涉及一個重要的課題，這即是佛教的現代化問題。曾經涉足佛教相當時日的人大抵都會同意，佛教是一門大學問，它所論究的，是究極的真理，能對現實人生的生死煩惱，提供一徹底解決的途徑。人若真能滲透入其中，必將受益無窮。這便是學佛的目標。但如何能這樣做呢？此中的關鍵，我想主要在於，佛教這門學問，必須要與現代人的思想與感情，接得上頭，然後才能解決現代人的問題，給現代人指示出正確的生命方向。即是說，佛教必須要有時代感，它必須要在現代人的心靈中，引起共鳴。不能引起共鳴的學問，是死的學問，僵化了的學問；佛教決不能如此，它是生命的學問。奠基於堅強的學術性的佛學研究，在這方面─使佛教現代化─應可起重大的作用。

## 四、從學術性看我國的佛學研究

若以以上的兩點學術性標準來看我國的佛學研究，則很多國人所寫有關佛學的著書與論文，都不能及格。我國近代的佛學研究的衰微，有目共睹，特別是與日本與歐美方面比較時，更形明顯。此中的關鍵點在，學者的文獻學基礎太薄弱。彼等多不習梵文、巴利文、藏文等原典語文，也少涉足研究的語文，如日文、英文、法文、德文之屬。（近年情況略好，有些年輕的僧俗學人開始留意東洋方面的佛學研究，因而學習日語以吸收彼方的研究成果。）在這種情形下，自然難以滿足以上提出的學術性的兩點要求。不過，關於第一點的原典語文的要求，也有避免之方，這便是不搞印度的佛學，而只搞中國的佛學。中國的佛典語文是漢語，自是較易掌握。西方學界之推崇湯用彤的《漢魏兩晉南北朝佛教史》，與此也大有關連。他不必照顧梵、藏、巴利等語文。當然湯先生在有關方面功力深厚，是主要原因。不過，倘若湯先生不搞中國佛學，而搞印度佛學，恐怕不易獲得這種地位。無論如何，有一點是不可否認的，這即是，中國佛學的根源在印度，很多重要的概念與義理，如空、佛性、涅槃、如來藏、緣起等等，都與印度佛學有深厚關連。研究中國佛學，如能照顧及印度方面的淵源，成績肯定會更好。

關於第二點的要求，即對參考資料的重視，似乎是很難避免的。倘若你的研究不能以已有的成績爲基礎而建立起來，或者說，不能利用已有的成績，則自然會遜色的。因此，要搞現代佛學研究，爲了要承取（pick up）已有的成績，而需要掌握多種現代語文，特別是日文，是很自然的事。不過，在這方面，還是有些投機的人，一方面不想搞這些現代語文，不想涉足太多的現代研究資料，另一方面，也想避開由第二點要求而來的挑戰，因而索性弄一些偏門的、冷門的研究。即是說，研究的題材是從未有人碰過的，或極少人碰過的。因而可供參考的資料便極少，自然可以省去處理種種資料的工夫，也根本不必學甚麼現代的研究語文。學術研究本來是嚴肅而艱苦的事，也因爲如此，才有意義，而受到尊重。這種取巧的做法，實在沒多大意思。

另外一種做法是，根本不理會甚麼學術性標準。你們有你們的學術研究，我卻做我自己的，咱們河水不犯井水。雖然現代科技發達，研究訊息很易傳達，但這種駝鳥式的想法和做法仍然相當流行，台灣方面便是一個顯明的例子。有人寫有關禪宗思想史的東西，亦有人寫禪文學與唐宋詩學，基本上是關起門來自己經營，對現代佛學研究已有的成績全不措意。站在學術的立場來說，這是無法理解的。關於禪方面的研究，不管是思想史、典籍、義理、與文學、藝術的交涉諸方面，日本人已做了不少功夫，成績也很可觀。這些研究訊息，內行人都是知道的。在這方面，很多新的資料已發現出來，很多爭議的問題已經解決，亦有很多新的問題提出來。若有人要研究禪，而不理會現有的成績，一切從頭來做，這似乎是勇氣可嘉，其實是愚不可及。

我國的佛學研究衰微，一向不受外界重視，基本原因，便是不能滿足以上兩種學術性的標準。要振興我國的佛學研究，必須要從這兩點著手努力，捨此無他途。這兩點是文獻學的工夫，要發揚佛教義理，當然不能只從這兩點來說。但若離開這兩點，佛教的義理肯定不會發揚得好。我常說佛教的因明學是人類思想特別是東方思想中的一個寶藏。東方人常被人議爲不擅長於形式思考，但印度佛教的因明學，可以反駁這個譏議。自陳那以後，印度佛學的論師，不管是中觀學派、唯識學派，或經量部方面的，幾乎都是因明學專家；可見當時因明學的講習，是非常盛行的。而因明學的排除（apoha）理論和遍充（vyāpti）理論，在語言哲學與形式邏輯方面有重要的意義，這可以說是東方式的語言哲學和形式邏輯。排除論由陳那發揮，他的《集量論》中論比量部份，即有一專章（第五章）討論這個理論；其用意是對言說的機能和概念的特質作深刻的檢討。陳那的意思是，語言並不能表示實在，不能真正表示對象，它只有「對於他者的排除」（anya－apoha）的作用。關於這點，意味深長，這裏限於篇幅，不能多談。至於遍充理論，則更是後期印度佛教的熱門論題，法稱（Dharmakīrti）、智勝友（Jñānasrīmitra）、寶稱（Ratnakīrti）都有發揮；這實是形式邏輯的有關外延的包攝問題的印度式的表示。這些重要的因明學理論，在西方和日本，都有不少學者研究過，如奧國的法勞凡爾納、日本的服部正明、梶山雄一等，都有可觀的成績。而我國的佛學界，談起因明學，總是捧著《因明正理門論》和《因明入正理論》這兩本小書來作爲根據，這怎能發揚因明學呢？我常這樣想，倘若玄奘當年到印度，不以那爛陀（Nalanda）爲基地，而作多些活動，碰到法稱（玄奘與法稱年代相近），把陳那、法稱的《集量論》和《量評釋》傳來中國，則我國佛學可能深受因明學的熏陶而大大改觀。就我們今日的情況而言，要重新吸收、消化以至發揚印度佛教的因明學，必須先掌握梵文、藏文等原典語文，再而廣面地吸取這方面的研究成績。這自然又要回到上面提到的兩個學術性的標準了。

## 五、印順的例子

說到我國的佛學研究，自然不能不提印順的成績。印公有關佛學的著述，大抵可分兩期。前期以經論的講記爲主，其中尤以《大乘起信論講記》與《中觀論頌講記》兩書爲流暢圓熟。初學佛法的人，恐怕不少受到這些講記的好處。後期則偏於學究式的研究。此中共有六本著作：《原始佛教聖典之集成》、《說一切有部爲主的論書與論師之研究》、《中國禪宗史》、《初期大乘佛教之起源與開展》、《如來藏之研究》、《空之探究》。在前期方面，也有通論性的著作，而不只是講記，例如《印度之佛教》、《性空學探源》、《唯識學探源》等等。在這些著書中，除《中國禪宗史》外，其他都是有關印度佛學的。印公對佛教學術的探究，當是以印度方面爲主。

在後期的五本學究式的著書中，都顯示出作者嚴謹的態度與湛深的學養，這尤在《初期大乘佛教之起源與開展》一書爲然。印公治學的精勤，是不容置疑的。不過，這五部著作都同時表現兩個特點：其一是，雖同是印度佛學的研究，但都以漢譯的資料爲依據，而不取梵文與巴利文的原典資料。其二是，有關這五書的研究題材，在五書面世以前，都在西方和日本有人研究過，而且有不少著書與論文面世；對於這些研究的參考資料，印公都只很有限地運用，而且集中於日本方面的。這樣，搞現代佛學研究的人，便很自然地依據上面所說的學術性的兩個標準，提出質疑。對於只取漢譯，而不取梵、巴原典一點，印公亦有透露其理由，不外是漢譯資料較爲完備而已。如他在《初期大乘佛教之起源與開展》的自序中即謂，梵文大乘經殘闕不全，而現存的梵文大乘經，在長期流傳中，受到後代思想的影響，因而有了變化，不能代表大乘初期的實態。這樣的理由顯然不很有力。梵文大乘經確是有些殘闕不全，但亦有保存得較好而全本流傳下來的，這些怎麽不拿來參考呢？而那些殘闕不全的梵文大乘經，是否便沒有用呢？漢譯的資料，又是否都可靠，都能傳達原意呢？諸如此類的問題，都需要拿梵典來仔細研究過，與漢譯對照，才能解決。印公不諳梵語，自然不能作這種研究。關於不充分採用現代研究的參考資料，印公也意識到這點，他在《空之探究》序中便透露這個遺憾。此中的重要性，印公自是知道的，他只是力有未逮而已，因這需要多種現代語文知識。不過，不利用現代研究的成績，實是一大損失，豈只遺憾而已。印公以漢譯資料寫《如來藏之研究》，而竟全不參考高崎直道大半生根據梵文資料研究如來藏思想的成果！何況研究如來藏的，不止高崎一個人。他的書中，有多少創見，有多少未見，有多少是重複他人之見，這些問題，都是搞不清的。這些問題若搞不清楚，該書的學術價值也很難估定。

印公常强調，就早期的佛教文獻來說，漢譯的資料最爲豐富。這當然是事實。但這並不表示研究早期佛教的發展，應以漢譯的資料爲依據。在漢譯的資料中，自然有很多是好的作品，能傳達佛教的原來面目，但亦有不少劣譯，譯文晦澀，不易使人得其原意，甚至易引起誤解的。毘目智仙他們譯的《迴諍論》(Vigrahavyāvartanī)，便是一個明顯的例子。以這類劣譯爲依據，便不能達到研究的目的。難怪現代幾個學者根據該書的梵本，而搞出幾種英譯、日譯的本子了。即使是被公認爲好的翻譯，如鳩摩羅什（Kumārajīva）和玄奘的吧，也有不少處與梵文原典不符的，或者譯文意思不清楚的。這些地方，時常影響義理上的了解。例如上面提到《心經》的「空相」一概念，其意思很含糊，幾個漢譯都未能清楚表示其確義，必須翻查原典，才較清楚。（參看拙文〈般若經的空義及其表現邏輯〉，載《華岡佛學學報》第八期，一九八五）《法華經》中的十如是的說法，在其梵文原典 Saddharmapuṇḍarīkasūtra 中是找不到的。關於這點，日本人早已說過了。經典是如此。論典也不見得完善。就拿中觀學來說吧，其最重要的文獻《中論》，便有很多問題。由於鳩摩羅什對於三諦偈的模糊不清的翻譯，把空（śūnyatā）、假名（prajñapti）、中道（madhyamā－pratipad）三個概念排在對等位置因而導致天台宗的空諦、假諦、中諦的三諦論。（參看拙文〈龍樹之論空、假、中〉，《華岡佛學學報》第七期，一九八四）這種誤導，影響實在很大。

印公在這五部書中所表現對早期佛教發展的研究，功力很深。但在國際佛學界方面並未受到重視。反之，他的《中國禪宗史》的評價卻很好。這基本上是未能充分滿足學術性的兩個標準所致。

# 淺論日本及西方的佛學辭典

佛學辭典是一種工具書。研讀佛教典籍，探尋佛教義理，必須要有好的佛學辭典。「工欲善其事，必先利其器」，這個道理淺顯之極，不必多發揮了。國人一直用的佛學辭典，是丁福保督編的《佛學大辭典》。這部辭典凡四册之鉅，是據日人織田得能的《佛教大辭典》而編成。這部辭典用了幾十年，在傳揚佛理方面，有一定的貢獻，不過，嚴格言，它的缺點不少。它所收的資料，大部份未經剪裁，又未清楚交代出處。另外，它所據而成篇的織田的原書，編於本世紀初，出版於一九一七年，所收資料爲時代所限。即是，在近幾十年，日本及西方的佛學研究有飛躍的進展，很多新的資料，特別是後期印度佛教與因明學方面的，陸續被發現，這部辭典都未能收入。丁編自亦如此。再有一點較嚴重的，是表達的問題。丁編以至於織田的原著都是用傳統的疏解的方法編成，用語古舊，與現代人所熟悉的詞彙，連接不起來；所反映的義理與問題，缺乏時代氣息，與現代人的思潮有一段隔離，未能使人讀後有親切的感覺，更不必談佛學現代化了。丁編是如此，坊間流行的其他較小規模的同類用書，如何子培編的《實用佛學辭典》，和朱芾煌編的《法相大辭典》，則更不如丁編；何編錯誤不少，朱編更只是法相唯識學的資料的羅列而已，談不上整理與解釋。

關於佛學的現代化，在關連到佛學辭典的編纂方面，我想多說幾句。佛學是一門大學問，它所論究的，是究極的真理，能對現實人生的生死煩惱問題，提供一徹底解決的途徑。吾人若真能滲透入其中，必將受益無窮。但如何才能這樣做呢？此中的關鍵，我想首先在於，佛學這門學問，必須與現代人的思想與感情，接得上頭，然後才能解決現代人的問題，給現代人指示出正確的生活與生命方向。即是說，佛學必須要有時代感，它所討論的問題，與所表示的理想，必須要在現代人的心靈中，引起共鳴。否則便是僵化了的，不能起作用的。這便是所謂佛學現代化。要做到這點，當然可從很多方面去努力，其中最切實和最基本的一項工作，便是以流暢的語言作媒介，以現代人熟悉的詞彙與熟習的表達方式，把佛教義理展示開來。這個工作，可以透過一部理想的佛學辭典來進行。

一部理想的佛學辭典，應該是文獻學與義理學或哲學兩方面都能兼顧的。佛學源於佛教。佛教是一種具有極其豐富的哲學內涵的宗教，但由於複雜的歷史的與地理的發展關係，使佛教典籍在語言文字方面極其繁瑣。它的原典語文是梵文、巴利文；流布與發展的語文是藏文、漢文、日文，以至於西域諸國的文字；現代學術研究的語文，又是日文、英文、德文、法文等等。我們今日了解佛教文獻，首先碰到的難題，便是語言文字的問題，由此而旁及其他考據及歷史等問題。佛教的根源在印度，梵文是紀錄大乘文獻的最重要的語文，巴利文則是記載原始佛教及小乘文獻的重要語文。站在學術研究的立場，我們必須要對佛學中的有關名相詞彙的梵、巴利的原來的表述式，有正確的了解，抑這很多時亦可幫助我們對該有關名相詞彙的本來意思，有直接的了解。故若編纂佛學辭典，應儘量能把重要的名相詞彙，還原到梵文、巴利文的表示方式方面去。這亦是佛學現代化的一項重要工作。至於哲學義理方面的兼顧，其理尤為明顯。佛學的義理是有普遍性的，它提出的問題，也與我們的現實生活息息相關。作爲哲學看，佛學有極高的理論價值。佛學辭典的編纂，自應措意於這方面。

近百年來，現代佛學研究在學術方面有飛躍的發展，成績相當可觀，其中一項顯著的表現，便是佛學辭典的編纂。這些辭典編纂的方法多有不同，重點也相異，有些較古舊，有些較具現代意義。在篇幅方面也是千差萬别，有些是袖珍式的，不過幾萬字而已，有些則是大部頭的，超過百千萬字。

下面我們謹就這方面的所知，略作論述。

按佛學辭典的編纂，以日本學者做得最多。目前已出版的佛學一般辭典，計有：

織田得能編：佛教大辭典

望月信亨監修、主編：佛教大辭典

龍谷大學編：佛教大辭彙

多屋賴俊、橫超慧日、舟橋一哉編：佛教學辭典

池田大作監修：佛教哲學大辭典

中村元著：佛教語大辭典

中村元監修：新佛教辭典

宇井伯壽監修：佛教辭典

Daito Publishing Company: *Japanese – English Buddhist Dictionary*

武邑尚邦著：佛教思想辭典

所謂「佛學一般」，是指廣涉佛學諸教派，不限於某一教派而言。但這不必都是綜合性的佛學辭典。所謂綜合性，是指綜合術語與專有名詞（包括人名、地名、書名、寺院名等）兩方面的條目而言。織田得能的《佛教大辭典》、中村元監修的《新佛教辭典》、宇井伯壽監修的《佛教辭典》，大體上都屬這一類。多屋賴俊等編的《佛教學辭典》、中村元著的《佛教語大辭典》和武邑尚邦著的《佛教思想辭典》，則只及術語，或一般表義理的名相，而不列專有名詞。

在這些辭典中，要數望月信亨監修、主編的《佛教大辭典》規模最大，所收資料最豐富。全書（增訂版）凡十巨册，超過一千五百萬字，可說是世界最大的佛學辭典。此書只供專家學者應用，談不上普及與實用。龍谷大學編的《佛教大辭彙》規模稍遜，凡七册。以上兩書都以資料繁富著稱，編纂方法則無特色，文字古澀。《佛教大辭彙》更嫌宗教信仰意味過重。就學術思想的水平言，當以多屋賴俊等學者編的《佛教學辭典》爲最高。此書篇幅不算多，大約八十萬言；但內容廣泛，及於印度、中國、日本佛學各方面。對於這三方面的佛學名相的詮釋，可算週詳、審慎與中肯。這是由於該書由三個專家學者執筆，舟橋一哉長于印度佛學，橫超慧日長於中國佛學，多屋賴俊長於日本佛學，分别負責印度、中國及日本三支佛學學統，可謂稱職，亦合作得很好。三人同執教於大谷大學，受文獻學大師山口益的影響。此書亦由山口的支持與幫助而編成。不過，此書亦不免有缺點；即是，對重要的淵源於印度的名相的梵文、巴利文的表述式，交代得不夠，也没有梵文、巴利文等的索引。宇井伯壽監修的《佛教辭典》也很好。此書算是中型的佛學辭典，雖非由宇井親自執筆，但很能表現宇井般的紮實的學養。遺憾的是此書無索引，條目的安排亦不依筆劃數目，而依日式讀音，這則苦了不懂以日式來讀漢字的讀者；彼等在尋找心目中的條目時當會有很大的困難。不過，這種缺點，在後出的佛學辭典中多已改善了。武邑尚邦著的《佛教思想辭典》在體例上與多屋頼俊等的《佛教學辭典》相若，但較後者簡明；或者說，它是集中於某些重要的名相的解說方面，故思想性較強。武邑早年弄過佛家邏輯，寫有《佛教論理學の研究》，不過不失，在這方面，其後爲服部正明、户崎宏正等學者趕上來了。他的頭腦，算是不錯。他的辭典，對名相的梵文、巴利文的表述式交代得很清楚；只是所牽涉的名相嫌少，對日本佛學强調得有點過分。中村元監修的《新佛教辭典》是一本文字流暢和包含廣泛的作品，實用度很高。索引做得很好，這特別是就歐文索引言。後者所收，是羅馬體的詞彙，包括梵、巴、藏、英、德諸種。這本書有一個特點，便是把在佛學與印度學研究方面有成就的西方學者的名字收入於條目中，在條目下敍述其簡歷及研究成績，這顯示作者對西方的佛學及印度學研究的重視。這是其他同類作品所無的。中村元的這本《新佛教辭典》與武邑尚邦的《佛教思想辭典》，就方法與表述方面言，都較賦現代意味。大東出版社（Daito Publishing Company）編印的 Japanese – English Buddhist Dictionary 則是日本人編寫的同類書中唯一出之以英語者。這本書基本上以宇井伯壽監修的《佛教辭典》爲藍本，從其中選取約五千個條目，請專家學者以英語來詮釋。書中內容，極爲淺易，它是以外國特別是英美的讀者爲對象，可讀性很强。它的參考價值，對我們而言，是在如何把佛教名相適切地翻成英語方面。

至於中村元著的《佛教語大辭典》，則最堪注意，這裏不妨多談一下。這本辭典所收的詮釋條目，都是佛教術語，而且基本上是限於這方面；一切專有名詞，除少數例外外，都没有收入。這辭典的最大特色，是很重視所收條目的語源問題，它儘量在文獻學方面給予相應於漢譯詞彙的梵文、巴利文和西藏文的原文和翻譯的表述式，而且所給予的表述式，不管是梵文的，巴利文的，或西藏文的，往往不止一種，而是多種，很多時也註明這些表述式的出處，故文獻學的氣息極濃。另外，辭典中對於條目的詮釋可算簡明扼要，文字也很流暢平易；詮釋用的詞彙也很達意，富有現代意味，與現代的學術思想接得上頭。全書三册，凡四百五十萬言。索引做得特別好，分巴利語、梵語等索引、西藏語索引及漢語索引三方面。對於所引的資料，包括條目的出處，都詳細註明，例如《大正藏》第幾册第幾頁第幾欄，都能一一交代清楚。這點尤其是其他辭典所無的。這都是此書的優點。不過，它也有不足之處。它的最大弱點，便是對要詮釋的條目，缺乏輕重的分別，即是，對於具有濃厚哲學涵義的重要的概念或名相，解釋總欠周詳，予人粗疏浮淺的感覺，例如密教的「阿字」與「阿字觀」；有時雖詳盡卻又流於支離，碰不到問題的核心，例如佛教的「愛」的本來義；有時只是表面的解釋，不能顯出佛教的深遠的智慧，例如「十二因緣」。而對於很多極其顯淺且與佛教没有關連的術語，反而不辭累贅解釋，例如「遁世」、「肥壯」、「寧」之屬。總的來說，辭典在印度佛學方面很強，日本佛學方面次之，中國佛學則極弱。在解釋印度佛學名相方面，常附有名相的梵語的語源解釋，這予人的印象，是作者的功力主要是在梵文佛學方面。對於中國佛學，即使是很重要的名相，例如「判教」或「教相判釋」，都嫌省略，缺乏深度，碰不到問題的重點。在這方面，它比多屋賴俊他們的《佛教學辭典》差得多了。在日本佛學方面，照顧得很週到，即使是很普通的術語，也不放過，例如「萬行往生」。平心而論，佛學的發展雖有多支，但以觀念與理論價值言，唯以印度佛學與中國佛學為高。日本佛學只能說是中國佛學的延續，很少創意。不過，日本人編佛學辭典，通常都對日本佛學予以特別的照顧和重視，這自是站在日本佛教立場所致。這是無可厚非的。但中村元的《佛教語大辭典》，在中國佛學方面非常脆弱，與中國佛學的重要性完全不相稱，則無可置疑。作者的特長，顯然是在印度的學術思想方面，不在中國方面。（關於中村元的這本辭典，歐洲學者杜容 J. W. de Jong 曾寫過一書評。他基本上是以梵文文獻學的角度來立論，故予中村書頗多正面的評價。Cf. *The Eastern Buddhist*, Vol. Ⅸ, No. 1, May 1976, pp. 131－135.）

以上所列舉的，是一般性的佛學辭典。有關個別佛教學派或地域佛教的辭典，則有：

駒澤大學編：禪學大辭典
山田孝道編：禪宗辭典
神保如天編：禪學辭典
塚本善隆編：淨土宗大辭典
佐和隆研編：密教辭典
赤沼智善編：印度佛教固有名詞辭典

此中，駒澤大學編的《禪學大辭典》，凡三大册，這恐怕是世界最大的禪學辭典，它顯示出佛教宗派辭典的編纂的充量發展，書中所收有關禪佛教的豐富資料，真令人歎爲觀止。索引的那一册，更附有西歐語譯禪籍要覽、禪籍分類要覽、禪宗史年表、禪宗法系譜等多項。此書的資料自是繁富，但編纂方法卻嫌落後，所附的原典文字，未有清晰註明出處，如解「虛妄」一詞，引了一段文字，只註《圓覺經》，到底在哪裏可以找到，未有交代。很多與禪學不相干的條目，例如寺院名稱，往往以冗長文字來解釋，實無必要。赤沼智善編的《印度佛教固有名詞辭典》，功夫很深厚，文獻學的學術水平也高，編者是早期佛教文獻的專家。可惜書中所收，只是專有名詞，而且限於印度佛教的原始時期。這是只有文獻學，完全不涉義理的佛學辭典。

如衆所周知，佛教的發展，經歷兩千多年，也跨越廣大的空間。這種發展的結果之一，是浩繁的典籍。因而有關解釋佛教典籍的辭典便應運而生。此中有兩種堪注意：

小野玄妙監修：佛書解說大辭典

水野弘元監修：新佛典解題事典

《佛書解說大辭典》是一部規模極爲龐大的製作，全書凡十四册，篇幅直逼望月信亨的《佛教大辭典》。書後並附有詳盡的佛教經典總論。此書所收佛典甚多，但查閱不便，僅供專家學者應用。較有一般實用價值的，是《新佛典解題事典》。這本書很有現代意義：文字淺易流暢，對經典的出處有清楚的交代，對其內容也有扼要的敘述，又附有對該典籍的現代研究的資料。所處理的典籍有五個重點：印度佛教、西藏佛教、中國佛教、日本佛教、印度聖典。這書名義上由水野弘元監修，實際編集的，則是中村元、平川彰與玉城康四郎，而實際執筆的，有多個學者，各人負責介紹自己所熟習的經論。這種安排很好，由於執筆的都是對要介紹的文獻的內行人物，故辭典的學術水平很高。書中雖然仍有重視印度佛學、日本佛學而輕視中國佛學的痕跡，但中國佛學部份，總算不過不失。此書的明顯不足處，是所收的典籍太少，也非都是重要的。如天台智者大師解《維摩經》的文獻，包括《維摩經玄疏》與《維摩經略疏》，都沒有收入，這是了解天台思想的重要文獻。若能把印度聖典部份刪去，而補入更多重要的佛教典籍，便更好了。印度聖典部份其實是多餘的，它不屬佛典範圍，它的收入，只表示日本學者重視印度方面的文獻而已。

另外，一些非佛學的一般性的辭典，提供不少佛學方面的資料，對我們研究佛學亦很有用。這包括：

下中邦彥編：哲學事典

小口偉一、堀一郎監修：宗教學辭典

東京大學編：東洋史辭典

貝塚茂樹等編集：アジア歷史事典

前嶋信次、加藤九祚編：シルクロード事典

荻原雲來等編：漢譯對照梵和大辭典

榊亮三郎編：翻譯名義大集 Mahāvyutpatti

U. Wogihara, ed., *The Sanskrit – Chinese Dictionary of Buddhist Technical Terms*

其中，下中邦彥編的《哲學事典》收入很多佛學的概念與觀念，解說得很清晰。它是由有關的學者負責，故所論都是內行。在解說的後面，往往附有有關該概念或觀念的參考文獻，俾讀者作進一步研究。《東洋史辭典》與《アジア（亞洲）歷史事典》是歷史辭典，收入很多佛教史的資料，特別是與佛學有關的人物的傳記。後者凡十巨册，有很多與佛教有關的專有名詞，特別是地名，都可在其中找到解釋。荻原雲來等編的《梵和大辭典》，雖不是佛學辭典，但所收的梵語詞彙，很多都與佛學有關。我們常常可在其中查到某些梵文佛學名相的漢譯表述式，及這些表述式的出處。這部書的編纂者，都是日本梵語學界的一流學者，荻原雲來只是發起及領導而已。在文獻學來說，這書的價值極高。前嶋信次等編的《シルクロード事典》，是一部很值得注意的作品。シルクロード即是 Silk Road，絲綢之路之意。這是有關絲綢之路即西域各方面的事項的辭典，其中載有很多與佛教、佛學有關的資料，包括人名、地名、書名、學派名諸項，也包括敦煌研究方面的資料。這部辭典的編纂，顯示出日本學界對西域特別是敦煌方面的事項的廣博知識，也顯示他們在這方面所掌握的豐富資料。

日本以外的外國學者所編的佛學一般辭典，主要有以下兩種，都是以英語出之的：

G. P. Malalasekera, ed., *Encyclopaedia of Buddhism*

Nyanatiloka, ed., *Buddhist Dictionary*

前者包羅衆廣，後者則以南傳的巴利文佛學爲主。

日本以外的外國學者所編有關個別的佛教學派或地域佛教的辭典，則有以下諸種：

E. Conze, *Materials for a Dictionary of the Prajñāpāramitā Literature*

E. Wood, *Zen Dictionary*

W. E. Soothill & L. Hodous, *A Dictionary of Chinese Buddhist Terms*

E. J. Eitel, *Handbook of Chinese Buddhism*

此中，學術水平最高的當推抗塞（Conze）的 Materials for a Dictionary of the Prajñāpāramitā Literature。這是般若文獻辭典，所收入的，都是在梵文般若文獻中出現的詞彙，附以英語的解釋，在可能範圍內，並附有西藏文的對應表述式。抗塞是般若文獻方面的最大學者，由他來編寫這本辭典，自是最適合不過。這書對研讀梵文般若文獻的讀者來說，當能提供極大的助力。可惜書中未有附有漢譯般若文獻的對應表述式，即不附有漢語的相應詞彙；在這方面，恐怕要參考荻原雲來等編的《梵和大辭典》。蘇奧茲（Soothill）等編的 A Dictionary of Chinese Buddhist Terms 雖說只限於中國佛學名相範圍，但其實收入不少印度佛學的名相。它基本上是以英語來翻譯和詮釋佛學名相；讀者亦可按漢語名相的筆劃數目，查出其梵語的相應表述式。這書似乎特別是爲研究中國佛學的西方學者而編製；不過，對於我國讀者，我想也有價值；有時通過英語的解釋來了解某些名相，反而更易明瞭，這書便提供這方面的方便。此書大體上是不錯的。不過，由於它是幾十年前編寫的，所收的資料並不完全充足；也限於當時西方對中國佛學的粗略的了解（即使在今日而言，這種了解仍是粗略），故詮釋不夠深入，特別是牽涉到重要義理的場合；另外，有些名相的譯法已過時，例如「四句」，此書譯爲 "four terms"、"four phrases"、"four－line verses"，都欠精確，現代學者多譯爲 "four alternatives"，自較上舉的好得多。

另外，以下五種西方學者的英語著作，雖非佛學辭典，卻有助於我們對佛教義理與文獻學的了解：

P. Edwards, ed., *The Encyclopedia of Philosophy*

W. Hastings, ed., *Encyclopaedia of Religion and Ethics*

T. W. Rhys Davids & William Stede, *Pali - English Dictionary*

F. Edgerton, *Buddhist Hybrid Sanskrit, Grammar and Dictionary*

B. Heimann, *The Significance of Prefixes in Sanskrit Philosophical Terminology*

前兩種是哲學百科全書與宗教學倫理學百科全書。對於佛學中的重要概念與問題，也有詳盡的解釋。它不講文獻學，而是本著哲學、宗教學與倫理學的背景來處理，故是通論性質。這是與一般的佛學辭典的最大不同處。這也是一種好處，即是，它所提供的佛學，不是專家的佛學，而是在一個廣面的思想領域下置定出來的佛學。在這裏，我們可以看到，佛學作為一種哲學，佛教作為一種宗教，在比較哲學、比較宗教的脈絡下，是怎麼樣的面貌。中間的兩種，則是巴利文和佛教混合梵文的辭典，其中有不少詞彙是佛教的。這兩種辭典的學術水平都很高，都能提供有關佛教文獻學方面的寶貴資料。最後一種是對一些有哲學涵義的梵語詞彙的解析，特別集中於其字首（prefix）方面。所選的詞彙，是屬於整個印度哲學的，包括佛教在內。這種解析雖是文字學的，但很有價值。實際上，很多重要的名相，其獨特的涵義，常表現於其字首中。例如緣起，其梵語為 pratītya - samutpāda；此中，編者以為，字首 prati 通常是應用於經驗事象的層面，表示經驗性的因子的實際抗衡的關係。pratītya -

samutpāda 一詞，其涵義即由此引發出來，指經驗存在的相互的內在連鎖性，這連鎖性包含構成因子間的抗衡關係。若要探尋名相的原始涵義，這種解析是一個很好的途徑。可惜的是，佛教名相的解析，只佔全書的一小部份。書後附有一個索引，列出書中所處理的名相，方便讀者查閱。這種作品實在意味深長，我想多說幾句。佛教根源於印度，佛學文獻最重要的語文是梵文。很多重要的名相，包括涅槃、空等在內，其本來涵義，都要追蹤其梵文表示式，才能清楚。就這意義來說，這類作品是極其重要的。這當然是一個文獻學的問題，但它所涉及的名相的原始涵義，亦大有助於我們對名相的哲學涵義的理解，這是無可置疑的。不過，這種工作不是人人能做，他必須對梵文字彙(巴利文字彙亦然)有精熟的認識，能分析其結構才成。當然這種工作並不只限於對字首的分析、研究而已，它實在可從很多方面下手。

以上所提到的除中文外的佛學辭典，都是以日、英語出之。事實上，在外語的佛學辭典中，絕大部份都是出之以日、英語的。例外的，據我所知，只有一部用德語編寫的中國佛學辭典，這即是 H. Hackmann 編纂的 Erklärendes Wörterbuch zum Chinesischen Buddhismus (有關中國佛學的解釋性的辭典)。這書所選的，都是中國佛教的詞彙，附有梵語對照，然後是相當詳盡的德語的解釋。詞彙是一般性的，解釋也僅限於表面而已；因不能深入，也觸不到核心的問題。這是很早出的佛學辭典，恐怕早已絕版了，我只在十多年前在德國留學時，在漢堡大學的圖書館中見到。

總觀以上所論到的外國的佛學辭典，它們在某一程度上都有參考價值。也有不同之處，有些在內容上較詳盡，有些較簡明；有些在編纂方法方面落後，有些較先進合理，因而富應用上的方便。就內容方面而言，我們發現有兩點特色。第一點是，文獻學的意味很濃；比照之下，哲學義理的分量便嫌不足。這是現代佛學研究的一貫作風，不獨佛學辭典的編纂方面為然。就日本方面的研究而言，學者的基本訓練，不是哲學與邏輯思考，而是梵文、巴利文、西藏文文法的講習與這方面的資料的研讀。在大學的研究院，佛教學的研究室，都充滿這種講習與研讀的風氣。這種工作，很花精力與時間，學者置身其間，便很難有餘力與餘暇顧及其他了。老實說，要弄通這幾種艱難的語文，必得花上十多年的時光；再加上學習德文、法文、英文等現代語文（日本學者頗有崇尚古典歐洲文明的心理，以能通德、法文為榮），以吸收西方的佛學研究成果，另外，還得要顧及古典漢語，或佛學翻譯的漢語（在早期的印度佛學資料中，有很多是只有漢譯現存的，其梵文原典已佚，又無西藏文的翻譯），做到這個階段，人已老了，也快要死了，還搞甚麼哲學義理？這真是一個大難題。第二點是，綜合性的佛學辭典，通常兼顧印度佛學、中國佛學、西藏佛學與日本佛學四個系統。就觀念與理論言，西藏佛學是印度佛學的延續，日本佛學是中國佛學的延續；稍不同的是，西藏佛學在文獻上的重點是翻譯，日本佛學在文獻上的重點是疏解。這兩系的佛學，在觀念與理論上都沒有大的開展。故佛學當以印度與中國這兩系為支柱。西方佛學界一直有梵文、巴利文的講習傳統，故特別著重與此有直接關連的印度佛學的研究；在佛學辭典的編纂方面，也表現這種傾向，強調印度佛學。日本佛學界承受了西方的這種傳統，故在佛學研究方面，也是重印輕中。這表現在佛學辭典的編纂上，非常明顯。上面提到的一般性的佛學辭典，就對名相的涵義的闡發而言，多是在印度佛學方面較強，在中國佛學方面較弱。中村元的《佛教語大辭典》，則更不成比例，中國佛學貧弱之極。此中只有很少例外，例如多屋賴俊等的《佛教學辭典》，能保持一個均衡，兩系的佛教並重。事實上，日本學界在佛學研究方面的這種重印輕中，或重梵輕漢的傾向，自一個多世紀以前南條文雄把牛津的印度學研究的學風帶回日本以來，便漸成了定型。在佛學研究界執牛耳的學者，如宇井伯壽、荻原雲來、山口益、金倉圓照、梶山雄一之屬，都是印度佛學或印度學專家，都是熟諳梵文文獻的。學術界的風氣是如此，佛學辭典的編纂，自然受到影響。如何在印度佛學與中國佛學之間取得一個平衡，而兩者兼顧，還需一段努力。就目前日本的佛學研究界來說，我仍看不出有趨向這種平衡的跡象。很多年輕而受重視的學者，如桂紹隆、御牧克己、岩田孝之屬，都是搞印度佛學，或與印度佛學有密切關係的西藏佛學方面的。

# 佛學辭典的編纂

研究及了解佛教義理的人，倘若要看原典，由於佛教文獻繁多，名相亦衆，索解不易，故不免要參考佛學辭典（有時又作佛教辭典、佛教辭彙、佛教事典之屬）。即使是不看原典，要對某些名相或概念作文獻學上或義理上的了解，也多要借助佛學辭典。另外，倘若要知道某些名相或概念的出處，或它們的梵文或西藏文的寫法，也往往要參考佛學辭典。有些辭典還照顧到佛教用語，或一些特別的典故（如絲綢之路之屬）。故佛學辭典的需求，是不容置疑的。因而佛學辭典的編纂，是非常重要的。

佛學辭典的編纂，基本上是技術性的事，但與編纂者的學養與文獻學知識也有密切的關連。這篇文字主要是討論這些方面的問題，另外也會涉及一些旁枝的問題。

## 一、工具的性格：強調實效（effectiveness）

佛學辭典是一種工具書。像其他工具書那樣，它是拿來用的，不是拿來讀的。即是說，它在有需要時才拿出來應用，來查考；它不是一般討論問題的書，也不是歷史的書、文學的書。

既然是一種工具書，便應具有工具的特性或特徵，這即是實效性。它必須能回應用者的需求，使用者容易地和有實效地找到他所要查考的，它必須「好用」。這實效性可以從下面幾點來說：

一、辭典所提供的資料必須可靠與精確，所提供的解釋，必須根據可靠的文獻。印度佛教以至印度文化是比較缺乏歷史與地理意識的，也就是缺乏時空感（時間對應歷史，空間對應地理）。很多重要文獻的成立時期、成立處所和作者都不大清楚；很多重要的事情的發生時間與地點，和牽涉些甚麼人物，也很模糊。甚至連佛陀、龍樹這些祖師性格或級數的人物的生平，也會有幾種說法。佛學辭典對於這些問題，必須審慎處理，如未能確定，便以存疑標示。例如「性惡」這一天台宗的名相，傳統都歸之於智者，以爲是智者大師的思想，强調佛性有惡。實則性惡只見於《觀音玄義》（天台五小部之一）中，此書一直以爲是智者所撰，其實不是，是天台後學所爲，智者並無明確的性惡思想。智者雖有一念三千、性具染淨的想法，但還未到性惡的程度。像性惡這種極端的說法，是天台後學發揮出來的。對於這類問題，編纂者必須小心處理，以免引起誤導。

二、辭典引用的研究資料，應能與時代相應，追得上研究的步伐。這在英文來說，是所謂 up-to-date。例如織田得能所編纂的《佛學大辭典》，是很多年前出版的；這本辭典早已過時，內裏所收入的研究資料，只在很多年前流行。新發現的或新發展的研究資料，並未有收入。這是織田書的一大缺點。丁福保依它來編成的大辭典，也自然繼承了這個毛病。在方法學上，也是可說與時代相應的。如有關中觀學的四句（catuṣkoṭi）與因明學的三支推理或三支作法，現代學者已流行用符號邏輯來處理，結果效果很好，不但能使讀者清晰地理解原意，同時也可證實一點：佛教的表述方式與推理，是經得起現代邏輯的考驗的。這些方法都可拿來運用。

三、行文要流暢，讀者易看易明，這樣自然可提高可讀性（readability）。同時，所用以解釋的字彙或術語，需是現代人所熟悉的，能與現代思想連貫起來。望月信亨主編的《佛教大辭典》在這方面便做得不好。它篇幅浩繁，缺乏選擇性與判斷性，它不是以批判的方式來做的，卻是提供一大堆資料。且用語古舊，文句冗長，不易卒讀。不值得效法。中村元編的《佛教語大辭典》便不同。這部作品文字流暢，行文簡短，易看易讀，亦有濃厚的現代意識。至於內容怎樣，則是另一問題。

四、如上所說，佛學辭典是拿來用的，不是拿來讀的。所謂拿來用，是要在某一辭典中查出它對某一名相的詮釋。要讓讀者在短時間內精確地翻到他所要參考的條目，便得有一完備的索引系統。通常來說，好的或先進的佛學辭典，總是把條目放在索引中，跟著便是標明在辭典中可以找到有關某條目的解釋的頁數與欄碼（如a欄，b欄）。如中村元的《佛教語大辭典》與多屋賴俊、橫超慧日、舟橋一哉編的《佛教學辭典》便是依據這方式來做索引，查閱起來非常方便。這種做法的好處是讀者可以同時知道該辭典對某一名相或條目在所有處所的解釋。丁福保的《佛學大辭典》則是把條目放在目錄中，便沒有這種好處。目錄只是依據筆劃次序把條目排好，然後附上頁數與欄碼。讀者只能依頁數與欄碼所指示的地方找到某一條目的解釋。至於該條目在其他條目中有沒有被提及和加以發揮，便無從知曉了。

## 二、需求的種類

佛學辭典既是供給讀者拿來應用的，則讀者有不同的需求，佛學辭典自亦有多種。這便使佛學辭典有多個類型。從方法論來說，可以有以下不同的相對反的類型：通俗性與學術性、信仰與理性、文獻學與哲學、綜合性與專門性。以下依次加以說明。

通俗性與學術性的對比是明顯的。學術性強調獨特的見解與新的知識；要做到這點，必須對有關論題的研究加以涉獵，知道學術界在這方面的研究所達到的深度與廣度，然後再發表個人的研究心得或結果。這種心得或結果便可說學術性。故學術性的研究是嚴謹的與困難的。佛學辭典由於性質所限，需要解釋很多條目，故不能作很詳盡的闡釋，因而不易表現學術性。不過，功力深厚的學者還是可以透過對重要條目的詮釋，顯示個人的獨特見解的。學術性的意思，有時也可關連到多指涉原典，對引文清楚交待出處和多以專技辭彙來作解釋這些方面，這則是佛學辭典所能優為的。至於一般性，則指讀者只是一般的讀者，對辭典的解釋，要求不高，只是想知道某些一般性的名相的涵義而已。這樣的佛學辭典，自是容易製作的。

信仰與理性的對比，也可說是主觀與客觀的對比。信仰通常是主觀的，與個人的性情、興趣、際遇、價值觀分不開，很多抉擇取捨的事是不能解釋得清楚的，此中有一種神祕主義在裏頭。理性則講求理由和邏輯性；理性的決定，是要求客觀性，它不單對某個個人，某些人有效，而且對一切人都有效。此中有一種普遍性與必然性在裏頭。一般來說，以信仰為主的佛學辭典較易做，它傾向於通俗性，强調理性、邏輯性的佛學辭典則傾向於學術性。

文獻學與哲學的研究法，是我在方法論上區別現代佛學研究的兩種重要方法。現代佛學研究的一切不同的研究方式，大抵可以歸結到這兩種方法之下。文獻學方法注意文獻學的問題，例如名相的梵文、巴利文的原來表述式與西藏文翻譯的表述式，由這些表述式依文法學探尋出該名相的原來意思。文獻的翻譯成現代語文，對文獻的解題、注釋，以至最後做索引及漢梵、漢藏、梵藏字彙對照表等項，都是文獻學研究的工作。哲學方法則强調哲學義理，把佛學視爲一種對人生與宇宙具有深邃洞察而加以反省思考的做法。也可以把佛教哲學放在世界哲學的大脈絡中，通過分析與比較，即是，分析佛法的義理，把這義理與其他哲學思想作比較，爲佛教定位，探尋出它的特質所在及在世界哲學中的位置。

從事佛教文獻學的研究的人很多。以文獻學的方法來編纂佛學辭典的，也佔了大多數。因爲佛學辭典的條目，以專有名詞（如書名、人名、地名、寺院職階、佛、菩薩等名號等等）佔多數，這些條目，只能以文獻學的方法來寫。表示義理的條目，比例上少得多。這些條目，自然可以哲學方法來寫，但由於篇幅所限，不能有很多哲學的發揮。而實在這些哲學性的條目，也是可以用文獻學的方法來寫的。我們可以說，佛學辭典的編纂，基本上是一項文獻學的工作。這較理想的做法，是以文獻學與哲學雙軌並進的方法來寫。這一方面可以交代某一名相的文字學上的根源，它的梵、巴利、藏諸文的表示式，和它的出處（在經論中的出處）；另外又可以探索和發揮它的哲學涵義。不過，這種情況不多見，主要原因是這要同時具有文獻學與哲學的學養，這種學者不多見。通常學者的根本訓練都歸向一邊，或是文獻學，或是哲學。宇井伯壽監修的《佛學辭典》與多屋賴俊、橫超慧日、舟橋一哉合編的《佛教學辭典》便有些「雙軌」的味道，但都做得不是太理想。宇井書翻閱不方便，難以查到所要知道的；多屋等的也缺乏梵文、巴利文索引。兩者的哲學性都不足夠。武邑尚邦的《佛教思想辭典》是以佛教思想爲主，很有義理的味道，解釋名相也算詳盡，可惜收入條目不多，影響在廣度上的應用效果。

綜合性辭典與專門性辭典的區別也很明顯，廣度與深度都不同。綜合性的佛學辭典必須網羅一切，無所不包。就派系的發展來說，它遍及原始佛教、部派佛教、般若、法華、華嚴、中觀、唯識、如來藏、天台、華嚴、三論、禪、淨土各方面，橫亘印度佛教、中國佛教、西藏佛教和日本佛教。由於範圍太廣，條目衆多，不能特別偏重某一個派系，也不能解釋得太詳細。目前最大部頭的綜合性佛學大辭典，當推望月信亨的《佛教大辭典》，其次是龍谷大學的《佛教大辭彙》。近年法藏館出版的《總合佛教大辭典》質素不錯，很有現代意味，文字流暢，解釋淺白易懂，少傳統的字彙，卻代之以現代人熟悉的術語，是十多年前出版的中村元的《佛教語大辭典》後的另一鉅製。

專門性的辭典在很多方面都與綜合性的辭典不同。它既然是專門性，範圍自然較窄，在學派上只集中於一兩個學派，在地域上集中在一個地域，甚或集中於一兩個人物，或一兩本文獻上的。這種專門性的佛學辭典由於範圍窄，條目不多，因而可以用較多的篇幅來解釋，學術性的要求也較高，也較容易作哲學上的發揮。撰寫的人，自身需要是有關專門方面的專家。這種佛學辭典，在學派上來說，可以是禪宗辭典、禪語辭典，或天台宗辭典。在地域上來說，可以是印度佛學辭典、中國佛學辭典、日本佛教辭典、西藏佛教辭典，或絲綢之路(西域)佛教辭典。在人物來說，可以是道元辭典，或親鸞辭典。在文獻來說，可以是摩訶止觀辭典，或正法眼藏辭典。日本由於佛學研究的多元化和專精化，故多出現這樣的專門性辭典。西方好像只有禪方面的專門性辭典。我國方面，若能出一些優秀的綜合性辭典，已很好了，遑論專門性的！

以上是從方法論或形式的角度來說不同類型的佛學辭典。下面則從內容方面來說。這些內容，通常可列舉如下：信仰、哲理、修證、文化、藝術、倫理、歷史、文學、地理、儀式、風俗、寺院、人物、佛典，等等。要全部羅列，恐怕很難。這些是有代表性的。有些未列出的題裁，可以概括於上列題裁中；例如佛像可歸入藝術中，偈頌可歸入文學中。由以上豐富的題裁，亦可以看出佛教影響的深與廣了。若與上面的方法論所說的比配，則可有更多的類型的辭典。例如歷史與中國佛學相配，則得中國佛教史辭典；文化與印度佛學相配，則得印度佛教文化辭典；文學與禪語相配，則得禪文學辭典；風俗與中國佛學相配，則得中國佛教風俗辭典，等等。實際上，光是信仰、修證、文化、藝術、倫理、歷史、文學等，自身便各各可成爲專門性的辭典了，如佛教信仰辭典、佛教文化辭典，等等。

## 三、編纂者的條件

佛學辭典編纂得如何，質素怎樣，與編纂者自身的條件有直接的關連。這條件主要從文獻學與哲學上的足夠訓練與學養說。即是說，要把辭典編纂好，編纂者必須同時具有文獻學與哲學這兩方面的基礎。

就文獻學方面言，有下面幾點可說。首先，編纂者需要熟悉古典文獻（classical literature)，俾能在解釋了有關名相後，附上載有該名相的一段文字，展示該名相的出處。通常一個名相會在一種文獻或多種文獻中出現多次，在附引載有該名相的原文時，當然不必收入載有該名相的所有文字，只須附引一兩處便可以了。不過，這一兩處的文字最好具有代表性，這便非得要熟悉多種古典文獻不可。例如天台宗的中道佛性，在解釋完畢後，可引《維摩經略疏》的文字：「藏通觀生、無生，入偏真理，名爲真實。別圓觀無量、無作，入中道佛性，名爲真實。」這表示中道佛性是一個真理的問題。又同書：「解脫者，即見中道佛性。」這是以解脫說中道佛性。

其次，編纂者需通曉佛典的用辭規則或慣例，知道某些特別的用辭的所指，才能在解釋經論的文字上應付裕如。如知「天竺」指印度，「空」指「性空」(這特別在般若文獻中爲然。般若文獻通常說性空 svabhāva－śūnyatā，常只作空 śūnyatā)，「葛藤」指繁瑣的文字言說，「宗門」指禪或禪門，「屋裏主人公」指最高主體性或佛性。

再次，必須熟悉佛教文獻的原典語文及翻譯語文，俾能把梵文、巴利文、藏文及漢文的名相作相互還原。原典語文是梵文和巴利文，若是中國佛教的文獻，則是漢文；翻譯語文則是漢文與西藏文。名相的相互還原是重要的，特別是從漢文還原到梵文、巴利文方面去。例如「菩薩」(菩提薩埵) 是梵文 bodhisattva 的音譯，意譯爲「覺有情」。bodhi 是覺悟，sattva 是有情衆生。若能作梵文的還原，便能明白該名相何以作菩提薩埵或菩薩，和覺有情。這對我們理解「菩薩」一名相的涵義，有一定的幫助。像這樣的例子很多，這裏不一一具引了。

再次，編纂者應通曉多種現代佛學研究所用的語文，俾能參考和吸收現代佛學研究的成果，以入於辭典中。按現代有多方面的學者進行佛學研究，包括日本、印度、歐洲與美洲者。研究的成果，通常是用他們本來的母語發表，當然用英文來發表也相當普遍。這些母語包括日文、英文、法文、德文、俄文、意大利文、西班牙文和丹麥文。一個學者的研究和學習的時間有限，自然難以把這些現代語文全部弄懂，但起碼應通曉較普遍的幾種重要語文，如日文、英文、法文和德文，才能廣泛地運用國際間佛學研究的成果。這點之所以是重要，是由於佛學辭典所牽涉的範圍極廣，一個學者通常不大能夠對此中所涉的各方面都精通的，要把它編纂得好，便不能不參照別人的研究成果。

在哲學方面，編纂者應具有足夠的學養，明瞭哲學所處理的問題與根本性格，特別是在哲學概論、邏輯或思想方法方面有相當造詣。這是由於佛教不單是一種宗教，也是一種哲學，它對人生與世界、宇宙的問題，很有其獨特的看法，表現出深邃的反省與智慧；倘若沒有哲學的基本訓練，便不能正視它在這方面的成就，對它有恰當的理解。我們以哲學研究法來搞佛學，目的也正是要對它的義理有扼要與系統的把握，辨別各學派的異同，發掘它的哲學智慧。這在編纂佛學辭典方面來說，可以透過對佛學的重要名相與術語，如原始佛教的無我、十二因緣，阿毗達磨的法體（svabhāva），法華思想的方便，維摩思想的煩惱是道場，般若思想的空，中觀學的中道、二諦義，唯識學的識、阿賴耶識，天台的中道佛性、不思議解脫，華嚴的相即相入、法界緣起，與禪的自性，抉發其哲學涵義，以突顯佛教的思想模式、實踐旨趣與精神取向。哲學根柢不好，便不能擔當這項工作。

總括來說，佛學辭典的編纂者自身應是一個嚴格意義的佛教學者，對文獻學與哲學都具有足夠的學養。

## 四、編纂辭典的具體程序

就佛學辭典的編纂來說，上面所討論的都是外緣問題，是準備工夫。現在要討論正式編纂佛學辭典的具體程序了。關於這點，可分以下幾面來說。

一、選定條目。這點與上面第二節討論的需求的種類有直接關連。要編纂哪一類型的辭典，直接影響對條目的選擇。倘若要編纂綜合性的辭典，則一切重要名相與術語，以及於一切專有名詞，如人名、地名、書名、寺院名等，都在選擇之列。倘若要編纂的是思想性或哲學性的，則只需選取在這方面有重要性的名相便可，通常不必理會上列的專有名詞。如是歷史性的辭典，則人名、學派名、地名、書名應是首要選擇，甚至那些與佛教中人或佛教事件有特殊關係的非佛教的人物，也應選入。如隋代太子楊廣，他自然不是佛教中人，但他與天台宗的開祖智顗有密切的政治關連，他可以說是智顗思想在發展與推廣上的大護法，通過他可以對智顗的生平和思想有較多的理解，因此，「楊廣」這一人物名字便得收入條目中。武則天也然，她與華嚴宗開祖法藏的關係，與楊廣與智顗的關係相似，也是法藏佛法的大護法，條目上自然少不了她。

二、條目決定了之後，便要決定以文獻學的進路來解釋，抑是以哲學的進路來解釋。這項工作與上項工作同時進行亦可，這兩者是互相影響的。如以文獻學的進路來寫，則所選取的條目自亦有文獻學方面的傾向；以哲學的進路來寫，則自會選取具有較濃厚哲學涵義的條目。有沒有文獻學與哲學兩者並重的做法呢？這當然是可行的，只是較為困難而已。在佛學研究界，同時具有這兩方面的深湛學養的學者並不多見。俄國的茨爾巴特斯基（Th. Stcherbatsky）、奧國的法勞凡爾納（E. Frauwallner）、美洲的魯濱遜（R. H. Robinson）、日本的中村元和服部正明，可以說是這方面的人才，可惜他們除了中村元外，都未有做過佛學辭典。

三、選取適當的現成的佛學辭典與現代研究成果，作爲參考之用。上面已提過，佛學辭典牽涉極廣泛的範圍，學者通常很難各方面都精通的。不足之處，便需參考別人的說法。這些說法，具載於其他佛學辭典和研究中。實際上，現存的佛學辭典很有交替參考的傾向。例如中村元的《佛教語大辭典》參考宇井伯壽的《佛學辭典》，宇井的又參考織田得能的《佛學大辭典》。有些辭典則參考現成的優良的研究、著述，這包括專書與論文兩者。這種參考，通常不被視爲抄襲或剽竊。因爲大家都理解到佛學辭典的編纂，是不免於參考別人的著述的，只需在書後列明所參考的書目，便成了。當然參考是有限度的，太過分便不成。

四、以上三步做妥，便可落筆撰寫辭典了。在解釋條目時，除了留意文獻學與哲學的進路外，也要留意篇幅的問題。綜合性的辭典，如上所說，由於名相多，牽涉廣，這都足以造成篇幅浩繁的情況，故解釋不宜過於詳盡，只能擇最重要的來說。哪些重要，哪些次要，哪些不重要，常常難以決定，這是要考功力的。專門性的辭典則可對條目作較詳盡的解釋，亦可收入較少見的專門術語。這種工作，最好能在一邊閱讀原典，一邊選取條目，跟著作解釋的情況下進行。在起始決定了條目後，到了這個階段，也還可以加添新的條目。

五、遇到印度佛學的名相，或與印度佛學有淵源的名相，需附上梵文與巴利文的表述式；在可能範圍內，最好能對這些表述式作些分析，使讀者能從文字學的角度看到有關表述式的原初涵義。例如色，通常有兩個意思：顏色與物質（matter），而以後者爲主。按這名相的梵語原文爲 rūpa，由意思爲「形成形相」的動詞語根 rūp 所演變而成，解作「色是被造成的形相」。另一分析方式以 rūpa 由動詞語根 rū 而成，解爲變壞，即是說，rūpa 是會變化、變壞的東西。故色專指那些具有形相、被生成的、變化的物質現象而言，傳統即視之爲變壞、質礙之意。

六、解釋名相完畢，在可能範圍内，應引述含有該名相在内的藏經的一段文字，作爲例示。引文通常都取自《大正新修大藏經》（簡作《大正藏》）。在引文之後，必須清楚列明出處，並採用國際學術界通行的方式，如大三六·四二五b，表示引文出自《大正藏》第三十六册第四百二十五頁中欄。

七、一切條目解釋完畢，便是製一索引，利便讀者查考有關條目。關於這點，上面已介紹過，這裏不多贅。

# 第二部份　研究法之運用示例

# 文獻學方法：

## 佛教「愛」之釋義

中村元等原著

### 一、《新佛教辭典》：

〔愛〕基督教被稱爲愛之宗教，它常說及有關愛的事。佛教則以慈悲爲中心，有關愛的事，並不多談及。佛陀曾說：「由愛更生愛，由愛而生憎；由憎而生愛，由憎更生憎。」（《增支》部經典二）佛教徒以爲，愛與憎是相對反的；但不管是怎樣的愛，其中都藏有憎的可能性。愛愈深厚，憎的可能性亦愈大。因愛的本質，實以愛自己爲中心。作爲佛陀詩句的結集的《法句經》（Dhammapada）第二百一十二偈謂：「由愛（piya）而生愁，由愛而生怖。人能超越愛，則愁不起，怖亦無從生。」同偈又把最初的「愛」這一詞語，與其後演變出來的親愛（pama）、欲樂（rati）、愛欲（kāma）、渴愛（taṇhā）並排起來。愛（piya）實是指對自身、對血統、對親族所有的血緣上的愛；親愛（pema）則指對他人的友情；欲樂（rati）則指對某一特定的個人的愛情（戀愛）；愛欲（kāma）則指性愛；渴愛（taṇhā）則指一種病態的執着的愛。這五階段表示人的愛的加深化，由對自己的愛開始，以及于性愛，最後臻于對自己的愛的極端，而爲病態的渴愛。這種階段的進展，並不是轉爲另一種本質，而是那隱伏在人生命內部的本原的渴愛逐漸顯露自己的本相而已。這渴愛正是人生的愛的本體。倘若順此而滾下去，不能起一種堅忍的苦行，則生苦惱。而卽在這苦惱中，有呻吟的悲情生起，這卽是「悲」（karuṇā）。悲的原意爲呻吟。人意識到自己的呻吟，若更能對他人的苦惱有共感，而對統體陷于苦惱的人，有一種親近感和友情的話，便生「慈」（maitreya）。梵語「慈」（maitreya）一詞的來源，是「友」（mitra），其意卽是「最深的友情」。這慈悲若能取代愛，而步步精進，則可臻于究極的慈悲，這卽是「無緣大悲」。這無緣大悲是泯沒了人我及施捨的分別意識而起，是無條件的利他的大愛。這是佛教所表示對他者的究極的愛。

譯自中村元監修之《新佛教辭典》，誠信書房，昭和五一年第十一次印刷。

## 二、《佛教語大辭典》：

〔愛〕①悉曇梵字五十字門之一，十二母韻之一；又作翳、藹、嘢、哀。經典中的解釋，有自在不可得，或殊勝威儀的意思。（《妙吉祥根本智》）

②欲求，願望，愛好，巴利語 chanda（《雜阿含經》）；梵語 kānti（《瑜伽師地論》菩薩地品）；梵語 iṣṭa（《中邊分別論釋》）。又有「隨愛」之意（順從愛欲），巴利語 chanda-gāmin（《五分戒本》）。

③愛執，執着，愛着（《上宮維摩疏》）梵語 anurodha，西藏語 chags（pa）（《百

五十讚》）；梵語 sakta，西藏語 chums pa，西藏語 mkhren pa（《翻譯名義大集》）。又有「因愛」，是愛執義，梵語 tṛṣyamāṇa（《中論》）。

④廣義來說，愛有煩惱的意思；狹義來說，愛與貪欲相同。有時也譯爲渴愛，這比喻生命在飢渴時所表現的盲目的衝動，妄執，如斷如渴的激烈的欲望，這種欲望若得不到滿足，決不止息。（《集異門論》）（《要集》）（慈雲《短篇法語》）（慈雲《骨相大意》）（《俱舍論》）巴利語 taṇhā（《雜阿含經》）；梵語 tṛṣṇā（《俱舍論》）（《楞伽經》）；梵語 gārdhā，西藏語 shen pa（貪欲）（《翻譯名義大集》）；巴利語 nandī（《別譯雜阿含經》）。又有「愛所愛」之意。（由于妄執，便生執着）。巴利語 taṇhupādiṇṇa（《中阿含經》）。

⑤十二因緣中的第八支，被納入于十二因緣的體系中。（《彌勒成佛經》）梵語 tṛṣṇā（《俱舍論》）。

⑥執着爲自己的東西。巴利語 mamāyita（《義足經》）。

⑦所有的意思。巴利語 pariggaha（《義足經》）。

⑧用作動詞，愛好的意思。「誰愛」，巴利語 ko nu kho tasati ?（《雜阿含經》）「不愛作業」，梵語 na karmārāmaḥ（《有部律雜事》）。

⑨男女之愛；性愛；性的本能衝動；男女相互擁抱而難分難捨的愛；由愛縛而生的愛情；愛欲。梵語 kāma（《理趣經》）。

⑩妻子對丈夫的愛（《玉耶女經》）。

⑪對子女的愛，梵語 sneha（《佛所行讚》）。「愛子」（對子女的愛），梵語

putragato mama snehaḥ（《佛所行讚》）。

⑫欣喜；內心的欣喜；一種應該修行的德性。（《普法義經》）梵語 utsūḍhi，梵語 utsṛcita(?)，西藏語 spro ba（《翻譯名義大集》）。

⑬願望。梵語 iṣṭa（《佛所行讚》）；梵語 iṣṭa，西藏語 ḥdod pa（《唯識二十論》）；梵語 rucitā（《俱舍論》）。

⑭以愛待人。「愛乞人」（《上宮維摩疏》）；（《永平清規》）。

⑮關心。「于己偏無愛」，梵語 tvayy eva kevalaṃ karuṇākaruṇābhvat（你的愛，對你自身，偏偏是無關心哩）。（《百五十讚》）

⑯沒有染污的正信（《俱舍論》）。梵語 preman(-sraddhā)（《俱舍論》）。

⑰敬重的意思（《大毗婆沙論》）。

⑱關懷衆人（《永平清規》）。

⑲一種思想上的困惑；由情意而來的愛（《四教儀註》）。

⑳追求崇高的理想；「愛法」（巴利語 dhamma-kāma）。「愛法」的說法，悠來已久（《增支部》，《經集》）。梵語 dharma-preman（《妙法蓮華經》，羅什的翻譯，作深深地愛護佛法的人之意）。「愛坐禪」（《正法眼藏》）。

㉑作親密的話語看。梵語 sāntva（《佛所行讚》）。

㉒與可愛同（《法華經音義五音記清濁》）。梵語 tṛṣṇā（《俱舍論》）（《大乘莊嚴經論》）。梵語 toṣayati；梵語 parigraha；梵語 priya；梵語 preman；梵語 vatsala；梵語 sneha（《大乘莊嚴經論》）。梵語 anunaya（《俱舍論》）。

以下是「解說」，略與中村元監修之《新佛教辭典》「愛」條同，不多譯。

譯自中村元著《佛教語大辭典》，東京書籍株式會社，昭和五十年第二版。

## 三、《佛教學辭典》：

〔愛〕①梵語 tṛṣṇā 的譯名，指對事物的貪愛執着。飢渴的人，亟亟求水，不止不停。愛亦是一樣，人心强烈地要求欲望的滿足，故也譯爲渴愛。此中又有欲愛（性欲、情欲）、有愛（生存欲）、非有愛（無有愛，要否定生存所表現的那種欲望）三種愛的分別；這三種又或作欲愛、色愛（對物質的欲望）、無色愛（超越物質的表現的那種欲望）。又對于六境（色、聲、香、味、觸、法）的愛，分別稱爲色愛、聲愛，等等。這些愛合起來，稱爲六愛，或六愛身。十二緣起中的第八支的愛，亦卽是這種愛了。②梵語 prema 的譯名。據《大毗婆沙論》卷二十九，愛有染汚的愛與無染汚的愛兩種；前者是貪，後者是信。又《大智度論》卷七十二也說及欲愛、法愛這兩種愛。欲愛是對妻子等的愛念所起的貪欲；法愛是慈愛一切衆生所表現的慈悲心。

譯自多屋賴俊、橫超慧日、舟橋一哉所編集之《佛教學辭典》，法藏館發行，昭和四十九年第九次印刷。

## 四、《禪學大辭典》：

〔愛〕有關愛的事。不過，在佛教中，多指與憎成表裏一體的東西而言，這憎則植根于利己的欲望之上。

①梵語 tṛṣṇā，巴利語 taṇhā，意譯爲渴愛。這是一種煩惱，是貪欲。宛如飢渴的人亟亟求水那樣，是一種强烈的欲求。是盲目的衝動。這愛亦可分爲三種：欲愛（性欲）、有愛（生存欲）、無有愛（又名非有愛，卽對非生存的欲望）；又可分欲愛、色愛（對物質的東西的欲望）、無色愛（對超物質的東西的欲望）三種。又對于六境（色、聲、香、味、觸、法）的愛，亦可有色愛、聲愛等六種愛。又愛作爲十二因緣中的一支，它的生起，是由苦樂等的感受而有的愛憎之念，而成爲取（取着）之因。但俱舍說以青年期的愛欲爲愛；唯識說則以愛爲貪煩惱，此是受生之緣。唯識說尤其指生命臨終時對生的掙扎爲愛。《俱舍論》九云：「無明愛取煩惱爲性，行及有支以業爲性，餘識等七以事爲性，是煩惱業所依事故。」

②九結之一，爲愛結（anunaya-saṃyo ana，又稱隨順結）。這是染著于境上的貪煩惱。結是煩惱的異名，是取把衆生繫縛于三界之意。愛有欲、色、無色之三愛；又有欲、有、無有之三愛。《順正理論》五四謂：「此中愛結謂三界貪，（中略）何緣此貪說名爲愛，此染心所隨樂境故。」

③梵語 preman，巴利語 pema；又梵語 priya，巴利語 piya，此皆是愛情之意。此中有兩種愛情：依染汚心而來的愛與依不染汚心而來的愛。前者是對妻子、財物的愛，

後者則是對法與師長等的愛樂之念，和對衆生所有的關心。這兩者又有貪與信，欲愛與法愛，善愛與不善愛等的稱呼。但不管如何，都有以不染汚的愛才是眞正的愛的意思。《俱舍論》謂：「愛謂愛樂，體卽是信。然愛有二：一有染汚，二無染汚。有染謂貪，如愛妻子等；無染謂信，如愛師長等。」

④欲望的事。《雜阿含經》云：「復問：尊者，何所斷？答言：斷愛。復問：尊者阿難，何所依而得斷愛？答言：婆羅門，依于欲而斷愛。」

⑤與常、頻等語爲同義。是常時之意。《祖堂集》一九「香嚴智閑」章謂：「佛法因緣卽多，只是愛說三等照。」

譯自駒澤大學內禪學大辭典編纂所所編《禪學大辭典》，大修館書店。

## 五、《佛教辭典》：

〔愛〕①貪欲的意思；或本着一種法喜而有哀愍之情。前者如名利之愛、性愛那一類，是染汚愛。後者則是佛菩薩對衆生的哀憐而表現的不染汚的愛。此又稱不善愛，善愛；有時又稱欲愛，法愛。

②tṛṣṇā，十二因緣之一，又稱愛支。據《俱舍論》所記，男女十六七歲以後，漸有愛欲的念頭萌生，而廣泛地起追逐之想；俱舍說卽以未能滿足其欲念的那種狀態，爲愛。唯識說則以愛爲貪煩惱，由此而有生的事；此中主要還是指臨終時所起的貪

愛。染汚的愛，又稱欲愛。

譯自宇井伯壽監修之《佛教辭典》，大東出版社，昭和四十九年第八版。

# 考據學方法：

# 楞伽宗考

胡適著

## 一、引論

在五世紀的晚期，北方有兩個印度和尚提倡兩種禪學，開闢了兩個偉大的宗派。一個是跋陀，又譯作佛陀；一個是菩提達摩。佛陀弟子道房傳授「止觀」禪法給僧稠（四八〇—五六〇），僧稠成爲北齊的大師，撰《止觀法》兩卷，道宣《續僧傳》稱其書「味定之賓，家藏一本」。止觀禪法是南嶽、天台一派的主要教義；雖然南嶽慧思（五一四—五七七）和他的弟子天台智顗都遠攀馬鳴、龍樹做祖宗，而不肯明說他們和佛陀僧稠有淵源，我們可以推測佛陀僧稠是南嶽、天台一宗的遠祖。

菩提達摩教人持習《楞伽經》，傳授一種堅忍苦行的禪法，就開創了楞伽宗，又稱爲「南天竺一乘宗」。達摩死後二百年中，這個宗派大行於中國，在八世紀的初年成爲一時最有權威的宗派。那時候，許多依草附木的習禪和尚都紛紛自認爲菩提達摩的派下子孫。牛頭山法融一派本出於三論宗，講習的是《大品般若經》和《大集經》，道宣作〈法融傳〉，凡二千四百三十三字，無一字提到他和楞伽宗有關係。但是牛頭山的後輩居然把法融硬派作菩提達摩的第四代子孫，成了楞伽宗的忠實同志了。還有嶺南、韶州、曹侯溪的慧能和尚，他本是從《金剛般若經》出來的，也和楞伽一派沒有很深的關係，至多他不過是曾做過楞伽宗、弘忍的弟子罷了。但是慧能的弟子神會替他的老師爭道統，不惜造作種種無稽的神話，說慧能是菩提達摩的第四代弘忍的「傳衣得法」弟子。於是這一位「金剛般若」的信徒也就變成楞伽的嫡派了。後來時勢大變遷，神會捏造出來的道統僞史居然成了信史，曹溪一派竟篡取了楞伽宗的正統地位。從此以後，習禪和尚又都紛紛攀龍附鳳，自稱爲曹溪嫡派，一千多年以來的史家竟完全不知道當年有個楞伽宗了。

我們看了楞伽宗史跡的改竄與湮沒，忍不住一種打抱不平的慨歎，所以現在決定要重新寫定菩提達摩一派的歷史。

道宣（死在六六七）在七世紀中葉編纂《續僧傳》，很明白僧稠和達摩兩派的旨趣和傾向的不同，他在「習禪」一門的敍論裏說：

> 然而觀彼兩宗，卽乘之二軌也。稠懷念處，（念處卽印度禪法的四念處。）清範可崇；摩法虛宗，玄旨幽。可崇則情事易顯，幽賾則理性難通。

當七世紀中葉，道宣當然不能預料以後六七十年中的楞伽宗變化升沉的歷史。然而，正因爲他不知道八世紀以後爭道統的歷史，他的《續僧傳》裏保存的一些楞伽宗史料是最可靠的記載，可以供給我們考訂那個奇特的宗派的早期信史，可以使我們用他的記載來和八世紀以後僞造的史跡相參證比較，考證出後來種種作僞的痕跡來，同時從頭建造起一段可信的中國禪學史來。

道宣的記載之外，近年敦煌出現的古寫本，和日本保存的古寫本，都供給我們重要的史料。

## 二、菩提達摩

關於菩提達摩的種種傳說，我曾有〈菩提達摩考〉，（《胡適文存》三集，頁二九三—三〇四。）發表在八年前（一九二七），我現在把我的結論摘記在這裏：

菩提達摩是南天竺婆羅門種，他從海道到中國廣州，大約在劉宋晚年，（約四七〇—四七五。）但必在宋亡（四七九）之前。證據有二：

(1)《續僧傳》說他「初達宋境南越，末又北度至魏」，可證他來在宋亡之前。

(2)《續僧傳》（卷一九）的〈僧副傳〉中說僧副是太原祁縣人，從達摩禪師出家，爲「定學」之宗，「後乃周歷講座，備嘗經論，並知學唯爲己，聖人無言。齊建武年（四九四—四九七），南遊楊輦，止於鍾山定林下寺。……卒於開善寺，春秋六十有一，卽〔梁〕普通五年（五二四）也」。依僧副的一生看來，他從達摩出家必是在他二十多歲時，約當蕭、梁的初期（約四八五左右），因爲建武元年（四九四）僧副只有三十歲，已離開北方了。

舊說，達摩曾見梁武帝，談話不投機，他才渡江北去。見梁武帝的年代，或說是普通元年（五二〇）或說是普通八年（五二七）。這都是後起的神話，並非事實。證據甚多：

(1)《續僧傳》全無此說。

(2)僧副一傳可證梁武帝普通元年達摩在北方至少已住了三四十年了。

(3)楊衒之《洛陽伽藍記》（成書在五四七）記達摩曾遊洛陽永寧寺，此寺建於北魏熙平元年（五一六），達摩來遊正當此寺盛時，約當五一六至五二六之間。

(4)不但七世紀的道宣不記達摩見梁武帝之事；八世紀沙門淨覺作《楞伽師資記》（敦煌寫本），其中〈達摩傳〉裏也沒有此事。

(5)這段神話起於八世紀晚期以後，越到後來，越說越詳細了，枝葉情節越多了。（看胡適同上書，頁二九九—三〇二。）這可見神話是逐漸添造完成的。

舊說他在中國只住了九年，依我們的考據，他在中國差不多住了五十年。他在北方最久，「隨其所止，誨以禪教」。道宣說他「自言年一百五十餘歲，遊化為務，不測於終」。我們推算他在中國的時間，上可以見劉宋之亡，下可以見永寧寺的盛時，其間大約有五十年。印度南部人身體發育甚早，所以少年人往往顯出老態，很容易被人認作老人。達摩初到中國時，年紀雖輕，大概已被中國人誤認老頭子，他也樂得自認年高。後來他在中國久了，眞老了，只好「自言年一百五十歲」了。（《洛陽伽藍記》也說他自言一百五十歲。）

《續僧傳》說達摩在北方所傳弟子，除僧副早往南方之外，有道育、慧可兩人。〈慧可傳〉中說：

> 達摩滅化洛賓，可亦埋形河涘。後以天平（五三四—五三七）之初，北就新鄴，盛開秘苑。

這可見達摩死在東魏天平以前，所以我們假定他死在西曆五三〇左右，那時他的弟子僧副已死了六年了。

道宣記達摩的教旨最簡單明白。八世紀中葉，沙門淨覺作《楞伽師資記》，（有巴黎、倫敦兩本，朝鮮金九經先生有排印本。）記達摩的教旨也和道宣所記相同，可以互相印證。我們用《續僧傳》作底本，遇必要時，用淨覺的記載作注釋。《續僧傳》記達摩教義的總綱云：

如是安心，謂壁觀也。如是發行，謂四法也。如是順物，教護譏嫌。如是方便，教令不著。然則入道多途，要惟二種，謂理行也。

壁觀是達摩的禪法，卽是下文說的「凝住壁觀」。四法卽是下文說的「四行」。安心屬於「理」，發行屬於「行」，下文分說：

藉敎悟宗，深信含生同一真性。客塵障故，（《師資記》作「但為客塵妄覆，不能顯了」。）令捨偽歸真，凝住壁觀，無自無他，凡聖等一，堅住不移，不隨他教，（《師資記》作「更不隨於言教」。）與道冥符，宿然無為，名「理入」也。

這是從「理入」安心的路。雖然不廢「凝住（巴黎本《師資記》作凝注）壁觀」，但注重之點是「含生同一眞性」「無自無他，凡聖等一」的理解，所以稱爲「理入」的路。

行入者，四行，萬行同攝：

初，報怨行者，修行苦至，當念往劫舍本逐末，多起愛憎；今雖無犯，是我宿作，甘心受之，都無怨懟。……

二、隨緣行者，衆生無我，苦樂隨緣；縱得榮譽等事，宿因所構，今方得之，緣盡還無，何喜之有？得失隨緣，心無增減，違順風靜，冥順於法（《師資記》作「喜心不動，冥順于法」）也。

三、名無所求行。世人長迷，處處貪著，名之為「求」。道士悟真，理與俗反，安心無為，形隨運轉。三界皆苦，誰得而安？經曰，「有求皆苦，無求乃樂」也。

四、名稱法行，卽性淨之理也。（《師資記》說第四條稍詳，云：「性淨之理，因之為法。此理衆相斯空，無染無著，無此無彼。……智者若能信解此理，應當稱法而行。法體無慳於身命，則行檀捨施，行無悋惜。……檀度旣爾，餘五亦然。為除妄想，修行六度，而無所行，是為稱法行。」）

道宣敍述達摩的敎旨，是有所根據的。他說：

識真之士從奉歸悟，錄其言語，卷流於世。

淨覺也說：

此四行是達摩禪師親說，餘則弟子曇林記師言行集成一卷名曰「達摩論」也。

曇林也許就是《續僧傳》中〈達摩傳〉附記的林法師。傳說中林法師當「周滅法時（五七七），與可（慧可）同學，共護經像」。

道宣生於五九六，死於六六七，他用的材料是六七世紀的材料，比較最近古，最可信。我們看八世紀前期淨覺的《楞伽師資記》的〈達摩傳〉，還可以看出那時的人還尊重道宣所記，不敢妄加材料。到了八世紀以後，有許多僞書出現，如《聖胄集》、《寶林傳》等書，大膽的揑造僞史，添出了無數關於達摩的神話。（《寶林傳》久已失傳，近年日本發現了一卷，中國又發現了六卷，共有七卷，不久將刊入《宋藏遺珍》內。）北宋和尚道原在十一世紀初年編纂《景德傳燈錄》，儘量採納了這些僞造史料，最不可信。後人看慣了那部十一世紀的《傳燈錄》，習非成是，竟不認得七世紀中葉道宣《續僧傳》的史料的眞可寶貴了。

## 三、慧　可

菩提達摩的弟子，現在可考的，有這些人：僧副，慧可，道育，曇林。

(1)僧副　《續僧傳》有傳，傳末說梁湘東王蕭繹（後為梁元帝）曾奉令作僧副碑文，此碑今不存了，道宣所記似是根據碑文。僧副是太原祁縣人，從達摩出家後，曾「周歷講座，備嘗經論」。齊建武年，他遊南方，住鍾山的定林下寺，他

行逾冰霜，言而有信。三衣六物，外無盈長。應時入里，道俗式瞻。加以王侯請道，頹然不怍。咫尺宮闈，未嘗謁近。既行為物覽，道俗攸屬。梁高（武帝）素仰清風，雅為嗟賞。乃命匠人考其室宇，於開善寺以待之。副每逍遙於門，負杖而歎曰，

「……寧貴廣厦而賤茅茨乎？」……乃有心岷嶺，觀彼峨眉。會西昌侯蕭淵藻出鎮蜀部，於〔是〕卽拂衣附之。……遂使庸蜀禪法自此大行。久之還金陵，復住開善。……不久卒於開善寺，春秋六十有一，卽普通五年（五二四）也。……疾亟之時，有勸修福者，副力疾而起，厲聲曰，「貨財延命，去道遠矣。房中什物，並施招提僧。身死之後，但棄山谷，飽於鳥獸，不亦善乎？勿營棺壠以乖我意。」門徒涕淚，不忍從之。

依此傳看來，他雖然和帝王貴人交通往來，但仍保持他的生死隨緣的態度，不失爲達摩的弟子。

(2)道育　事跡無可考。《續僧傳》說達摩在北魏傳授禪學，

於時合國盛弘講授，乍聞定法，多生譏謗。有道育、慧可，此二沙門，年雖在後，而銳志高遠。初逢法將，知道有歸，尋親事之，經四五載，給供諮接，〔達摩〕感其精誠，誨以真法。

(3)慧可　又名僧可，俗姓姬氏，虎牢人。他是一個博學的人，「外覽墳索，內通藏典」。《續僧傳》說他「年登四十，遇天竺沙門菩提達摩遊化嵩洛；可懷寶知道，一見悅之，奉以爲師，畢命承旨，從學六載，精研一乘，理事兼融，苦樂無滯」。這似乎在達摩的晚年，達摩已很老了，慧可只有四十歲，所以上文說「年雖在後，而銳志高遠」，

本不誤。《楞伽師資記》誤作「年十四」，《歷代法寶記》（敦煌出土，有巴黎、倫敦兩本，現收入《大正大藏經》第五十一卷）作「時年四十」，可證《續僧傳》不誤。

慧可頗通中國典籍，所以他能欣賞達摩的簡單教義。達摩的四行，很可以解作一種中國道家式的自然主義的人生觀：報怨行近於安命，隨緣行近於樂天，無所求行近於無爲自然，稱法行近於無身無我。慧可是中國文人出家，傳中說他能「發言入理，不加鉛墨；時或纘之，乃成部類，具如別卷」。據此可見慧可似有文集流傳於後世，道宣還見着這部集子，後來失傳了。《續僧傳》說，有向居士，幽遁林野，於天保（五五〇－五五九）之初致書通好，書云：

影由形起，響逐聲來。弄影勞形，不知形之是影；揚聲止響，不識聲是響根。除煩惱而求涅槃者，喻去形而覓影；離衆生而求佛〔者〕，喻默聲而求響。故迷悟一途，愚智非別。無名作名，則是非生矣；無理作理，則諍論起矣。幻化非真，誰是誰非？虛妄無實，何空何有？將知得無所得，失無所失。未及造談，聊伸此意，想爲答之。

慧可答他道：

說此真法皆如實，與真幽理竟不殊。
本迷摩尼謂瓦礫，豁然自覺是真珠。
無明智慧等無異，當知萬法卽皆如。

　　愍此二見之徒輩，申詞措筆作斯書。
　　觀身與佛不差別，何須更覓彼無餘？

我們看這兩位通文墨的佛教徒的酬答，可見達摩的簡單教義在那第一代已得他們的了解與接受。我疑心這種了解和魏、晉以來的老、莊思想不無關繫。向居士的「迷悟一途，愚智非別；慧可的「無明智慧等無異」，「觀身與佛不差別」，固然卽是達摩的「無自無他，凡聖等」可是中國文士所以能容易接受這樣一種顯然不合常識的教義，也許是因爲他們久已聽慣了中國道家「齊是非」，「齊萬物」的思想，不覺得他的可怪了。

在實行的方面，達摩一派是「奉頭陀行」的。《續僧傳》說：「可常行，兼奉頭陀。」頭陀（Dhūta）是佛教中的苦行方面，原義爲「抖擻」，卽是「抖擻煩惱，離諸滯著」。凡修頭陀行的，在衣食住三方面都極力求刻苦自己，須穿極少又極簡單的衣服；須乞食，又不得多食；住宿須「阿蘭若」，卽是須住在遠離人家的荒僻處，往往住在樹下或墳墓之中，又須常趺坐而不橫臥。達摩的教義本來教人「苦樂隨緣」，教人忍受苦痛，都無怨懟。頭陀苦行自是訓練自己忍受苦痛的方法。

《續僧傳》說慧可在鄴宣傳「情事無寄」的教義，深遭鄴下禪師道恆的嫉妬，

　　恆遂深恨，謗惱於可，貨賕官府，非理屠害。〔可〕初無一恨，幾其至死，恆衆慶快。

末句不很明白，大概應解作：慧可受屠害，初不怨恨，只希望自己的一死可以使道恆一黨慶

快。但慧可並不曾被害死。傳中下文說：

可專附玄理，如前所陳，遭賊斫臂，以法御心，不覺痛苦。火燒斫處（這是消毒的方法），血斷帛裹，乞食如故，曾不告人。

這個故事，因道宣原文不很明白，就被後人誤解作慧可被人害死了。如《傳燈錄》（卷三）〈慧可傳〉說他

於筦城縣匡救寺三門下，談無上道，聽者林會。時有辯和法師者，於寺中講《涅槃經》，學徒聞師闡法，稍稍引去。辯和不勝其憤，興謗於邑宰翟仲侃，仲侃惑其邪說，加師以非法，師怡然委順。識眞者謂之償債。時年一百七歲，卽隋文帝開皇十三年癸丑歲（五九三）三月十六日也。

《傳燈錄》全抄襲《寶林傳》（卷八）僞書，《寶林傳》改竄《續僧傳》的道恆爲辯和，改鄴下爲筦城縣，又加上「匡救寺三門下」，「邑宰翟仲侃」，「百七歲」，「開皇十三年三月十六日」等等詳細節目，看上去「像煞有介事」，其實全是閉眼揑造。七世紀中葉的道宣明說慧可不曾被害死，明說「可乃從容順俗，時惠淸猷，乍託吟謠」，然而幾百年後的《寶林傳》卻硬說他被害死了！七世紀中葉的道宣不能詳舉慧可的年歲，而幾百年後的《寶林傳》卻能詳說他死的年月日和死時的歲數，這眞是崔述說的「世愈後而事愈詳」了！

《傳燈錄》又根據《寶林傳》，說達摩在嵩山少林寺終日面壁而坐，神光（《寶林傳》揑造慧可初名神光）朝夕參承，莫聞誨勵。

其年十二月九日夜，天大雨雪，光堅立不動，遲明積雪過膝……光潛取利刀自斷左臂，置於師前。師知是法器，乃曰，「諸佛最初求道，為法忘形。汝今斷臂吾前，求亦可在。」師遂因與易名曰慧可。

這也是《寶林傳》的閉眼睛說。道宣明明說是「遭賊斫臂」，而《寶林傳》妄改爲自斷其臂。自從《傳燈錄》採此僞書妄說，九百年來，斷臂求法之說就成爲公認的史實了，我們引此兩段，略示傳說演變的痕跡，使人知道道宣《續僧傳》的達摩、慧可兩傳是最乾淨而最可靠的最早史料。

《寶林傳》與《傳燈錄》記慧可死在開皇十三年（五九三），這是完全無據之說。慧可初見達摩時，年已四十；跟他五六年，達摩才死。我們假定達摩死在魏永安三年（五三〇）左右，其時慧可年約四十五六。《續僧傳》說：

林法師……及周滅法，與可同學，共護經像。

北周毀佛法在武平五年（五七四），但慧可在齊都鄴下，鄴都之破在北齊承光元年正月（五七七），齊境內毀佛法卽在此年，（齊境內毀法事，詳見《續僧傳》卷八的〈慧遠傳〉，但傳中誤記此事在承光二年春，承光無二年，當是元年之誤。）其時慧可已九十二歲了。如果「與可同學」一句不作「與慧可的同學共護經像」解，那麼，慧可大概就死在鄴都滅法之後不久（約五七七），年約九十二歲。

慧可的死年在滅法時期，大概不誤。《續僧傳》卷七的「慧布（攝山三論宗的大師）傳」中記慧布：

> 末遊北鄴，更涉未聞。於可禪師所，暫通名見，便以言悟其意。可曰，「法師所述，可謂破我除見，莫過此也。」〔布〕乃縱心講席，備見宗領，周覽文義，並具胸襟。又寫章疏六馱，負還江表，並遺朗公，（開皇寺的法朗，也是三論宗的大師，死在五八〇。）令其講說。因有遺漏，重往齊國，廣寫所闕，賫還付朗。

慧布死在陳禎明元年（五八七），年七十。傳中說他「末遊北鄴」，又說他「重往齊國」，可見他和慧可相見，當在北齊建國（五五〇）之後，滅亡（五七七）之前。看「末遊」之句，可見他兩次北遊已在晚年，當在鄴都破滅之前不久。所以《續僧傳》記慧可活到鄴都滅法之時，大概是可信的。

(4)林法師　林法師也附見〈慧可傳〉下，也許就是那位記錄〈達摩論〉的曇林。他也是一位博學的和尚，起初本不是楞伽宗，《續傳》說他

> 在鄴盛講《勝鬘》，幷制文義，每講人聚，乃選通三部經者，得七百人，預在其

席。及周滅法，與可同學，共護經像。

如此說來，林法師不是達摩的楞伽一派，只在避難時期才和慧可同學，共護經像。《續傳》又說：

慧可…遭賊斫臂，…曾不告人。後林又被賊斫臂，叫號通夕。可為治裹，乞食供林。林怪可手不便，怒之。可曰，「餅食在前，何不自裹？」林曰，「我無臂也，可不知耶？」可曰，「我亦無臂。復何可怒？」因相委問，方知有功。故世云「無臂林」矣。

這更可見林法師與慧可平素不相識，到此方有同患難的交誼；也許林法師從此變成楞伽宗的信徒了。

## 四、楞伽經與頭陀行

〈慧可傳〉中說：

初達摩禪師以四卷《楞伽》授可曰，「我觀漢地，惟有此經。仁者依行，自得度世。」

這是楞伽宗的起原。《楞伽》即是《楞伽阿跋多羅寶經》，或譯為《大乘入楞伽經》（Laṅkāvatāra Sūtra ）。此經凡有四種譯本：

(1)北涼時中天竺沙門曇無讖（Dharmaraksha）譯四卷本。（約在四一二至四三三年之間。）此本不傳。

(2)劉宋時中天竺沙門求那跋陀羅（Guṇabhadra）譯四卷本。（在元嘉二十年，四四三。）此本存。

(3)北魏時北天竺沙門菩提流支（Bodhiruci）譯十卷本。（在延昌二年，五一三。）此本存。

(4)唐武后末年（七〇四）于闐沙門實叉難陀（Śikshānanda）譯七卷本。此本存。

此書的十卷本和七卷本，分卷雖然不同，內容是相同的，同是前面有一篇請佛品，末了有一篇陀羅尼品，和一篇總品。這三品是四卷本所沒有的，顯然是晚出的。菩提達摩提倡的「楞伽經」是四卷本，大概卽是求那跋陀羅的譯本。淨覺的《楞伽師資記》承認求那跋陀羅爲楞伽宗的第一祖，達摩爲第二祖，可證此宗所傳是求那的譯本。

〈慧可傳〉中說，

> 每可說法竟，曰，「此經四世之後，變成名相，一何可悲！」

這是一種「懸記」（預言）。道宣在《續僧傳》的「習禪」一門總論裏曾說：

> 屬有菩提達摩者，神化居宗，闡導江、洛，大乘壁觀，功業最高。在世學流，歸仰如市。然而誦語難窮，厲精蓋少。審其〔所〕慕，則遣蕩之志存焉。觀其立言，則罪福之宗兩捨。

這可見道宣的時候，達摩的派下已有「誦語難窮，厲精蓋少」的風氣，慧可的「懸記」就是指這種「誦語」的信徒。

但這一派裏也很多修頭陀苦行的風氣。慧可的苦行，我們已說過了。他的弟子那禪師，那禪師的弟子慧滿，都是頭陀苦行的和尚。

那禪師也是學者出身，

> 年二十一，居東海講禮、易，行學四百。南至相州，遇可說法，乃與學士十人出家受道。諸門人於相州東設齋辭別，哭聲動邑。

他出家之後，就修習頭陀行：

> 那自出俗，手不執筆及俗書，惟服一衣，一鉢，一坐一食。以可常行兼奉頭陀，故其所往不參邑落。

這正是頭陀戒行。

慧滿也是一個頭陀行者。

> 慧滿者，滎陽人，姓張，舊住相州隆化寺，遇那說法，便受其道，事務無著。（無著是不執著。）一衣一食，但畜二針，冬則乞補，夏便通捨，覆赤而已。自述一生無有

怯怖，身無蚤虱，睡而不夢。住無再宿。到寺則破柴造履；常行乞食。貞觀十六年（六四二），於洛州南會善寺側宿柏墓中，遇雪深三尺。其旦入寺，見曇曠法師，怪所從來。滿曰，「法友來耶？」遣尋坐處，四邊五尺許雪自積聚，不可測也。

故其聞（宋、元、明藏作間）有括訪，諸僧逃隱，滿便持衣鉢周行聚落，無可滯礙。隨施隨散，索爾虛閑。有請宿齋者，告云：「天下無人，方受爾請。」

故滿每說法，云，「諸佛說心，令知心相是虛妄法。今乃重加心相，深遠佛意。又增議論，殊乖大理。」……後於洛陽無疾坐化，年可七十。

這是一位更嚴格的頭陀行者。這都可見楞伽宗的初期信徒，雖然也有「誦語難窮」的風氣，其中很有幾個苦行的頭陀，能維持慧可的苦行遺風。

以上所記達摩一宗的初期信徒，都見於《續僧傳》的卷十九（高麗藏本卷十六）。道宣撰《續僧傳》，自序說「始距梁之初運，終唐貞觀十有九年（六四五），一百四十四載。包括岳瀆，歷訪華夷。正傳三百四十人（宋、元、明藏作三百三十一人。）附見一百六十人」。這是他的初次寫定時的自序。但道宣在自序寫成後，還多活了二十二年，直到高宗乾封二年（六六七）才死。他在這二十二年中，仍舊繼續搜集《僧傳》的材料，繼續添補到他的原書裏去。即如玄奘，當貞觀十九年《續僧傳》初稿寫定時，他剛回國，直到高宗麟德元年（六六四）才死。現今玄奘的傳佔了《續僧傳》卷四卷五的兩卷，必是道宣後來補作的。在〈玄奘傳〉末，道宣自敍他和玄奘同事翻譯時，他對於玄奘的人品的觀察，娓娓百餘字，可證此傳不是後人補作，乃是道宣晚年自己補入的。《續僧傳》的最後定本，所收正傳與附見的人數，超過自序所記數目，約有一百九十人之多。附見的人姑且不論。有正傳的人數，多出的共有一百四十六人：

| | 道宣自序 | 高麗藏本 | 宋、元、明藏本 |
|---|---|---|---|
| 正傳 | 三四〇人 | 四一四人 | 四八六人 |
| | | 多 七四人 | 多一四六人 |

我們檢查《續僧傳》的各傳，有許多事實是在貞觀十九年以後的，但沒有在道宣死後的事實。最遲的不過到麟德與乾封之間（六六四—六六六）。例如「感通」門新增的〈法沖傳〉末云：「至今麟德，年七十九矣。」這都可見道宣老年繼續工作，直到他死時爲止。

這一段考據《續僧傳》的年代，於我們考證楞伽宗歷史的工作，頗有關繫。因爲道宣敍述這一派的歷史，起初顯然很感覺材料的缺乏，後來才收得一些新材料；越到他晚年，材料越多了。我們在上文所用的材料，見於「習禪」門的第一部分（卷十九）。在達摩和慧可的兩傳裏，道宣曾說慧可

道竟幽而且玄，故末緒卒無榮嗣。

這是說慧可門沒有「榮嗣」。下文又說：

時復有化公、廖公和禪師等，各通冠玄奧，吐言清迥，托事寄懷，聞諸口實。而人世非遠，碑記罕聞；微言不傳，清德誰序？深可痛矣！

這是很沉痛的感歎這一派的史料的難得。但道宣每收到一些新材料，他就陸續加進〈慧可傳〉裏去。所以這一篇傳的後半，很顯出隨時塗乙增加的痕跡。有些材料是硬擠進一個寫成的本子上去的，經過不小心的傳寫，就幾乎不成文理了！例如下面的一段：

初達摩禪師以四卷《楞伽》授可，曰，「我觀漢地，惟有此經。仁者依行，自得度世。」

此下應該緊接

每可說法竟，曰，「此經四世之後，變成名相，一何可悲！」

然而今本在這兩段之間，硬擠進了慧可斫臂和林法師斫臂的兩段故事，共一百十個字，文理就不通了。又如此傳之末附慧滿小傳，其末云：

故滿每說法，云，「諸佛說心令知心相是虛妄法。今乃重加心相，深違佛意；又增議論，殊乖大理。」故使那滿等師常賫四卷《楞伽》以為心要，隨說隨行，不爽遺委。後於洛陽中無疾坐化，年可七十。

這一段文理大不通！「故使那、滿等師」，是誰「故使」呢？應該是慧可了？決不是慧滿了吧？然而下文「無疾坐化，年可七十」的又是誰呢？又像是說慧滿了。

這些地方，都可見作者隨時添插的痕跡，不幸被傳寫的人搗亂了，割裂了就不可讀了。我疑心「初達摩禪師以四卷《楞伽》授可」一段二十九字，「每可說法竟」一段二十字，和「故使那、滿等師常賚四卷《楞伽》」一段二十九字，——這三段本是一大段，添注在原稿的上方，是最後加入的。傳寫的人不明白這三節是一段，鈔寫時，就各依添注所在，分別插入本文，就割裂成三處，成爲不通的文理了。今試將此三節寫在一處：

初，達摩禪師以四卷《楞伽》授可，曰，「我觀漢地，惟有此經。仁者依行，自得度世。」每可說法竟，曰，「此經四世之後，變成名相，一何可悲！」故使那、滿等師常賚四卷《楞伽》，以為法要。隨說隨行，不爽遺委。（「故使」之「使」字疑是衍文。因為慧滿死在六四二，不會與慧可同時。也許「使」但作「使得」解，而不作「使令」解。《景德傳燈錄》卷三引此文，無「使那、滿等師」五字。）

這一大段的恢復，很關重要，因爲這是「楞伽宗」所以得名的緣起。道宣早年還不知道達摩一派有「楞伽宗」之名，所以他在〈達摩傳〉中和「習禪」總論裏都不曾提起這一派是持奉《楞伽經》爲法典的。〈達摩傳〉授四卷《楞伽》之說，僅僅插在〈慧可傳〉末附見部分，可見道宣知道此事已在晚年添補《續僧傳》的時期，其時他認得了楞伽宗的健將法沖，又知道了這一派的大師道信的歷史（詳見下節），他才明白達摩、慧可一派並非「末緒卒無榮嗣」，所以他才添注這一段達摩傳授《楞伽》的歷史。但道信等人的歷史只好另立專傳了。法沖的長傳似乎寫定最晚，已在道宣將死之前，所以不及改編，竟被編入「感通」門裏去了！

## 五、法沖所記楞伽師承

道宣後來所撰的楞伽宗大師法沖、道信，以及道信的弟子法顯、玄爽、善伏（弘忍）（附見〈道信傳〉）諸人的傳，都是高麗藏本《續僧傳》所無。我想這不是因爲高麗藏本有殘闕，只是因爲傳入高麗的《續僧傳》乃是道宣晚年較早的本子，其時還沒有最後寫定的全本。

我們先述法沖（《續僧傳》卷三十五）。法沖姓李，父祖歷仕魏、齊，故他生於兗州。他少年時，與房玄齡相交，二十四歲做鷹揚郎將，遇母喪，讀《涅槃經》，忽發出家之心，聽講《涅槃》三十餘遍，

又至安州暠法師下，聽《大品》、三論、《楞伽經》，卽入武都山修業。

安州在今湖北孝感縣，暠法師卽慧暠，《續僧傳》卷十五有他的傳：

慧暠，安陸人。……初跨染玄綱，希崇《大品》（《大品般若經》）。……承苞山明法師，興皇（寺名）遺屬，世稱郢匠，……因往從之，……遂得廣流部帙，恢裕興焉。年方登立，（三十歲）卽昇法座。……然以法流楚服，成濟已聞，岷洛、三巴，尚昏時罔，便以……隋大業（六〇五—六一六）年，泝流江峽；雖遭風浪，厲志無前。旣達成都，大宏法務。或達緜、梓，隨方開訓，……無憚遊涉，故使來晚去思。

這個慧暠是一位大傳教師，他在成都、緜、梓一帶傳教，很得人心，引起了別人的猜忌。

時或不可其懷者，計奏及之，云：「結徒日盛，道俗屯擁，非是異術，何能動世？」武德（六一六—六二六）初年，下敕窮討。事本不實，誣者罪之。暠……乃旋途南指，道出荊門，隨學之賓又倍前集。旣達故鄉，厲仍前業。……避地西山之陰，屛退成閑，陶練中觀。經逾五載，四衆思之，又造山迎接，……還返安州方等寺，講說相續。以貞觀七年（六三三）卒於所住，春秋八十有七。

這正是〈法沖傳〉中所稱「安州暠法師」。〈暠傳〉中不曾說他是楞伽宗，但說他的老師苞山明法師是「興皇遺屬」。「興皇」指興皇寺的法朗，是攝山一派三論宗的大師，（死在五八一，傳在《續僧傳》卷九。）講的應該是《大品般若》與三論。〈法沖傳〉裏也說他在暠法師處聽《大品》、三論、《楞伽》。但〈暠傳〉中又說：

自暠一位僧伍，精勵在先，日止一餐，七十餘載，隨得隨噉，無待營求。不限朝中，趣得便止。……旦講若下，食惟一椀；自餘餅菜，還送入僧。

可見他也是一位修頭陀苦行的。

以上敍法沖的早年師承。他年三十行至冀州；貞觀初年下敕：有私剃度者，處以極刑，而法沖不顧，便卽剃落爲僧。傳中說：

沖以《楞伽》奥典，沈淪日久，所在追訪，無憚險夷。會可師（慧可）後裔盛習此經，〔沖〕卽依師學，屢擊大節；〔其師〕便捨徒衆，任沖轉教，卽相續講三十餘遍。又遇可師親傳授者，依「南天竺一乘宗」講之，又得百遍。沖公自從經術，專以《楞伽》命家，前後數弘，將二百遍。……師學者苦請出義，乃告曰：「義者，道理也。言說已麤，況舒在紙，麤中之麤矣。」事不獲已，作疏五卷，題為私記，今盛行之。

這一段說他從開皇寺三論宗轉到「專以《楞伽》命家」。我們從這一段裏又可以知道當年達摩一派曾自稱「南天竺一乘宗」。這個宗名起於《楞伽經》。楞伽是印度南邊的一個海島，有人指爲錫蘭島，今雖不能確知其地，但此經的布景是在南天竺的一島，開卷便說，「一時佛在南海濱楞伽山頂」，故此經名《大乘入楞伽經》。經中（卷四）有云：

如醫療衆病，無有若干論，以病差別故，為設種種治。我為彼衆生，破壞諸煩惱，知其根優劣，為彼說度門。非煩惱根異，而有種種法。唯說一乘法，是則為大乘。（此依宋譯。魏譯末句云，「我唯一乘法，八聖道清淨」。）

這是「南天竺一乘宗」的意義。

法沖是北方中興楞伽的大師，他的魄力氣度都很可觀。傳中說他到長安時，弘福潤法師初未相識，曰，「何處老大德？」答，「兗州老小僧耳。」又問何為遠至，答曰，「聞此少『一乘』，欲宣『一乘』教網，漉信地魚龍，故至。」潤曰，「斯實大心開士也！」

這是何等氣魄？傳中又說：

三藏玄奘不許講舊所翻經。沖曰，「君依舊經出家，若不許弘舊經者，君可還俗，更依新翻經出家，方許君此意。」奘聞遂止。

玄奘是當代最尊崇的偉人，也還壓不倒這個「兗州老小僧」，所以道宣稱他為「强禦之士，不可及也」。他是偷剃度的和尚，不肯改屬官籍。到近五十歲時，兗州官吏强迫他「入度」，屬兗州法集寺。但他始終不受拘束，「一生遊道為務，曾無栖泊」。僕射于志寧贊歎他道：「此法師乃法界頭陀僧也，不可名實拘之。」

法沖與道宣同時，道宣作傳時，法沖還生存，「至今麟德（六六四—六六五），年七十九矣」。他生年約在隋開皇六年（五八六）。

〈法沖傳〉中詳說《楞伽經》的歷史和楞伽宗的師承，是我們研究此宗的重要史料：

其經（《楞伽》）本是宋代求那跋陀羅三藏翻，慧觀法師筆受，故其文理克諧，行質相貫，專唯念慧，不在話言。於後達摩禪師傳之南北，忘言忘念無得正觀為宗。後行中原，慧可禪師創得綱紐，魏境文學多不齒之。領宗得意者時能啓悟。今以人代轉遠，紕繆後學。可公別傳略已詳之。今敍師承，以為承嗣所學歷然有據：

達摩禪師後，有慧可、慧育（《達摩傳》作道育）二人。育師受道心行，口未曾說。

可禪師後：粲禪師，惠禪師，盛禪師，那老師，端禪師，長藏師，真法師，玉法師。（已上並口說玄理，不出文記。）

可師後：善老師（出抄四卷），豐禪師（出疏五卷），明禪師（出疏五卷），胡明師（出疏五卷）。

遠承可師後：大聰師（出疏五卷），道蔭師（抄四卷），沖法師（疏五卷），岸法師（疏五卷）。寵法師（疏八卷），大明師（疏十卷）。

不承可師，自依《攝論》（《攝大乘論》）：遷禪師（出疏四卷），尚德律師（出《入楞伽疏》十卷）

那老師後：實禪師，惠禪師，曠法師，弘智師。（名住京師西明，身亡法絕。）

明禪師後：伽法師，寶瑜師，寶迎師，道瑩師。（並次第傳燈，于今揚化。）

這一份楞伽師承表裏，達摩以下凡二十八人，其不承慧可之後而依《攝大乘論》治《楞伽》者二人，共三十人。其所著疏抄（抄是疏之疏）共七十卷之多。此三十人中，達摩，慧可，那老師，法沖，均已詳見上文。那老師之後凡舉四人，而慧滿不在內，甚可怪。那師後四人中有曠法師，似是〈慧滿傳〉中提及的曇曠法師。可師後的明禪師也許就是〈慧暠傳〉（見上）中的苞山明法師，也許他先從慧可，後來到南方又成了「興皇遺屬」了。

那位「不承可師，自依《攝論》」的遷禪師，卽是《續僧傳》卷二十二有長傳的「隋西京禪定道場釋曇遷」；他本是太原人，研究《華嚴》、《十地》、《維摩》、《楞伽》等經；因北周滅法，他到南方，兼學「唯識」義，後得《攝大乘論》，「以爲全如意珠」；他後來北歸，就在北方創開攝論，兼講《楞伽》等經，《起信》等論，成爲一代大師。隋文帝的大興佛教，遍地起舍利塔，曇遷是一個主謀的人。他死在大業三年（六〇七），有《攝論疏》十卷，又有《楞伽》、《起信》等疏。

餘人之中，最可注意的是可禪師後的粲禪師。後來楞伽宗推崇僧粲爲慧可傳法弟子，尊爲第三祖。但《續僧傳》不爲立傳，所可依據的只有〈法仲傳〉的七個字！此外只有卷十三〈辯義傳〉中有這樣一條：

仁壽四年（六〇四）春，〔辯義〕奉敕於廬州獨靜寺起塔。初與官人案行置地，行至此山，……處既高敞，而恨水少，僧衆汲難。本有一泉，乃是僧粲禪師燒香求水，因卽奔注。至粲亡後，泉涸積年。及將擬置〔塔〕，一夜之間，枯泉還涌。

這裏的僧粲，好像就是楞伽宗慧可的弟子粲禪師。關於僧粲，史料最少，只有上文引的兩條。淨覺的《楞伽師資記》的粲禪師一傳也是毫無材料的胡謅，其中有根據的話也只有引《續僧傳》〈法沖傳〉的「可後粲禪師」一句！《師資記》中的〈粲傳〉，因爲是八世紀前期的作品，值得鈔在這裏：

第四隋朝、舒州、思空山、粲禪師、承可禪師後。其粲禪師，罔知姓位，不測所生。按《續高僧傳》曰，「可後粲禪師。」隱思空山，蕭然淨坐，不出文記，秘不傳法。唯僧道信奉事粲十二年，寫器傳燈，一一成就。粲印道信了了見性處，語信曰：「《法華經》云，『唯此一事實，無二亦無三。』故知聖道幽通，言詮之所不逮；法身空寂，見聞之所不及，卽文字語言徒勞施設也。」

大師云，「餘人皆貴坐終，嘆為奇異。余今立化，生死自由。」言訖，遂以手攀樹枝，奄然氣盡，終於皖公山，寺中見有廟影。（此下引「詳玄傳曰」一長段，乃是妄增篇幅。〈詳玄傳〉即〈詳玄賦〉。作者為北周禪僧慧命，他的著作甚多，「文或隱逸，未喩於時。有注解者，世宗為貴」。《續僧傳》卷二十一有長傳。〈詳玄賦〉久佚，今在淨覺書中保存原文及注的一部分，雖是妄加之文，也可寶貴。）

思空山（又作司空山）在安徽太湖縣西北，皖公山在安徽灊山縣西北，兩山緊相連。獨山在廬江縣西北，卽是在皖公山之東。皖公山現有三祖寺。這一帶是僧粲故事的中心，似無可疑。《師資記》〈辯義傳〉中所記的獨山的僧粲，卽是那皖公山和司空山的僧粲，也似無可疑。《師資記》也苦於沒有材料，只好造出一段禪門常談，又造出「立化」的神話，還嫌太少，又鈔上了一大段〈詳玄賦〉和注！這樣枯窘的雜湊，至少可以證明關於僧粲的材料的實在貧乏了。

## 六、道信與弘忍

後來的傳說都說：慧可傳僧粲，僧粲傳道信。道信傳弘忍，是爲蘄州黃梅雙峯山的「東山法門」；道信又傳法融，是爲牛頭山支派。但在《續僧傳》裏，僧粲承慧可之後是見於〈法沖傳〉的；僧粲與道信的關係卻沒有明說。道信傳弘忍是明說的；道信與法融的關係也沒有提起。（牛頭山的傳法世系是法融→智巖→惠方→法持→智威→玄素，見於李華所作〈玄素碑銘〉。此世系甚不可靠。《續僧傳》卷二十五有〈智巖傳〉，他是一個隋末武將；武德四年——西曆六二一——，他四十多歲，棄官入舒州皖公山，從寶月禪師出家。寶月或與僧粲有關係；《寶林傳》卷八記慧可弟子八人，一為寶月，「有一弟子名曰智巖，後為牛頭第二祖師也」。智巖修頭陀苦行，晚年住石頭城癘人坊，為癩人說法，吮膿洗濯。永徽五年——六五四——，終于癘所，年七十八。法融死在其後三年，年僅六十四。後人稱法融為第一祖，智巖為第二祖，不但師承不同，年歲也倒置了。《傳燈錄》改智巖死年為儀鳳二年——六七七——，竟是移後二十三年，但這又在道宣死後十年，不應該入《續僧傳》了！）

《續僧傳》卷二十六有〈道信傳〉，說

釋道信，姓司馬，未詳何人。初七歲時經事一師，戒行不純；信每陳諫，以不見從，密懷齋檢；經於五載，而師不知。又有二僧，莫知何來，入舒州皖公山靜修禪業；〔信〕聞而往赴，便蒙授法；隨逐依學，遂經十年。師往羅浮，不許相逐。但於後住，必大弘益。國防賢良，許度出家，因此附名，住吉州寺。

此傳但說兩個來歷不明的和尚「入舒州皖公山靜修禪業」，而不明說其中一個就是僧粲。皖公山雖然和僧粲傳說有關係，但我們不能證實那山裏修禪業的和尚就是僧粲。此傳中又有「師往羅浮」之說，後人因此就說往羅浮的也是僧粲。如敦煌本《歷代法寶記》說：

璨禪師……隱皖公山十餘年。……璨大師遂共諸禪師往羅浮山隱三年。

我們對於僧粲和道信的關係，現在只能說：據七世紀道宣的記載，道信曾在皖公山跟着兩個不知名的和尚學禪業；但後來的傳說指定他的老師卽是僧粲。其說出於道信門下，也許有所根據；道信與他的弟子弘忍都住蘄州黃梅的雙峯山，其地離皖公山、司空山不遠，他們的傳說也許是可靠的。

〈道信傳〉中說他從吉州欲往衡山，

路次江州，道俗留止廬山大林寺；雖經賊盜，又經十年。蘄州道俗請度江北黃梅。縣衆造寺；依然山行，（此句不通，我疑「依然」是「夷然」之誤。）遂見雙峯有好泉石，卽住終志。……自入山來三十餘載，諸州學道無遠不至。刺史崔義玄聞而就禮。

臨終語弟子弘忍：「可為吾造塔，命將不久。」又催急成。又問中（日中）未，答欲志中。衆人曰，「和尚可不付囑耶？」曰，「生來付囑不少。」此語纔了，奄爾便絕。……卽永徽二年（六五一）閏九月四日也，春秋七十有二。

此傳似是根據碑傳材料，雖有神話，大致可信。如道信死日，我試檢陳垣的《二十史朔閏表》

永徽二年果閏九月。卽此一端，可見此傳可信的程度。又如道信臨終無所付囑，這也是「付法傳衣」的神話起來之前的信史，可證此派原來沒有「付法傳衣」的制度。

道信在當時大概確是長江流域的一位有名大師。《續僧傳》裏，道信專傳之外，還有三處提到他：

(1)荊州神山寺〈玄爽傳〉（卷二十五）

玄爽，南陽人，早修聰行。見稱鄉邑。……旣無所偶，棄而入道。遊習肆道，有空（有宗與空宗）俱涉。末聽龍泉寺璇法師，欣然自得，覃思遠詣，頗震時譽。又往蘄州信禪師所，伏請開道，亟發幽微。後返本鄉，唯存攝念。長坐不臥，繫念在前。……以永徽三年（六五二）十月九日遷神山谷。

看此傳，可知黃梅道信一派的禪法。

(2)荊州四層寺〈法顯傳〉（卷二十五）

法顯，南郡江陵人，十二出家四層寺寶冥法師，服勤累載，諮詢經旨。……有顗禪師，（智顗，即天台宗鉅子。）……隋煬徵下，迴返上流，於四層寺大開禪府。……〔顯〕遂依座筵，聞所未悟。……顗師去後，更求明、智、成、彥、習、皓等諸師，皆升堂覩奧，盡歠磨之思。及將冠具，歸依皓師，誨以出要之方，示以降心之術。因而返谷靜處閑居。……屬炎靈標季，荐罹戎火，餒殘相望，衆侶波奔。顯獨守大殿，確乎卓爾，旦資蔬水。中後絕漿。賊每搜求，莫之能獲。……自爾宴坐道安梅梁殿中三十餘載。貞觀之末乃出別房。……夢見一僧威容出類，曰，「可往蘄州見信禪師。」依言卽往雙峯，更清定水矣。而一生染疾，並信往業，受而不治，衣食節量，柔順強識。所住之寺五十餘年，足不出戶。……永徽四年（六五三）正月十一日午時遷化，時年七十有七。

(3)衡岳沙門〈善伏傳〉（卷二十六）

善伏，一名等照，常州義興人。……五歲於安國寺兄才法師邊出家，布衣蔬食，日誦經卷，目覩七行，一聞不忘。貞觀三年（六二九）竇刺史聞其聰敏，追充州學。因爾日聽俗講，夕思佛義。……後逃隱出家，……至蘇州流水寺壁法師所，聽四經三論；又往越州敏法師所，周流經教，頗涉幽求；至天台超禪師所，示以西方淨土觀行。因爾廣行交、桂、廣、循諸州，遇綜會諸名僧，諮疑請決。又上荊襄蘄部，見信禪師，示以入道方便。又往盧山，見遠公（晉時的慧遠）淨土觀堂。還到潤州巖禪師所，示以無生觀。後共暉、才二師入桑梓山，行慈悲觀。……常在伏牛山，以虎豹為同侶，食（飼）蚊蟲為私行。視前六尺，未曾顧眄；經中要偈，口無輟音。……顯慶五年（六六〇），行至衡岳，……端坐而終。

像善伏這樣一位終身行脚，遊遍諸方的苦行和尙曾到過黃梅見道信，當然不足奇怪，但像法顯那樣「五十餘年足不出戶」，也居然趕到雙峯去見道信，這可見黃梅教旨在當時的重要地位了。

道信有弟子弘忍，見於《續僧傳》的〈道信傳〉。弘忍死在高宗咸亨五年（六七四），在道宣死後七年，故《續僧傳》無弘忍傳。宋贊寧續修的《高僧傳》成於宋太宗端拱元年（九八八），已在道宣死後二百十一年，其中的〈弘忍傳〉（在卷八）已受了八世紀以下的傳說的影響，不很可信了。敦煌本《楞伽師資記》成於八世紀的前半，其中弘忍一傳全採玄賾的《楞伽人法志》，時代更早，比較的是最可信的史料。我們現在鈔玄賾此傳於下：

大師俗姓周，其先尋陽人，貫黃梅縣也。父早棄背，養母孝鄣，（彰？）七歲奉事道信禪師，自出家處幽居寺，住度弘慜，懷抱貞純；緘口於是非之場，融心於色空之境；役力以申供養，法侶資其（具？）足焉。調心唯務渾儀，師獨明其觀照。四議皆是道場，三業咸為佛事。蓋靜亂之無二，乃語嘿之恆一。時四方請益，九衆師□；虛待實歸，月逾千計。生不囑文而義符玄旨。時荊州神秀禪師伏膺高軌親受付囑。玄賾（《楞伽人法志》的作者自稱）以咸亨元年（六七〇）至雙峯山，恭承教誨，敢奉驅馳。首尾五年，往還三覲。道俗齊會，仂身供養，蒙示楞伽義，云：「此經唯心證了知，非文疏能解。」咸亨五年（六七四）二月，命玄賾等起塔，與門人運天然方石，累構嚴麗。月十四日，問塔成未，奉答已了，便云，「不可同佛涅槃之日。」乃將宅為寺。又曰：「如吾一生，教人無數，好者並亡。後傳吾道者，只可十耳。我與神秀論《楞伽經》，云（玄？）理通快，必多利益。資州智詵，白松山劉主簿，兼有文性；華州智藏，隨州玄約，憶不見之；嵩山老安深有道行；潞州法如，韶州惠能，揚州高麗僧智德，此並堪為人師，但一方人物。越州義方，仍便講說。」又語玄賾曰，「汝之兼行，善自保愛。吾涅槃後，汝與神秀當以佛日再暉，心燈重照。」其月十六日……中，面南宴坐，閉目便終。春秋七十四。

《宋高僧傳》說他死在上元二年（六七五）十月二十三日，與此傳相差一年零九個多月。（咸亨五年八月改元上元。）玄賾自稱當日在弘忍門下，他的記載應該可信。玄賾死年已不可考，但淨覺於《楞伽師資記》自序中說中宗景龍二年（七〇八）勅召玄賾入西京，其時弘忍已死三十四年了，神秀已死二年了，玄賾必已是很老了。《楞伽人法志》成於神秀死（七〇六）後，大概作於七〇八年左右。

玄賾所記〈弘忍傳〉，有一點最可注意，就是弘忍臨死時說他的弟子之中有十人可傳他教法。那十人是：

(1)神秀
(2)資州智詵（死在七〇二，敦煌本《歷代法寶記》有傳，見《大正大藏經》二〇七五。）
(3)白松山劉主簿
(4)華州惠藏
(5)隨州玄約
(6)嵩山老安
(7)潞州法如
(8)韶州惠能
(9)揚州高麗僧智德
(10)越州義方

如果這段記載是可靠的，它的重要性是最可注意的。因爲這十一人（加玄賾）之內，我們已見着資州智詵和韶州慧能的名字了。智詵是成都淨衆寺和保唐寺兩派的開山祖師，又是馬祖的遠祖。慧能是曹溪「南宗」的祖師，後來他的門下神會和尚舉起革命的大旗，推翻了神秀一宗的法統。當玄賾著「人法志」的時候，曹溪、淨衆、保唐三派都還不曾大露頭角，法統之爭還不曾開始，所以玄賾的記載應該是最可信的。大曆（七六六—七七九）以後，保唐寺一派所作《歷代法寶記》（《大正大藏經》二〇七五，頁一八二）有〈弘忍傳〉，全採《楞伽師資記》的材料，也有這傳法弟子十一人，但因時代不同，曹溪一宗已佔勝利，故《法寶記》把這十一人的次第改過了，成了這個樣子：

又云：吾一生教人無數，除慧能，餘有十爾：神秀師，智詵師，智德師，玄賾師，老安師，法如師，惠藏師，玄約師，〔義方師〕劉主簿，雖不離我左右，汝各一方師也。

這裏把慧能提出，是已承認慧能眞是傳衣得法的冢子了。

我們看八世紀初年玄賾的記載，至少可以承認這一點：當八世紀之初，楞伽宗的大師神秀在北方受帝王和民間的絕大崇敬的時候，楞伽宗的玄賾在他的《楞伽人法志》裏，正式記載韶州慧能是弘忍的十一個大弟子之一。但我們同時也可以承認：在那時候，並沒有袈裟傳信的法統說，也沒有神秀與慧能作偈明心，弘忍半夜傳衣法與慧能之說。

⁜　⁜　⁜　⁜

淨覺所記，除全引玄賾的〈弘忍傳〉之外，他自己還有幾句話值得我們的注意。淨覺說：

其忍大師蕭然靜坐，不出文記，口說玄理，默授與人。在人間有禪法一本，云是忍禪師說者，謬言也。

這是很謹嚴的史家態度。《續藏經》（第二編，第十五套，第五册）有弘忍的〈最上乘論〉一卷；巴黎所藏敦煌寫本中有〈蘄州忍和尚道凡趣聖悟解脫宗修心要論一卷〉，卽是〈最上乘論〉。這大概就是淨覺在八世紀所否認的忍大師「禪法一本」了。

## 七、神秀

弘忍死在高宗咸亨五年（六七四）。這時候，蘄州、黃海、雙峯山的一門，有道信、弘忍兩代大師的繼續提倡，已成爲楞伽禪法的一個大中心，人稱爲「東山淨門」，又稱爲「東山法門」。弘忍死後，他的弟子神秀在荊州玉泉寺（天台大師智顗的舊地）大開禪法，二十五六年中，「就者成都，學來如市」。則天皇帝武后的久視元年（七〇〇），她下詔請神秀到東京；次年（大足元年，七〇一）神秀到了東京。《宋之問集》中有〈爲洛下諸僧請法事迎秀禪師表〉，可以使我們知道神秀在當時佛教徒心目中的崇高地位。表文中說：

伏見□月□日勅遣使迎玉泉寺僧道秀（即神秀）。陛下載弘佛事，夢寐斯人；諸程指期，朝夕詣闕。此僧契無生至理，傳東山妙法，開室巖居，年過九十，形彩日茂，弘益愈深。兩京學徒，羣方信士，不遠千里，同赴五門；衣鈸魚頡於草堂，菴廬雁行於邱阜。雲集霧委，虛往實歸。隱三楚之窮林，繼一佛而揚化。栖山好遠，久在荊南，與國有緣，今還豫北。九江道俗戀之如父母，三河士女仰之猶山嶽。謂宜緇徒野宿，法事郊迎；若使輕來赴都，遐邇失望。威儀俗尚，道秀所忘；崇敬異人，和衆之願。……謹詣闕奉表，請與都城徒衆將法事往龍門迎道秀以聞。輕觸天威，伏深戰越。（《全唐文》卷二四〇）。

看這表文，可見神秀名譽的遠播，和北方佛教徒對他的熱誠歡迎。張說的〈大通禪師碑銘〉說：

久視年中，禪師春秋高矣，詔請而來，趺坐覲君，肩輿上殿；屈萬乘而稽首，洒九重而宴居。傳聖道者不北面，有盛德者無臣禮。遂推為兩京法主，三帝（武后、中宗、睿宗）國師。仰佛日之再中，慶優曇之一現。……每帝王分座，后妃臨席，鵷鷺四匝，龍象三繞；時熾炭待礦，故對默而心降；時診飢投味，故告約而義領。一雨溥霑於衆緣，萬籟各吹於本分。

這是帝后宮廷方面的隆禮。其實這時候的神秀已是太老了。碑文中說他「久矣衰憊，無他患苦；魄散神全，形遺力謝」。他北來才六年，就死在神龍二年（七〇六）。張說碑文中說：

蓋僧臘八十矣。生於隋末，百有餘歲，未嘗自言，故人莫審其數也。

張說也曾拜在神秀門下，故他撰此碑文，很用氣力。他敍述神秀是陳留尉氏人，

> 少為諸生，游問江表。老、莊玄旨，書、易大義，三乘經論，四分律儀，說通訓詁，音參吳、晉。逮知天命之年（五十歲），自拔人間之世。企聞蘄州有忍禪師，禪門之法胤也。自菩提達摩東來，以法傳慧可，慧可傳僧璨，僧璨傳道信，道信傳弘忍，繼明重跡，相承五光。乃不遠遐阻，翻飛謁詣。虛受與沃心懸會，高悟與眞乘同徹。盡捐妄識，湛見本心。……服勤六年，不捨晝夜。大師嘆曰，「東山之法盡在秀矣！」命之洗足，引之並坐。於是涕辭而去，退藏於密。儀鳳中（六七六——六七八）始隸玉泉，名在僧錄。寺東七里，地坦山雄，目之曰，「此正楞伽孤峯，度門蘭若，蔭松藉草，吾將老焉。」

他雖屬玉泉寺，而另住寺東的山上，這也是頭陀行的「阿蘭若處」的生活。宋之問表文中也說他「開室巖居」，與此碑互證。因為他住在山巖，來學的人須自結茅菴，故宋之問表有「菴廬雁行於邱阜」之語。

張說的碑文說達摩以下的師承世系，只是神秀自敍他的蘄州東山一派的師承。我們看了《續僧傳》的達摩、慧可、法沖各傳，應該明白達摩以下，受學的人很多，起自東魏、北齊，下至初唐；北起鄴下，南至嶺南，東至海濱，西至成都綿梓，都有達摩、慧可的後裔。單就慧可的弟子而論，人名可考者已有十二三人。僧粲一支最少記載，而他的派下道信與弘忍兩代繼住黃梅，就成為一大宗派。神秀所述世系只是這僧粲、道信、弘忍一支的世系。而後來

因爲神秀成了「兩京法主，三帝國師」，他的門下普寂、義福、玄賾等人又繼續領衆，受宮廷與全國的尊崇，——因爲這個緣故，天下禪人就都紛紛自附於「東山法門」，就人人都自認爲僧粲、道信一支的法嗣了。人人都認神秀碑文中的法統，這正是大家攀龍附鳳的最大證據。南北朝的風氣，最重門閥，故碑傳文字中，往往敍門第祖先很詳，而敍本身事蹟很略。和尚自謂出世，實未能免俗，故張燕公的〈大通禪師碑〉的達摩世系就成了後來一切禪宗的世系，人人自稱是達摩子孫，其實是人人自附於僧粲、道信一支的孫子了！

張說的碑文中有一段說神秀的敎旨：

> 其開法大略，則慧念以息想，極力以攝心。其入也，品均凡聖；其到也，行無前後。趣定之前，萬緣皆閉；發慧之後，一切皆如。持奉《楞伽》，遞爲心要。過此以往，未之或知。

此段說的很謹愼，在這裏我們可以看見道宣所述達摩敎旨的大意還都保持着。這種禪法雖然已很簡單了，但仍然很明顯的是一種漸修的禪法。楞伽一宗旣用《楞伽經》作心要，當然是漸修的禪學。《楞伽經》（卷一）裏，大慧菩薩問：

> 世尊，云何淨除一切衆生自心現流？爲頓爲漸耶？

佛告大慧：

> 漸淨，非頓。如菴羅果，漸熟非頓，如來淨除一切衆生自心現流，亦復如是，漸淨非頓。譬如陶家造作諸器，漸成非頓，如來淨除一切衆生自心現流，亦復如是，漸淨非頓。譬如大地漸生萬物，非頓生也，如來淨除一切衆生自心現流，亦復如是，漸淨非頓。譬如人學音樂書畫種種伎術，漸成非頓，如來淨除一切衆生自心現流，亦復如是，漸成非頓。（用宋譯本）

這是很明顯的漸法。楞伽宗的達摩不廢壁觀，直到神秀也還要「慧念以息想，極力以攝心」，這都是漸修的禪學。懂得楞伽一宗的漸義，我們方才能夠明白慧能、神會以下的「頓悟」教義，當然不是楞伽宗的原意，當然是一大革命。

《楞伽師資記》有〈神秀傳〉，也是全採玄賾的《楞伽人法志》，大旨與張說碑文相同，但其中有云：

> 其秀禪師，……禪燈默照，言語道斷，心行處滅，不出文記。

這也是重要的史料。張說碑文中也不提起神秀有何文記。後來宗密（死在八四一）在《圓覺大疏抄》（卷三下）裏述神秀的禪學，提起《北宗五方便法門》一書。巴黎所藏敦煌寫本中有《北宗五方便法門》兩本，即是此書，大概是八世紀中葉以後的作品，不是神秀所作。

## 八、楞伽宗的被打倒

張說〈大通禪師碑文〉中的傳法世系，依我們上文的考據，若單作僧粲、道信一系的譜系看，大致都有七世紀的史料作證明，不是沒有根據的。此碑出後，這個譜系就成爲定論。李邕作〈嵩岳寺碑〉和〈大照禪師（普寂）碑〉（《全唐文》卷二六二—二六三），嚴挺之作〈大證禪師（義福）碑〉（《全唐文》卷二八〇），都提到這個譜系。義福死在開元二十年（七三二），普寂死在開元二十七年（七三九），在八世紀的前期，這一系的譜系從沒有發生什麼疑問。

但普寂將死之前五年（七三四），忽然在滑臺大雲寺的無遮大會上，有一個南方和尚，名叫神會，出來攻擊這個譜系。他承認這譜系的前五代是不錯的，但第六代得法弟子可不是荊州的神秀，乃是韶州的慧能。神會說：

達摩……傳一領袈裟以為法信，授與慧可，慧可傳僧璨，璨傳道信，道信傳弘忍，弘忍傳慧能，六代相承，連綿不絕。

這是新創的「袈裟傳法」說，自道宣以來，從沒有人提起過這個傳法的方式。但神會很大膽的說：

秀禪師在日，指第六代傳法袈裟在韶州，口不自稱為第六代。今普寂禪師自稱第七代，妄豎和尚為第六代，所以不許。

這時候，神秀久已死了，死人無可對證，只好由神會去揑造。神會這時候已是六十七歲的老和尚。我們想像一位眉髮皓然的老和尚，在那莊嚴道場上，大聲指斥那個「名字蓋國，天下知聞」的普寂國師，大聲的喊道：

神會今設無遮大會，莊嚴道場，不為功德，為天下學道者定宗旨，為天下學道者辨是非。

這種驚人的控訴，這種大膽的挑戰，當然是很動人的。從此以後，神秀一支的傳法譜系要大動搖了，到了後來，竟被那個南方老和尚完全推翻了。

這段很動人的爭法統的故事，我在我的〈荷澤大師神會傳〉（《神會遺集》卷首）裏已說的很詳細，我現在不用複述了。簡單說來，神會奮鬥了二十多年（七三四－七六〇）的結果，神秀的法統終於被推翻了。八世紀以後，一切禪學史料上只承認下列的新法統：

達摩→慧可→僧粲→道信→弘忍→慧能

一千一百年來大家都受了這個新法統史的迷惑，都不相信張說、李邕、嚴挺之幾枝大手筆在他們的大碑傳裏記載的神秀法統了。

⁘　⁘　⁘　⁘

我們這篇考證，只是要證明神秀碑文內所記的世系，是有歷史根據的楞伽宗的僧粲一支的道信一派的世系，在我們現在所能得到的可靠史料裏，我們沒有尋到一毫證據可以證明從達摩到神秀的二百年中，這一個宗派有傳袈裟為傳法符信的制度。所以我們的第一個結論是：袈裟傳法說完全是神會捏造出來的假歷史。

神會攻擊神秀、普寂一派「師承是傍，法門是漸」（用宗密的《禪門師資承襲圖》的話），依我們的考證，神秀是弘忍的大弟子，有同門玄賾的證明，有七世紀末年南北大衆的公認，是無可疑的。至於慧能和弘忍的關係，我們也有玄賾的證明，大概在七世紀的末年，八世紀的初年，慧能的教義已在南方稍稍露頭角了，所以玄賾把他列爲弘忍的十大弟子之一。所以我們的第二個結論是：神秀與慧能同做過弘忍的弟子，當日旣無袈裟傳法的事，也沒有「旁」「嫡」的分別。「師承是傍」的口號，不過是爭法統時一種方便而有力的武器。

至於「法門是漸」一層，我們在七八世紀的史料裏，只看見達摩一宗特別注重《楞伽經》，用作本宗的「心要」。這部經典的禪法，不但不曾掃除向來因襲的「一百八義」的煩瑣思想，並且老實主張「漸淨非頓」的方法。所以我們的第三個結論是：漸修是楞伽宗的本義，這一宗本來「法門是漸」。頓悟不是《楞伽》的教義，他的來源別有所在。（看〈神會傳〉頁二六三—二七五。）

最後，我們的第四個結論是：從達摩以至神秀，都是正統的楞伽宗。慧能雖然到過弘忍的門下，他的教義—如果《壇經》所述是可信的話，已不是那「漸淨非頓」的楞伽宗旨了。至於神會的思想，完全提倡「頓悟」，完全不是楞伽宗的本義。所以神會的語錄以及神會一派所造的《壇經》裏，都處處把《金剛般若經》來替代了《楞伽經》。日本新印出來的敦煌寫本《神會語錄》（鈴木貞太郎校印本）最末有達摩以下六代祖師的小傳，其中說：

⑴達摩大師乃依《金剛般若經》，說如來知見，授與慧可。……

⑵達摩大師云，「《金剛經》一卷，直了成佛。汝等後人，依般若觀門修學。……」

⑶可大師……奉事達摩，經於九年，聞說《金剛般若波羅經》，言下證如來知見。……

(4)璨禪師奉事〔可大師〕，經依《金剛經》說如來知見，言下便悟。……

(5)信禪師奉事〔璨禪師〕，師依《金剛經》說如來知見，言下便證無有衆生得滅度者。

……

(6)忍禪師奉事〔信大師〕，依《金剛經》說如來知見，言下便證最上乘法。……

(7)能禪師奉事〔忍大師〕，師依《金剛經》說如來知見，言下便證若此心有住則為非住。

……

(8)能大師居漕溪，來住四十年，依《金剛經》重開如來知見。……

我們看這八條，可知神會很大膽的全把《金剛經》來替代了《楞伽經》。楞伽宗的法統是推翻了，楞伽宗的「心要」也掉換了。所以慧能神會的革命，不是南宗革了北宗的命，其實是一個般若宗革了楞伽宗的命。

一九三五，四，十二。

# 思想史方法：

# 初期的中國佛教

柳田聖山原著

## 第一章　奇跡的魅力

### 一、《高僧傳》的世界

慧皎（四九七—五五四）的《高僧傳》十四卷，是了解中國初期佛教的重要的基本文獻。此書完成于梁朝天監十八年（五一九），收入自後漢至編者時代有代表性的高僧二五九人的傳記。慧皎把它們分類爲以下十種：

譯經（翻譯經典）　三五人
義解（研究教義）　一〇一人
神異（顯示超人的奇跡）　二〇人
習禪（實踐瞑想）　二一人

明律（通曉戒律）　一二人
亡身（獻出生命）　一一人
誦經（誦讀經典）　二一人
興福（致力于社會福祉）　一四人
經師（宗教音樂）　一二人
唱導（說教與傳道）　一二人

後來接續這《高僧傳》而編成的道宣（五九六—六六七）的《續高僧傳》、贊寧（九二一—一〇〇二）的《宋高僧傳》、如惺的《明高僧傳》等，繼承了這種分類方法，使它長期成爲中國佛教史的標準。可以說，這大體顯示出中國佛教的實際內容。

首先可以看出，致力于經典翻譯與教義研究的高僧，佔了總數的一大半。這事實表示初期中國佛教的特色：佛教在未被中國人接受前，已在印度與西域地帶，在教理與教團方面，達到完成的階段，而成爲這個時代的世界宗教了；爲了要吸收佛教，特別是把佛教經典與本國的古典文獻比較，在初期，是需要得到上層知識分子的支持的。這些高僧代表着當時的佛教，鞏固了初期佛教。不過，被分類到「神異」以下八個項目的人物，人數雖少，但却與此異趣。可以說，他們並不是要透過經典翻譯與學術研究來傳播佛教的，而是要使佛教自身直接地定着于中國社會中。

例如「明律」方面的僧人，形式上他們是戒律書籍的研究者；但戒律到底與實踐生活有關，故他們的研究自然是不同于經典的情況了。「誦經」與「經師」兩類亦是，雖然形式上與經典有關，但實際上爲了要傳播和推廣經典，故誦讀經典的實踐生活成了重要的一環，經典的教理內容反而輕了。特別是初期的誦經，有强烈的咒術意味，而與高深莫測的神異與習禪連在一起。尤其甚者，「亡身」、「興福」、「唱導」這幾類，更不得不與經典翻譯與教義研究的工作疏遠了。本來，「譯經」與「義解」，只爲中國佛教所獨有；印度佛教恐怕都是以「神異」與「習禪」以下的人士爲中堅。致力于中國佛教的教義研究的人們，在印度來說，全都要以「明律」、「習禪」的實踐爲前提，或者兼作「神異」、「誦經」與「興福」的。

總而言之，印度的歷史文化與中國的不同；印度佛教要爲中國社會所接受，產生很大的變化；其第一特色，是翻譯與教義研究的專門化。在「神異」、「習禪」以下的項目方面，亦可預想到與印度佛教的情況有相當不同的變化。這裏特別要就「神異」與「習禪」考究一下；這兩者是引致以後禪宗獨立發展的遠因。

## 二、神異與瞑想

大體可以這樣說，神異是超人能力的示現，所謂神通；它來自一種靈感，這看來是奇跡，透過瞑想而得到。通是智慧上的事，特別是指不可思議的言辭與行爲，那是智慧的顯現。有些人爲了獲得奇異的能力，而修習瑜伽與禪，這種做法，古來便被視爲邪道，而要戒除的；但神通自身，則確是瞑想的重要內容。因在具體的實踐中，必有神通跟着瞑想而生起。神通是一種能徹底實現人的自由的特殊能力。關于這點，我們在後面會再考究。總之，佛教是一種宗教，它在致力于實際的現實社會的福利時，一般民衆對它的最深刻的印象，正是這種如奇跡樣的魅力。而佛陀的教化，他的偉大人格的奇跡，亦一如他的倫理的哲學一樣，使人深深感動。

由于佛教是眞正地生活着的東西，它有神異的事件隨着，那是當然的。不過，這裏必須注意的是，神異之特別地被感覺爲神異，這在以神異爲不尋常的社會裏，是顯然的。此中顯示出中國民族在這個時代的特殊反應；這個民族，自古以來卽說「不語怪力亂神」，以「敬鬼神而遠之」爲信條。慧皎的《高僧傳》設計出這十科的分類，但有關神異的記述，並不限于「神異」一科中，而亦出現于其他大部份高僧的身上；雖「譯經」、「義解」的人亦不例外。

關于這點，不僅慧皎是如此，《續高僧傳》的編者道宣以後的歷史家，亦是如此。道宣本人，卽對奇跡有最強烈的信仰。這一方面顯示出他們對印度佛教有深刻的理解，另外亦表示中國民族在開始時已意識到，佛教的神異與純然是世俗的奇跡與靈怪現象，實在有分別。再者，十科的分類中，特別立「神異」一項的，只有慧皎的《高僧傳》，道宣以後，卽不立此項。這並非表示精于神異的高僧消失了，而是由于神異太普遍了，它成爲佛教的本質，已再無特別處理的必要了。

## 三、怪力亂神

中國民族對于「怪力亂神」的興趣，由後漢末年開始，至魏晉南北朝時代而達最高潮。這正是儒家勢力變弱，神仙方術的庸俗信仰與老莊思想勃興的時代。佛教是外國的宗教，它的傳入，與此大有關連。這個時代，正是孔子所不語的怪力亂神橫行的時代。據吉川幸次郎博士的《論語》，怪力亂神卽是靈怪、暴力、戰亂和鬼神四者，都顯示出這個時代的特徵。在中國三千年的歷史中，這個時代最能發揮靈異的能力。

現在我們不能涉入這樣的中國思想史自身之內了，但在要知道當時的中國民族對佛教有何期待一點上，這却提供一個線索。禪與淨土教之所以能強烈地吸引到中國民族的興趣，恐怕不純然是教理的理解的問題。人們希望長生不老，喜歡探究超人間的自由能力，與此實有直接的關連。佛教首先卽作爲這樣的通俗信仰，而落根于中國社會。

例如，巴利語《沙門果經》，提到習禪的人，在對前述的四禪的階段作細心觀察後，卽能得到神秘的變現自在的能力。原文這樣說：

> 像這樣，心靈慢慢地淨化下來，而消除煩惱；煩惱的殘餘都離去了，心靈便變得柔純。若能不斷地活動，而又能保持內心的安穩的話，修行者卽可專心修習種種式式的神通，而終能體現到它們。譬如說，一身現為多身；多身現為一身；有時現身；有時隱身；穿牆過壁，如無阻礙；上山下嶺，如在空中；出沒大地，如在水中；橫渡河水，如履平地；在空中趺坐遊行，如巨鳥展翼；日月有大神力與大威德，我都擒縱自如；我的力量啊，更可達梵天世界哩。（《南傳藏經》第六）

印度初期佛教，把修道綱要總結于節制（戒）、瞑想（定）、覺悟（慧）三階段中；覺悟的內容，卽是神通。佛教的覺悟，不是純然的外界知識與抽象原理，而是宇宙冥合的靈感，那是伴隨着節制與瞑想而來，是極其具體的實踐能力。瞑想而無神通覺悟，是不可得的。

這是樂道生活的根底。在原始佛教中，這個傾向是很強的。後代亦是一樣，在有瞑想之處，卽必有奇跡生起。

## 四、神通是智慧的表現

印度佛教的神通，大別爲以下六種：

神足通（在所有場合都能自由行動）
天耳通（能聽聞和分辨一切聲音）
他心通（知道自己與別人的心靈動向）
宿命通（知道前世的事）
天眼通（知道來世的事）
漏盡通（滲透迷執的根源，證得四聖諦的眞理：苦、集、滅、道；悟到輪迴的本相）

後面三者特別稱爲「三明」。「明」與「通」同意，但明的智慧意義較強，特別是指明朗的照察，那是通過精神統一而得到的，是神通的基本。上面所引《沙門果經》的文字，其實是最初的「神足通」的一節，其後續有對「天耳通」以下五者的說明。可以說，前三者主要是現實的能力；後三者則涵蓋過去、未來、現在三者，超現實的性格特強。又最後的「漏盡通」，被認爲是別于其他五通的最高覺悟，唯有佛陀才能達到。初期佛教未必有這樣明確的區別；在初期佛教中，這大抵被視爲是其他種種神通的基礎。

現實的神通若離開覺悟，便會有傾向于種種怪誕的咒術的危險。在一切宗教中，所謂奇跡，都是一樣的。不過，佛陀所顯示的種種神通，都是樂在涅槃（覺悟的境地）中的生活的自然而然的表現。後來的《大智度論》，以神通作爲對待衆生的慈悲行，解說希有的事，以淨化人心，亦是指此而言。《大智度論》是大乘佛敎的代表作，是佛敎義理的總綱要。很多大乘經典，說到十八種神變；表面上，這與上面所引的《沙門果經》的神足一類完全無異；但應注意的是，在那些大乘經典中，神變常被視爲佛菩薩說法的前兆：最初步的奇跡，實在是最深邃的智慧的具體表現！

## 五、吸引中國民族的神通的魅力

印度佛敎的神異，是通過四禪的實踐而自然而然地得到的智慧。而能吸引到初期的中國佛敎徒的，實際上正是這樣的初步的神通。譬如，在最初介紹到中國來的經典中，有《安般守意經》與《般舟三昧經》等，最能證明這點。前者是Ānāpāna的音譯，是呼吸的意思，是初步的瞑想法的數息觀。後者是Pratyutpanna-buddha-sammukhāvasthita-samādhi的省略的音譯，全部譯出來，即是「諸佛現前三昧」，強調在瞑想中可有諸佛在修行者面前出現，他可以在歷歷的夢境中，禮拜其姿容；這是觀佛三昧或念佛三昧的一種。中國民族的興趣，我想都是在不可思議的神異中；它們是跟着瞑想而起的。這是一種咒術的魅力，與人類追求自由與永恒的願望相應。

約在二世紀，安世高譯了《安般守意經》，康僧會（？—二八〇）加了一序，其中這樣說：

得安般行者，厥心卽明；擧明所觀，無幽不覩。往無數刼，方來之事，人物所更，現在諸剎，其中所有世尊法化弟子誦習，無遐不見，無聲不聞。怳惚髣髴，存亡自由；大彌八極，細貫毛釐；制天地，住壽命；猛神德，壞天兵；動三千，移諸剎。八不思議，非梵所測。神德無限，六行之由也。（《大正藏》第十五册）

上面的記述，亦見于康僧會別譯的《六度集經》的「禪波羅蜜」章中。下面的文字，見於道安（三一二—八五）在同一的《安般守意經》的序文中；這文字顯然是受了康僧會的影響。

得斯寂者，擧足而大千震；揮手而日月捫；疾吹而鐵圍飛；微噓而須彌舞；斯皆乘四禪之妙止，御六息之大辯者也。

（《大正藏》第五十五册《出三藏記集》卷第六）

在悠長的中國佛敎史中，道安是最先出現而且是頭腦最卓越的一人。他的深邃的學問與思想，可以說，在般若思想的奠基方面，對初期的中國佛敎有深遠的影響，使它的發展，有一百八十度的轉變。但無論如何，他對于神異的魅力的興趣，却一直是那麼濃厚。上面道安的文字，與先前引的巴利語《沙門果經》的神異說，完全相一致；由此可知，他的這種興趣，來自對印度佛教的瞑想有深刻的理解。

## 六、中國佛教的特色

神異一方面是禪思想最深奧的東西，但亦是最初步的、通俗的東西。當時的中國人，對于神足通的飛行自在的表現，有甚麼感覺呢？有怎樣的興緻呢？關于這點，我們擧一個例子來說說吧。後漢明帝在一次夜夢中，見到佛陀飛到他宮庭前面。他深深地爲佛陀在空中飛行的自由自在的姿態所感動，他又感到那些由佛陀身體散發出來的慧光；他後來卽派遣使臣到西域去，求取佛教的經典。這事件被認爲是佛教傳入中國的發端。這當然是傳說了；但可以說，這時代的中國民族，並未對佛教表示很大的興趣。比較起「阿彌陀佛」來說，中國初期的淨土教徒，對于「無量壽佛」一譯名，有更深刻親切的印象；我們亦可以說，這與習俗的信仰，以爲像念咒文那樣念起他的名號，便可得長生不老，有密切的關連。

安世高最初把禪的經典傳到中國來。道安對他有最深厚的敬意；他整理後者譯出的經典，又在後者所有有代表性的作品上，附加詳細的注解，並爲之作序。上面擧的文字，卽是其中的一個例子。可以說，道安對安世高的這種關照，對後來的中國佛教，有長久和巨大的影響。安世高是最初到中國來的傳道者，是卓越的經典翻譯者；但他的經歷，却完全蓋着神秘的面紗。據說他是安息國的王子，熟諳天文五行、醫方異術，又能辨別鳥獸的聲音。這恐怕不單純是博學多識所使然吧。他徹見自己的前生事蹟；爲了淸贖過去的惡業，他毅然自動陷入賊人手中，又以不可思議的咒術，來救出變身爲蟒蛇的人。這些故事，全都與他的神秘性有關。他又預言康僧會的出現，作爲自己禪法的後繼人。這自然是後來的附會了；但由此亦可以令人想到，初期的中國佛教徒是如何地把禪與奇跡等量齊觀了。

對于中國人來說，安息與龜茲等西域地方，正是神秘的寶庫。道安對于安世高的敬意，其實可以代表中國民族對于西域的關心。不過，把這種西方的魅力，具現于一身，而直接指導道安的，却是以神異稱譽一代的佛圖澄（二三二—三四八）。後來慧皎在他的《高僧傳》中立「神異」一項，其最大理由，恐怕是要敍述佛圖澄的神異事蹟吧。實際上，費盡千言萬語來解說佛教的「神異」的意義，倒不如描劃一下佛圖澄一人的事蹟，來得生動和適切哩。

## 七、佛圖澄的來華

佛圖澄是龜茲人。澄是本名，可能是由原語翻譯過來。當時從外面來的傳道的人，都好以自己的出生地作爲姓，故他卽取佛陀（圖）之澄的意思，而稱爲佛圖澄。他連一卷經典都沒有帶來，也沒有譯過一句文字，但他能以神異教人，門下有道安等卓越的佛教指導者。從這些點，我們可以說他是中國佛教的奠基的人。中國佛教至道安時代，能夠由禪而轉向般若，而成功這個急激的發展，全是這佛圖澄大師的指引所致。又如衆所周知，中國佛教以道安對般若思想的研究爲基礎，經過鳩摩羅什（三五〇—四〇九）——印度大乘佛教史上最偉大的傳道者，亦是這方面最卓越的翻譯者——來華後，有進一步飛躍的發展，這種傾向，實已拜佛圖澄的禪及其神異爲之鋪路了。

佛圖澄到中國來時，正是四世紀初永嘉之亂（三一一）的前一年；後者終于促使西晉滅亡。這是怪力亂神開始的時代。漢族亡命到江南，建立東晉；中原不久變成一個戰亂舞台。五胡的北方民族，展轉猖獗爲患。鮮卑族的石勒石虎父子，在河北建立了趙國，這是一個小國；他們招迎了佛圖澄。胡族的統治者，對佛敎的哲理，本來沒有深刻的理解，他們的興趣，只在神異的魅力方面。

《高僧傳》中，有一段敘述石勒與初會面的佛圖澄的問答事項；石勒的問題是「佛道有何靈驗」。佛圖澄卽取出自己帶來的食器，那是一個鐵鉢。他以這個東西來盛水，然後燒香，又唱起咒文來。須臾，水中卽有光輝耀目的青蓮花生起！石勒驚服之餘，馬上要委以國事，自己又皈依了佛敎。不久，佛圖澄又爲民求雨，治癒痼疾；石虎之子得暴病而死，佛圖澄又持楊柳枝，念秘密咒文，使他還陽。由是，石氏父子稱他爲「大和上」，尊敬有加，把他看作國家的重寶。我們可以說，外來的佛敎之能切實地固定于中國社會，在很多方面，都有賴佛圖澄的神異。不久，中書著作郎王度與王波上奏，誡以一國之王者信奉佛敎，無異事外國之神，此非中華天子之所爲。石虎（譯者案：作者此處作石勒，誤）卽答以「朕生自邊壤，忝當期運，君臨諸夏。至于饗祀，應兼從本俗。佛是戎神，正所應奉」。這恐怕是五胡的族長們不能掩藏的共通的心境吧。佛圖澄以石氏爲中心，在華北一帶施敎化之務，以種種神異來化解胡人野蠻的習俗，而推廣佛陀不殺的慈悲敎誨。常追隨他的弟子，據說有數百人，前後受過他的敎誨的，亦有一萬，在他遊歷所及的地方，建寺計八九三之數云。

## 八、神異的種種相狀

佛圖澄的神異，實際上是多方面的，恐怕包括神通的全部。

首先是天眼通。只要他把胭脂混入胡麻油中，塗在手掌上，便能歷歷地徹見遠處，以至于千里的盡頭。他的咒文，可使無數在遠地的人得救，而免于死。這已是神足通的事了。據說曾經有這樣一件事情發生過：有一個狂人稱爲麻襦，他藉着佛圖澄的幫助，得到種種神足。佛圖澄又能役使鬼神，料事于未然，適切地規諫石氏父子。這都是有關外交、軍事、經濟等的現實的處理方面的事。石氏父子的戰略，往往缺乏謀慮；他曾多次改正它們，防止了不少流血慘事的發生。石勒的死亡，其後人發生爭執，佛圖澄透過塔上的鈴聲，便已料知了。這是天耳通兼他心通的事。他又常在室中靜坐，測知人們的前生宿命，而教導他們如何捨惡行善。人們多讚服他的先見，竟不敢向他所在的方向涕唾便溺哩。他的神異，實在基于深邃的漏盡通的慈愛所致。

佛圖澄的神通，含攝六通的全部；他的知識且及于現實生活的醫方與天文。他的左乳下有一周長四五寸的小孔，直通胸中。平時他用綿絮塞着，到齋戒時節，他會把曲腸由小孔引出來，淸濯一番，然後放囘原位。這個小孔又能發光，使夜明如晝，足供讀書之用哩。

永和四年（三四八），他以一百十七歲入寂。不久，鄴國的冉閔把石虎殺掉，挖掘佛圖澄的墳墓。他們發現他的鐵鉢、拐杖仍然具在，但屍身已渺無踪跡。有些人說，他見到佛圖澄越過戈壁沙漠，囘歸印度去了。他實在是菩薩的化身，在這個世界上出現哩。他雖然未有直接發揮大乘的空的思想，但他的神異，却是一種般若智慧，徹見一切皆無實體。在他的神異的根底，實隱藏着一種深遠的般若覺悟；他的弟子道安，其後卽繼承了這般若覺悟，而更發揚光大之。

大體來說，佛圖澄所代表的神異，是當時一般高僧的時尚：由祈雨、還陽等日常的靈怪現象開始，而及于分身、飛行、放光、預言、屍解（屍身不留）等。佛舍利是佛陀的遺骨，它的感應，亦與此有很大的關係。吳國的康僧會之能使暴君孫權信服，亦由佛舍利的神秘的表現所致。

## 九、神異的加深化

在中國民族對佛學的興趣異常高漲的當兒，神異實在成了撐持六朝時代佛教的支柱。人們對佛教的理解加深了，神異中的某些東西，亦獨立起來，成爲純然的天文學與醫學技術；另外一些淺薄的庸俗的信仰，則被撤除掉。神仙信仰與醫葯技術，本來是密切地相連着的，這時亦逐漸分離開來。所謂闢穀或服氣的特殊的道家的斷食與呼吸法，不必是印度禪的本質。人們亦開始知道，在印度的經典中，已顯示出要對一些神異，視爲外道禪來批判了。這些神異，並不能作爲般若智慧的支柱。這種關于神異的本質的探究，不久卽向學問與實踐兩方向推進。這個過程，使佛教逐漸成爲上層知識份子的所有。

道安對般若學與阿毘達磨的研究，恐怕是這種新嘗試中的一例。這意味着正式的佛教的學術研究的開端。道安以後的南北朝時代的佛教，有很多卓越的發展，都是在這個方向下的表現。這卽是要批判通俗的神異，要通過由般若哲學與阿毘達磨而來的認識與分析，以嚴正的邏輯，來鞏固瞑想與神通力的基礎。特別是，人們介紹阿毘達磨哲學，使過去的中國知識分子，認識到那難以想像的既深且廣的精神內景；按阿毘達磨是對印度佛教的瞑想加以分析的一種哲學，屬小乘系。而翻譯中觀系的論書，亦擴大了人們的目光，使它照射到現實背後的形上世界；按中觀哲學的論書，使大乘般若經典、特別是般若波羅蜜思想，得以邏輯化。實在說來，只有人的內心的神異，才是最深奧的奇異的世界哩。

這種對神異的信仰，漸漸由外而向內趨。一言以蔽之，如禪數之學那樣，這是禪與數學亦即是瞑想與心理分析的學問，成爲奇跡性的魅力的表裏兩個面相。可以說，這相當于瞑想，與由反省瞑想而來的一種精神分析，或精神現象論。無論如何，這種東西，對于歷來的中國知識分子來說，是完全未知之域。

對于阿毘達磨與般若的這種研究，成爲後來中國佛教展開的重要基礎。但中國的知識分子，由對神異的關心，轉而接受佛教，在對阿毘達磨與般若哲學的理解方面，仍走了很多彎路哩。舉例來說，印度佛教的涅槃與般若智，本來是無實體意義的，但他們誤解了，將之作爲一種精神的或生理的存在來理解，變成人死後殘留下來的永遠的神靈或靈魂了，因而也信仰這樣的存在了。不久，大乘的《涅槃經》傳入，而知一切衆生有佛性，這傾向便越發增強了。這種想法，實是要確立主體性的立場；那是印度佛教所無，但却是這個時代的佛教的一個獨特課題。在它的底子裏，恐怕還是潛伏着一種對神異的中國式的信仰吧。現代的人，仍以禪是神秘的體驗或絕對精神的表現，正是這種信仰的廻光反照哩。

## 十、鳩摩羅什的來華與大乘禪經

通觀魏晉南北朝時代，我們可以說，阿毘達磨與般若的研究，實在是從基礎方面鞏固了過去中國人對神異的信仰，而加強它的思想性。另一方面，作爲神異的前提的瞑想技術，亦普遍地成爲研究的課題。

大體上，印度佛教的瞑想，在方法上可分爲以下五種類：

數息觀——數着呼吸脈膊，抑制籠洞的心的雜亂，把心統一起來。

不淨觀——觀察屍體的不潔淨，或常想像它的變化因由，以抑制心的愛欲貪婪的擴張。

慈悲觀——觀察美好的東西，又常常想起它們，以抑制內心忿怒的高漲。

因緣觀——對一切存在都依因緣而成立的正理，有如理的省察，捨棄先入爲主的實體觀與種種猜想，以求得正確的覺悟。

念佛觀——觀想阿彌陀佛的姿勢，讚頌他的名號，以擺脫對罪惡的恐懼感，達致淸淨平和的心境。

鳩摩羅什譯出《坐禪三昧經》，有組織地總合地介紹了這五種瞑想法。但在他以前，已有很多傳道的僧人述及這種種的瞑想法了。至于指導人們如何進行這些瞑想，自然也有說及了。佛陀的宗教，以深邃的瞑想實踐爲基礎；關于這點，我們已考察過了。有一些書總結了自古傳承下來的瞑想技術，一般來說，印度的佛教徒把這些書稱爲禪經。如先前擧的安世高的《安般守意經》，與同時代支讖的《修行道地經》，都是禪經。初期的中國佛教徒所首先關心的，亦正是這種瞑想技術。在二世紀至五世紀期間，有多量的禪經陸續譯出，這是最好的證明。

不過，瞑想到底是實踐的問題。禪經的翻譯，必須與實踐的要求相應。有人以爲佛教的瞑想法，與神仙方術一類東西相似；由于人們介紹了印度的正式的禪經，故對這佛教的瞑想法也較有深刻而正確的認識，他們也開始留意它的獨特的地方。鳩摩羅什所譯的《坐禪三昧經》的特色，在菩薩的禪法方面。按菩薩的禪法，是要批判小乘禪法的，它的批判的根據，即在大乘佛教的般若波羅蜜。瞑想曾經被視爲是一種神異，但在這種情況下，它亦昇華到般若的瞑想了。當然，具體的瞑想技術，自身亦有很大的變革。不過可以肯定的是，倘若瞑想沒有般若為基礎，它即不能得到上層知識份子的信仰。中國淨土教的祖師曇鸞（四七六－五四二），在求道初期，由長生不老的神仙信仰，轉到虔敬的念佛的修行上去，同時，他又是一個精于般若的學者，這最鮮明地表示出當時中國佛教的本質了。

# 第二章　宴坐—大乘的坐禪

## 一、大乘佛教的興起

對于大乘佛教的興起，我們是難以得到明確的眞相的了，即使是今日的學術研究，亦無能為力。不過，在思想上，我們可以把它看作為是一種革新運動：對傳統佛教的固定化的不滿而起的革新運動。革新同時亦是復古。舊佛教的小乘，受到批判，以為不能表現佛陀的精神；有人又重新對它加以研究，給予新的邏輯基礎。關于禪一方面，情況亦是同樣的，人們對于以佛陀宗教為出發點的瞑想與瑜伽實踐，重新予以多方面的反省。

這樣下來，出家弟子的獨善其身的瞑想，也嘗到新的氣息了。以戒、定、慧為基礎的修道綱要，被拿來重新檢討一遍；所謂布施、持戒、忍辱、精進、禪定、智慧的六波羅蜜（必須而且充足的六個德目），其組織亦臻完成階段。新加入的是布施（不執着于物，無條件地為他人服務）、忍辱（忍受苦痛與屈辱）、精進（無窮無盡地前進）這三個德目。這些東西，就相對于出家來說，都足以強化在家菩薩具體的生活實踐的立場。菩薩即是開設教團與創制教義的人。要注意的是，這六者都是波羅蜜：波羅蜜是完全之意。所謂完全，即是橫方面要遍及全體衆生界；縱方面要無限地深刻化。

這裡讓我們回憶一下《經集》的話語吧。「小川的水啊，激起聲浪而流着；大河的水啊，則無聲無臭地流着。」「未滿溢的東西啊，激發起聲浪；滿溢了的東西啊，全歸向靜寂。」完全的六波羅蜜，都必須是靜寂的。這要由捨棄執着與自我滿足的意識做起。「我們向人施捨啊」，「我在守戒律啊」，這其實是執着與自我滿足意識的表現哩。六波羅蜜，不管在甚麼地方，都要表現爲當下的現實的生活。靜寂與安穩，是不能停滯于靜寂與安穩中的。它必須讓位給般若波羅蜜。這般若波羅蜜，卽是智慧。智慧意味着新的人生觀的開端。

## 二、般若波羅蜜

首先以充實飽滿的文學氣息，來表達大乘佛敎的義理的，是《般若經》。它以下面的文字，來說明般若波羅蜜的意義。這個說明，透過須菩提長老向佛陀敍說自己的見解一方式來表示。

尊敬的老師啊，我不知道「菩薩」何所指哩。我未有過菩薩行，我未見過菩薩行。我不知道何謂般若波羅蜜。我未有過般若波羅蜜，我未見過般若波羅蜜。尊敬的老師啊，對于「菩薩」，不知、不得、不見的我，對于般若波羅蜜，亦不知、不得、不見的我，要以怎樣的般若波羅蜜，敎導怎樣的菩薩呢？尊敬的老師啊，倘若我不知、不得、不見菩薩的本質，而只依據他的名稱，說他有出生有死滅，不會有過失麼？尊敬的老師啊，

「菩薩」既非確定的東西，亦非不確定的東西；既非分離的東西，亦非不分離的東西。為甚麼呢？因「菩薩」的名是非存在的東西。這樣，「菩薩」既非確定的東西，亦非不確定的東西；既非分離的東西，亦非不分離的東西。當偉大的修菩薩行的人，這樣地主張，這樣地表示，這樣地解說甚深的般若波羅蜜時，倘若他內心能不執着，不退墮，不昏沈，不隱沒，不畏怯，不絕望，不恐懼，不多生怖畏，不陷于大怖畏中，而能得到真理，而其決心又不可移奪的話，則這個菩薩的心，實是般若波羅蜜的心了。在不退轉的菩薩階段（不退地），他安住着，巍然獨立地安住着。

（譯者按：此段文字作者引自平川彰氏譯《八千頌般若波羅蜜經》，這裡我們把它譯成中語）

《般若經》實在饒舌得很哩。它把般若波羅蜜的好處說來說去，重重否定，好像沒有終止。不過，我們可以看到一點，關于般若的立場，歷來的佛教，都取戒→定→慧這種方向，以戒為第一；《般若經》則相反，以慧為第一，以般若波羅蜜為一切的基礎。在這點上，它強調般若的立場，顯得極其簡明直截。還有應該注意的是，般若的主張，掃除一切執着，一切皆取否定的方式，但並不對代表這些方式的純一的否定的原理，加以抽象化。無寧是，般若是要否定這樣的原理，而孕育一切具體的實踐哩；以慧作為戒定的內容而表現其作用，倒不如轉換為以戒定作為慧的內容而表現其作用，來得具體。我們可以說，戒與定是過去出家弟子們的綱領，而般若波羅蜜則是多面地解放這綱領的根本原理，這綱領作爲菩薩生活上的指針，還是不變的。

## 三、維摩的批判

大乘佛教除了在廣度上把天地擴寬外，在瞑想的實踐方面，亦有重大的變化。如衆所周知，《維摩經》的「弟子品」，有一段談到維摩居士嚴厲地責備在樹林靜坐瞑想的舍利弗。維摩以爲，「不于三界（現實慾望、現象世界、形上世界）現身意，是爲宴坐（安然的瞑想）」！這實從根本推翻了歷來弟子們的瞑想法。

維摩以爲，瞑想並不是在森林中靜靜地修養身心和坐禪。它是指在充溢着慾望的感覺、現象的世界與非現象的世界中，在任何一個角落，都不顯露身與心之意。這卽是，不把身與心停駐于任何處，不管這是感覺與意識的對象的形而下世界，抑是超越乎其上的形而上世界。印度古代的瑜伽與禪，總把身心繫結于一些什麼堅實的對象上。維摩的瞑想，與印度的這種實踐比較，完全是另一種。

鳩摩羅什所譯的這部經典，稱坐禪爲宴坐。這譯語未有在其他的地方出現過。依據後來中國註釋家的解釋，宴是「安然」的意思；在鳩摩羅什所譯的《大智度論》中，有「宴寂」一詞，這恐怕與宴坐是同義。如《經集》所表示，眞正的「安然」，正是心靈本原的狀態。在《維摩經》中，亦有這樣一段話語：有一次，光嚴童子從稱爲毘舍離（Vaiśālī）的市鎭出來，恰巧碰上維摩居士，後者正要進入那市鎭中。如舍利弗那樣，光嚴童子亦受到嚴厲的申叱。他爲了要尋覓「道場」，而離開市鎭，維摩告訴他，自己正爲「道場」而來哩。

這個「道場」，僧肇（三七四—四一四）注解爲「閑宴修道之處」。這卽是淸靜地安心地修道的地方，亦卽覺悟的場所之意。

維摩的批判，其矛頭實指向出家弟子們的獨善其身！他們要在樹林下尋求安然的心靈的道場哩。實際上，舍利弗與光嚴童子一樣，其心靈都被外面的「靜默」所吸蝕掉！維摩的批判，與我們（日本）聖德太子所說的「姿適地在僻靜處坐禪，不能算是眞正安然的生活」，完全是同一的精神。

## 四、《般若經》所說的瞑想

維摩的批判，實際上亦是《般若經》的意思。例如，這部經典的作者，這樣地擬設佛陀說：

須菩提，菩薩在空閑山澤曠遠之處。魔來菩薩所，讚歎遠離法，作是言：「善男子，汝所行者是佛所稱譽遠離法。」須菩提，我不讚是遠離。所謂但在空閑山澤曠遠之處，名為遠離。須菩提云：世尊，若空閑山澤曠遠之處，非遠離法者，云何更有異遠離法？佛告須菩提：若菩薩摩訶薩遠離聲聞辟支佛心，住空閑山澤曠野之處，是佛所許遠離法。須菩提，如是遠離法，菩薩摩訶薩應所修行。晝夜行是遠離法，是名遠離行菩薩。須菩提，若惡魔所說遠離法，空閑山澤曠遠之處，是菩薩心在憒鬧。所謂不遠離聲聞辟支佛心，不勤修般若波羅蜜。是菩薩摩訶薩不能具足一切種智。是菩薩行惡魔所說遠離法，心不清淨，而輕餘菩薩。城傍心淨，無聲聞辟支佛憒鬧心，亦無諸餘雜惡心，具足禪定解脫智慧神通者。是離般若波羅蜜無方便菩薩摩訶薩，雖在絕曠百由旬外，禽獸鬼神羅剎所住之處，若一歲百千萬億歲，若過萬億歲，不知是菩薩遠離法。

（《摩訶般若波羅蜜經》第十八卷第六十一「夢誓品」）

以上引自鳩摩羅什所譯《大品般若經》。《小品》（《小品般若波羅蜜經》）的文字，與此亦差不多，只是在《小品》中，在「空閑山澤曠遠之處」之上，多了「阿練若處」一句。阿練若是遠離人煙的清靜處所，作爲十二頭陀之一而被視爲修行者的居所，其後變爲寺院的意思。

## 五、菩薩的條件

《般若經》以爲，修道而要獨居于空曠閑適的山澤，是惡魔的說法；它以爲做菩薩的條件，是要遠離聲聞、緣覺的自了心，這正如我們在前面所考察的那樣，要撤除出家弟子的獨善其身的瞑想，以心靈的涵養爲第一。上面引到的《維摩經》舍利弗那段中，說「不捨道法而現凡夫事，是爲宴坐。心不住內亦不在外，是爲宴坐」，卽是這個意思。這樣，瞑想不再是單純瞑想的事，而實成爲心靈本身的涵養問題了。倘若我們回顧前面所述的，則可以說，佛陀的瞑想，實在是這樣的意思。特別是上引《維摩經》的一節，更是其後中國禪宗成立的指針。這經典之被稱爲大乘禪經，亦與這一段的義理有關。關于這點，我想另外再作考究。這裡我們可以肯定地說，大乘佛教對出家弟子的瞑想的批判，在另一方面，實亦表示教理上的發展：由般若波羅蜜而來的形而上的飛躍的發展，這亦可說是主體性的明朗深刻化。

大乘論書《大智度論》卷十七解釋禪波羅蜜時，有如下的問答：

問曰：菩薩以度一切衆生爲事，何以故閑坐林澤，靜默山間，獨善其身，棄捨衆生？答曰：菩薩身雖遠離衆生，心常不捨。靜處求定，獲得實智慧以度一切。譬如服藥。將身權息衆務，氣力平健，則修業如故。菩薩宴寂亦復如是。以禪定力服智慧藥，得神通力，還在衆生，或在父母妻子，或師徒宗長，或天或人，下至畜生，種種語言方便開導。

這段文字，無保留地敍述了大乘佛教修行者在遠離世間與瞑想方面應有的態度。《大智度論》接着表示，以燈火爲例，在暴風雨中，不管燈火是怎樣明亮，它都難以生起作用；倘若把它放在靜室中，它便能充量發揮其作用了。修習禪定亦是一樣，倘若沒有修習禪定用的靜室，則不管有怎樣超卓的智慧，都難以發揮其整全的力量。只有經由禪定，才能得到眞實的智慧。同書接着又教人禪定的方法：驅除五種塵垢與五種障蔽，而實踐五種修行。這裏我們並無涉入這些細目的必要。其後天台的止觀首先說二十五種方便，作爲瞑想的準備階段，正是上面《大智度論》的說法的發展；這可以說是大乘佛教有關坐禪的正統看法。

## 六、好坐禪，善乎哉

《法華經》〈安樂行品〉第十四談及說法的修行者所應該注意的安住生活，後者在後來的惡世中，出來護持這部經典，而爲衆人說法。這一品首先述起居親近的事；鳩摩羅什的漢譯這樣表示：

常好坐禪。在于閑處，修攝其心。

這是這一段的開端。由于修這部經典的人，沒有機會親近那些支配世間事務的人如國王、王子、大臣和官長等，又不親近各種六師外道、婆羅門、尼健子（耆那教）和那些寫世俗文章、讚頌文字的人，故他們遠離這班人，而獨自閑居瞑想，那是極其自然的事。後來中國天台宗的南岳慧思（五一五—七七）及其弟子天台智顗（五三八—九八），依據這部經典，創制出獨特的實踐與宗教哲學體系，也是就以上那個意思而吸收這句話；這亦被首肯爲當然的事。

不過，這一段梵語原文，與上面鳩摩羅什的漢譯，完全不同哩。這裡我們依岩本裕的翻譯，表示原文如下：

他（一個本着偉大的志願而尋求覺悟的人）不注重棲隱的事，亦不常棲隱哩（耽于瞑想）。（岩波文庫《法華經》中）

這與先前所引的《維摩經》及《大品般若經》的說法，完全是同一的精神。倘若這是一部論典，必須站在大乘的立場，來詮釋各種問題的因由，像《大智度論》那樣，則作別論；但倘若是直接闡述大乘精神的經典，則梵語原文的主張，恐怕是較自然的。我們（日本）的聖德太子，在他的《法華義疏》中，有如下一段說明：

言由有顛倒分別心故，捨此就彼山間，常好坐禪。然則何暇弘通此經于世間？故知常好坐禪，猶應入不親近境。

這是太子的卓越創見。他恐怕沒有機會閱讀梵語原文吧；但他却一直堅決否定鳩摩羅什的漢譯，這實是令人驚愕的事。如人們所傳述那樣，太子單獨走入夢殿中，瞑想起來，並不是要逃避世間而耽于瞑想的。大乘菩薩的瞑想，畢竟是不能離開世間的。

## 七、眞正的禪定

這個問題，在中國初期，複雜得很。因在中國初期，宗教與思想，只是現實的政治體制內的存在。關于這點，我想在後面討論。這裡我想再度回到先前所引述的《大智度論》方面去。在這書中，龍樹在提出前面（上一節）的問答之後，對有關禪與禪波羅蜜的意義說明如下：

問曰：應說禪波羅蜜，何以但說禪？

答曰：禪是波羅蜜之本。得是禪已，憐愍衆生內心中，有種種禪定妙樂，而不知求；乃在外法不淨苦中求樂。如是觀已，生大悲心，立宏誓願：我當令衆生皆得禪定內樂，離不淨樂；依此禪樂已，次令得佛道樂。是時禪得名波羅蜜。復次，于此禪中，不受味，不求報，不隨報生，為調心故入禪；以智慧方便還生欲界，度脫一切衆生。是時禪名為波羅蜜。復次，菩薩入深禪定，一切天人不能知其心，所依所緣見聞覺知法中心不動。如《毗摩羅詰經》（譯者案：此即《維摩經》）中為舍利弗說宴坐法，不依身，不依心，不依三界，于三界中不得身心，是為宴坐。

由此可見，大乘禪必須是禪波羅蜜。這正是不捨欲望世界的大悲行。不捨衆生，更而還生于痛苦與骯髒的欲望世界，爲了解脫一切衆生而獻出生命，這是眞正的禪波羅蜜。還不止此哩，我們更可以說，由于這大悲行是禪波羅蜜的表現，故此中是沒有救度與被救度的特殊分別的。這並非單純的慈悲行，而應稱爲大悲。如維摩所說，他的身心，在三界中是不可得的。因禪波羅蜜正是表現般若波羅蜜，而爲其功用。只有般若波羅蜜，才是斷絕一切差別的、最爲深邃的實踐。

由是可知，超越一切差別，正是到絕對境界的道路，亦卽窮盡到否定原理。一系列的有名的說法，也一一出來了：由于禪不是禪，故是禪；般若由于是非般若，故是般若；道由于是非道，故是道。不過，如先前所引，《維摩經》已說「不捨道法而現凡夫事，是爲宴坐」。這與這種「道法之否定」的道法，其關係爲如何呢？

## 八、只有非道，才是佛道

《維摩經》的〈佛道品〉中有一段說及菩薩完成佛道，卽是實踐非道。這正含有般若實踐的禪波羅蜜中最重要的意思，如上面所考究的那樣。鳩摩羅什的譯本作「菩薩行于非道，是爲通達佛道」。這句在其後的三論宗與禪宗中，大受重視。

例如，依三論宗開祖吉藏（五四九—六二三）的《淨名玄論》，他的老師興皇寺法朗（五〇七—八一）每升座說法時，爲了促發弟子們的注意，必定說以下一段話：

> 行道之人，欲棄非道而求于正道，則為道所縛。坐禪之者，息亂求靜，為禪所縛。學問之徒，謂有智慧，為慧所縛。

又謂：

> 習無生觀，欲破洗有所得心，則為無生所縛。並是就縛之中，欲捨縛耳，而實不知皆是繫縛。

法朗的說話，可以說要從實踐方面貫徹《大智度論》的主旨。後者的問題，涉及對具體的一切衆生的救度，是橫面的廣泛的；三論宗的學問與實踐，則是要縱貫地探究這種救度的原理。實在說來，亦只有這種縱的邏輯性的探究，才是大乘佛教的本來目的。從這個意義說，三論宗實是循正確的途徑集大乘般若主義傳統的大成了。般若到底是禪波羅蜜的實踐原理；還不單是禪波羅蜜哩，它也是布施持戒等五項波羅蜜的原理哩。非道卽是佛道的般若邏輯，只有在布施、持戒等具體的生活實踐中，才能眞正落實下來。特別是，中國佛教並不要求純粹的邏輯性，却要求具體的生活實踐。三論宗的成立，天台宗與達摩系統的禪宗的興起，最能證實這點。後二者的起來，在時間上也相同，也有同樣的實踐旨趣。

關于天台宗方面，且置下不談；這裏讓我們通過禪宗系的《二入四行論》與《絕觀論》，考察一下非道與道法的問題。這兩者被認爲與三論宗的形成，有密切的關係。這都是在敦煌發現的資料；到目前為止，有關它們的作者與成立的問題，尚未有確定的結論。但從內容上看，它們是在三論宗的影響下表現出來的初期禪宗的主張，則無可疑。

《二入四行論》謂：

問：經云：行于非道，通達佛道。

答：行非道者，不捨名，不捨相。通達者，卽名無名，卽相無相。又云：行非道者，不捨貪，不捨愛。通達者，卽貪無貪，卽愛無愛。……若能卽非無非，不取無非，是名通達佛道。以要言之，卽心無心，名為通達心道。

這問答使人想起先前《大品般若經》的所說：須菩提不知「菩薩」，不能得，亦不能見，「菩薩」非確定，亦非不確定。不過，《二入四行論》說名稱自身是無名，差別自身是無差別，特別說「卽心無心」，都遠較《大品般若經》為具體。

## 九、不生道心

關于這點，在以上的問答前頭，有更深一層的表示：

問：諸法既空，阿誰修道？

答：有阿誰，須修道。若無阿誰，卽不須修道。阿誰者我也。若無我，逢物不生是非。是者我自是之，而物非是也。非者我自非之，而物非非也。

從這裏我們可以領略到中國的無心而任物的思路。當慧可初次見到達摩時，向他傾訴自心的不安，要求他設法使自己安心；達摩卽答道：若你能把你的不安的心拿出來給我看，我定能使你安心！這個著名的故事，自然與這種思路有關。關于這點，是需要進一步詳加考究的。總之，般若波羅蜜正是這無我無心的事。在《絕觀論》中，更能淸楚地見到這點。對于所謂菩薩行于非道，卽是通達佛道的問題，《絕觀論》的答覆是不要起善惡的分別。對於何謂不起分別的問題，《絕觀論》則答以不生道心！

所謂無心，簡要言之，卽是無分別心。這不是單純的無分別，而是卽分別而不起分別心；卽道與非道的分別而不起分別念；不執着于善惡。由于不起分別心，故能如其所如地容納一切法。可以說，這裏實已潛伏着一種透澈明朗的知性。

其後，到了唐代的禪宗，離念與無念的問題，紛紛被提出來討論。人們開始了解到，在心的底層，實已有一種並非純然是分別性的心靈存在。這本來是極爲單純的事，但中國的知識份子，在能夠把印度佛教的般若波羅蜜思想當作這樣的心靈的問題來理解前，實經過相當曲折的階段，這卽是我們以下要討論的問題。

# 第三章　般若波羅蜜

## 一、玄學與格義佛教

大乘佛教經典，自二世紀末至四、五世紀期間，陸續由印度傳來。在這些經典中，中國的知識份子首先感覺到吸引力的，有般若系的經典。不過，它們雖有魅力，同時亦有其難以了解之處。現代的人了解禪，也是這樣哩。

在當時的中國，儒學是漢代的官學，它長期持續下來，而形成一種現實主義的秩序；但到那個時候，它的權威性逐漸消滅了，人們對老莊系的自由的形而上學，則日漸感到興趣。對于這個傾向有決定性影響的，是三世紀初漢代的覆亡，與隨之而來的三國鼎立的政治現實。這種推移，從思想上來說，則是有名的王弼（二二六—四九）、何晏（？—二四九）、郭象（？—三一二）他們的玄學運動；繼之而起的，則是竹林七賢所代表的清談風尚。玄學與清談，表示中國新哲學的開端。這班人表面上是走傳統儒學的路向，但却以儒家一向少加留意的《易》爲起點，以道家的古典《老子》與《莊子》爲根基，熱烈地討論形而上的「虛無」問題。虛無實是最具魅力的一種自由哲學哩。

首先，人們把大乘佛教的般若波羅蜜思想，作爲玄學的「虛無」一類東西來理解，那是極爲自然的趨向。依據老莊的「虛無」，來理解般若的「空」，這種立場，一般稱爲「格義」。故格義是一種比較哲學。在當時的知識份子看來，玄學與佛教，不必是相別的思想。實際上，般若是當時中國人前所未有的最爲卓越的形而上的知識體系。不過，比較哲學的立場總是這樣的：當我們處理兩個或以上的思想的同異問題時，很容易便趨向同質方面的統一，而不大理會異質方面的區分。這便容易歸趨到一個第三者方向去了，這與對立的異質思想的任何一方都不同。不然的話，便往往偏到那在現實上較有力量的一方去。不過，在人們要這樣地把般若的宗教，消融到玄學方面去的當兒，却有人強力地強調格義的錯誤，這卽是中國最早的沙門道安（三一二—八五）。他對般若的研究，是他的老師佛圖澄的禪與神異的自然而然的成果，這我們在前面已說過了。

## 二、僧肇的出現

道安要理解正式的般若思想；他的努力，由于不久卽有劃時代的大乘傳播者鳩摩羅什的來華，故有飛躍的發揚。當時有年青的天才中國學者僧肇，他熱切地期待着鳩摩羅什的來臨；他甚至要特別到西域的胡藏地方，去師事他哩！結果，他拜鳩摩羅什爲師，而到長安來，參加他的翻譯與傳道的事業。在鳩摩羅什的門下，不久卽聚合了大批天下英俊之士；但還是以僧肇爲俊傑，他被稱爲對大乘空義的理解的第一人。實際上，中國對正式的般若的理解，要由僧肇開始。

在鳩摩羅什的指導下，僧肇把自己的理解總結爲四篇論文，集合起來，稱爲《肇論》。在其中一篇〈不眞空論〉（論一切存在無固定實體，而只是緣起，只是空）中，他把鳩摩羅什來華前在中國流行的對般若的理解，要約爲以下三種：

一、心無義（對所有的存在，都不起意識）

二、卽色義（所有的存在，並不是如現前的狀態那樣）

三、本無義（所有的存在，都由根源的無生起）

這都是依格義而來的對般若的錯誤理解。僧肇對它們都加以批判，闡述出自己正確的不眞空的立場。其實，當時對般若的誤解，並不止以上這三家，而却是六家以至七宗的異說。這三家也包含于其中。後來，吉藏吸收了僧肇的路數，而集三論宗的大成；他對這些異說的內容與倡導的人，有詳細的研究。這裏我們都把它們省略掉，先直接看看僧肇本人的說法。

何則心無者？無心于萬物，萬物未嘗無。此得在于神靜，失在于物虛。卽色者，明色不自色，故雖色而非色也。夫言色者，但當色卽色，豈待色色而後為色哉？此直悟色不自色，未領色之非色也。本無者，情尚于無，多觸言以賓無。故非有有卽無，非無無亦無。尋夫立文之本旨者，直以非有非真有，非無非真無耳。何必非有無此有，非無無彼無？此直好無之談，豈謂順通事實，卽物之情哉？

## 三、無與般若的空

上面的引文，實已明白地指出老莊的無與般若的「空」的區別。僧肇在最後的批判中表示，玄學的「無」，其最大錯誤，在于時常「情尚于無」，把一切歸到無方面去。《般若經》所謂非有非無，全是因緣的意思。這是超越單純的有無兩極端，而在相對關係中看萬物的辯證法的立場。視一切為因緣，這種認識，並不肯定它是在存在的世界中，亦不肯定它是在非存在的世界中。此中實有一種透澈明朗的認識論的否定，和支持這否定的瞑想的實踐在內。認識論的非（不是），與存在論的無（無有），絕不能相混。

玄學尊「無」過于「有」，要以形而上的「無」為依歸，作為「有」的根據。玄學家的想法是，在「有」之前，已有本體的「無」了。實際上，玄學思想的趨向于「無」，是這個時代的人的本體論的或宇宙論的興趣所使然。這種現象的出現，是有其原因的。例如，在

《老子》第四十章中，卽有這樣的名句：

> 天下萬物生于有，有生于無。

這裏的「無」，是作爲天下萬物的根源的無。它是混沌而難以形狀，但却是能自己生起萬物的第一原因的「無」。它是無名、無爲、無私、無知，是虛；自身決不是虛無，而是常爲有常爲萬物的「無」。老子又在別處說：「有物混成，先天地生。寂兮寥兮，獨立而不改，周行而不殆，可以爲天下母。吾不知其名，字之曰『道』。」（第二十五章）故「無」是道之本，道是「無」混成的表現。與上面第四十章相似的話語還有：

> 道生一，一生二，二生三，三生萬物。（第四十二章）

作爲無的道，生起萬物。不過，雖說生一生二，但這並不如父母生子那樣，而有與子相異的根本的父母。並不是在一、二、萬物之外，有超越乎它們之上的「無」；而是，無一方面是根本原理，使萬物之有成爲有，它也是根本的存在。作爲天地之始的道是無名，作爲萬物之母的天地是有名，兩者被視爲同出而異名。

這裏所提出的「無」，總是本體論的，有生成論的傾向。本無說正是把大乘佛教般若的「空」，當作是這樣的本體來理解。本來，譯爲本無的梵語，是 tathatā，亦卽「如」之意；嚴格地說，「如」是般若的知的對象，而不是般若自身。般若的知，並不是有關對象的知識，像我們今日所了解的那樣，人們易把本無與般若視而爲一，而生起這樣的混淆，這亦是很自然的事。例如支遁（三一四—六六）的〈大小品對比要抄序〉便以爲，能夠弄通諸佛的根源，卽能窮盡生命的本無；又以爲能深入萬物的始源，與大同世界爲一體，卽能還歸生命的本無。

支遁的意思，相當難解，它不必與作爲般若異義的本無說相一致，但其底子是本體論的思路，則無可疑。

## 四、本無說與卽色說

這裏要更進一步考究的是，老子的無，絕不是純然靜止的本體。在上面所引的第四十章中，其先卽這樣說：

反者道之動，弱者道之用。

道是無，是天地的根本，它不是純然靜止的本體，而是常自活動不息的生命力，同時亦關係着人間主體的理想。故道常作爲現實的一種運作而被把握。我們可以說，老莊的本體論的思路，實源自這樣的主體的要求而生，是一種強力的明哲保身的處世術。

例如，莊子所說的至人，逍遙地遊于無何有之鄉（一無所有的廣野）（《莊子》〈逍遙遊〉），卽指向一種從現實的有的束縛中解脫出來的境界。這個傾向，恐怕莊子比老子強，至魏晉玄學而致乎其極。它是要先超越乎現實之上，達于無的世界，再重新回到現實的有的世界。我們可以說，只有把自己的生命投入現實中，才能眞正從現實的束縛中解脫開來。故在無何有的世界中逍遙的至人，爲了要得到眞正的逍遙，乃重遊于有的世界中。玄學中人尊崇現實的孔子過于莊子，尊崇帝堯過于許由；後者都較前者對無有更深切的體驗，而遊于有的世界中，其理由都在這裏。據《世說新語》文學第八，王弼認爲孔子是體會得無的人，因此他不特別地說無；老子與莊子却說無，因他們尙未能從有中解脫開來哩。這個故事，最鮮明地顯示出當時的人的想法。

## 五、對于般若的錯誤理解

這樣，魏晉玄學所要求的新的人格，是要能無心而順物。此中潛藏着深厚的老莊式的實踐智慧。關于這點，我們後面會考究。我們可以說，心無說是般若的異義，它恐怕錯誤地了解了這樣的無心主體；即色說則受拘于順物的現實層面。我們更可以說，在這兩者的背後，都有一種對本體論的本無的固執在哩。總之，這兩者都共同地犯了以物質爲實在的謬誤；這都不是玄學的正統。

僧肇批判了以上三種歧異的義理後，即說「不眞空」，表示自己對般若理解的立場。他以爲，一切法非實有而是虛空，正是大乘佛敎的根本立場。他屢次引龍樹的《中論》來證明這點。例如，他說，《中論》說「諸法非有非無」，並不是滌除萬物，封閉耳目，以臻于無影無形的意思，而是「萬物自虛」；他爲了要表明萬物非實有，乃表示：

中觀云：物從因緣故不有，緣起故不無。尋理卽其然矣。所以然者，夫有若眞有，有自常有，豈待緣而後有哉？譬彼真無，無自常無，豈待緣而後無也。若有不自有，待緣而後有者，故知有非真有；有非真有，雖有不可謂之有矣。

僧肇又進一步證明萬物不是純然的無。之後，他卽表示，由于這旣不是有亦不是無，故是虛，故一切皆如幻如化。他對般若的這種理解方式，是極爲正確的。他不愧是鳩摩羅什的第一弟子。

## 六、觸事而眞

不過，以上各點，都不成爲問題。我們現在無寧應注意他繼續表示出來的結論：

是以聖人乘千化而不變，履萬惑而常通者，以其卽萬物之自虛，不假虛而虛物也。故經云：甚奇！世尊，不動真際，為諸法立處。非離真而立處，立處卽真也。然則道遠乎哉？觸事而真。聖遠乎哉？體之卽神。

這個主張，與其說是稱爲解空第一人的僧肇的意思，無寧應說是近于玄學哩。「萬物自虛」的說法，原本是般若的重要原理；僧肇這裏所措意的問題，却是有關生起這眞理的主體方面。他所說的神人，卽般若波羅蜜的體現者。這如同王弼郭象所要求的那樣，是新的理想人格。特別是，以爲道只在就近、事事物物都有眞理的這種想法，實是「觸事而眞」一主張的起源；而這主張，正是後來隋唐時代新佛敎的標誌。

說到這裏，更使我們想到中國古代經典的主張，如下面所示：

仁遠乎哉？我欲仁，斯仁至矣。（《論語》述而第七）

道也者，不可須臾離也；可離非道也。（《中庸》）

道在邇而求諸遠；事在易而求諸難。（《孟子》離婁上）

中國民族所追求的眞理，常在具體的日常生活中。這是儒家與老莊的表現，現在亦可明白，佛教亦是這一路向。我們不妨說，僧肇之被推許爲中國佛教的源流，主要實是由于這種思想之故。這種思考方式，如後面所要考究的那樣，重視實際的耳聞目見的東西，以爲具體的事物較諸超感覺的理想更具有眞實性。最低限度，後來中國自家禪宗的興起，其遠因卽在上面所引僧肇的主張中。

他所引的「甚奇，世尊」句，依註譯，那是來自《放光般若經》卷二十的；與這相似的文句，重覆地出現于他的其他作品中。例如在其〈般若無知論〉中有：

不動等覺而建立諸法。

以無心意而現行。

甚奇，世尊，于無異法中，而說諸法異。

這些句語重重復復被徵引，堪爲留意。這全是《維摩經》與《般若經》的語句。它們能否直接地被歸結到「觸事而眞」一結論中呢？這是一個大問題。「觸事而眞」，恐怕不是佛教本來的意思。與其說它是般若思想，無寧應說它是上面所述中國的眞理觀與現實的實踐興趣的強烈表現吧。例如，在「不捨有爲法而起無相」、「不斷煩惱而證涅槃」等語句中，亦可見到完全相同的思考方式。這兩句當可讀成「捨有爲法不起無相」、「斷煩惱不證涅槃」。倘若就基本的漢語結構來說，這讀法明瞭地表示捨棄有爲法與無相、煩惱與涅槃的分別；作爲般若思想，亦以這種讀法較爲自然。但鳩摩羅什及其弟子僧肇皆不取這種讀法。這可以在他們的註釋中清楚見到。比較起生起無相與證涅槃，他們是更爲重視不捨有爲法與不斷煩惱的。這正是先前所說的魏晉時代對玄學的興趣所使然。

## 七、中國思惟的命運

玄學所探求的「無」，並不指向超越乎歷史之上的本體世界，而却強烈地指向這樣的理境：在體證得本體世界之後，再從遊于現實的有的世界。關于這點，我們已考究過了。這不必與《般若經》原來的主張相矛盾，但我們却可以說，這是《般若經》發展到相當階段的表現。般若的主旨，其重點原來在闡明認識論的邏輯性，而不在現實的實踐方面。原始的《般若經》，已對多數的法進行分析；《中論》是以這《般若經》爲基礎而發展出來的精練哲學，它與其他般若系的論書，更進一步特尊邏輯的精密性。

印度佛教的論書，時常強調眞理要同時超越乎意識上的有無的分別，而不正面地說那超越意識分別的眞理自身。其中的原因，恐怕是由于印度本來的極爲嚴刻的實踐的瞑想路數吧。僧肇生長在中國的玄學環境中，他就形而上一面來理解般若波羅蜜，這亦是不得已的命運吧。這並非表示要回到他所批判的格義的說法，我們無寧應該這樣說，印度方面的瞑想實踐，隱伏在般若思想中，不易被發現，但不久，它卽作爲新的中國的成素而出現，而表現其功能。最低限度，我們可以這樣理解，倘若沒有僧肇的形而上的思索，和沒有支撐這思索的實踐的話，則以後隋唐時代中國各宗佛教，決不會生起。

## 八、體用論

僧肇把般若與玄學結合起來，是中國佛教最初的嘗試。倘若就大處來說，這足以決定佛教自身的命運。倘若把中國佛教看成是印度佛教的延長，則這結合顯然是一種逸脫的表現。魏晉時代的玄學，實經過相當的曲折過程，來理解般若的空，而以這理解爲確定哩。不過，倘若把中國佛教視爲是中國民族自身在思想方面的展開的話，則我們可以說，玄學透過接觸印度的般若思想，開展一種全新的形而上學的思索與實踐。在僧肇發揮的「體用」邏輯中，我們可以領略到這樣的中國佛教思想中最基本的概念。

湯用彤氏在他的《漢魏兩晉南北朝佛教史》中表示：

魏晉以訖南北朝，中華學術界異說繁興，爭論雜出；其表面上雖非常複雜，但其所爭論，實不離體用觀念。而玄學佛學同主貴無賤有。以無為本，以萬有為末。本末卽謂體用。……肇公之學說，一言以蔽之曰：卽體卽用。

明確意義的體用論，是否如湯用彤氏那樣，以僧肇爲始呢，這是一個問題。但無論如何，這種思想已充足地顯現于先前所引僧肇的短短的語句中了。

大抵所謂「體用」，是把本體論的生成或變化的觀念，轉到主體的實踐立場而有的結果。這態度卽是，以一切現象爲那根本的東西的表現，而不在結果之外求原因。而且，它不以那根本的東西爲靜止的實在，在現象之外，而視之爲一主體，表現爲現象變化。亦可以說，它視現象的全體，爲那根本的無的作用。特別是，對于僧肇來說，我們可以這樣了解，他雖然強調「卽眞理卽現實」，但他畢竟有這樣的傾向：在無的主體中尋求他的基本立足點。這表示，僧肇的眞理觀，實以特殊的中國式的瞑想與觀照爲前提。

例如，僧肇在他的〈涅槃無名論〉中表示：

> 淨名曰：不離煩惱，而得涅槃。天女曰：不出魔界，而入佛界。然則玄道在于妙悟，妙悟在于卽眞；卽眞卽有無齊觀，齊觀卽彼己莫二。所以天地與我同根，萬物與我一體。同我則非復有無，異我則乖于會通。所以不出不在，而道存乎其間矣。……然則法無有無之相，聖無有無之知。聖無有無之知，則無心于內；法無有無之相，則無數于外。于外無數，于內無心，彼此寂滅，物我冥一，泊爾無朕，乃曰涅槃。

## 九、佛教的老莊式的變質

自佛陀以來，涅槃一直是瞑想的內容。僧肇則把它置換爲物我同根，萬物一體的瞑想。必須注意的是，此中實潛伏着《中論》的「般若非有非無」的主張的影子。大體可以這樣說，物我同根，萬物一體的思想，發端于古代《莊子》的〈齊物論〉，僧肇則以之作爲佛教瞑想的根據。這樣，印度式的涅槃的瞑想，便作爲這樣的物我同根的達觀的想法，被吸收過來了；此中有極強烈的主體意義，顯然是老莊式的變質。這不是純粹言語與思考方式的問題，而是思想自身的變化。

透過《肇論》的全體，我們可以見到，印度式的涅槃與般若波羅蜜的內容，爲老莊式的「無」所代替了；而老莊式的「無」，亦在印度式的瞑想的影響下變了質。據傳聞所表示，鳩摩羅什、僧肇，及其同門慧觀等人，都曾經寫過《老子》的註釋哩。總而言之，他們的佛教，有顯著的中國化色彩，那是確實的。

現在我們更抽引〈涅槃無名論〉末尾一段，以顯示僧肇佛教的本質。

放光云，菩提從有得耶？答曰：不也。從無得耶？答曰：不也。從有無得耶？答曰：不也。離有無得耶？答曰：不也。然則都無得耶？答曰：不也。是義云何？答曰：無所得，故為得也。是故得無所得也。無所得謂之得者，誰獨不然耶？然則玄道在于絕域，故不得以得之；妙智存乎物外，故不知以知之；大象隱于無形，故不見以見之；大音匿于希聲，故不聞以聞之。故能囊括終古，導達群方，亭毒蒼生，疎而不漏。汪哉洋哉，何莫由之也。

這裏僧肇實有意修改《放光般若經》的文字哩。特別的是，最後的「無所得故爲得也」一斷定，在原來的經典中，是完全見不到的。經典只說如來獲得覺悟，他不住于有爲世界中，亦不住于無爲世界中。這兩者的立場，完全不同。僧肇所以改寫爲「無所得故爲得也」，原來是爲了要引出下面無所得之得、無知之知、不見之見、不聞之聞等語句之故。對于這樣的偷換，我們決不應輕輕放過啊。又《肇論》在他處亦提出有名的「無知之知」，以經典所說的聖人之心非知亦非不知爲其根據，但這都是經過同樣的修改而來的。

## 十、無爲而無不爲

僧肇在那些文字中間加揷的「大象隱于無形，大音匿于希聲」兩句，大抵源于《老子》第四十一章，「無爲之爲」則源于第四十八章及他處；此中有強烈的老子思想的色彩，那是不能否認的。

特別應該注意的是，般若的「知」，原來是不知而非不知，表示透過對這兩者的否定，超越乎知與不知的分別知的領域；老子的無爲，則即無爲而無不爲，而由無爲還歸至爲的世界。可以說，僧肇的無得之得，正是老子的這種想法的擴大的應用，以推至不見之見、不聞之聞、不知之知。其後被人尊爲中國淨土敎祖師的曇鸞，亦强調所謂還相廻向；卽，往生于淨土的人，爲了敎化衆生，因而復還至現實的穢土。作爲淨土敎來看，當然它原來是含有種種問題的；但倘若從邏輯的構造來說，則可以把它看成是上面僧肇的想法的發展。

要之，這正是中國式的主體性的無的體用論，或本末論。主體性的無，雖說是無，但由于總是主體，故恒常不失；而作爲恒常不失的本體的無，亦恒常于有的世界中表現其作用，或者可以說，有的世界的全部，正是無的作用的表現，故無恒常地存于有的世界中。在這方面，人們總是不能避免這樣一個錯誤，以爲有與無可以不經任何媒介，而直接地是一體。其實不是這樣的，在中國的思路中，有與無本來恒常是冥合着，連接着的。

在宋廓庵的〈十牛圖〉中，可以看到最明顯的例子。體與用，是不二亦是不一，或是直接地二而一，或是不二而一，總之都趨于絕對的一者。但這已不再是佛教了。我們可以說，佛教的出發點，最嚴酷地反對印度哲學的常一主宰的造物者的絕對性；而中國人的思想，則不斷地排拒形而上的萬象根源的一者。

而這無的體用論，這種在印度佛教與中國思想從未出現過的獨特的邏輯，却成了中國佛教諸宗的基礎。這種無的體用論，至六朝末《起信論》的出現，通過眞如的體、相、用三大組織的姿態，逐漸強化起來。《起信論》的意思，是把人心靈的本原狀態，名爲眞如；如上面所說對本無的深邃理解那樣，它是把「如其本來面目」的意思，正確地譯爲「如」的。最低限度，唐代的華嚴哲學家們已將之視爲現象世界的根源的絕對一者了，把現象看作是其現起流行了。在這種對眞如的形而上的理解的環境下，不久卽出現中國禪宗。

# 龍樹之邏輯

梶山雄一原著

## (1)依存性——關于緣起

### 一、所謂「緣起」

亦不滅，亦不生，亦不斷絕，亦非恆常，亦非單一，亦非複數，亦不來，亦不去。佛陀說，這依存性（緣起）超越語言的虛構，是至福的東西。我禮拜這最上的說法者。（禮拜詩頌）〔什譯：不生亦不滅，不常亦不斷，不一亦不異，不來亦不出。能說是因緣，善滅諸戲論；我稽首禮佛，諸說中第一。〕

《中論》最先揭舉這個禮拜的詩頌，簡潔明晰地表明該書的本質。同樣的旨趣，亦在第十八章第十、十一兩詩頌中表示出來。（以下不附書名，一八·一〇等的數字卽《中論》第十八章第十頌等之意。）所謂不滅不生等的否定，在《般若經》中，亦作爲形容事物的眞相、空性的詞語而屢屢出現。此中列擧了八個這樣的否定。「八」這數目並沒有特別的意思，這樣的否定的數目，或增或減都是可能的；總的意思，都是「空」。或者如後期中觀派那樣，把所有的否定收入于「非單一，亦非複數」這二句中，亦是可能的。這些否定句與「超越語言的虛構，而爲至福」這一說話相並，用來描寫依存性。順此，龍樹卽表明，非一非多的依存性是佛陀說教的本質，《中論》是繼承這說法的。

此中我意譯爲「依存性」的詞語，原語是 pratītya-samutpāda，一般來說，是事物必依原因而起的意思。漢譯一般作「緣起」。

事物依原因、條件而生，我們若能以因果關係理解之，便接近原意了。經典中出現的十二支緣起，追溯迷妄與苦惱的人生的因果系列，而發見無知與渴愛，是根本原因。人行善行而得好環境，人行惡行而得痛苦的結果，這亦是緣起。又，由稻種而生稻芽，這亦是緣起。在這個意義下，緣起最先是指在自然與人生中的因果關係的。

說到因果關係，通常指在不同時間存在着的兩個東西間的生成關係。實際上，緣起並不限于那樣的因果關係，以我們的說話言，實亦包含同時的相互作用與共存關係，甚至是同一性與相對性等的邏輯關係。因此，說緣起是因果關係，倒不如說它是關係一般，來得比較正確。

在古印度，同時因果常被說及。勝論以布與構成它的絲之間有因果關係。兩者同時都存在着；絲是原因，布是結果。這在現代人的意識看來，是全體與部分的關係，而非因果。佛教因不承認事物全體中有實體性，故視全體與部分的關係，爲部分間的相互作用；但這是因果，這是緣起，則無改變。把三札稻束或三枝步槍組合起來而使之立着不倒，這亦是緣起，亦是因果。

說一切有部把因果關係分析爲六因、四緣。其中亦有很多處不能被看成是狹義的因果關係。即使是有重大分別的東西，其間亦可建立因果關係哩。對于月的存在來說，鼈本不起任何積極的作用；但最低限度，就不妨礙月的存在這點說，鼈亦對月有原因的作用。這樣的無關係乃至無關心的共存關係，亦是因果哩（能作因——增上果）。心靈與心靈作用，地、水、火、風等物質元素，以至于所有被製作的東西與生、住、異、滅等相狀，常是成群而生起，而存在的。這關係通常被看作俱有因——士用果的因果關係，而加以理解，但我們亦可說這是相互作用或者是實體與屬性的關係。在我們看來，「普遍」或者「種」本是邏輯的概念，但說一切有部却視之爲客觀實在的要素（包含于心不相應行中）；因此，如「櫻是樹木」這樣的邏輯的同一性關係，亦是共存關係，或俱有因的因果關係吧；這關係表示，在櫻這樣的東西中，有樹木這樣的種在共存。

這樣可見，佛教所謂因果，其意義遠較我們所理解的爲廣。緣起與因果差不多是同義，它的所涵，也遠較我們所理解的爲廣。

## 二、從語義來解釋緣起

清辨（Bhavya,Bhāvaviveka）的《般若燈論》（西藏譯）與月稱的《中論註》（Prasannapadā），其第一章，對各種有關「緣起」的語義解釋，簡約爲如下三種說法。按《中論》的註釋家都喜歡舉出緣起，作爲其批判的對象，或藉以表示自己的意思。

(1) 各種要素同時生起，作爲刹那滅的現象而出現。
(2) 事物要到達（pratītya = prāpya）原因與條件，才能生起，即是說，要依存（apekṣya）原因與條件而生起。
(3) 此有時彼有，此生時彼生的所謂「以此爲緣 idampratyayatā」之意。

第一種說法是阿毗達磨哲學者對于緣起的語義解釋，第二種說法是作爲中觀學派的一分派的歸謬論證派的說法，第三種說法是作爲另外一分派的自立論證派的意思。自立論證派的清辨在舉出第一說與第二說後，只對上述二說不符合經典中所表示的緣起的意思，作簡單的描述與批評，例如他批判「依眼與色有視覺生起」這個意思，他並未有說明是怎樣的不符合。但採取第二說的歸謬論證派的月稱，則首先在文字方面對第一說詳加批判，他以爲這樣的解釋在語源上是不妥當的，其後又指出：視覺這一單一性的東西，依眼、色這各各是單一的東西而生，由于這亦是緣起，故我們不能把緣起總是限于只是多種類的實在要素的生起，如阿毗達磨的哲學家所做的那樣。不過，就有部的立場看，視覺是單一性的東西，常與心一齊生起，而眼與色則是多數的物質原子的複合體，由于這些不能說爲是單一的，故月稱的批判不大具有說服力。

由于註釋要求語義的檢討，因而種種議論勢必成爲語言學的。但其中當亦隱藏有對于哲學立場的批判。阿毗達磨哲學家本着阿毗達磨的立場揑造語源解釋，中觀派又就符合其哲學立場處來解釋訂正語義，這都是眞有的事。初期的經典，亦以「事物必依原因而被作成」這樣程度的概括的意義，來使用「緣起」一詞。後來的各學派即依其哲學而各各提出其獨斷的語義解釋。因此，眞正的論爭並不是語義，而當是關係到哲學了。

## 三、環繞緣起之解釋而來的論爭

就說一切有部的立場說，多數的實在要素，本來是恆常的本體，它們同時地共同作用，而顯現爲現象；此中卽有緣起存在，這卽指只在現在一瞬間持續的經驗。中觀派不承認恆常的本體，作爲刹那滅的東西而變爲現象。他們的不滿，基本上是指向說一切有部的哲學立場的。同時，清辨與月稱都要避免把緣起限于在時間過程中事物的生起的因果關係上，因這樣的意義太狹窄了。

在清辨的《般若燈論》中，文法家提出這樣的反對論調：倘若結果在開始時已存在，它到達原因，與之相會，而生起，則「到達而生起」這樣的緣起（參照以上第二說）一詞，亦是有意義吧。但在最初不存在的結果，何以能到達原因呢？又「到達」一事與「生起」一事，這兩作用是不能同時有的。因爲，「到達」（pratitya）這一連續體的語形，表示一作用先行于他一作用的關係，像說「沐浴而食」那樣。

對于由文法立場而來的這樣的批判，清辨提出這樣的反擊：「張開口睡眠」、「向着路而行」這樣的表現，亦是用連續體的語形，但它們兩個作用不是同時有麼？按此中亦表示出，論爭是關于語言的問題，但其背後是有意圖的：不把緣起解釋爲「只是繼起的」因果作用，而更推廣之，以至于是兩個東西的同時的關係。這亦可透過清辨自說的第三說「此有彼有、此生彼生」，而得明白。此中顯示一個廣義的義理，包含因果關係與邏輯關係兩面。

清辨不贊成第二說，亦是由于上面的文法家的反對論調亦有多少道理吧。又可能由于他以爲「到達，生起」這種事故，只能就物質性的東西而說，像視覺那樣的非物質性的東西，要到達眼與顏色形狀，那是不可能的。月稱即這樣推測清辨的意思。月稱以爲，由于「比丘到達修行的果實」這樣的比喻的表現亦是可能的，故我們沒有把「到達」限制于物質的東西的會合的必要；更且，「到達」亦含有「依存」、「相對」的邏輯的意思哩。月稱又把緣起的意思推廣開來，以至于邏輯的相對關係，並視這個意思較因果的意思更爲重要。

月稱反對清辨的第三說，他認爲清辨只舉出「以此爲緣」的緣起的同義語；他未有對「緣起」一詞的當體，提供語義上的解釋，這並不是註釋者的正確態度。不過，這兩個註釋家在語義解釋的激烈的爭辯中，對緣起的哲學涵義的理解，實際上幾乎沒有差異哩。月稱凌厲地攻擊清辨後說：「清辨把緣起解釋爲『此有時彼有，如短有時長有』，卽使就此看，亦可以明白到，他的意見畢竟與我們的相同。」實際上，清辨在《般若燈論》第一章解釋緣起時，並未有使用月稱所舉出的「短與長」的譬喻。他只說及「此有時彼有，云云」而已。不過，由于在龍樹與清辨的其他著作中，亦有「短與長」的譬喻，故月稱的說法，並非無據。

## 四、中觀學者對緣起的解釋

要之，除了語言的特別是語義的解釋外，在對緣起的其他方面的理解，自立論證派與歸謬論證派都沒有那麼大的差異。兩派都批判「本體表現爲現象」的說法，如阿毗達磨論師所作的。又這兩派都不把緣起限于只是狹窄的因果關係，認爲它亦含有邏輯的相對關係的意思，而借「以此爲緣」這一術語以表現之。不過，「以此爲緣」（idampratyayatā）這一術語，在文獻學上亦有各種問題哩。但中觀派是用以上所述的意思來了解和使用這詞語的，語言學的檢討還是另外的問題，我想現在未有涉入這點的必要。我們只要指出緣起有一般性的依存性的意思，它包含有時間的因果關係與邏輯的相對關係的涵義，便足夠了。

我們有時會不小心，認爲《中論》是談緣起的書，或龍樹教人相對性，這大抵是受了三論宗傳統的影響。這種說法有基本的誤解，必須注意。龍樹並不是主張因果關係與邏輯關係。他並未有採取有部的姿態，說有依存關係。實際上，他是否定如有部所解釋的那兩個關係的。他所說的是，若固執本體的立場，則因果關係與邏輯關係都不能成立。他否定具有本體的東西之間的依存關係，而表示，所謂關係一般，只在不具有同一和別異的本體的東西之間成立。

固然，依存性一旦被否定了，再回復過來，這種情況亦是可能的。龍樹對此有相當詳盡的說明。不過，在這種情形，這依存性是作爲不具有本體而是空的依存性而回復過來的。關于這點，清辨有極其明確的意識。在《般若燈論》中，他不講單純的緣起，却反覆表示「爲不生不滅等特徵所限定的緣起」的說法。這特殊的緣起，與非佛教者與小乘佛教所說的因果關係不同，而是大乘佛教獨自的緣起，是《中論》的主題。

## 五、中觀哲學的性格

在《中論》、《廻諍論》（Vigrahavyāvartanī），《廣破論》（Vaidalyaprakaraṇa）等主要論著中，龍樹並未有組織地建構自己的哲學。他否定概念世界，他的經過反溯得來的直觀的哲學，本質上是一種神秘主義，而不是哲學體系。由寂護（Śāntarakṣita）開始的後期中觀派，才達致體系的規模。不過，我們應該說，這是爲了批判諸哲學體系而來的體系，其自身並不是積極的哲學體系。龍樹只在其著作中，批判說一切有部、數學論派、勝論學派、正理學派等體系的原理而已。又，他在《廣破論》中，全面地批判正理學派的體系，但在《中論》與《廻諍論》中，則未有批判其他學派的體系，只批判其基本的教義而已。而他對其批判對象的教義的了解，就他的著作所表示的看來，並不客觀。無寧是這樣，龍樹的批判的矛頭，是指向它們的思惟方法方面哩。這思惟方法是它們的個別的教義與由之而成的體系的原理。在這個意義下，我們可以說，龍樹的哲學是對各哲學體系的原理的批判。

《中論》由二十七章組成。其中亦有些章節，不是批判其他學派的，譬如第二十六、二十七兩章；但大部分的章節，都是以批判其他學派的教義爲主的。此中，在選擇主題的方法方面，並無一定的組織；作爲批判對象的主題，亦不能說已盡于這二十多章中。倘若他有足夠的時間與意志的話，則他的批判對象的主題，當是可增多的吧。極端地說，主題當是可無限量地增加的。這表示，在龍樹的著作中，重要的不是被拿來處理的主題，而是他的批判的邏輯。他的批判的方法，雖被用到多種多樣的主題上，但實際上可還原到幾個少數的形式。換言之，我們可以使用這些批判的形式，來否定所有的學說。而這些形式，亦可歸結到一基本的原理上去。站在中觀派的立場來說，不管是甚麼學說，甚麼命題，大抵都是不能成立的。

以下我們首先就龍樹的批判事例，介紹他的邏輯的最重要的形式，其次探究橫亙于這些形式的根底的原理。爲方便計，我們這裏預先列擧一個圖式——這是我們整理龍樹的批判對象的主題與思惟方法的類型而得的。

依存性
- 因果關係（移行）
  - 原因與結果——依一與異的兩難而來的批判
  - 運動與變化——依對時間、空間的分析而來的批判
- 相互作用（邏輯的關係）
  - 主體與作用
  - 主體與客體（無限追溯及相互依存）
  - 語言與對象
  - ——依對語言的分析而來的批判

這當然是通過對他的著作的議論方法加以分析、分類、訂正而得的結果。以下我們選取《中論》的主題爲例，逐次介紹出來。這《中論》實是以批判這些思惟的類型爲主的。橫亙于這些邏輯的基礎中的，是龍樹對本體的批判，和他的語言的哲學。這裏我們即以考察本體的問題開始，而以語言的哲學作總結。

## (2) 對本體的否定

## 一、本體與現象

龍樹在《中論》第十五章開頭中說：

本體依多種原因與條件而生，那是不可能的。由原因與條件而生的本體是被制作的東西。（一五·一）〔什譯：衆緣中有性，是事則不然；性從衆緣出，卽名為作法。〕

本體怎能是被制作的東西呢？本體不依存其他的東西，不被制作而成。（一五·二）〔什譯：性若是作者，云何有此義；性名為無作，不待異法成。〕

阿毗達磨哲學的思考方式是，事物的本體是通過去、現在、未來而恆常地存在的不變的實體。這本體在現在這一瞬間具有作用，是現象。火的本體，過去未來都是不變地存在着的。這本體具有燃燒的作用而成爲現象，這卽是現在。就這種看法言，龍樹在（一五·一）頌中所說的「本體依多種原因與條件而生」，不一定是正確的。因本體雖可表現爲現象，但它並不是依原因而被制作的東西。但這並不表示龍樹誤解了說一切有部的教義，或故意歪曲其教義。如上面所觸及的那樣，此中他亦不是把有部這一特定學派的特定教義作爲問題來處理，而是要批判作爲其教義的原理的思惟方法。

被提供給我們知覺的，只是正在燃燒的火而已。不過，倘若依有部與勝論學派等的實體論的思惟方法來說，則這正在燃燒的火，仍被分爲本體與現象兩個概念。而作爲最高眞實的存在性，要訴諸恆常的本體；燃燒着的火，充其量只能涉及作爲現象的第二義的存在性而已。

在《順正理論》（卷五十二）中，某一學派對一切有部的這種思考方式提出質問：「到到底過去與未來的火的本體，是可燃的呢，抑是不可燃的呢？倘若是可燃的，則這與現在的火便沒有區別了；倘若是不可燃的，則它便不具有火的本體了。」有部的衆賢（Saṅghabhadra）答謂：「過去、未來的火是有本體的，不過沒有作用；本體是被知（所知法），由于是被知，故可說是存在的，並不是由于它具有作用而存在。」衆賢的定義是，所謂存在，是那種東西，它能作爲對象，而生起認識。在這個定義下，卽使不是正在燃燒不能爲眼所見的火，作爲知識的對象，總是火的存在，火的本體。

龍樹所要批判的，是這種以兩個概念來理解一個事實的思考方式，一般人的概念思惟所有的方式。倘若把一事實區別爲本體與現象，則此中必有矛盾生起。因現象不是本體，而本體又與現象對立。火的現象與作用，是依多數的原因而生起的複合物，是刻刻在變化，不久卽滅去的流動物。火的本體，則被認爲是與火的現象對立的，它不依存其他的東西，不變化，是單一的，通過去、現在、未來三時而恆存。這樣地置定的火的本體，與具可燃燒作用的火的特性，是矛盾的。前者是不燃燒的火、事實上不存在的火哩。

## 二、自己同一性與變異性

倘若本性可以存在，則它便不能變成非存在了。因爲本性決不能有變化。（一五・八）〔什譯：若法實有性，後則不應異；性若有異相，是事終不然。〕

倘若沒有本性，則變化是甚麼東西的變化呢？但若以本性為有，則變化又是甚麼東西的變化呢？（一五．九）〔什譯：若法實有性，云何而可異？若法實無性，云何而可異？〕

此中被稱為本性（prakṛti）的，是本體的同義語。由于 prakṛti 一語是數論哲學的重要術語，故《中論》的註釋家，亦視這些詩頌為批判數論學派者。又在（一五．九）頌的場合中，亦有人以為前半頌不是龍樹自身的理論，而是一種反對論調，它的旨趣是：倘若沒有實在論者的自己同一的本性的話，則變化是不可能被思考的。這些人以為後半頌是龍樹對這反對論調的答覆。龍樹到底有否這意思呢？那是不能由文獻上來決定的。不過，他在這詩頌中即使意識到數論學派的教義，他亦不會將之作為特定的教義來考慮，而是以一般形式來考究。月稱即把（一五．九）頌分為反對論調與答論來看，青目與清辨則視為都是龍樹的發言。這自然涉及雙方的哲學方向的分歧了。

倘若本體具有第一義的存在性，則事物的變化便不可能說明了。要是那樣，以無常為特徵的事實世界，會更被漠視。不過，龍樹非常清楚何以說一切有部（較適切地說，當是人的一般想法）不得不在事實的背後設想一本體。當我們要概念地理解變化的火這一事實時，必須要拿它與不變化的本體相比較。變化性要先與自己同一性對比起來，才能有其意義。所有概念，透過對其自身的限制，而排除它自身以外的東西。火只能通過否定地、水、風，而有其意義；這些都是它自身以外的東西。我們倘若對這其他東西的否定不理解，則亦不能理解火的自體。換言之，某一概念的意義，表現于對其矛盾概念的否定方面，它自身並不具有積極的內容。變化只是自己同一性的否定，後者只是前者的否定而已。爲了要理解變化，而設定自己同一性，這樣地設定的自己同一性，與變化相矛盾。要理解火，便要否定火的事實。龍樹以爲這是在人的概念思惟中的本來的謬誤。

## (3) 對原因與結果的否定

### 一、同一性與別異性

《中論》第一章與第二十章，詳盡地討論因果關係的否定問題。其他的章節，則斷片地，屢屢就前後的議論而本質地說及。雖然對因果的分析的方式有好幾種，但其中最重要的，出現頻率亦高的，是採取「在原因與結果中無同一性亦無別異性」的議論，來否定因果關係。在考察結果與原因是同一抑是別異一問題時，倘若我們只考核這兩個可能性，而皆予以否定的話，便會出現兩難。又倘若把可能性增至四個，即：原因是結果的自體，他體，自他體，非自他體，而皆予以否定的話，則成四句否定了。現在就後者說明之。

### 二、四句否定

事物，不管是甚麼樣的，不管是在那裏的，一定不由自身而生，不由其他東西而生，不由自他兩者而生，又不由無原因而生。（一・一）〔什譯：諸法不自生，亦不從他生；不共不無因，是故知無生。〕

所謂事物由自身而生，譬如壺由自身而生；其意思指原因與結果完全是同一。所謂由其他的東西而生，是結果由與它不同的東西而生；譬如壺由粘土而生，這粘土對壺來說，是一他者。此中，原因與結果是在相異的關係中。

倘若原因卽是結果自體，與結果是同一的話，則便會出現「壺由壺自身而生」的不合理說法了。又倘若這同一性是生起的作用的本質，則壺便會恆常地無限地繼續不斷由其自身生起了。但如原因異于結果，則兩者變得無關係了，故壺當亦可以由絲而生了。絲與粘土，對于壺來說，都是他者，故是相同哩。

此中，《中論》的思想家亦結合着數論學派的學說來解釋「由自身而生」一點。這學派主張有萬物的根本原因，這亦當說爲是質量性的世界原因。這根本原因若與作爲個人的靈性的純粹精神——這是複數的——相交涉，則會使自己變異，以世界中任何東西的姿態顯現出來。金塊雖變爲王冠、神像、酒器，但却恆常不失其自身的本質；根本原因亦是那樣，它存在于所有東西中，而不變其本質。依這個思考方式，原因與結果可以說是同一的。不過，這學派只認爲原因變異爲結果，而以結果的形態顯現出來，並未如龍樹那樣，說事物由其自身生起。龍樹在（一·一）頌中說「由自身而生」時，大抵是考慮過數論學派的意思的，但他並未具體地忠實地重覆這個意思；他是把「由自身而來的生起」一事，還原到最素樸的、最具有原則性的形態，而加以批判哩。

關于「由他物而來的生起」亦可同樣說。勝論學派認爲，當原因集合而成結果時，這結果完全是新的，原來不存在的。因此，粘土之于壺，絲之于布，都是他者。不過，這學派亦未說結果是由完全無關係的他者而生起。相反地，它說是由他者生起，這他者具有生起結果的可能性或潛力。

數論學派的自因，勝論學派的他因，對結果來說，都不是絕對的自身，絕對的他者。無寧是，它們又是自身又是他者哩。可以說，這與作爲第三原因的「自他二者」是一致的。所謂自他二者，卽是在很多原因中，有某一東西是其自身，其他東西則是他者的意思。換言之，這卽是原因與條件的集合的意思，或是一個原因，其中一部分是自己，另一部份是他者的意思。

對于原因的集合一點，龍樹提出這樣的問難：在這個集合全體中，一個一個的部分中，都找不到結果；此中，原來不存在的結果，是怎樣生出來的呢？（一・一一、《廻諍論》一・二一）（譯者按：《中論》（一・一一）頌的鳩摩羅什的譯文是：略廣因緣中，求果不可得；因緣中若無，云何從緣出。）《中論》的（一・一）頌的註釋者以爲，「自他二者」這第三原因，由于具備有第一的自因與第二的他因所有的困難，故亦不能成立；他們的說法，是理所當然的。

至于那些不存在于多數的原因、條件的集合中的東西，作爲結果而生起，可視爲「沒有原因而生起」的情況。沒有原因而生起，卽是由「又不是自身又不是他物」而生起；這等于由非存在而生起。事物由非存在或偶然地生起，並不是因果關係的合理解釋。

註釋者清辨作這樣的解釋：所謂無因卽含惡因（《般若燈論》第一章）。家有惡妻的男子嘆息說：「我沒有妻子哩」，便是這種情況了。基于這樣的解釋，清辨卽把一些論點，視爲第四種的無因生的情況，而批判之。這些論點包括以神或純粹精神、根本原因、時間等爲萬物的原因的思考方式，與以事物都是自然地形成的偶然論。此中，我們可以看到清辨時期

（六世紀）學界方面的說法，和中觀派與它們的論爭。不過，月稱反對清辨這個註釋，他以爲這些惡因應列入自他因中，和應該受到批判。

## 三、兩　難

四句否定的邏輯意義，將在後面論本體的邏輯與現象的邏輯中詳述。龍樹基本上是以四句否定來否定因果關係的，不過，他更喜歡用兩難的方式，來否定因果關係。兩難方式成立的關鍵，在于把同一性與別異性只作爲本質的問題來想。

某一東西依其他東西而生起時，前者與後者不是同一，又不是相異。因此不是斷絕，亦不是恆常。（一八・一〇）〔什譯：若法從緣生，不卽不異因；是故名實相，不斷亦不常。〕

原因與結果相同，那是決不可能的。又原因與結果亦不可能是相異。（二〇・一九）〔什譯：因果是一者，是事終不然；因果若異者，是事亦不然。〕

原因與結果是同一時，則能生的東西與被生的東西便相同了。但倘若原因與結果是別異的話，則原因便和不是原因的東西相同了。（二〇・二〇）〔什譯：若因果是一，生及所生一；若因果是異，因則同非因。〕

此中，龍樹對于因果一主題，不是以經驗的立場來思考，而是以本質的立場來思考。倘若假定原因、結果是具有本體的存在，則會變成，這是單一、獨立、恆常的本性了。這樣，原因與結果的關係，便只能有「是同一」或「是別異」這兩個可能性。因爲，本質是不可能作爲「是同一亦是別異」的合成體的，「本質的一部分是如此的」一類特稱命題，是不能成立的。

至于原因這東西，原因只能是「與結果有同一的本體」，或「與結果是相異的本體」中的一種，而這任何一種的場合，都不能說明因果關係。原因要具有同一與別異的複數的本體，那是不可能的。因爲這違背「本體是單一」的前提。容許在本質的世界中相矛盾的兩種性質在同一物中共存，是錯誤的。經過這樣的考慮，龍樹卽說，不管是原因抑是結果，其本體都是空。倘若它具有本體，則都不能作爲原因與結果而成立，而其間的因果關係亦不能成立。同一性與別異性的兩難，恐怕是龍樹邏輯中最基本的形式了。它不限于因果，原則上，它可適用于所有主題。現實世界的東西，並不單一地，自立地存在，亦不恆常地存在。它們常是複合地流動地存在着。卽是，所有的東西都成立于與其他東西的關係中。這一方面是運動和因果狀態的變化——移行的關係，一方面又是全體與部份、對立和依存等邏輯關係。不過，這任何一種關係，限于這是關係，故把它編排入兩個東西的同一性與別異性的兩難中，是可能的。

## 四、其他的邏輯

不過，龍樹並非只使用這類型的邏輯。他亦曾從另外的視點，來分析同樣的因果的主題哩。在(二〇•七~九)頌中，龍樹這樣地論述：倘若結果與原因諸條件的集合同時出現，便會陷于能生與被生同時而有的不合理情況了。〔什譯：若衆緣合時，而有果生者，生者及可生，則爲一時俱。〕倘若結果在原因諸條件的集合之前出現，則結果會變成不爲原因與條件制約的東西，無因的東西了。〔什譯：若先有果生，而後衆緣合，此卽離因緣，名爲無因果。〕但倘若在原因滅去時才有結果的話，則原因便只是轉換形態的東西了，而這亦陷入「先前存在的原因再次生起」的不合理的情況。〔什譯：若因變爲果，因卽至于果，是則前生因，生已而復生。〕這議論是通過導入時間上的差異，來否定同樣的原因與結果。其他還有關于因果方面相同性質的議論，但不能一一記述了。

龍樹這樣地把因果作爲移行的問題來把握，依同一性與別異性、時間的差異而批判之；此外，他還把同樣的因果問題，通過主體與作用的關係來研究。(一•四)頌的後半部卽以「原因並不是具有作用亦不是不具有作用」的形式來討論。這時是把原因看作爲生起結果的作用的主體的。

＊

這作用與其主體的關係，在龍樹看來，本質上是語言的問題。譬如我們可以問：具有能見作用的東西是眼，能燃的東西是火，但正在睡眠而不能見的眼，爲甚麼能說是眼呢？這問題與「不能燃的火的本體何以被稱爲火呢」一類問題是同性質的。關于原因與結果，當然可以同樣說。

由于某一東西依這些東西而生，故我們說這些東西是原因。倘若結果不生，則這些東西爲甚麼不能說是非原因呢？(一•五)〔什譯：因是法生果，是法名爲緣；若是果

未生，何不名非緣？〕

依眼而有視覺生，故眼稱爲原因。視覺不生時，眼便不能稱爲原因了。也不能說這是眼哩。在龍樹看來，某一特徵與被附上特徵的東西，定義與被定義的東西，以至一般地說，語言與其對象，兩者的關係，是最本質的課題，能適用于一切。由于一切都是語言的對象，故它必能在語言的關係中表現出來。龍樹以爲，語言是虛構的，它並不具有它所表示的對象的本體，而是空的。

龍樹這樣地應用了多樣的類型的邏輯，來處理因果關係問題。次節以下，我們試選擇另外的主題，來看這些類型的邏輯。

＊譯者按：此偈梵文本作 kriyā na pratyayavatī nāpratyayavatī kriyā / pratyayā nākriyāvantaḥ kriyāvantaśca santyuta // 這偈的意思是：「作用並不具有相關係的緣，亦非不具有相關係的緣；相反地，相關係的緣不具有作用，亦非不具有作用」。但鳩摩羅什的相應譯語却是：果爲從緣生，爲從非緣生；是緣爲有果，是緣爲無果。

## ⑷對運動與變化的否定

### 一、齊諾的吊詭

倘若我們把因果關係看作是某一東西從一狀態到另一狀態的變化，或在時間中移行，則我們亦可以把它就運動一點來研究；運動是事物在空間中位置的移動。《中論》的第二章卽考察運動的問題。不管是時間抑是空間，其廣幅都可無限地分析爲多數的極限點。由于各點都不具有廣幅，故在點中，事物不能移行，而常是靜止。卽使集合了無限點，亦不能生出廣幅，故在點中靜止的東西，要在有廣幅的場所移行，是不可能的。這是伊里亞派的齊諾的吊詭。佛敎很早便展開其刹那滅論與原子論，此中亦能成立同樣的吊詭。註釋者月稱卽以齊諾的吊詭，來理解龍樹的議論。

已經去了的東西是不會去的。還未去的東西亦是不會去的。除了已經去了的東西與還未去的東西外，正在去的東西亦不會去。（二·一）〔什譯：已去無有去，未去亦無去；離已去未去，去時亦無去。〕

不管是時間抑是空間，除去已經去了的行程（已去）與當會去的行程（未去）外，現在正在去的行程（現去）這樣的東西，是不可得的。因爲，這所謂現去的東西，作爲已去與未去的接點，並不具有廣幅。月稱的註釋預想這樣的反對論者：他以爲正在步行的人的足，在它所蓋着的位置中，是可以有去的動作的。對于這樣的思考方式，月稱以爲，在這樣的事態中，嚴格來說，我們必須考慮足指尖端那個有關的原子。這原子前方的空間是未去，後方的空間是已去。但由于原子沒有大小的量可言，故原子所蓋着的所謂現去的空間，實在是不存在的。

月稱的這種論調，正與齊諾的吊詭相似。龍樹自己則由另外的觀點來分析這個問題。他在第二頌介紹了反對論者的意見（這意見以為去的事即發生在現在「正在去的位置」中）後，即說：

在「正在去的位置」中怎能有去的運動呢？沒有去一事的「正在去的位置」，是不能想像的啊。（二・三）〔什譯：云何于去時，而當有去法？若離于去法，去時不可得。〕

以為在「正在去的位置」中有去的運動的人，糾纏于「離開去的運動有去的東西」這樣的不合理的想法中。為甚麼呢？因正在去的東西，是要去的。（二・四）〔什譯：若言去時去，是人則有咎：離去有去時，去時獨去故。〕

倘若在「正在去的位置」中有去一事，則變成有兩個去的運動了：使正在去的東西成為如此的去的運動，與在那裏正在進行的去的運動。（二・五）〔什譯：若去時有去，則有二種去；一謂為去時，二謂去時去。〕

這裏龍樹眞正視爲問題的，是「去的東西」與「去的運動」這兩個概念的關係，而不是「運動這樣的位置的移動是否可能」一點。對于「去的東西」與「去的運動」的關係，我們將在下一節討論。

## 二、行的東西與行的運動

當我們說「行的東西行走」時，可想到行這一運動與獨立的「行的東西」。這卽是，在不行走的「行的東西」中已有「行的事」了。順此，當說「行的東西行走」時，則可有兩個「行的運動」。（二・一〇～一一）（什譯：若去者有去，則有二種去：一謂去者去，二謂去法去。若謂去者去，是人則有咎；離去有去者，說去者有去。）由于不能說「行的東西行走」，故「行的東西」當是不行走的。但「不行走的東西」亦是不行走的，在「行的東西」與「不行走的」東西之外，再無第三的行的主體。（二・八）（什譯：去者則不去，不去者不去；離去不去者，無第三去者。）但，「行」這一運動是不能獨立于「行的東西」這一主體而有的。故「行的運動」不能成立；「行的運動」倘若不能成立，則「行的東西」亦不能成立。（二・七）（什譯：若離于去者，去法不可得，以無去法故，何得有去者？）倘若行的東西」與「行的運動」是同一的話，則作用與其主體便會成而爲一了。倘若這兩者是別異的話，則便會出現離「行的東西」有「行的運動」，離「行的運動」有「行的東西」這樣的不合理情況了。（二・一八～二〇）（什譯：去法卽去者，是事則不然；去法異去者，是事亦不然。若謂于去法，卽爲是去者；作者及作業，是事則爲一。若謂于去法，有異于去者；離去者有去，離去有去者。）

龍樹在討論運動問題時，亦把某一作用與其主體的關係安排入同一性與別異性的兩難中。這與討論能起原因作用的主體與使結果生起的作用這兩者的關係（一・四）（什譯：果爲從緣生，爲從非緣生；是緣爲有果，是緣爲無果），是同一的思考方式。

我們試在下節對這個相同的思考方式再稍作本質的分析看看。

## (5) 對主體及其作用的否定

### 一、作用與主體、客體

某一作用及其主體及對象這三者的關係，亦是在《中論》中屢屢論及的主題。前節所見到的「去的東西」、「去的作用」、「過去了的位置」亦是這樣；其他方面，龍樹曾在第三章考察過「見的東西」、「被見的東西」、「見的作用」；在第五章考察過「貪的東西」與「貪的作用」；在第八章考察過行爲者與行爲；在第十章考察過「能燃的東西」（火）與燃燒的作用」與「被燃燒的東西」（薪）。在其他的章節中，同樣的問題，亦常斷片地、間接地出現。這些議論的基調，與前節用來分析行的人與行的作用的方式相同。譬如，龍樹在第十章的前頭部分說：

倘若薪卽是火，則主體與其作用的對象便變成同一了。倘若火異于薪，則離薪亦可有火了。（倘若是這樣，則火）變成恆常地在燃燒，而不用燃燒的原因，也沒有重新開始燃燒的必要了。倘使如此，（火）便是不具有作用的東西了。（一〇・一～二）〔什譯：若燃是可燃，作作者則一；若燃異可燃，離可燃有燃。如是常應燃，不因可燃生；則無燃火功，亦名無作火。」

不過，倘若我們稍為詳細地研究龍樹的辯論方法，則可見到他在分析作用、主體、對象的關係時，採用兩個相異的方法。其一是對作用與主體，或作用與客體的關係的分析，這與前節中見到的有關「去的東西」與「去的運動」，及「過去了的位置」與「去的運動」的關係相同。另一則是對主體與客體的關係的分析；最低限度，在邏輯形式中，這種分析異于對作用與主體或作用與客體的關係的分析。有關主體與客體的關係，且待後討論，現在先考察一下作用與其主體的關係看看。

## 二、眼是不見的

第三章通常附上「對眼等感官的考察」一名，它的內容，是批判通過眼、耳、鼻、舌、身（皮膚）、意六種器官而來的認識，又批判色、聲、香、味、可觸物、被思考物這六種對象。龍樹在第一詩頌中，敍述了其主題後，即說：

> 這見的活動（眼）不能見其自體哩。不能見自體的東西為甚麼能見它自身以外的東西呢？（三・二）〔什譯：是眼則不能，自見其己體；若不能自見，云何見餘物。〕
>
> 燈火的譬喻並不能足夠地證明見的活動。我們亦可對這譬喻和見的活動，加以批判，只要依照上面（對）去了的東西，正在去的東西，仍未去的東西（的考察）方式便可。（三・三）〔什譯：火喻則不能，成于眼見法；去未去去時，已總答是事。〕

不是在見的活動中的見的活動，不管怎樣，都不能存在，則我們何以能說「見的活動見」一類的話呢？（三・四）〔什譯：見若未見時，則不名為見；而言見能見，是事則不然。〕

見的活動不見。不見的活動不見。此中，亦可同樣就見的人說。（三・五）〔什譯：見不能有見，非見亦不見；若已破于見，則為破見者。〕

我們試由這個議論的結尾反溯上來看看。對「見的活動不見，不見的活動不見」這樣的說法，我們已很熟悉了。這與「行的東西不行走，不行的東西亦不行走」的說法完全相同。其根據亦無不同。見的活動並不是不見的活動。因此在說「見的活動見」時，含有作爲見的活動的本質的見，與正在見的見，的兩個見的作用。這是重覆，是完全不必要的。而在另一方面，說「不見的活動見」，譬如「耳見」，那當然是不可能的。此中並無任何的必然性，且是自己矛盾。

我們倘若不以龍樹的本體的概念爲前提，來理解他的這種想法，則勢必視之爲反常識的冗詞，或者是含有詐術的詭辯了。當說「眼的本體」時，這本體到底是否有見的作用（眼的屬性）呢？倘若我們認爲，本體是恆常的，因而不具有作用。眼在表現爲現象時，才與作用結在一起，則眼的本體是沒有見的作用的。換言之，本體是空的。同樣，耳與鼻的本體都不具有作用。倘若是這樣，則眼的本體與耳鼻的本體，又何以要區別開呢？有部嚴密地把眼的本體與耳等的本體區別開來，但却不能解決這個問題。

龍樹的定義是，本體不依存其他東西，它是自立的存在。因此，當說某一作用屬于本體時，並不能說這依其他的東西，以其他的東西爲對象而作用。本體的作用必須是自己作用，對于自己自身的作用。不過，說本體對於自己自身而作用，這又與本體的另一規定相矛盾。本體是單一的東西，不具有部分。而對于自己自身的作用，實在是一物的一部分對於同一物的另一部分的作用。本體既不具有部分，故不可能有這樣的自己作用。這個意思是明顯的。

指的尖端不能接觸指自身的尖端，捽角的力士不能打敗自身，雜技員不能攀上自己的肩膊上，眼睛亦不能見到其自體哩。龍樹也在第二詩頌的前半部，表示過這個意思。現在，且讓我們先研究一下第三詩頌的燈火的譬喻看看。

## 三、燈火不照自身哩

在這個詩頌中，龍樹未有充分說明燈火的譬喻。他只說要把第二章所用的論點應用到這裏來。在印度哲學中，有一種譬喻，表示燈火具有能照自體亦能照他體的作用，但這是不能成立的。關于這點，在《中論》第七章的第八～十二詩頌，在《廻諍論》第三十四～三十九詩頌，在《廣破論》第六、九、十節中，有詳細的說明。龍樹說可以應用第二章的論點，卽是說，我們可以這樣理解：在說燈火照暗時，仍未生起的燈火，已經生起而照過的燈火，都是不照暗的。在這兩者以外，並無正在生起的燈火可得，在這個時間點中，作用與主體的關係不能成立。

或許有人會說，在昏暗中不能見到的壺，其後爲火所照，而變成可見；同樣，最初不在被照中的燈火，其後被照而變成可見，這樣，燈火卽照其自體了。這樣的事亦說得通吧。但是，由于沒有那起初不在被照中的燈火，我們怎能確認它照其自體一事呢？又倘若火照其自體，如同照其他東西一樣的話，則火亦當燒其自體，如同燒其他東西一樣了。但這樣的事是不可能的。又倘若以爲火照自它，則暗方當亦隱蓋自它了。但實際上不是這樣哩。你可能說，過去的燈火、未來的燈火都不照，這是對的，但在燈火正在升起時能照，這種想法當是可以了吧。但由于正在生起時的燈火尚未到達暗方，如何能照暗呢？倘若這是可能的話，則這裏所有的燈火，必須照到世界所有的暗了。但這樣的事是不能被經驗的。

可以見到，龍樹的燈火的論點，是非常多姿多采的。有關他的這個譬喻的邏輯原理，出現于「中論」（七・九）頌中，《迴諍論》第三十七詩頌，也有相似的敍述。

在燈火中沒有暗，有燈火的場所中亦沒有暗。照的動作實際上是破暗，但這燈火到底照甚麼呢？（十七。九）〔什譯：燈中自無闇，住處亦無闇；破闇乃名照，無闇則無照。〕

這種批判，同時適合于照自體的場合與照他體的場合。想想自己作用看，當說燈火照自身時，在燈火自身，必須要有與光的部分相俱的暗的部分。倘若不是這樣，則不能有光照暗的作用了。但若在燈火中，有與自己對立的部分，則變成燈火具有相互矛盾的兩個本質。這與燈火本體的單一性相違背。

## 四、對自己作用的否定

這個道理，並不只是對燈火說的。當我們說本體自己作用時，這本體必須分裂爲作用的主體與客體。這必然產生本體有兩個本質的不合理情況。本體並不對自己自身起作用；它在對其他東西起作用時，其邏輯的本質，亦是不變的。本體本來不依傍其他東西，是自立的，但爲了要生作用，而需要一他者，這實已變成本體含有其他體了。

事物對自己自身不起作用，這對區別哲學一般，特別是說一切有部來說，是重要的原理。譬如，區別的立場，把認識分析爲六種認識與六種對象，或分析爲六種認識、六種器官、六種對象，它絕不認許認識的「自己認識」。所謂認識，是認識與自己相異的對象；倘若容許認識是把自己（亦即是認識自身中所出現的表象）作爲對象而認識，則外界對象便變成不必要了，則區別哲學的立場便站不住了。這立場把認識分析爲主體與對象。主張認識是自己認識的，是經量部與唯識派。在這些學派中，所謂主觀與客觀，不過是在認識這一事實中所有的邏輯的、假設的區分而已。說一切有部始終與這樣的觀念論的立場相對抗；其反對原理，即是對認識的、事物一般的自己作用的否定。

龍樹不加改變地承認這樣的說一切有部的原理，可以看到，他是以這原理爲前提，而展開其論點的。不過，必須注意的是，他否定事物的自己作用，但並不如說一切有部那樣，認許和主張其反面的律則，而承認事物對他者的作用。龍樹指出，在設定本體的立場時，事物不管是自己作用抑是對他作用，都不能成立。此中，他所眞正否定的，實是本體的立場。

## (6)對主體與客體的關係的否定

### 一、兩個邏輯的謬誤

由前節見到，若要追溯主體與作用的關係，則必然地會涉及主體與客體的關係問題。龍樹爲了檢討主體與客體的關係，最低限度使用過兩種類的邏輯。其一是指出無限追溯的錯誤，另一是指出相互依存的錯誤。這無限追溯與相互依存的討論，並不只見於龍樹的作品中，在其後印度邏輯一般中，兩者都被視爲邏輯上的謬誤。

## 二、無限追溯的謬誤

首先就無限追溯的問題想想看。說一切有部說，所有被制約的存在（有為法），生起後只停留一瞬間，旋卽滅去。但這所謂一瞬間，依據這學派的說法，卽是生、住、異、滅這四個小瞬間集合起來的總和了。某一東西生起時，它自體與生、住、異、滅這四個相狀是同時起的。由於這生、住、異、滅四相狀，亦是爲心不相應行法所包含，是被制約的存在，故各自又具有四個相狀。而第二次的四相狀復又各具有四相狀，這個關係勢必無限持續下去。

此中有部建立「生生」一相狀，令生得以生起，而說生生逆反地依生而被生起，因而斷除無限追溯。關於住以下的三者亦是，它建立住住、異異、滅滅這第二次的相狀，而把這第二次的相狀視爲依第一次的住、異、滅而生起。當某一東西生起時，它與生、住、異、滅、生生、住住、異異、滅滅共九個要素一同生起哩。生使自體以外的其他八個要素生起，生生則只使生生起。關於住、異、滅亦如是，第一次的住、異、滅作用於自體外的八個要素，而異異等的第二次的相狀，則只對於異自身等一個東西作用。

龍樹「中論」第七章也論及這個問題。不過，此中的四個相狀，被約爲生、住、滅三相。因爲在經典與有部中，住相都包含住與異兩者，故只得三相。月稱便說龍樹的三相的批判，，不是對於有部教義而發的，而是對於正量部（小乘學派）的教義而發的。但不管是那一學派，在原理上都無相違處。

龍樹的批判是，倘若生、住、滅三相中更有第二次的、第三次一類的三相的話，則這關係將無限地持續，而不知所止（七・三）〔什譯：若謂生、住、滅，更有有爲相，是則爲無窮，無卽非有爲〕。卽是，若生中又有生、住、滅三相，這第二次的生中又有生、住、滅，則這關係卽是無限。

一般來說，這無限追溯的關係是這樣的。不管是兩個實體，或是一個實體與屬性，倘若A與B二者具有C關係，則爲了要連結C與A，便需要D了；爲了要連結C與B，便需要E了。以這種方式推下去，勢必成爲無限的關係。因爲最終的根據，是不能得到的，故陷於這無限追溯的議論，便不能成立。

## 三、相互依存的謬誤

相互依存的謬誤，由無限追溯的謬誤派生出來。生要以生生作爲根據，生生又要第三者作爲根據，這樣便出現無限追溯。阿毗達磨哲學爲了避免這個困難，乃提出生是生起生生的，生生是生起生的說法，這是相互作用了。

> 生生淨使本生生起，本生又使生生得以生起。（七・四）〔什譯：生生之所生，生于彼本生；本生之所生，還生于生生。〕

對於這個相互作用的說法，龍樹說：

倘若依你說，生生由本生生起，則它既從後者而來，何以能生本生呢？（七・五）〔什譯：若謂是生生，能生于本生，生生從本生，何能生本生？〕

倘若依你說，本生由生生生起，則本生何以使生生生起呢？（七・六）〔什譯：若謂是本生，能生于生生，本生從彼生，何能生生生？〕

相互依存卽是A生B，B生A的關係，或是A予B以根據，B予A以根據的關係。這在邏輯上不過是循環論證的謬誤而已。

龍樹又應用這無限追溯與相互依存性來分析淨與不淨、父與子、認識與對象、原因與結果、長與短等對立概念。其中，關于認識及其對象的討論，最爲週詳；我們卽就這點看看。

## 四、認識及其對象的問題

關於認識與對象的問題，龍樹在《廣破論》，特別是在《廻諍論》中，有詳盡的考察。這都表示他對正理學派的知識論的批判。正理學派以知覺、推理、證言、比定，爲確實的認識方法；又基于此而表示，事物的存在，可由此中的一個認識而證明。龍樹提出其問題是，倘若種種對象可依認識而確立，則這認識又依何而確立呢？（《廻諍論》第三十一頌及自註）〔毗目智仙等譯：若我取轉廻，則須用現等，取轉廻有過，不爾云何過。〕倘若以一個認識可依其他的認識而成立，則第二認識需第三認識，第三認識需第四認識，這樣，便陷於無限追溯了，最終的根據畢竟不可得。而最初的認識，及其對象的存在，實在亦不能確立起來哩。（第三二頌）〔毗目智仙等譯：若量能成法，彼復有量成，汝說何處量，而能成此量。〕倘若說認識可不需要其他的認識即可成立的話，則「一般地說事物依認識而確立」的說法便站不住了；這是正理學派的主張。

此中，也談論到照自體同時亦照他體的燈火的譬喻，也提出「認識像燈火那樣一同使自他確立」一反對論調。龍樹自然一一予以駁斥，他是運用我們所已見到的那樣的論式來駁斥的。（第三四－三九頌）〔毗目智仙等譯：猶如火明故，能自照照他，彼量亦如是，自他二俱成。汝語言有過，非是火自照，以彼不相應，如見闇中瓶。又若汝說言，火能自他照，如火能燒他，何故不自燒。又若汝說言，火能自他照，闇亦應如是，自他二俱覆。于火中無闇，何處自他住，彼闇能殺明，火云何有明。如是火生時，即生時能照，火生即到闇，義則不相應。〕跟着龍樹說：倘若認識能自己成立，像火那樣，則認識可不待對象而成立了。倘若這樣，這認識變成無對象的認識了。（第四一頌）〔毗目智仙等譯：若量能自成，不待所量成，是則量自成，非待他能成。〕又，正理學派與一切有部的區別哲學一向以為，認識必須具有對象；若認識可以無對象，這哲學便破產了。倘若認識依對象而成立，則由於對象先於認識而存在，故必須說對象不依認識而成立。這樣便不能說認識使對象成立了。（第四三－四四頌）〔毗目智仙等譯：若所量之物，待量而得成，是則所量成，待量然後成。若物無量成，是則不待量，汝何用量成，彼量何所成。〕另一方面，倘若說認識必須依對象而成立，則變成對象是能成立，認識是被成立了。因而開頭說對象依認識而成立的關係，便變成逆轉了。（第四五頌）

（毗目智仙等譯：若汝彼量成，待所量成者，是則量所量，如是不相離。）

龍樹在這裏表示自己的結論：「又倘若依你所說，認識對象依認識而成立，同時，認識又依認識對象而成立，則會變成這兩者都不成立了。即是說，倘若以認識對象依認識而成立，而認識又是依對象而成立，則認識如何使（對象）成立呢？倘若以認識依對象而成立，而對象又依認識而成立，則對象如何使（認識）成立呢？倘若子依父而生，而父又依子而生，則這時候，你說誰生誰呢？誰是父呢？誰是子呢？這二人都一齊具有父與子的特徵了。我們不得不懷疑啊。」（第四六－五十頌）（毗目智仙等譯：若量成所量，若所量成量，汝若如是者，二種俱不成。量能成所量，所量能成量，若義如是者，云何能相成。所量能成量，量能成所量，若義如是者，云何能相成。爲是父生子，爲是子生父，何者是能生，何者是所生。爲何者是父，爲何者是子，汝說此二種，父子相可疑。）

《廻諍論》的這些論點，與先前介紹過的《中論》第七章的邏輯，在本質上是相同的。龍樹環繞着主體、客體及其間的作用或關係一問題，首先指出無限追溯的錯誤，批判燈火的譬喩；這譬喩是要從這無限追溯中脫却開來而被提出來的，它表示對於自己自身的作用。龍樹最後得到這樣的結論：兩個東西的相互依存關係，都不能使這兩者自主地存在。龍樹在對因果關係的批判中，用的是依同一性與別異性而來的兩難的武器，在對相互作用的批判方面，所用的武器，則是否定自己作用，和指出無限追溯、相互依存的困難。而否定自己作用，即必然地顯示出無限追溯、相互依存的錯誤。因爲，倘若有所謂自己作用自己完滿的東西的話，則無限追溯、相互依存的非完滿的關係便不能成立了。

# (7) 對語言與對象的關係的否定

## 一、長與短

龍樹把兩個東西的關係，最後還原爲兩個對立概念的相互依存性，他要使人知道，這各各的概念，並不具有自立地存在的本體。所謂本體，即是具有固定意義的概念在外界的對應物。父與子，長與短，原因與結果等對立的概念，都無本體。倘若是長依短，短依長的話，則長短都不是自立的本體。當某一東西A對於另一東西B來說是長，又對於C來說是短時，A實具有長與短兩個性質哩。故A是不能作爲單一的長或短的本體而存在的。「長」這一詞語，其所指並不涉及對象的實際存在性。

## 二、沒有相應於語言的實在

對淨與不淨的考察，如後述那樣，在龍樹的宗教觀中，具有重要的意義。現在我們把它作爲語言的問題來想想看。相應于淨的梵語原文，是 śubha，這概念表示世俗意義的美、道德意義的善，和宗教意義的神聖。爲了使議論的焦點明確起見，這裏姑且把淨作爲美來處理看看。我們說「美的女子」、「美的山」，此中是否有共通於女子之美與山之美的所謂「美」呢？大概沒有人能夠從「像山的女子」這樣的形象中引出美的觀念吧。再說美的圖畫吧，很多是描寫掠奪與鬪爭的醜惡的事的。或者，在一幅圖畫中，其構圖是要以醜惡來强調美，人看到了這圖畫，會說這是美的麼？印度人說美女如象那樣優雅地步行。但對於日本人來說，把美女與象的形象拉在一起，恐怕是不可能的吧。

卽使以美的形相爲「生起對於感性與理性的調和統一的純粹感情的東西」（《岩波國語辭典》），但仍有很多事例，在這些事例中，所謂調和、統一、純粹，在對象自體中，正是不調和、不統一、複雜哩。倘若美不在對象中，而在觀察者的主觀中，則這是我們的觀念世界的事，實無理由往外界求取美的對象。

有些人持「多數個別物分有美的形相」的想法；龍樹又怎樣批判這想法呢？他的批判方式是很明顯的。倘若美的形相作爲全體而又存在於多數個別物中，則形相變成是單一同時又是多數了，而移到個別物中的形相，亦會從自己自身分離開來。有人把所謂「單一同時又是多數」的情況，譬喻爲張開帆而蓋着多數的人那樣，但由於一一的人分有帆的一部分，帆卽變成不是單一的而是具有部分的東西了。美的形相，不管怎樣，作爲單一的本體，是不存在的。

並不只是「美」那樣的抽象概念有這種困難哩。具體的普通名詞、固有名詞，其情況亦相同。如維根斯坦所說那樣，定義表示語言的意義，但與定義相應的東西，在形而上學領域以外是不存在的。當說紙牌遊戲、棒球遊戲、奧林匹克遊戲時，其所謂「遊戲」，到底是甚麼東西呢？我們先不用考慮在這些東西中是否有共通於其中的「遊戲」的形相，只要老老實實地看看，問題的困難便很明瞭。就知覺的領域來說，在種種遊戲之間，又或在一個遊戲的多種樣相之間，所謂共通的形相，是不可得的。

倘若說棒球是兩隊九人的隊伍相爭的遊戲，則何以職業棒球一隊廿五人，草棒球六、七人也能夠算是遊戲呢？倘若說遊戲是有樂趣的東西，則如何解釋選手們强要去作艱苦的練習呢？倘若說球戲有勝負，則小孩子接回投向牆壁而反彈回來的球，不也是球戲麼？並不只限於遊戲哩。如桌子與杯，並無共通於多數個別物的形相。我們說杯是玻璃或石製的容器，但近日流行的紙杯與竹杯，却沒有這個特徵哩。我們把桌子定義爲一邊讀書一邊書寫所用的平台，但若把膝頭靠向桌子打字，這應當怎樣去理解呢？固有名詞亦是，譬如，白宮或 Big Ben，對不知曉美國與英國的政治史的人來說，是不具有任何意義的；試想想這一點，就可明白名稱與其對象的不能一致了。卽使要海倫凱勒理解「我是梶山」一事，只使我不知如何是好而已。

## 三、中觀學者對語言的否定

龍樹在《廣破論》及其註論中，討論語言的問題。依龍樹，「壺」一詞語及作爲其對象的壺，其間並無同一的關係，亦無別異的關係。倘若是同一的話，則當說壺時，在外界卽使沒有粘土、紋車、水等原因，壺當可生起；又當我們理解「壺」這一詞語時，壺亦要變成存在的東西了。又，當我們發出「壺」的聲音時，口當變成一歪狀了；當我們發出「火」的聲音時，口唇當在燃燒了。但實際上並沒有這樣的事。但倘若「壺」這一詞語與壺這一對象完全是相異的東西的話，則我們卽使說「壺」，亦不必指涉壺的對象了，這亦是不正確的。

站在這個議論的相反方面的正理學派，提出這樣的反對論調：由於語言是依世間共通的契約而被使用的，故在語言與對象之間要求存在的一致性，是不可能的。然而龍樹說，正理學派建立認識、認識對象等十六範疇，其目的，是要完全理解這些範疇，而得解脫。「論議」這語言的問題，亦是其範疇中的一種，故問題並不單是關於世間的契約與習慣，而是繫乎最等(為因陀羅神 Indra 所守護)或 Indrapālita (由神所授與) Devadatta 所謂高的眞實了。人名，實際上亦可附在其他的人上面。倘若解脫可單純通過契約與習慣而得，則即使是無知的牧人，亦可得解脫了。就通常的語言使用來說，賢人愚人都沒有差別，因而期望通過對語言的理解而得解脫，眞是可笑的事。在作爲社會契約、習慣而成立的語言使用中，語言及其對象是沒有一定的。龍樹以爲，一個詞語表示多數的對象；反之，多數的詞語表示一個對象，這都是平常的事。由於有各種不同的用法，故語言與其對象間並無一定的連結。

## 四、定義的不可能性

《中論》第五章亦是討論語言問題的。此中提出空間概念而展開議論，將之視爲六大範疇(以地、水、火、風、空、識六者說明存在的狀態)的代表而提舉出來。龍樹的論點，對於六大範疇，以至于所有概念，都是的當的。依勝論、正理學派的學說，空間是單一、遍在和恆常的實體。在說一切有部，則把作爲這個宇宙的容器的空間，稱爲虛空，將之收入於無生滅無制約的東西(無為)中，和涅槃等量齊觀。又把與此相別的，在現象世界中物體與物體之間的間隙，稱爲空界。這東西以明暗爲本體，不具有抵抗性，但却是有生滅的物質存在；是別於作爲宇宙空間的虛空的另外的東西。六大中的空，卽是這空界。不過，這二者的區別，只限於說一切有部；通常它們都被視爲是同一的。至于經量部、中觀派、唯識派等，對於空間，則視爲觀念的設定，並不承認它的實在性。

空間概念，竟有這樣種種式式的理解方式。龍樹爲了要否定語言與對象的關係，而取空間爲例，大抵是基於其定義沒有一定的理由吧。卽使有其他的理由，也顯得不重要了。在第二頌以下，他把空間的例子一般化，就所有的東西而展開其論點。這個議論所涉及的相關概念，是特質（laksana）及其對象。laksana 是內在於事物中的特質。laksya 則是被定義的東西。我們是不能離開人的定義與理解方式，而說事物的特質的。空間的特質，是「無抵抗性」的定義；地的特質，是「堅」的定義。

在空間的定義之先，任何空間都是不存在。倘若在定義之先有空間的話，則這變成未有被定義的東西了。（五·一）〔什譯：空相未有時，則無虛空法；若先有虛空，卽為是無相。〕

但未有被定義的東西，是不存在的。未有被定義的東西不存在時，定義在甚麼地方實行呢？（五·二）〔什譯：是無相之法，一切處無有；於無相法中，相則無所相。〕

在未有被定義的東西中，定義不實行。在已被定義的東西中，亦不實行。在已被定義的東西與未有被定義的東西以外的任何地方，亦不實行。（五·三）〔什譯：有相無相中，相則無所住，離有相無相，餘處亦不住。〕

我們依據知覺，見不到別於物體、空氣和光的空間。空間不具有抵抗性，它提供場所給物體；這樣的定義被作成後，我們才依思惟而知空間。在定義以前，換言之，限於是可見到的，空間是不存在的；未被定義的空間對於我們來說，是不存在的。但由於所謂定義或加上名稱，是對某一對象而行的，倘若完全沒有未被定義的對象，則加上定義，加上名稱，便沒有意義了。

畢竟定義與加上名稱，是在有某些東西時進行的。那來路不明的東西，只能說是存在的東西，倘若沒有時，定義是不生起的。存在亦必是一種定義，必須有被定義的東西，才須有嚴密的定義。反之，倘若已經有了嚴密地被定義的東西的話，便不必要再定義的努力了。因再定義是無意義的。

## 五、語言的本質

「在既被定義的東西中，定義是不起的；在未被定義的東西中，定義亦是不起的。」這恰當地表示出語言及其對象的關係。我們對某一東西下定義，給它名稱，這詞語是絕不會固定在這個別物上的。因詞語可以立刻由被附與名稱的東西中分離開來，而投向同種類的其他東西。譬如「桌子」這一詞語，與「一邊讀書一邊寫東西的台」這一定義，倘若它們固着於一特定的桌子而不離，則我們便不能叫其他的同種類的東西爲「桌子」了。因此，在已被定義的東西，定義是不實行的，它是不存在的。而在完全未被定義的東西，定義亦是不實行的。定義之起，是在這兩者以外的場合。

不過，譬如說，當我們去野餐而要在草地上進食時，假定那裏有一台狀的石塊。當問到「應如何用這個東西」時，我們並不能答甚麼吧。我們肯定會把它作爲座枱而放上飯盒；或作爲櫈子，而坐在它上面吧。但大概誰也不能說，這樣做便是它的眞正的定義吧。在這情況下，石塊是未經嚴密定義的，但亦不是完全未被定義的。這與已被定義的與未被定義的東西都不同，這樣地被作出的「定義」，是不具有意義的東西，眞正的對象，不具有本體的空的東西。

在沒有定義的地方，不能有定義的對象；在沒有定義的對象的地方，不能有定義。（五．四）〔什譯：相法無有故，可相法亦無；可相法無故，相法亦復無。〕

因此，沒有定義的對象，也沒有定義。亦沒有別於定義與定義的對象的東西。（五．五）〔什譯：是故今無相，亦無有可相；離相可相已，更亦無有物。〕

龍樹所要說的是，嚴密地與語言和定義相一致的東西，是不可得的。倘若語言具有與它相一致的東西，則何以這同樣的語言可適用到其他的東西呢？但倘若是完全不相一致，則給予名稱與下定義的事，都不可能了。語言與其對象的關係，不是同一亦不是別異。具有這種矛盾性質的語言和對象，都是沒有本體的空的東西。

## (8) 本體的邏輯與現象的邏輯

### 一、有關龍樹的邏輯形式

首先我們看看龍樹邏輯的特色。在龍樹的時代，作爲印度的邏輯學派的正理學派，是否已是一獨立的學派呢？這不能明白知道。龍樹曾說及耆那教、數論、勝論等學派，但並未有舉出正理學派的名字。不過，在另一方面，倘若就他的《廣破論》、《廻諍論》中的論點來看，則他最低限度確知《正理經》（正理學派的基本論典）第一章與第五章的內容。這表示龍樹的時代，大約相當於《正理經》及正理學派的成立時期。按《正理經》理論的要點，早已具在於當時的一些傑出的邏輯學者與勝論學派的想法中；而正理學派理論的形而上的基礎，也是勝論學派所提供的。關於這點，龍樹亦是熟知的。龍樹批判正理學派的邏輯，正顯出他自身是屬於另外一個系統。

## 二、龍樹的邏輯形式

宇井伯壽博士（見其《東洋之論理》），特別是魯濱遜（Richard H. Robinson）教授，曾簡要地研究過龍樹的邏輯形式。現在且參照這些成果，簡潔地記述如下。

對於西洋的形式邏輯的三個原理，龍樹事實上亦是認許的。特別是矛盾的原理，可以說是他的論點的支柱。他的「在單一的東西中不能有存在性與非存在性」（七・三〇）（什譯：不應於一法，而有有無相）的說法，卽確切地表示這點。此外，這原理的應用，頻頻出現於他的議論中。排中的原理，用於「行的東西是不行的，不行的東西亦是不行的。與這兩者相別的第三者何以行呢」（二・八）（什譯：去者則不去，不去者不去；離去不去者，無第三去者）的論點中。同一的原理，則在「當A依B而生時，A與B非同一，亦非別異」（一八・一〇）（什譯：若法從緣生，不卽不異因）的論點中預認。在某一現象的因果關係中，具有本質意義的同一律不能適用，並不表示漠視同一的原理，而是其應用哩。這是構成龍樹的兩難的要素，與他的邏輯的特色也有關係。後者將會在後面敍述。又，他的中觀邏輯的本質，亦不是順從純形式性的矛盾、排中原理的。關於這點，後面會觸及。

典型的定言論證（三段論法）的方式，在「世尊說欺瞞的東西是虛構的。所有被制約的東西是欺瞞的東西。因此是虛構的」（一三・一）（什譯：如佛經所說，虛誑妄取相；諸行妄取故，是名爲虛誑）的論點中可見到。不過，由於他批判其他學派的理論，比提出自己的理論，更爲專心，故並不多用定言論證式。他所常用的武器，却是假言推理、兩難、四句否定。

假言論證（條件論證），例如「如p則q，今p故q」（p、q、r等是要素命題）的構成式，可見於「眼不能見其自體。當（眼）不能見其自體時，何以能見它自身以外的東西呢」（三・二）（什譯：是眼則不能，自見其己體；若不能自見，云何見餘物）的論點中。（這可寫成「倘若眼不能見其自體，則眼亦不能見其自身以外的東西。眼不能見其自體，故眼不能見其自身以外的東西」的通常的形式。）不過，像「若p則q，非q，故非p」一破壞式的用法，却常出現哩。而結論部分、前提部分，在字面上亦多省略掉。如在第七節中所討論的（五・一）頌，可寫成「倘若有空間，則這是在定義之後。在定義之後沒有空間，故空間不存在」。假言論證中的前提否定的謬誤，多爲龍樹所發現。關於這點，且留待後述。

龍樹的具有代表性的兩難形式，是「（p或非p）若p則r，若非p則r。（故r）」。例如，「倘若原因中無結果的話，則原因何以生結果呢？倘若原因中有結果的話，則原因何以生結果呢」（二〇・一六）（什譯：若因空無果，因何能生果；若因不空果，因何能生果）的論點，卽是運用上述的兩難來表示的。

再有一頻出的兩難的形式是「（p或非p）若p則r，若非p則s。（故r或s）」。

（在「若p則r，若q則s。故r或s」這樣的場合中，q是p的矛盾命題。r與s都是不希望出現的事實。）這個形式的例子如，「倘若薪是火，則主體與其行爲變成是一了。倘若薪別於火，則雖沒有薪也可有火了」。（一〇。一）（什譯：若燃是可燃，作作者則一；若燃異可燃，離可燃有燃。」

## 三、四句否定

四句否定（其稱呼並不一致，亦有學者爲方便計稱爲tetralemma的）並不是龍樹的創見；這種運用，在初期經典中已出現，他只是接受和繼承這個傳統而已。譬如龍樹的「世尊在其死後，他存在，他不存在，兩者皆是，兩者皆非，都不能說」（二五。一七）（什譯：如來滅度後，不言有與無，亦不言有無，非有及非無）的詩頌，在內容上與鬘童子（Māluṅkyā - putta，音譯作摩羅迦舅）作爲釋迦牟尼佛的教訓而傳播的東西，是相同的，這載於《中部經典》（Majjhima - Nikāya）六三中。在《中論》中，這種形式的四句否定多的是。一面說事物不由自生，不由他生，不由自他生，亦不由無因（兩者之無）生（一。一）（什譯：諸法不自生，亦不從他生，不共不無因，是故知無生）；關於本體方面，又全部否定了自己的本體、他者的本體、存在（自與他）、非存在（兩者之無）（一五。三－五）（什譯：法若無自性，云何有他性？自性於他性，亦名爲他性。離自性他性，何得更有法？若有自他性，諸法則得成。有若不成者，無云何可成？因有有法故，有壞名爲無）。如有名的詩頌「非有，非無，非有無，亦非兩者之否定，對於超越這四句的眞實，中觀者是知道的」（智作慧pra-jñākaramati的《入菩提行論註》第九章引用）所表示的那樣，四句否定正表示中觀眞理。

不過，關於四句否定，在邏輯方面與在應用的面方面，亦有困難。邏輯的問題如次。倘若以第一命題爲p，則四句可寫成p、非p、p且非p、非p且非非p。就形式邏輯的立場看，換言之，倘若把這四句看成是屬於同一議論領域，則第三句p且非p明顯地與矛盾原理相違背。而由於第四句的非非p等於p，故第四句即非p且p的意思，實質上等於第三句。當然，否定這四句的全部，亦不具有意義。因此，在形式邏輯上理解四句否定，是困難的。無寧是，必須這樣想，四句否定作爲否定過程，具有辯證法的性格。即是：對於一在某一議論領域中成立的命題，由與之相異的較高次的議論領域否定之。

應用面方面，則有如下的問題。

㈠在其先擧出的智作慧引用的詩頌、原因與結果、本體問題等中，四句的全部皆被否定。但在需要時，第四句亦可不被否定。

㈡四句中其中一句可被省略。譬如「自我是有亦被說到，自我是無亦被說到。不管怎樣的自我都沒有，無我亦沒有，諸佛都說到」（一八·六）（什譯：諸佛或說我，或說于無我，諸法實相中，無我無非我）中，即無相當於第三句者。

㈢四句一方面是具有不同程度的知能與根器的人對同一對象的不同的見解，一方面是對不同程度的被教化者的循序漸進的教訓。在後一場合中，四句中的最初三階段，可作爲方便的教訓，特別是第四句，則表示最高眞實，即最後亦不能否定。在這些場合中，可以清楚了解到四句的辯證法的性格。

例如，清辨對於上面所擧的（一八・六）頌的解釋，即以第一句的「自我是有」表示婆羅門主義者的主張；第二句表示順世外道（Lokāyata Cārvāka）等學派的主張，他們只承認感官的對象，不承認推理的對象，從享樂主義立場來否定自我的存在；第四句（順序上是第三句）則表示諸佛的敎誨。另外，清辨又作出別的解釋，他說佛陀對於否定業、輪廻的虛無主義者則說有自我，對於囿於我見的人則說無自我，對於深入佛敎的人，則爲了使他們了悟空性的眞理，而說無自我亦無無我。

## 四、作爲敎育的階段的四句

如魯濱遜敎授亦說過那樣，上面所指出的作爲敎育方法的四句，不止是清辨的意思，且亦共通於靑目與月稱。對於「一切都是眞實，或不是眞實，是眞實而且非眞實，不是非眞實亦不是眞實。這是佛陀的敎說」一詩頌（一八・八）（什譯：一切實非實，亦實亦非實，非實非非實，是名諸佛法），清辨說，第一句表示一般理解（世俗）的眞理，第二句表示最高眞實（勝義），第三句表示總合這兩個眞理的立場，第四句則表示瑜伽行者的神秘直觀的立場。

月稱則以爲，爲了使人們尊敬佛陀的全知性，因而說「一切皆眞實」的第一句；爲了敎人知道變化的東西不是眞實，眞實的東西不變化，因而說「一切皆非眞實」的第二句；第三句敎人知道：事物對於凡夫來說是眞實，對於聖者來說是非實；最後，對於那些已從煩惱與錯誤見解廻向自由的人，則教以「一切現象不是眞實亦不是非眞實」的第四句，如石女之子不是白亦不是黑那樣。

青目的註釋則說，像不同的顏色與味道流入大海而變成一色一味那樣，對於那些已理解了沒有相狀的眞實、空性的人來說，所有東西，作爲空的東西，是眞實的（第一句）。當未悟到這階段的人依從各種見解而構想存在時，所有東西都不是眞實，只是依存地成立的非實的東西而已（第二句）。衆生有上、中、下三種，上者直觀事物的相狀非實亦非不實（第四句），中者以爲所有東西是實是不實，下者則以爲一部分是實一部分是不實；即是，涅槃是實，有生滅的被制約的東西是不實（第三句）。第四句的非實非不實是爲否定這第三句的實不實而說的。

這些理解的方式，各各不同。不過，有兩點是共通於這些註釋中的，即把第三句量化爲某東西是眞實某東西不是眞實，將之作爲兩個特稱命題的複合來理解；另外又以第四句爲第三句的否定。把第三句量化，並不限於註釋者，龍樹自身亦這樣做哩。這卽是《中論》第二十七章所提出的問題。它論到我人的生命之流永續與否，而進至神（天）變生爲人的可能性的議論，在這種情況下，神與人是同一呢（第一句）抑不是同一呢（第二句）。龍樹認爲，這樣構成的四句的第三句，表示變生出的人，一部分是神的，一部分是人間的。

倘若把這量化的做法導入先前的眞正的四句中，則第一句「所有東西都是眞實」，是全稱肯定命題；第二句「任何東西都非眞實」，是全稱否定命題；第三句「某東西是眞實，某東西非眞實」，是特稱肯定命題與特稱否定命題的複合形；第四句是第三句要素命題的矛盾命題的複合，變成「任何東西都非眞實，任何東西都非非眞實」的形式。而「任何東西都非非眞實」(第四句後半),事實上等於「所有東西都是眞實」(第一句),故第四句是全稱肯定(第一句)與全稱否定(第二句)的複合。又關於第三、第四兩句,亦有這樣的相互關係:第三句的否定是第四句,第四句的否定是第三句。以上都是魯濱遜教授的解釋。

## 五、四句否定的意義

像「所有的東西是眞實」、「任何東西都非眞實」、「某東西是眞實某東西非眞實」、「任何東西都非非眞實」一類的四句,表示出與這些問題有關的人的意見。對於四句的見解,實在只在持論者的特定的理論立場、特定的討論範圍中成立。不管是那一命題,都只在一定的條件下被肯定被否定;無條件地絕對地眞,那是不可能的。可以這樣說,四句否定的意義,在於把其中的任何一者,都作爲絕對的東西而加以否定,這才是中觀的眞理哩。

不過,「任何東西都非眞實,任何東西都非非眞實」這第四句,作爲最高的眞實而表示中觀的宗教眞理,在這個意義下,畢竟不應被否定。但這眞理並不是在使第一句得以成立的討論範圍中成立,也不是在與第二、第三句相同的範圍中成立。換言之,在使第一乃至第三句得以成立的諸範圍中,第四句都可以被否定掉。

這樣,中觀的眞理亦不一定在世間的立場、一般的邏輯的領域中爲眞;這裏亦可以見到佛教的無執着的精神。對於執着於空的人,《般若經》卽强調有把空亦空掉的必要。有些人認爲,作爲神秘的直觀的空,就這樣卽可在世間的有的世界中妥當地應用,那是危險的。此中有分別一般的理解(世俗)世界與最高的眞實(勝義)世界的必要,同時要自覺到這兩個領域的歧異處。中觀學者所以說兩個世界的分別，卽因此之故。當我們處理世間的事物時，若只是誇耀宗教的直觀，那是沒有意義的，我們亦應知道，要把世間的邏輯與知識作爲方便法門來活用。悟到一切皆空的聖者，再度囘歸到常識的有的世界、一般的邏輯的世界來，這亦是與上述的四句否定的精神相應的。

## 六、兩難的意義

在四句否定中有量化，但在兩難中，量化是決不可能的。因此中的議論，只關於事物的本質，而本質是不能有部份是A部份是B的。倘若以先初所舉出的火與薪的兩難來說明，則在討論薪的本質是否與可燃燒的東西是同一的兩難中，像「某些薪可燃某些薪不可燃」的論點，是不被容許的。在因果關係中，當作出A與B是同一或是別異的論斷時，亦是有關本質的議論。由這個立場說所有的現象非A亦非B，表示不能應用同一這一原理。這並不是漠視同一的原理，而是表示龍樹的邏輯不是現象領域中的邏輯，而是本體的邏輯。

要從龍樹的兩難的困境中逃離出來，並不一定是困難的事。譬如對於(一八・一)頌「倘若自我與身心是同一，則這變成是生滅的東西了。倘若自我異於身心，則這卽不存在了」(什譯：若我是五陰，我卽爲生滅；若我異五陰，則非五陰相)這一形式的兩難，若寫爲「自我倘若與身心同一，則這卽存在。自我倘若異於身心，則這卽無生滅」，表面上是能否定他的議論的。不過，能夠從困境中逃離出來，只是在形式方面的，而不是在本質方面的。或者是現象意義的，而不是本體意義的。倘若不能證明恆常的無生滅的，內在於生滅的身心的自我本體的存在，則亦不能眞正駁倒龍樹。實際上，反對論者是不能證明自我本體的存在的。對手以爲，由於有「自我」一詞，故（在客觀方面應）有其對應物，這種想法，結果還是爲龍樹的兩難所論破，他指出「自我」這一概念自身卽有矛盾──本體與現象的矛盾。

這點其實亦可就龍樹所謂前件否定或後件肯定的謬誤說。譬如，「離行者不能有行的事。沒有行的事，則何處有行者呢」（二・七）（什譯：若離於去者，去法不可得，以無去法故，何得有去者）這一假言論證，可寫成「倘若沒有去者則沒有去。沒有去，故沒有去者」，此中龍樹形式上是肯定後件的。倘若依形式邏輯，假言論證作爲眞的形式只有兩個：肯定前件因而肯定後件，和否定後件因而否定前件；只有這兩個是正確的。現在的場合，只有「有去，故有去者」與「沒有去者，故沒有去」這兩個推理是可能的。龍樹的本體的邏輯是，去者在未去時亦不是某一主體，它是以去的作用作爲自己的本質的。換言之，去者與去，本質上是一。由這個立場看，有去者則必有去，有去則必有去者，這是眞的；有去則有去者，沒有去則無去者，這亦是眞的。

## 七、換質換位問題

假言論證的規則，原本在本質上，等於換質換位的法則。譬如，由「如有結果則有原因」一命題，可推理出如無原因則無結果，但不能推理出如無結果則無原因。因在現象世界，沒有煙的火、不出芽的種子亦是火亦是種子之故。在龍樹看來，倘若煙本質地是火的結果，則火應必與煙俱；倘若種子本質地是芽的原因，則種子必須生出芽來。不出芽的種子，不是種子，亦不是原因。在本體的邏輯，原因必生結果；故如有原因，則不得不有結果。

如先初所見那樣，龍樹說過父生子、子生父的例，及結果依原因、原因依結果的事。這從現象的邏輯看，正是混同了因果關係與邏輯的根據哩。父生子是原因與結果的關係，由於有子因而有父，這則本於邏輯上的根據。不過，龍樹的本體的邏輯，並無這兩種關係的區別。由於本體是自己充足的存在，故實在沒有與其他東西發生關係的事。倘若有任何關係，那不過是純粹的完全的同一性「A是A」而已。但在現象的邏輯中的所謂同一性，則只表示部分的同一性。說「薪是可燃燒的東西」時，雖然未燃的薪與其後才被點火的薪有不同，但我們却漠視這不同，而提出薪與可燃燒的東西的同一性。但這樣的部份的同一性在本體的世界是不容許的。因此，像說一切有部假定本體而要說明現象，即混同了本體的邏輯與現象的邏輯。再一步說，龍樹實要指出和使人知道，在本體世界中，部分關係的邏輯是不能成立的。

## 八、名詞與實在

龍樹要表示本體的邏輯與現象的邏輯的矛盾，因爲他的哲學的目的，是要暴露名詞與現實存在的不一致。便是因爲這點，他屢屢否定矛盾的原理，不過，他要展示出，在本體的世界中，這原理是不成立的。像「自我是不存在的，它亦不是不存在的」那樣，兩個相矛盾的命題同時是僞，那在形式邏輯上是不容許的。不過，倘若自我在現實上不存在，即是一不具有內容的概念的話，則這兩個命題同時是僞，同時是眞，都是可能的。「不死的人不是美的亦不是不美的」，在當不死的人不存在時，是可成立的。《般若經》的聖者與中觀的哲學家爲了表示概念與實在的乖離，因而把沒有外延亦即是不具有成員的概念，作爲譬喻來使用。如兎角、龜毛、在虛空中開的花、石女等。亦同時否定以它們作爲主詞的相對立的兩個述詞。譬如，「兎角不是鋭利的亦不是不鋭利的」。這樣的立言之所以成立，是因兎角是不實在的虛構的名詞之故。《般若經》的哲人與龍樹，並不是說只有兎角、龜毛、石女，是不具有實在的成員的名詞，而是說凡名詞都不具有實在的本體。由於在龍樹的議論中的名詞是變數，故在某一議論中的名詞可爲其他任意的名詞所置換。即是，一切名詞不具有本體，是空的。

以上我們概述了龍樹的邏輯的形式與本質；這套東西並不一定如他希望那樣，正確地爲繼承他的中觀者所理解。